咨询与决策

南宁市 2018 年度哲学社会科学
重点课题研究成果选

南宁市社会科学院 编著

社会科学文献出版社
SOCIAL SCIENCES ACADEMIC PRESS (CHINA)

《咨询与决策——南宁市 2018 年度哲学
社会科学重点课题研究成果选》
编辑部

主　　编：胡建华

副主编：梁瑜静

编　　辑：谢强强　　王许兵　　张　　伟

目 录

南宁市主要产品出口技术壁垒研究 ……………… 001

 一　理论概述 ……………………………… 002

 二　南宁市出口贸易现状及出口企业遭遇技术壁垒的情况 … 009

 三　南宁市主要贸易伙伴技术壁垒分析 …………… 015

 四　国内破解技术贸易壁垒的经验及启示 ………… 024

 五　南宁市破解出口技术壁垒的思路与重点 ……… 032

 六　南宁市破解出口技术壁垒的对策建议 ………… 035

南宁市铝产业品牌战略研究 …………………… 046

 一　相关概述 ……………………………… 046

 二　南宁市铝产业品牌发展现状分析 …………… 050

 三　国内品牌先进城市的经验启示 ……………… 063

 四　南宁市铝产业品牌发展的总体思路 ………… 072

 五　推进南宁市铝产业品牌发展的对策建议 ……… 077

南宁市推进政府性融资担保体系建设研究 ……… 086

 一　南宁市推进政府性融资担保体系建设的重要意义 … 086

 二　南宁市政府性融资担保体系发展现状 ………… 088

 三　南宁市政府性融资担保体系存在的问题 ……… 093

 四　外地政府性融资担保体系建设经验与启示 …… 094

 五　南宁市推进政府性融资担保体系建设的总体思路 … 097

 六　南宁市推动政府性融资担保体系建设对策建议 … 100

南宁市社区养老现状与对策研究 ……………… 107

 一　社区养老的相关理论 ………………… 107

　二　南宁市社区养老现状分析 ·············· 113

　三　南宁市社区养老服务存在的主要问题及原因分析 ·············· 125

　四　国内外社区养老的经验及启示 ·············· 130

　五　加快推进南宁市社区养老服务的对策建议 ·············· 140

南宁市发展数字经济研究 ·············· 153

　一　理论概述 ·············· 153

　二　南宁市数字经济发展现状 ·············· 159

　三　南宁市数字经济发展存在的主要问题 ·············· 169

　四　南宁市发展数字经济面临的机遇与挑战 ·············· 176

　五　国内城市数字经济发展的经验启示 ·············· 181

　六　南宁市发展数字经济的总体思路 ·············· 188

　七　南宁市促进数字经济发展的对策措施 ·············· 191

南宁市培育贸易新业态新模式对策研究 ·············· 206

　一　概述 ·············· 206

　二　当前南宁市培育贸易新业态新模式的基础条件 ·············· 210

　三　南宁市培育贸易新业态新模式过程中存在的问题 ·············· 217

　四　南宁市培育贸易新业态新模式所面临的形势分析 ·············· 224

　五　国内其他城市培育贸易新业态经验及对南宁市的启示 ·············· 229

　六　南宁市培育贸易新业态新模式总体思路 ·············· 235

　七　培育贸易新业态新模式对策建议 ·············· 236

南宁市加快建立租购并举住房制度研究 ·············· 244

　一　研究背景和研究意义 ·············· 245

　二　相关研究综述及概念界定 ·············· 248

　三　南宁市住房租赁市场发展的现状分析 ·············· 251

　四　南宁市建立租购并举住房制度的问题分析 ·············· 256

　五　国内外租购并举住房制度确立的典型经验及启示 ·············· 258

　六　南宁市加快确立租购并举住房制度的建议 ·············· 263

南宁市特色小镇发展竞争力综合评价研究 ·············· 275

　一　特色小镇相关理论概述 ·············· 275

二　南宁市特色小镇发展现状 ………………………………… 281

三　南宁市特色小镇培育建设存在问题 ……………………… 287

四　特色小镇发展竞争力综合评价指标体系构建 …………… 292

五　国内特色小镇建设发展经验及启示 ……………………… 304

六　提升南宁市特色小镇发展竞争力对策建议 ……………… 308

南宁市主要产品出口技术壁垒研究[*]

前　言

近年来，我国的经济已经从高速增长阶段进入高质量发展阶段，目前正处于转变发展方式、转换增长动力、优化经济结构的关键时期，与其他国家和地区在各个领域的贸易往来也越来越多，出口量逐年递增，2017 年我国进出口总额达 27.79 万亿元，其中，出口额比 2016 年增长 10.8%。然而，由于政治经济等各方面的原因，尤其是在经济逆全球化有所抬头的情况下，区域保护主义愈发盛行，各国（地区）在国际贸易中设立有形或无形的贸易壁垒来保护本国的产业，其中技术壁垒成为我国主要产品出口长期面临的障碍。技术壁垒属于非关税壁垒，具有技术性、隐蔽性，与许可证、配额等非关税壁垒相比更为复杂，不容易被他国进行对等报复，因此，技术贸易壁垒在近年来已逐渐成为我国产品出口的主要障碍之一。

习近平总书记在党的十九大报告中提出："要以'一带一路'建设为重点，坚持引进来和走出去并重，遵循共商共建共享原则，加强创新能力开放合作，形成陆海内外联动、东西双向互济的开放格局。拓展对外贸易，培育贸易新业态新模式，推进贸易强国建设。"[①] 习近平总书记的讲话为我们破解出口技术壁垒指明了方向。

南宁市具有独特的区位优势，是中国面向东盟开放合作的前沿城市、北部湾经济区核心城市、国家"一带一路"有机衔接的重要门户城市。近年来，南宁市加快推进结构性供给侧改革，不断扩大开放程度，对外贸易发展取得了一定成效，贸易方式、贸易市场和商品结构等方面得到了改善与优化。但是，南宁市出口企业受国外技术性贸易壁垒的影响较为普遍。正确认识技术壁垒的本质和南宁市目前主要产品出口遭遇技术壁垒的现状，探索符

---

[*] 本项课题于 2018 年 12 月结项。下同。

[①] 习近平：《决胜全面建成小康社会　夺取新时代中国特色社会主义伟大胜利——在中国共产党第十九次全国代表大会上的报告》，人民出版社，2017，第 34 页。

合南宁市情的破解出口技术壁垒的可行性措施，对提高南宁市外贸总量、提升南宁市对外贸易出口地位具有重要的现实意义。为此，南宁市政府将"南宁市主要产品出口技术壁垒研究"作为2018年重点课题立项。

目前，在国家层面、省（自治区、直辖市）层面研究产品出口技术壁垒的成果较多，但是从市级层面对产品出口遭遇技术壁垒的研究则较少。为此，课题组前往西宁市、太原市等地进行实地走访，了解到太原市建成的国家杂粮检疫检测重点实验室在应对国外技术壁垒方面起到了积极作用；在西宁市了解到青海省在2010年为了增强应对国外技术壁垒的能力，成立了青海技术性贸易措施工作委员会，西宁市近年来依靠技术性贸易措施工作委员会，经常组织市内的出口企业，跟踪世界主要贸易出口国家的技术壁垒发展趋势，为该市的出口企业提供技术支持，帮扶这些企业积极应对国外技术壁垒，确保有效出口，帮助它们获得走向世界的"通行证"。除此之外，课题组还与南宁市商务局等相关部门开展座谈，并采用在网络上、图书馆查阅资料等方式开展调研，获得了丰富翔实的资料。本文对技术壁垒的特征、表现形式和形成机制进行理论分析，认为南宁市目前出口企业面临着产品认证、技术标准壁垒、环保标准壁垒、企业获知国外技术性贸易措施渠道不畅等方面的困难，通过分析中国香港、美国、中国台湾、东盟、澳大利亚等南宁市主要贸易伙伴的技术壁垒，并借鉴宁波市、福州市、连云港市、大连市破解出口技术贸易壁垒的经验，提出了南宁市破解出口技术壁垒的具体对策，以期为推动南宁市外贸发展，促进形成全面开放新格局、持续推进"南宁渠道"升级提供有益的决策参考。

一　理论概述

（一）技术壁垒相关理论概述

1. 技术壁垒的含义

技术壁垒也就是技术性贸易壁垒（Technical Barries to Trade，TBT），抑或是技术性贸易措施，是指一个国家（地区）对某些进口国（地区）采用的限制其产品进口的技术性方式方法，主要是以进口国家或进口地区采用法规、政策等方式规定进口产品需要符合苛刻的技术标准、合格认证体系或商品包装等条件，包括环保、产品质量认证、安全、科学技术等方面的技术指标体系。世界贸易组织（WTO）在《技术性贸易壁垒协议》中把技术壁垒定义为一种具有强制性但不合理的贸易壁垒，它有广义和狭义两种解释。狭义的技术壁垒主要是指不合理的强制性贸易障碍，经常出现在合格评定标准体系、产品技术法规之中，而广义的技术壁垒范围更广泛一些，它包括了所有涉及双边贸易的技术性障碍，不仅包含狭义的技术壁垒范围，还包括 WTO 所颁布的《服务贸易总协定》《知识产权协定》《卫生与植物检疫措施协议》等绿色贸易壁垒和信息技术壁垒。本书所提及的技术壁垒都是广义性的。

2. 技术壁垒的特征

技术壁垒在国际贸易往来中存在于大量品目繁多的规定当中，许多技术壁垒在贸易往来中设立，从表面上看具有合法性，但又暗藏着不合理性，内容非常广泛、隐蔽，是当今国际贸易往来中最难应付的非关税壁垒。技术壁垒主要包含以下几个特征。

（1）广泛性

目前，在全球经济一体化的背景下，受技术壁垒影响的产品和服务非常广泛，几乎包括了所有类型的产品，不仅包括机械产品、电子科技产品、食品等传统的货物贸易，还包括金融、互联网咨询等新兴的服务贸易。从产品的生产环节来看，传统产品在从原材料到成品的过程中，随着产品技术含量的不断增多，被技术壁垒限制的可能性也逐渐增大，包括产品生产之后的包装、储存、运输、销售等每一个环节都有可能遭遇技术壁垒。

（2）多样性

技术壁垒的表现形式多样，它有可能出现在国家法律法规中，也有可能出现在一些地方性法规、政府规章制度当中，甚至有可能出现在经过政府授权的一些行业组织制定的标准、指南之中。一些发达国家就是通过在这些种类繁多的文件当中凭借本国的技术优势和经济实力来制定高于一些发展中国家所不能达到的技术标准规定，进而形成了技术壁垒。除此之外，注册认可程序、抽样检测程序和综合性程序等评定程序都是 WTO 在《技术性贸易壁垒协议》中明文规定的，这些程序也构成了技术壁垒的多样性特征。

（3）隐蔽性

技术壁垒比起其他贸易壁垒更具有隐蔽性，它所涉及的技术标准和技术法规往往让很多国家（地区）无计可施。某些发达国家使用本国最新研发的高科技来设置技术贸易壁垒，运用表面形式合法的外衣来掩盖其技术壁垒的本质，此种方式让许多发展中国家难以应付。技术壁垒的隐蔽性主要表现为，它经常披着保护本国（地区）的生态环境、产业链发展或者消费者权益等的合法外衣来设置高标准，达到限制其他国家（地区）的产品和服务进入本国（地区）的最终目的。目前很多发达国家都不会直接选择关税、许可证制度等常规、明显的贸易壁垒，而会选择隐性的技术贸易壁垒。

（4）争议性

技术壁垒的强隐蔽性使其具有一定程度的争议性。每个国家会根据本国的科技水平和国情背景而设置不同的贸易壁垒，这就使很多出口国家无所适从，进而引发国际贸易争端。因为目前世界上还没有任何一个国家或者组织能够对技术壁垒的条件、标准、程序进行规范，所以就造成了每个国家（地区）都从自身的利益和角度出发来制定不同的技术标准和法律法规体系。即便是同一种产品，每个国家设置合格评定的标准也不一样，从而导致不同的技术壁垒出现。长期如此，各国之间的贸易往来因为技术壁垒相互限制，无法达成共识，容易引发国家之间的贸易争端。因此，WTO将技术壁垒中的争议性特征列为亟须解决的问题之一。

（5）歧视性

《技术性贸易壁垒协议》中并没有明确规定在贸易往来中如何对发展中国家成员进行保护。在现实中，发达国家不履行《技术性贸易壁垒协议》，甚至对于自己的承诺也有不主动兑现的情况，此时，国际法无法约束发达国家去履行其承诺，而发展中国家一旦达不到《技术性贸易壁垒协议》的要求，发达国家即会运用自身强大的经济和科技优势对其进行制裁。在国际贸易中，发达国家经常将最新的科学和技术标准制定成本国的一些法律法规等规范性文件，以此来限制发展中国家的产品进入本国。大多数发展中国家都采取劳动密集型产品模式，在价格上有一定的优势，很容易出口到发达国家，但是发达国家面对不同的贸易国产品实施自己国家的高标准，甚至有的发达国家还专门针对某些发展中国家设置特别高的技术法规和标准来限制其产品进入本国，如此就阻碍了发展中国家的产品出口，对发展中国家而言是不公平的①。

3. 技术壁垒的表现形式

在现今的国际贸易当中，技术壁垒由于其灵活多变的表现形式，形成了纷繁复杂的种类。目前，WTO在《技术性贸易壁垒协议》中规定，已知的技术壁垒主要表现为以下几种形式。

（1）技术标准

技术标准是指由官方机构进行批准认可的，可以反复使用的工艺、方法、准则及一些指示性文件，产品生产过程中的包装、标签、专业术语等也包含在内，具有非强制性的特点。在当今世界的外贸交易中，技术标准使用

---

① 参见张海东《技术性贸易壁垒与中国对外贸易》，对外经济贸易大学出版社，2004。

泛滥，对国际贸易往来产生了重要影响，对于发展中国家而言更是影响巨大。某些发达国家运用本国的科技优势，精心设计技术标准，阻碍一些发展中国家的产品进入国内，给这些发展中国家的对外贸易出口带来了非常大的经济损失。

（2）技术法规

技术法规是指包含有必须强制执行的工艺生产及相关产品特征等流程的法律、法规或其他规范性文件，还包括政府授权的组织或机构制定的技术性规范、指示指南、标准准则等。产品生产过程中的标志、标签、符号、包装、生产术语等都属于这些生产规定的内容。技术法规涉及食品安全、新材料、新能源、环境保护等诸多领域，相比技术标准，其具有明显的强制性，只要一公布，会立即强制实施。因此，在国际贸易中，技术法规形成了很难逾越的技术壁垒。特别是进入 21 世纪之后，很多发达国家打着保护消费者权益的旗号，频频颁布技术法规来限制他国（地区）产品进入本国。

（3）评定程序

评定程序主要是指依照国际标准化组织（ISO）的相关规定，对产品生产过程中可能存在的安全或者质量问题运用相关的技术标准和技术法规来进行全面的监督、审查，如果监督审查合格，没有发现安全隐患或者质量问题，则由相关的权威认证机构颁发认证合格标志，用以证明产品符合该国的技术规范和合格评定程序。合格评定程序由体系认证和产品认证两部分组成，其中体系认证是看该产品是否符合相关生产管理体系的规定，产品认证则是看该产品是否符合该国出台的技术标准和技术法规的规定。现在国际社会上普遍认可的标准是 ISO 9000 质量管理体系和 ISO 14000 环境管理体系[1]。

（4）产品检验检疫制度

产品检验检疫制度包含了食品检验检疫、危险品检验检疫、动植物检验检疫三大部分内容。食品检验检疫主要是为了本国消费者的身体健康、生命安全而对进口食品进行卫生方面的相关检查；危险品检验检疫主要是为了本国消费者的身体健康、生命安全而对进口化工品进行安全方面的相关检查；动植物检验检疫主要是为了保护本国消费者的身体健康、生命安全和维持本国动植物界的生态平衡而对进口的动植物进行卫生方面的检查。在产品检验检疫制度所导致的技术壁垒中，食品检验检疫制度引发的技术壁垒影响尤为严重，如前几年美国规定，所有进入美国国内销售的食品都必须通过美国制

---

[1]　参见牛晓婧《全球贸易视角中的技术性贸易壁垒》，《商业研究》2007 年第 9 期。

定的 HACCP（Hazard Analysis Critical Control Point）食品质量安全认证体系，此体系要求非常苛刻，很多发展中国家的食品要满足此条件非常困难。

（5）产品包装和标识制度

很多发达国家还会对产品的包装和标识设置技术壁垒。例如，美国规定，某些国家进入美国国内的易燃易爆、腐蚀类产品，其包装上必须贴有美国认可的特殊标识方可，否则不允许进入美国。因此，很多出口厂家为了遵守进口国的此类规定，不得不对其产品重新进行包装和标识，这在无形当中增加了产品的生产成本，降低了该产品在国际市场上的竞争力。欧美一些发达国家的环保法规还规定，要在产品包装上对其可回收率进行标识，这就导致很多发展中国家由于技术还不支持对可回收率进行认定而无法将产品出口。

（6）绿色壁垒

绿色贸易壁垒主要是指为了保护本国的自然环境和生态安全而采用的限制他国不符合环境保护标准的产品进入本国的技术壁垒，最为常见的标准有环境标志体系、国际环保公约、ISO 14000 等。绿色贸易壁垒有可能存在于产品的生产、包装、销售、使用、回收等任何环节当中。我国加入 WTO 以后，某些发达国家便频频对我国明里暗里地设置绿色贸易壁垒，阻止我国产品的出口，近年来该情况愈发严重。例如，《欧盟食品与饲料安全管理法》规定，食品从生产、包装到运输、销售环节都必须符合欧盟所制定的新的环境保护技术法规的规定。这些苛刻的绿色壁垒极大地影响了我国产品的出口，给我国对外贸易带来了很大的阻碍①。

（7）信息技术壁垒

信息技术壁垒主要是指出口的产品达不到进口国所要求的信息技术方面的标准所产生的技术壁垒，其包含条形码识别、互联网相关信息识别、计量单位识别等内容。某些发达国家规定，如果产品上的这些信息技术达不到其标准，将立即限制这种产品进口。随着互联网技术和电子商务的飞速发展，信息技术日新月异，发展中国家在信息技术水平方面与发达国家还存在一定差距，因此，信息技术壁垒对于发展中国家的产品出口也造成了一定的影响。

4. 技术壁垒的形成机制

技术壁垒的形成机制是比较复杂的，深入剖析技术壁垒的形成机制有助

---

① 参见姜芳《绿色贸易壁垒对我国对外贸易的影响及对策》，《现代财经》2003 年第 1 期。

于南宁市出口产品突破国外设置的技术壁垒，让南宁市出口贸易发展得更快。技术壁垒的形成机制主要有五点。

（1）保护进口国（地区）消费者权益不受侵害

随着人民生活水平的日益提高，绿色、健康、环保、可持续发展的理念渐入人心。各国（地区）政府对于环保、卫生、健康、安全等方面的要求也逐步提高，出台了各种法律、法规、规章、制度来进行规范，严格管理产品的质量，保护本国（地区）消费者的利益。但是，每一个国家（地区）在卫生、环保、安全等方面受到自然环境、资源、文化、民族信仰、价值观念等因素的约束，尤其是科技水平和工业化程度不同，导致每个国家出台的关于进出口产品技术方面的法律、法规和标准也不同。当某些发达国家打着保护本国消费者利益的旗号，凭借本国的科技优势设定高标准对进口国家的产品进行检验时，便形成了技术贸易壁垒，这种技术贸易壁垒为一些发达国家排斥国外产品、保护本国市场提供了一个很好的借口。

（2）技术差距原因

因为目前每一个国家的自然环境、资源、文化、民族信仰、价值观念等都存在较大差异，所以每个国家制定的技术标准也必然存在差别。某些发达国家依靠本国先进的科学技术和较高的经济水平制定了明显高于一般国际水平的苛刻的技术标准和认证体系等，而发展中国家往往属于劳动密集型生产结构，产品附加值低、企业的标准化意识不强、国家科学技术跟不上、产品的技术法规和标准不能及时与国际接轨等原因，使其与发达国家存在技术上的级差，进而形成了技术壁垒。

（3）国内企业产品质量认证意识淡薄

目前，发达国家在国际社会上推行危害分析与关键控制点质量保证体系，也就是食品安全认证体系HACCP，这是比以前更为严格的认证体系。很多发达国家都把产品是否经过HACCP认证作为产品能否进入本国的标准。然而，我国很多出口企业并没有意识到这一点，直到产品要出口，面临这个问题时，才意识到产品要先经过HACCP认证，如此既耽误了时间，又得多支出成本进行HACCP认证，甚至有的企业因为产品不能按时到达国外而需要违约赔偿。

（4）我国与发达国家合格评定机制相互认可的认证市场不足

当前，认证是很多发达国家设置技术壁垒的主要方式之一，日本的JIS（Japanese Indastrial Standards）、欧盟的CE（Conformite Europeenne）指令、美国的 UL（Underwriter Laboratories Inc.）等都属于此类。我国目前的认证市场跟国际上认可的评定机制还存在差别，不能完全得到认可，导致这种结果的主要原因在于我国与发达国家、国际性组织的认证机构所签订的相互认可的双边、多边条约太少。我国企业能够获取国外认证的途径不足，导致我国很多出口企业无法及时、全面地了解国外的一些认证机构和认证条件，进而形成了技术壁垒。

（5）我国的检验检疫技术与国际水平尚存差距

我国的检验检疫技术由于起步较晚、技术更新不够及时、检验检疫设备不够先进，与国际上的检验检疫技术还存在一定差距。目前国际上比较权威的检验检疫行包括美国的保险商实验室（UL）、瑞士通用公正行（SGS）和英国的英之杰国际检验服务机构等，这些检验检疫行在全球很多国家、地区都设有实验室或分行，由它们出具的检验检疫结果获得了绝大多数国家的认可，很少会遭遇技术壁垒。而我国的检验检疫机构很少能和这些国际权威机构进行合作认证、相互认可，因此，经过我国检验检疫机构认证合格的产品在没有通过国际上的检验检疫行认可之前，还是会遇到一些发达国家的技术壁垒。

（二）南宁市破解出口技术壁垒的意义

1. 推动形成全面开放新格局，扩大外贸出口量

2018 年是全面贯彻党的十九大精神的开局之年，十九大从"一带一路"倡议、对外贸易发展、区域开放布局等方面对构建开放新格局作出重大部署，推动对外贸易向全面开放新格局方向发展。技术壁垒会影响南宁市对外贸易全面开放新格局的布局，积极破解主要贸易国家对南宁市设置的技术壁垒，将极大地降低南宁市主要产品出口遭遇技术壁垒的风险，使南宁市主要产品对外出口环境得到优化，外贸出口量得到进一步提升。如此，南宁市不仅能掌握主要产品出口的主动权，还能进一步提升在全国各城市中对外贸易的地位。

2. 优化供给侧结构性改革，提高核心竞争能力

技术壁垒极大地影响了南宁市主要产品的出口，南宁市主要产品出口频频遭遇技术壁垒的原因之一是技术落后。大力提升南宁市出口产品的技术水平，调整南宁市出口供给侧结构，加速产品和技术的更新升级，优化产品出口流程等可以有效解决目前南宁市主要产品出口遭遇的技术壁垒。破解南宁市产品出口技术壁垒对于促进南宁市科学技术进步具有六个方面

的积极意义：一是促使出口企业与科研机构、高校积极建立产业技术创新战略联盟，共同研发新技术；二是加强政府和企业对于新工艺、新产品的研发和科技成果转化的重视；三是促使政府相关部门和企业加快创新研发高新技术产品，提高产品工艺水平；四是营造人人参与创新的氛围，研发更多的专利技术；五是培养更多的外贸专业人才，打造一支应对技术壁垒的专业队伍；六是促使地方政府和企业加大对前沿技术、关键技术、出口检验检疫方面的投资。

3. 坚持创新驱动发展，促进出口产品技术标准化

当前，国际上比较权威、普遍认可的技术标准是由国际标准化组织、国际食品法典委员会和国际电工委员会等组织机构来进行制定的。在这些权威的国际标准之下，各国（区域）还会根据本国（地区）的实际来制定自己的标准，尤其是一些发达国家，对于技术的标准化要求更高，这些国家要求进入本国的产品不仅要达到国际标准，还需要达到本国规定的更高的标准。因此，破解发达国家的技术壁垒，即要把国际标准引入南宁市的出口产品技术标准体系之中，要求出口的产品必须符合这些国际技术标准，如果将要出口的国家有比国际标准更高的本国的技术标准，则由生产企业根据其要求制定更高的技术标准。由此，应促进南宁市的出口企业进一步改进生产技术，采用国际标准进行生产，形成一定的规模效应；与此同时，还应推动南宁市对外出口企业技术标准化，保证出口产品的质量。

二 南宁市出口贸易现状及出口企业遭遇技术壁垒的情况

近年来，南宁市加快推进结构性供给侧改革，不断扩大开放程度，对外贸易发展取得了一定成效，贸易方式、贸易市场和商品结构等方面得到了改善与优化。但是，南宁市出口企业受国外技术性贸易壁垒的影响仍较为普遍。

（一）南宁市出口贸易总体情况

1. 南宁市外贸快速发展

据海关统计，2016～2017年，南宁市外贸进出口总额连续突破400亿元、500亿元、600亿元大关。2017年，南宁市货物贸易进出口总额达607.09亿元人民币，比2016年净增190.86亿元，同比增长45.8%，高于全国31.6个百分点，高于全区23.2个百分点。2017年，南宁市出口额达

275.69 亿元，同比增长 30.7%，高于全国 19.9 个百分点，高于全区 9 个百分点（见表 1）①。2018 年 1~7 月保持高速增长态势，出口额达 163.7 亿元，同比增长 12.5%。

表1　2016 年至 2018 年 7 月全国、广西、南宁市出口额

单位：亿元，%

区　域	2016 年		2017 年		2018 年 1~7 月	
	出口额	同比	出口额	同比	出口额	同比
全　国	138408.7	-2.00	153318.3	10.8	88944.4	5
广　西	1523.83	-12.40	1855.2	21.7	1039.2	9.4
南宁市	210.91	4.20	275.69	30.7	163.7	12.5

2. 出口产品结构不断优化

2017 年，南宁市鼓励企业合理利用国家进口支持政策，扩大重要资源性产品、高新技术产品和加工贸易重要零部件进口，南宁市出口产品结构不断优化。2017 年南宁市主要出口产品种类有 106 种，位居出口额前十的产品种类为机电产品、高新技术产品、集成电路、自动数据处理设备及其部件、农产品、未锻轧的铝及铝材、未锻轧的锰、自动数据处理设备的零件、胶合板及类似多层板和鞋类。

近年来，机电产品、高新技术产品作为外贸出口主导产品，出口额增长明显，占南宁市出口额比重不断增加。2017 年，机电产品出口额达 225.62 亿元（见表 2），同比增长 44.0%，占南宁市出口额比重 81.84%，比 2015 年提高了 4.35 个百分点；高新技术产品②出口额达 190.30 亿元，同比增长 58.7%，占南宁市出口额比重 69.0%，比 2015 年提高了 11.05 个百分点。胶合板及类似多层板出口金额占出口总额的比重由 2015 年的 0.97% 下降至 2017 年的 0.5%，下降了 0.47 个百分点；鞋类出口金额占出口总额的比重由 2015 年的 0.93% 下降至 2017 年的 0.59%，下降了 0.34 个百分点；农产品出口金额占出口总额的比重由 2015 年的 4.4% 下降至 2017 年的 3.56%，下降了 0.84 个百分点。机电产品等制造业，高新技术产品、自动数据处理设备及其部件等高附加值、高技术含量的产品出口金额呈快速增长趋势，所占比重亦呈增长趋势，而胶合板及类似多层板、鞋类、农产品、未锻轧的铝及铝

---

① 本文所使用数据如无特殊说明均由南宁市商务局提供。
② 与机电产品有交叉。

材、未锻轧的锰等低附加值、低技术含量的产品出口金额增速放缓，所占比重有所下降，出口产品结构进一步优化。

表 2　2015 年至 2018 年 7 月南宁市主要产品出口金额

单位：亿元

项　　目	2015 年	2016 年	2017 年	2018 年 1～7 月
出口贸易总额	202.4820	202.9839	275.6897	163.6582
机电产品	156.8939	156.6486	225.6169	132.3760
高新技术产品	117.3391	119.8769	190.3002	115.7751
集成电路	31.3371	22.7596	30.4064	5.9346
自动数据处理设备及其部件	17.5408	7.0682	26.5703	29.1921
农产品	8.9119	10.1946	9.8067	5.5078
未锻轧的铝及铝材	4.8183	5.6864	6.8832	4.4692
未锻轧的锰	0.0000	0.1590	4.4002	1.9246
自动数据处理设备的零件	3.9316	3.3110	3.7344	1.8896
胶合板及类似多层板	1.9579	1.3229	1.3708	0.5179
鞋类	1.4650	1.4600	1.3246	0.6506

注：以 2017 年南宁市主要产品出口金额前十位为基础。

近年来，南宁市充分发挥"南宁渠道"优势，吸引外贸企业落户南宁，2017 年，全市新增对外贸易经营者备案企业 483 家，共有进出口实绩企业 723 家，新增进出口实绩企业 199 家（其中县域新增 8 家）；进出口总额超过 1 亿元人民币的企业有 42 家，比 2016 年增加 5 家。南宁市出口额前 20 名企业出口合计金额为 236.49 亿元，占南宁市出口金额的 85.8%；进口前 20 名企业合计金额为 311.72 亿元，占南宁市进口金额的 94.1%。

3. 贸易市场多元化

近年来，南宁市大力实施市场多元化战略，积极开拓国际市场。2017 年，南宁市与全球 175 个国家和地区开展贸易往来，比 2016 年同期增加 11 个。南宁市与中国香港地区、美国、中国台湾地区、东盟和澳大利亚五大贸易伙伴的进出口均实现 30% 以上的大幅增长，进出口总额达 422.05 亿元，占全市进出口总额的 69.5%。中国香港地区是南宁市第一大出口地区，其次为美国（见表 3）。同时，香港还是南宁市进出口贸易的第一大市场，2017 年，南宁市与中国香港的进出口总额达 126.53 亿元（见图 1），占南宁市进出口总额的比重为 20.8%。美国与中国台湾分别为南宁市进出口贸易的第二和第三大市场，2017 年的进出口总额分别达 89.52 亿元、89.12 亿元，占南宁市进出口总额的比重均为 14.7%。东盟是南宁市第三大出口市场和第二大进口来源地，2017 年，南宁市与东盟十国进出口总额为 78.62 亿元，同比增长 35.7%，占南宁市进出口总额的比重为 13.0%。与大洋洲、非洲、拉丁美洲等新兴市场的进出口贸易也取得了可喜的成绩，进出口总额分别达到 40.09 亿元、33.07 亿元和 18.91 亿元，同比分别增长 74.0%、101.9% 和 18.9%。"一带一路"倡议为南宁市外贸创造了新的发展机遇，2017 年，南宁市与共建"一带一路"国家的进出口总额达 92.07 亿元，同比增长 41.9%，占南宁市进出口总额的比重为 15.2%。

表3　2015～2017 年南宁市主要产品出口国别（地区）及贸易方式和主体

单位：亿元

年份	重要出口国别（地区）	出口总额	主要贸易方式	主要贸易主体
2015	中国香港、中国台湾、美国、东盟、日本、澳大利亚、韩国、巴西	202.48	加工贸易占 67%	外资企业占 55.6%；民营企业占 30.3%；国有企业占 14.1%
2016	中国香港、美国、中国台湾、东盟、澳大利亚	202.98	加工贸易占 65%；一般贸易占 32%	外资企业占 53%；民营企业占 29.57%；国有企业占 17.39%
2017	中国香港、美国、中国台湾、东盟、澳大利亚、日本、南非、韩国、巴西、加拿大	275.69	加工贸易占 64%；一般贸易占 31.5%	外资企业占 60.0%；民营企业占 21.6%；国有企业占 18.4%

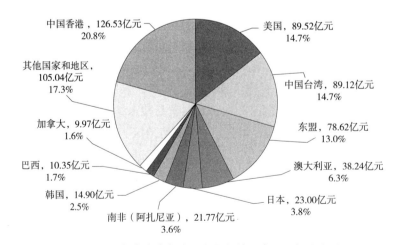

图1　2017 年南宁市与主要贸易伙伴进出口总额及比重

（二）南宁市出口企业遭遇技术壁垒的情况

近年来南宁市相关部门对部分企业的走访调查显示，2016～2017 年农食产品受技术性贸易壁垒的影响最大，2016 年调查的 3 家企业均受到技术性贸易壁垒的影响，2017 年调查的 9 家企业中有 7 家企业受到技术性贸易措施的影响（见表 4）；其次为木材纸张非金属、机电仪器、化矿金属、纺织鞋帽等，主要受国外技术标准、技术认证等技术性贸易壁垒的影响。

表 4　2016～2017 年南宁市辖区企业受技术性贸易壁垒影响情况

样本	农食产品		机电仪器		化矿金属		纺织鞋帽		木材纸张非金属	
	2016	2017	2016	2017	2016	2017	2016	2017	2016	2017
样本总数（家）	3	9	2	6	3	3	1	3	2	2
受影响样本数（家）	3	7	0	2	1	0	0	1	1	1
受影响样本的比重（%）	100.0	77.8	0.0	33.3	33.3	0.0	0.0	33.3	50.0	50.0

根据南宁市相关部门对出口企业壁垒调查情况，得出南宁市出口企业在对外贸易中受到国外技术贸易壁垒的影响主要有以下几个方面。

1. 产品认证、技术标准壁垒

目前，美国、欧盟、日本等国家和地区的产品认证、技术标准、有毒有害物质限量和产品人身安全等要求，极大影响了南宁市工业产品和农副食品的出口，导致频频发生工业产品和农副食品退运的情况。例如，2015 年 1 月以来，美国 FDA 加强对我国罗非鱼产品的磺胺嘧啶及甲氧苄啶残留检测，这 2 种药物在中国为食用动物中允许使用的药物，而美国 FDA 将其列为禁用药物。同时，医疗器械缺少互认的国际标准及认证，需要重复认证，极大增加了企业的成本。

案例一：

南宁市 A 公司主要生产塑胶玩具、电子玩具、纸花饰物礼品、塑胶饰物等工艺品，产品行销美国、欧洲等地。该企业主要受到的技术贸易壁垒有欧盟玩具新指令（2009/48/EC）、玩具安全标准（EN71-3：2013 + A1：2014），以及"特定元素迁移"的更新标准（EN71-3：2013 + A2：2017），新的标准从原来限制 8 项元素增加到 19 项元素。企业为满足进口国对产品的要求，必须对出口产品进行测试检验，增加了企业的产品检测成本，也对企业生产工艺要求更为严苛，增加了生产成本。

案例二：

南宁市 B 公司，是一家集人工琥珀产品研发、生产、销售、服务于一体，涉及多个领域的集团公司。公司已成功研发出昆虫琥珀、真花琥珀、海洋生物琥珀等多个系列人工琥珀饰品、工艺品、家居用品及教学标本，产品出口市场主要为北美、欧盟等地区。该企业受到的技术贸易壁垒主要是：产品进入北美和欧盟市场，需要提供一系列产品认证或合格检测报告。企业为满足进口国的技术要求，必须对产品做一系列的检测、认证，从而增加了企业成本，导致企业利润下降。

案例三：

南宁市 C 公司，主要从事专业研发、生产和销售超声波洁牙机，属于Ⅱ类医疗器械。目前，该企业出口产品主要受国外注册认证的技术性贸易壁垒影响，国外严苛的医疗器械产品认证注册导致公司生产成本增加，订单减少。该公司花了 3 年多的时间才通过美国 FDA 认证，费用近 40 万元，现在每年需花费 1 万多元的管理费及其他代理费用。日本、韩国、俄罗斯、加拿大、哈萨克斯坦、吉尔吉斯斯坦、塔吉克斯坦、乌兹别克斯坦、土库曼斯坦、阿根廷、巴西、秘鲁、哥伦比亚、以色列等国的客户，不论是谁在该国注册了该公司的产品，其他客户如果想进口该公司的产品，也必须办理注册认证，费用照样收取。日本、韩国、巴西、阿根廷注册时间均超过一年，注册文件繁多。

2. 环保标准壁垒

欧美地区的环保标准苛刻，检测费用高昂，认证手续繁杂，这在很大程度上增加了出口企业的成本，降低了出口企业在海外市场的竞争力。

案例四：

横县 A 公司，经营范围为生产加工销售皮革及皮革制品。目前，产品主要出口至日本、欧美，其中 80% 以上的产品出口至日本，日本客户不需要认证要求。而欧美国家客户要求其产品需获得 CE① 等认证，该企业认为认证手续复杂且费用高，企业也缺乏相应的技术指导，在客户没有明确下订单前不主动考虑认证，从而损失了出口订单，无法进一步扩大出口。

中国与各国的茶叶标准不一致，导致出口茶叶受限。中国对茶叶标准采取的是风险性评估，《食品安全国家标准 食品中农药最大残留限量》（GB 2763—

---

① CE 认证，即只限于产品不危及人类、动物和货品的安全方面的基本要求，而不是一般质量要求，协调指令只规定主要要求，一般指令要求是标准的任务。因此，准确的含义为：CE 标志是安全合格标志而非质量合格标志。其是欧洲指令核心的"主要要求"。

2014）规定了284种（类）食品的387种农药共3650项限量指标，但尚未对茶叶类的农药残留做出详尽的规定。同样，日本对茶叶的标准也是采用风险性评估，在其《食品中农业化学品残留肯定列表制度》中，明确规定了300多种茶叶检测项目，并且执行农药最大残留"一律标准"为0.01mg/kg。此外，欧盟对茶叶标准采取"零风险"原则，且茶叶农药残留限量标准多达453项。总体来看，日本和欧盟的茶叶标准都要高于我国现行茶叶标准，由此带来的是我国茶叶企业出口产品非生产成本的提高及企业出口利润的下降。

3. 企业获知国外技术性贸易措施渠道不畅

调查中，发现部分企业存在对 WTO 相关规则不了解，对国外制定的技术性贸易信息收集渠道不畅、相关措施认识不足等问题。比如，横县某皮业有限责任公司对于相关认证机构、地点，如何认证情况不明了，同时缺乏应对国外技术性贸易措施的解决方案。广西某工业科技有限公司主要通过国家质量监督检验检疫机构和国外经销商获取国外贸易措施信息，途径少，信息量少，导致该公司在遭遇国外技术措施或新技术要求限制时，不知道如何寻求解决办法，只能选择不再出口或另外寻求新的市场。

三　南宁市主要贸易伙伴技术壁垒分析

近年来南宁市出口贸易的主要地区，重点集中在中国香港、美国、中国台湾、东盟和澳大利亚，出口的产品主要是农产品、机电产品和高科技产品等。根据2012~2018年对南宁市重点出口企业的跟踪调查，发现遭遇的技术壁垒主要包括技术标准与法规、合格评定程序、检验检疫制度等几类，集中反映为工业产品及农食产品认证、检测等要求的影响，尤以认证、技术标准、有毒有害物质限量和产品人身安全等要求居多。以下针对南宁市的五大贸易伙伴进行分析。

（一）中国香港

香港是自由贸易港，以其高效的通关效率闻名于世界。由于香港是自由贸易港，其对货物进出口只实施最低限度的发证管制，并通过多项有效的措施切实减轻贸易管制带给业界的负担，同时加快清关速度①。整个香港特别

---

① 参见《全球三大自由贸易港经验说》，搜狐网，https://www.sohu.com/a/231027351_265147，最后访问日期：2018年5月8日。

行政区都是自由港，香港的任何机构及个人均有办理进口和出口货物的权利，对货物的进出口经营权也不设限制，且该权利不需要向香港特别行政区政府申请或登记。香港长期以来奉行自由贸易政策，对绝大多数货物不收任何关税、不设置任何贸易壁垒，仅对酒类、烟草与香烟、碳氢油类、甲醇四类货物进行课税，进出口程序十分简便。但这并不是说任何货物都可无障碍地出口到香港，所有出口到香港的货物的申报都会记录在贸易署，贸易署再根据国际贸易协议条款，对符合健康、安全、环境或保安控制的货物签发入口许可证。除了个别货品外，香港不预先检查运入港的货物，一般只需要有商业上的单据和运货单即可。香港对进口的货物进行检验检疫是必须的，海关人员以抽选的方式对进口货物进行检查或检验。香港对进口货物并无检疫规定。兽医公共卫生组内的进口检验小组负责活生食用动物的进口检验，以确保活生食用动物可以安全供市民食用。目前，香港有三个检验站，分别是文锦渡牲畜检疫站、落马洲牲畜监测站及长沙湾进口家禽检查站①。根据南宁市历年与香港的贸易资料，香港并未采取明显的技术性贸易措施，双方也并未发生贸易纠纷。

（二）美国

美国是世界上头号经济强国和头号科技强国。为了保持贸易优势、维护自身利益，美国制定了大量的技术法规、标准和合理评定程序，其中很多是与WTO《技术性贸易壁垒协议》的要求相左的，甚至违反了《技术性贸易壁垒协议》中"不得对其他国家歧视"的规定。有研究表明，美国官方制定的技术法规和标准有5万多个，各种非官方标准机构达400多个，专业学会和行业协会制定的标准有4万多个②，且美国的技术性贸易措施体系非常分散，各州标准不一致。美国以其超级大国的地位特立独行，经常忽视国际权威机构设立的标准，以致很多货物虽符合国际标准但不符合美国自主设立的技术性贸易壁垒，给各国货物进入美国造成了极大的障碍。例如，美国单独规定进口商品在必须满足ISO 9000系列标准的基础上，还必须满足其他附加条件；在合格评定程序方面也明显有别于国际通行做法，而通常强制性地采

---

① 参见王翀《进出口管理制度》，深圳市标准技术研究院网，http：//www.tbtmap.cn/mbsc_106/xgsc/jmgk_379/zymyzc/200810/t20081017_172938.html，最后访问日期：2018年2月1日。

② 参见《关注美国技术性贸易措施情况》，中国TBT研究中心官网，http：//tbt.testrust.com/library/detail/15626.html，最后访问日期：2014年10月23日。

用"第三方评定"①。此外，美国的合格评定体系也较为分散和复杂，某些独立实验室颁发的证书具有行业认证的效力②。

1. 关于农食产品的技术性贸易措施

美国对进口的农产品设置层层的技术性贸易壁垒，企图迫使出口国知难而退，其中最常用、波及范围最广的是利用药残超标和卫生安全设置技术壁垒。美国农食产品的主要执法机构是联邦食品药品管理局（Food and Drug Administration，FDA），该局对进口的农食产品在认证、监测方法、包装、标签等方面做了十分细致的规定，外国的农食产品要在美国市场进行销售，就必须通过 FDA 的检验，这对中国的食品行业造成了很大的影响。美国也经常打着保护环境和国内消费者利益的旗号，提高产品的进口门槛③。例如，磺胺类药物在中国属于限用药，标准为 100ppb，但该类药物在美国属于禁用药，由于美国检测标准的提高，中国出口的水产品被预警的情况时有发生④。2012 年，美国《营养信息法规》生效，该法规详细规定了在食品制造、生产、加工、包装、分销、接收、保存或进口企业保存过程中的相关技术性标准。2014 年，FDA 提出食品营养标签改革方案，对美国食品营养标签方案进行大幅度修改，要求出口到美国的企业必须将更多的研发投入到营养分类技术上，不然的话会因为标签标识不达标而难以进入美国市场⑤。目前，美国要求对进口的所有预包装食品加贴强制性标签，内容十分复杂、烦琐。尤其是要求食品必须加贴营养标签，仅此一项，就导致每种食品的出口成本增加了 500～2000 美元，用于营养成分检测。由于出口方对美国的一些措施及具体检测程序等不是很熟悉，需要较长时间适应，加上美国有关部门在审批时也存在拖沓现象，这无形中给出口方增加了成本。

美国对于茶叶的农药残留标准由 1987 年的 7 项增加到 1998 年的 10 项，

---

① 国际上某些工业产品（如电气设备和家用电器）的合格评定程序通常由生产商根据有关标准以自我认证的方式进行，并由有关部门实施产品进入市场后的监督和检查。但美国并不接受这种通行做法，依然要求上述产品接受强制性的第三方评定。

② 参见《技术性贸易壁垒》，深圳市标准技术研究院网，http://www.tbtmap.cn/mbsc_106/mgsc_108/jmgk/zymybl/200809/t20080916_172608.html，最后访问日期：2008 年 9 月 16 日。

③ 参见冉冰鑫、刘起林《我国农产品遭遇美国技术壁垒的现状研究》，《中国集体经济》2018 年第 14 期。

④ 参见海南省水产流通与加工协会《技术壁垒重创海南水产品出口贸易》，《中国贸易报》2016 年 12 月 27 日，第 6 版。

⑤ 参见伍穗龙《技术性贸易壁垒最新态势与我国的应对策略》，《中国流通经济》2016 年第 3 期。

检测范围不断扩大、标准不断提高，还涉及各种商品的包装、标示、检测/检验方法、合法评定标准等诸多方面，大大地增加了中国茶叶出口到美国的难度。如 2008 年美国重新规定农药残留最大限量标准，对所有农产品实行相同的最低检出限量，对进口茶叶农药残留进行抽查；2016 年 7 月 31 日起不允许有任何硫丹残留的茶叶①。对此，南宁市茉莉花茶出口到美国时，须提高标准和应对技巧。

美国是世界上首个提出"危害分析与关键点控制"（HACCP）质量管理体系的国家，对加工过程中可能影响食品卫生安全的重要环节（关键点）进行监督，强调食品生产整体过程的质量安全控制，而非仅根据成品抽样检验来判断产品质量。以水产品为例，美国对出口国水产企业的 HACCP 质量管理体系具有严格要求，出口国的相关产品必须通过美方指定的检验检疫机构审查，并获得水产品 HACCP 验证证书后才能批准出口到美国市场。对中国水产品出口企业而言，申请相关资质的过程耗时耗力，阻碍了正常的出口贸易②。例如，2007 年美国从中国出口的多批水产品中检出药物残留问题后，对虾、鲶鱼、鳗鱼、鲮鱼等水产品实施"自动扣留"，至今尚未完全解除，只有少部分企业获得了美国 FDA 颁发的"绿卡"③。罗非鱼是中国出口美国的主要水产品，2015 年 1 月以来，美国 FDA 加强了对中国罗非鱼产品的磺胺嘧啶及甲氧苄啶残留检测，这 2 种药物在中国属于食用动物中允许使用的药物，但美国则将其列为禁用药物。美国也善于利用国内生产加工技术及相关标准来设置技术性贸易壁垒④。例如，2011 年美国食品和水关注组织认为中国农业生产普遍使用含砷农药用于预防病虫害，影响消费者健康，因此呼吁 FDA 制定农产品的最大残留限量。2012 年美国有关部门采纳了这个建议，开始制定并实施该项标准。2016 年，广西南宁百洋食品有限公司因出口美国的冷冻罗非鱼片被 FDA 检测出磺胺嘧啶而被退运的事件，对中国水产品的形象及水产业的健康发展产生了不良影响。但是如果一味迎合进口国的技术性

---

① 参见刘冬蕊、伍利兵、李杨《技术贸易壁垒对中国茶叶出口的影响——以中美茶叶贸易为例》，《检验检疫学刊》2016 年第 6 期。

② 参见李祎雯、张兵、金颖《主要国家非关税贸易壁垒对我农产品出口的影响分析》，《价格月刊》2018 年第 1 期。

③ 参见梁盛、陈飞《中国今年第四家水产品出口企业获取美国 FDA"绿卡"》，中国新闻网，http://www.gd.chinanews.com/2015/2015 - 06 - 13/2/353546.shtml，最后访问日期：2015 年 6 月 13 日.

④ 参见《美国、日本及欧盟在国际贸易中实施技术壁垒情况》，《国际贸易》1999 年第 6 期。

贸易要求，就必然增加生产和贸易成本，削弱水产品的竞争力。美国对进口食品进行口岸检验和市场抽样"双检查"，不符合要求的将会以扣留、改进、退回、销毁等方式处理。

美国对进口的管理严于出口，进口多按照双边检疫协定或议定书执行，进口动植物及其产品需事先申请动植物检疫局的进口审批证。其中的一些技术性措施貌似"刁难"，如新修订的《莱西法案》要求，自 2008 年 12 月 15 日起，涉及植物的必须提交进口申报表，说明包含的所有植物的学名、数量和来源地，否则产品将被没收。大部分出口木制品和多种植物材料制成的家具的企业无法提供所有植物原材料供应链的资料并证明其合法性，将面临失去客户的风险，但如果因不实申报而接受调查、无法清关，也会遭受经济损失[1]。

2. 机电等工业产品

美国对电子元器件产品实施 UL 认证[2]，没有通过 UL 认证的电子元器件类产品是禁止进口到美国的。自 1998 年美国对电子元器件产品设立最新的 UL 认证开始，20 年来美国逐步加大电子产品技术性贸易壁垒，中国电子产品出口到美国的难度迅速增大[3]。2014 年，南宁市有 2 家企业反映受到了国外技术性贸易措施的影响，集中表现为工业产品出口美国或欧盟等国产品认证、检测等要求的影响，尤以认证、技术标准、有毒有害物质限量、产品人身安全等要求居多。例如，南宁千年工艺有限公司生产的产品进入北美、欧盟等市场，需要提供一系列产品认证或合格检测报告，如鼠标产品进入美国市场，需要获得美国联邦通信委员会（Federal Communications Commission，FCC）的认证，其他产品也需要经第三方检测机构检测合格，只有如此客户才会验收。为了满足客户及进口国对产品的技术要求，该企业 2013 年出口产品进行相关认证、测试检验的费用为 2 万元，占其出口额的比例为 0.5%。企业表示当前外贸市场不景气，一系列的产品认证、检测费用在一定程度上加重了企业负担，减少了利润。南宁宝莱医疗器械有限公司研发、生产和销售的超声波洁牙机，属于 Ⅱ 类医疗器械。该公司目前出口遇到的最大的国外

---

① 参见李烈列《进出口管理和检验检疫制度》，深圳市标准技术研究院网，http：//www.tbtmap.cn/mbsc_106/mgsc_108/jmgk/zymybl/200809/t20080916_172609.html，最后访问日期：2018 年 3 月 19 日。

② UL 是美国安全试验所 Underwriter Laboratories 的缩写，是美国最具权威的也是世界上广泛认可的安全鉴定认证机构。

③ 参见王盛《技术性贸易壁垒对我国电子产品出口的影响》，硕士学位论文，华东师范大学，2018。

技术性贸易壁垒是注册认证问题，费用高且注册时间长，增加了很多成本，丧失了很多订单，虽然有机会和客户，但是因为没达到注册认证门槛而失去了很多意向客户和订单。该公司花了3年多的时间才通过美国FDA认证，花费近40万元，现在每年需花费1万多元的管理费及其他代理费用。

近年来，美国大肆借保住知识产权之名发起"337调查"①，试图将中国电子及通信设备产品赶出美国市场。在电子及通信设备制造业"337调查"案中，全部是以侵犯美国国内合法登记专利为由发起，还涉及商标、商业外观侵权、著作权等。电子及通信设备产品使用的众多技术与受美国知识产权保护的技术在很大程度上具有相似性，容易引起知识产权人对中国电子及通信设备业发起"337调查"。一旦电子及通信设备产品遭受"337调查"，就将波及整条产业链，对该涉案行业产品造成致命打击②。这需要南宁市出口企业谨慎评估产品出口美国的风险。

（三）中国台湾

长期以来，台湾对进口的农产品或加工农产品推行农产品质量认证体系，如优良农产品品质认证、有机农产品认证、HACCP认证等。2016年以来，台湾地区对农产品食品的进口加强监管，出台了一系列技术性贸易壁垒，主要体现在以下两个方面。（1）全面提高技术标准。2016年以来对食品中核放射污染、食品添加剂、农药残留、兽药残留等多项法规和标准进行了修订，发布了食品安全卫生管理体系第三方验证认证管理办法等。例如，对农药残留限量标准，分别在2016年3月、5月、7月进行了修订，共计增加和修订了59种农药在376种作物类别中的残留限量标准，其中新增266种。（2）加强监管。2016年以来，台湾地区"卫生福利部食品药物管理署"先后发布了5个管制措施公告（2015年全年和2014年全年仅为3个和1个），要求加强对大陆出口台湾的食品和农产品的抽查检验，如鲜辣椒、青花椒、薄荷、萝卜、其他干菇类等。此外还对产自大陆的枸杞、茶叶等采取监视查验的强化监管措施③。

---

① 337调查，是指美国国际贸易委员会（United States International Trade Commission，USITC）根据美国《1930年关税法》第337节及相关修正案进行的调查。
② 参见王敏、向林、工怡瑾、冯馨、徐杨《电子及通讯设备制造业遭受美国337调查知识产权贸易壁垒实证分析》，《经济研究导刊》2018年第22期。
③ 参见司超、吴涵《台湾地区技术性贸易壁垒影响福建食品农产品出口情况调查》，参考网，http://www.fx361.com/page/2016/1212/396929.shtml，最后访问日期：2016年12月12日。

台湾地区有选择地进口茶叶。台湾允许进口当地不生产的茶叶品种，据了解，普洱茶及茉莉花茶在台湾均不生产，但是台湾目前只允许进口普洱茶，不允许进口茉莉花茶。对南宁市来说，把横县的茉莉花茶销往台湾，需要技术性手段。

（四）东盟

东盟作为新兴市场，为加强对本地区经济的保护，其技术性贸易措施紧跟发达国家，甚至呈现后来居上态势。2012～2016年东盟各国普遍增加了通报的数量，通报的TBT措施达381件，SPS措施为433件。其中，泰国、印度尼西亚和越南是提交TBT通报最多的3个国家，SPS通报数量最多的3个国家是菲律宾、印度尼西亚和越南。在TBT通报中，产品种类依次是机电仪器、化矿金属、农食产品、橡塑皮革、木材纸张、玩具家具、纺织鞋帽；在SPS通报中，涉及食品安全的最多，保护人类免受动/植物有害生物危害次之。总体来看，通报的TBT和SPS措施中涉及食品和农产品的措施达223件，占通报总数的27%，具体涉及农药残留、营养成分、食品标签等；工业产品主要有家用电器、工程机械产品等，涉及有毒有害物质限量、节能环保等措施[①]。东盟各国通报的数量和领域为南宁市有选择性地出口产品有较好的预警作用。

中方出口东盟受影响最大的是农食产品和机电产品，尤其是农食产品，主要体现为以下几点。（1）烦琐的农产品检验检疫制度。虽然中国—东盟自贸区已经建成，中国与多数东盟国家之间已经没有农产品关税，但东盟国家站在保护本国农业生产的角度采取了严格的技术贸易措施，如实行进口限制、境外企业注册登记、严格的动植物检验检疫程序等措施。（2）严格的食品安全规定。东盟国家设立卫生检测标准，检测的项目主要包括农药超标、重金属超标、病虫害携带、微生物、有害物质、农兽药残留、抗生素残留、转基因食品安全、食品添加剂等。如印度尼西亚、新加坡和越南提出了新的水果技术贸易措施，印度尼西亚规定"没有取得农业部体系认证的水果必须经过严格的病虫害和残留监控检测合格后方可通关"，且其不能做到一视同仁，往往是美国货优先通关，中国则被排在最后一个梯队，滞港达

---

① 参见唐梦奇、黄韶恩、李树庆、欧海英、董英《"一带一路"背景下东盟技术性贸易措施对中国重点产品出口影响分析及对策研究》，《中国标准化》2018年第11期，第105～109、115页。

3～10天，很多农产品面临腐坏变质的危险。同时，如果入境的港口没有冷冻货位，印度尼西亚将拒绝中国水果入境①。（3）苛刻的食品包装及标签要求。东盟国家要求强制执行其规定的包装材料的材质、包装废弃物的回收处理、包装器材的结构甚至是包装的方式。出口到东盟的食品生产企业应高度重视食品标签问题。（4）个别国家清真食品的特殊要求。例如，马来西亚标准MS 1500：2009《清真食品—生产、配制、加工和储存—通用指南》是伊斯兰合作组织认可的穆斯林食（用）品国际标准，标准性质为强制性。

在机电产品方面，虽然东盟国家大多经济、科技不发达，但对机电产品技术性贸易措施的标准不低，很多机电产品规定必须满足强制性安全标准要求并取得强制性认证后才能进入市场。有些机电产品技术性贸易措施超出中国强制性规定的范围，对中国机电产品出口产生了越来越大的影响。如印度尼西亚将原电池列入"家用电器及其配件产品管制清单"，要求必须通过强制性的SNI（Standard National Indonesia，印度尼西亚国家标准）认证；但原电池在中国不属于3C（China Compulsory Certification，中国强制性产品认证）认证产品目录范围。也有些机电产品技术性贸易措施比较超前，如新加坡2011年10月开始实施"家用洗衣机强制性用水效率标签计划（MWELS）"，而中国尚未有相关规定②。随着东盟各国环保意识的不断增强，电器能效标准和资源消耗法规的实施将成为影响机电产品出口的新的重要因素。此外，为保护本国环境，东盟国家日渐完善机动车尾气排放、电子电气设备中有害物质限量和控制等法规及标准。比如，泰国于2015年通报了废弃电子电气设备及其他废弃产品法案，其中包括废弃产品管控等规定；新加坡在机动车辆排放等级方面已全面实行欧V标准，汽油动力和柴油动力汽车也于2017年9月1日和2018年开始实行欧Ⅵ排放标准③。尽管东盟已经形成区域性经贸组织，但各成员国之间的技术性贸易措施存在较大差异，有的国家甚至不认可中国的产品检验报告。

---

① 参见张旭东《食品出口"遇堵"隐形技术壁垒》，《中国食品安全报》2013年5月23日，第01版。
② 参见纪冬、任春华、林春贵《东盟机电产品技术性贸易措施分析与对策》，《检验检疫学刊》2016年第6期。
③ 参见唐梦奇、黄韶恩、李树庆、欧海英、董英《"一带一路"背景下东盟技术性贸易措施对中国重点产品出口影响分析及对策研究》，《中国标准化》2018年第11期，第105～109、115页。

（五）澳大利亚

澳大利亚的技术性贸易措施体系由技术法规、标准和合格评定组成。其中，技术法规由政府制定，强制执行；标准是技术性贸易措施体系的基础，分为强制性和自愿性要求两类；合格评定是判断产品、过程、服务是否满足标准或符合法规的过程，由技术专家进行[①]。与美国类似，澳大利亚的政府结构也由联邦政府和州政府组成，两者的法律和管理制度存在差异，这就给产品进入澳大利亚带来了不便。

澳大利亚的卫生和植物卫生标准十分严格，许多农产品都被限制甚至禁止进口到澳大利亚。澳大利亚生物安全局规定，外国动植物食品和产品进入澳大利亚前必须提出进口申请，且必须同时符合两个条件：一是澳方对其进口产品进行风险评估之后专门制定的检疫标准；二是《进口食品控制法》规定的要求。澳生物安全局将根据申请进行评估或进口风险分析，但分析评估周期长，技术规定也较模糊。

在机电产品方面，澳大利亚通信与媒体管理局根据2009年的一项决议，将原来的三项符合性标志（C - Tick、A - Tick、RCM）整合成单一的法规符合性标志RCM（Regulatory Compliance Mark，RCM = Safety + EMC + Importer Declaration），并从2013年3月1日开始（过渡期3年）规定，所有在澳大利亚销售的产品必须有RCM证书，即从2016年3月1日起，新制度将适用于所有供应商。RCM认证只能由澳洲（包括澳大利亚和新西兰）当地公司申请，进入澳洲的电子电器产品必须通过RCM认证，在产品上打上RCM编号，才能合法地进入澳洲销售。新政和RCM更改了产品分类方法，让相关企业感到不适应，并增加了额外的负担。此外，新电器法规管理委员会（ER - AC）管理的新电器设备安全系统（EESS）与ACMC在使用RMC标志的一些细节方面不完全相同，可能导致一些企业在澳境内注册时增加了执行成本并难以在短时间内迅速适应[②]。

澳大利亚每年都会颁布新的技术性贸易措施，出口企业必须及时跟踪更

[①] 参见张瀚文《技术性贸易措施体系概述》，深圳市标准技术研究院网，http://www.tbt-map.cn/mbsc_106/adlysc/adlyflfgtx/2018131/200810/t20081008_172729.html，最后访问日期：2018年1月31日。

[②] 参见张瀚文《技术性贸易壁垒》，深圳市标准技术研究院网，http://www.tbtmap.cn/mbsc_106/adlysc/jmgk_352/mybl_878/200810/t20081009_172720.html，最后访问日期：2018年1月31日。

新。如 2011 年发布针对风险食品检测的进口食品通告 07/11，区分哪些食品属于风险食品，并按照该通告对风险食品进行检验与分析；2012 年发布各类产品的进口条件；2013 年，澳大利亚 EESS（新电气设备安全系统）认证正式执行，计算机产品强制性能效要求正式生效；2014 年将"温室和能源最低标准 2014"替代了"温室和能源最低标准的决定 2012"；2015 年，修订食品原产地标签要求，国产和进口食品必须真实地反映产品生产、制作或种植的产地，以及何时"生产"和"包装"。2018 年 7 月 1 日生效的澳大利亚《产品排放标准法案 2017》规定任何进口或提供没有认证的排放控制产品的行为被视为违法，虚假或错误的产品认证同样被视为违法，违法将处以民事处罚；还规定，除非获得认证，否则排放控制产品不能进口到澳大利亚及在澳大利亚供应[1]。

四 国内破解技术贸易壁垒的经验及启示

（一）宁波市——综合服务，全方位消解技术性贸易壁垒[2]

1. 服务中国—中东欧国家"16+1"合作

继成功举办了两届中国—中东欧国家投资贸易博览会后，2017 年，宁波市推动创新发展，向宁波市人大提出了"关于组建中东欧博览事务管理局，做大做强中东欧投资贸易博览会的建议"并成立了宁波中东欧博览与合作事务局。顺应"一带一路"倡议，对中东欧国家的技术性贸易措施与标准展开研究，尤其对捷克、波兰、马其顿 3 国展开了较为深入的研究，对中东欧技术性贸易措施的研究立足于国内前沿，为我国出口中东欧的企业提供了较为准确的市场准入参考，为"16+1"经贸合作示范区的创建以及"16+1" SPS 国家咨询联络点的建立奠定了坚实的基础。

2. 服务行业，建立行业标准和国家级研究评议基地

宁波市联合宁波婴童玩具协会通过制定《儿童推车通用安全技术要求》联盟标准，推动 20 余家出口童车生产企业签署了严格生产承诺书；联合宁海文具协会、文具龙头企业参与起草与制定全国首批文教用品团体标准《包

---

① 参见广东省 WTO/TBT 通报咨询研究中心《澳大利亚发布〈产品排放标准法案 2017〉》，广东省应对技术性贸易壁垒信息平台，http://www.gdtbt.gov.cn/noteshow.aspx? noteid = 174631，最后访问日期：2018 年 1 月 11 日。
② 参见《宁波技术性贸易措施年度报告（2017 年）》。

书膜和书套》《橡皮擦》，设立了行业标准，在国内文具行业质量提升方面起到了引领作用；联合汽车零部件协会组建汽车零部件行业专家委员会，建立了汽车零部件产业公共服务平台，为相关企业提供安全生产技术、管理、人才、信息等"一站式"服务。此外，基于宁波的地方优势行业，宁海文具产品、慈溪童车和儿童汽车产量在国内所占份额巨大，文具及慈溪童车和儿童汽车安全座椅技术性贸易措施研究两大"国字头"评议基地落户宁波，这两大评议基地的落户，将发挥宁波市文具和童车行业的优势，汇聚政府、企业、协会多方资源力量，加强对国外技术性贸易措施的研究，全面帮扶企业破解国外贸易技术壁垒。

3. 服务企业，提高攻壁破垒能力

从技术的契合点着手，支撑企业转型升级。技术是企业转型升级的关键和瓶颈，宁波市抓住这个关键点，积极搭建公共技术服务平台，做企业竞争力的坚强支撑。宁波市是除了广东省及温州市以外最大的打火机生产出口基地，而欧盟的打火机 CR 禁令，让宁波市的打火机企业损失惨重，出口量大幅下降。为打破这个困局，宁波市检验检疫局迎难而上，组建的打火机实验室努力攻关，研发出全球首台台重力型打火机参数测试仪，而该实验室也成为亚太地区第一家获得欧盟保举的打火机检测机构，使宁波打火机企业足不出户就可获得欧盟市场的"通行证"，为打火机企业节省了大笔检测费用。而宁波市对玩具企业供应商原材料进行符合性调查的举措，使玩具企业不断适应欧美市场一直提升的玩具安全新要求，使有关企业的产品顺利重返美国市场，也使产品技术水平和产品标准得到了提高。

从监督管理的切入点着手，助力企业强化内部管理。为支持出口企业创建自主品牌，提高市场竞争力，宁波市在风险管理、分类管理、绿色通道、示范区建设等方面推出了一系列扶持措施。全市获得"出口免验"资格以及"出口质量奖"称号的企业产品均为独具特色的自主品牌产品。一些龙头企业已经实现从执行标准到修订行业标准、国家标准甚至国际标准的重大转变，产业竞争力不断增强。

4. 服务社会，完善信息服务

宁波市海关分行业搜集国内外预警信息，同时注重信息的原创性、时效性，对预警信息进行深入分析，跟踪国外技术性贸易措施发展的趋势和动态，并通过 WTO 技术性贸易措施资讯网及其子网、微信公众号等平台对外及时发布，成为商务部贸易救济调查局网站、第三方检测认证公司、各相关部门技术性贸易措施网站、出口企业、行业协会、研究机构重要的信息来源

和交流平台，为相关产业提供有价值的参考信息，引导企业尽快与国际标准和先进做法接轨。为解决企业对技术性贸易措施消化难的问题，宁波市组织专家针对各国层出不穷的进口产品新规定等系列法规，不断开展专题培训，甚至将培训课堂设置在码头、工厂等地，方便企业及时受训。

（二）福州市——探索优化道路，力促传统产业重获生机

受国外技术性贸易壁垒、国际经济萧条、劳动力成本提高及国内原材料价格上涨等因素的影响，福州空港家具产业集群近年来举步维艰。在此情况下，福州检验检疫局带领福州市空港辖区家具出口企业在危机中探寻生存方法，通过提升产品质量、优化产业结构等举措，传统产业获得新发展，2017年1~4月检验检疫空港出口家具达 1866 批次，共计 277.29 万件，货值达5490 万美元，比 2016 年分别增长 79.77%、87.36% 和 73.68%，创历史同期新高。

1. 大力推行出口家具检验检疫监管模式改革

福州市检验检疫局通过简政放权、放管结合的方式优化服务。通过产品风险分析、企业分级分类等举措，开展简政放权的"放、管、服"工作，同时通过推行风险管理模式改革，建立产品出口档案，根据出口国的要求确定产品风险等级，根据企业质量管理情况确定企业类别，结合产品风险和企业类别确定出口检验频次的"三定"方针，实现放管结合。这大大地减轻了企业的压力和负担，激发了企业活力，使企业的整体服务效能显著提升。

2. 大力推动企业技术贸易措施帮扶

为有效破解国外技术性贸易壁垒，福州市检验检疫一线人员每周都开展技术性贸易措施学习和宣讲活动，不断更新技术性贸易措施的知识储备。一线人员利用职务优势，根据性质分类整合检验检疫大信息和大数据技术，及时地传达技术知识给出口企业并有针对性地指导企业开展生产，从而使出口企业能够无缝对接国外市场，利用福州市邻空邻港的区位资源优势提升福州的产业资源优势，推动出口企业深度融入全球产业链和价值链。

3. 大力推动企业提高质量增加效能

加强技术指导以及日常监管，着重帮扶完善企业的薄弱环节，敦促企业改善生产环境和条件，建立健全质量管控体系，通过要求企业自检自控来落实企业的主体责任，进而提升企业出口产品的质量。敦促企业根据自己产品的特点及产品输入国家和地区对产品质量的要求，做好产品有毒有害物质项目的自检自控，并配合官方监测，以确保出口家具符合输入国家及地区要

求，有效增加家具出口量。

4. 大力推进风险信息交流和共享

通过网络通信加强家具企业间的联系，形成合力，提升整个行业的国际谈判实力及抗风险能力。搭建商会信息平台，助推企业间的帮扶协作及深度交流，帮助企业熟悉相应的国际贸易准则，发布风险预警，以使企业及时研判、充分准备，提高企业的应对水平；通过产业集群内企业的互通互助，以大企业帮扶小微企业的方式，推进小微企业求新求变，提高生存能力，进而形成大企业有作为、小企业有发展的良好格局。

（三）连云港市——精准帮扶，助力企业跨越障碍[①]

江苏澳新生物工程有限公司是生产氨基葡萄糖系列产品的国内知名企业，其产品曾远销欧洲、美国、加拿大、澳洲、日本等地，其中欧盟是主要的出口目的地，但国外技术性贸易壁垒曾使这个企业的发展深陷困境，举步维艰。

我国生产的氨糖类产品主要出口欧美，占据整个市场份额的80%～90%，因氨糖类产品不在法检目录内，所以以往出口所有国家不需要任何证书。2011年，欧盟开始设立贸易壁垒，不仅要求所有动物源性产品进行欧盟注册，还要求产品进口时必须附有检验检疫部门出具的可供人类食用的卫生证书，否则货物将被扣押、退运，不能进入市场。2011年底，欧盟将氨糖归为动物源性产品（水产类）衍生物，欧盟法规2012/31/EU修订2007/275/EC指令发布了"受边境检查站管制的动物和产品名单"，其中新增了氨糖及其占比大于等于50%的复合制品，这对我国氨糖类出口企业来说如同当头一棒，直接导致产品无法出口，使企业发展大受打击。

1. 及时决策，破壁解围

氨糖类产品生产企业发展受限的现象持续了多年，对于原因，检验检疫工作人员却并不知情，直至2016年初，连云港检验检疫局在调查连云港出口产品受国外技术贸易措施影响的情况时，才获悉澳新公司的状况。该局当即做出必须尽快解决澳新公司产品出口受阻问题的决定，并立即成立了帮扶小组。针对氨糖类产品出口欧盟受阻情况，帮扶小组分工明确，主动跟进，充

---

① 参见《千方百计解难题 江苏连云港检验检疫局助企业应对国外技术性贸易措施》，国家质量监督检验检疫总局网，http://www.aqsiq.gov.cn/zjxw/dfzjxw/dfftpxw/201707/t20170711_492867.htm，最后访问日期：2017年7月11日。

分利用技术优势帮助企业做好应对工作。除了积极收集和研究欧盟相关法规要求外，检验检疫人员还与澳新公司的管理人员一起，从氨糖类产品的生产加工特点处着手，找出存在的薄弱环节。在法规知识普及方面，检验检疫人员主动上门，给澳新公司的管理人员开展欧盟法规培训；以企业实际对照欧盟法规，对澳新公司提出改进建议，并指导澳新公司根据建议一项一项进行完善。检验检疫部门的带动及帮扶，使改造后的澳新公司内部管理井然有序，成功对欧注册，当年就顺利恢复了出口。

2. 跟踪动态，持续应对

在澳新公司恢复出口并准备扩项增量时，欧盟又先后出台了 2016/355/EU 和 2016/759/EC 号法规，对高度精制硫酸软骨素、透明质酸、其他水解软骨产品、壳聚糖、氨基葡萄糖、凝乳酶、明胶、氨基酸类产品提出新的原料控制要求，并重新制定了该产品用于人类消费的卫生证书模板。针对此次法规变化，连云港出入境检验检疫局及时对新法规和证书的要求进行了深入研究。此外，检验检疫人员一方面进车间生产线，分析质量控制关键点，另一方面深入企业原材料供应基地，帮助澳新公司进一步完善原料控制体系，将企业产品的安全质量控制提升为生产全过程预防控制，大大降低了企业的成本和安全风险，企业管理效率得到了提升，出口的新难题也随之迎刃而解。2017 年，澳新公司的出口数量不减反增，1~5 月份，公司出口欧盟的盐酸氨基葡萄糖、硫酸氨基葡萄糖、氯化钾复合盐和壳聚糖共计 48 批 367.7 吨，同比增长 4 倍多；6 月初，第一批出口欧盟的价值 8.5 万美元的硫酸软骨素也顺利通关。

（四）大连市——重视标准化工作，掌握竞争的主动权①

1. 高标准打造高质量

质量工作对促进经济转型和社会发展有着重要战略作用，而质量的基础是标准，没有高标准，就没有高质量。此外，标准还是经济和社会活动的技术依据，因此标准化工作关系经济社会发展的各个方面。鉴于此，大连市围绕地方经济社会需求，大力实施标准化战略，将此项工作作为城市发展的重要任务，不断完善重点领域标准体系建设，标准化服务地方经济社会的作用日渐显著。2014 年 11 月，大连市政府出台了《关于进一步加强标准化工作

---

① 参见《建设"标准高地"为经济社会发展提供坚强保障》，搜狐网，http://roll.sohu.com/20151214/n431152919.shtml，最后访问日期：2015 年 12 月 14 日。

的指导意见》，确立了全市标准化工作联席会议制度。为更好地推进标准化工作改革，充分调动大连市企事业单位参与制定和修订国际、国家、行业和地方标准的主动性和积极性，2015 年 6 月，出台了《大连市标准化资助奖励办法》，按年度对大连市有关单位主持标准制定及其他取得重大成果的标准化项目进行资助奖励。通过积极深入地开展标准化的鼓励和促进工作，大连市的标准化研究与服务能力持续提升，促进经济社会发展的作用日益显现。近年来，大连市参与国内外标准化活动的能力大幅提升。据统计，企事业单位制定、修订国际标准 8 项、国家标准 354 项、行业标准 383 项、地方标准 220 项，全市支柱性主导产业采标覆盖率达 80% 以上，工业企业产品标准覆盖率达 95% 以上。目前大连市已有近 30 个国际、国家标准化技术组织，大连市主要工业产品采标率、承担专业标准化组织数量、制定修订标准数以及标准化示范试点建设等标准化工作均走在东北三省前列。

2. 掌握"标准话语权"，助推行业产品打入国际市场

针对先进制造业、战略性新兴产业的快速发展，大连市积极引导企业实施以核心技术为支撑的标准战略，鼓励高新企业参与国际、国家和行业标准的制定，采用国际标准和国外先进标准，鼓励自主知识产权和科技成果向标准转化，助推产业核心竞争力的提升。目前大连市采用国际标准和国外先进标准 4073 项，占全省总数的近 1/2，全市电线电缆、互感器、化工泵、轴承、化工产品等主要产品的质量均已达到国际先进水平。

此外，大连市主导制定、修订的国际标准有大连理工大学主导制定的三项红外电热国际标准、市检验检疫专家主导制定的全球首个相关领域国际标准等 12 项，8 家企事业单位参与国际标准化组织、国际电工委员会、国际电信联盟 16 个下设技术组织工作。大连市利用优势行业技术参与国际标准制定，这成为相关行业提高市场竞争力、促进地方经济社会发展的重要手段之一，而其成功参与国际标准的制定，意味着大连市部分行业技术和标准化工作已经位居国际前列。这种由被动变主动的做法，不仅为大连市相关行业产品顺利打入国际市场铺平了道路，而且为我国相关行业打入国际市场夯实了基础。

（五）几点启示

1. 技术壁垒消解需要多方协作

从上述几个城市的经验可以看出，技术壁垒消解是一项综合性很强的工作，需要多方因素共同作用，是无法仅仅依靠一个部门或一个企业单独发力就能实现的。破解技术贸易壁垒的关键在于技术法规研究、检验监管技术研究、生产技术研究及科研攻关等方面的有机结合，也就是说检验检疫部门、行业协会、企业和科研单位是"四位一体"的利益共同体。一方面，通过技术科研攻关，提高检验检测技术水平，创新生产技术，加强检验监管力度，是打破国外技术垄断，攻克国外技术壁垒真正有效的方法；另一方面，通过检验检疫部门—行业协会—企业—科研机构四方合力协作，检验检疫部门充分发挥职能部门的主导作用，行业协会充分利用其牵头协调能力，企业充分彰显其根本的主体地位，科研机构充分施展专业性技术保障技能，形成一个自上而下的、完整的应对工作机制，从整体层面提升出口产品质量，加强技术人才储备，提高行业发展整体水平，最终促进国民经济的长足发展。

2. 技术壁垒倒逼职能部门全面提升宏观调控能力

技术贸易壁垒的外在表现一般为具体的要求、指标或者标准，实质上是对职能部门的服务、组织、管理等宏观调控能力的要求。政府应从以前的管理型政府向服务型政府转变，政府的工作目标不在于如何管理企业，企业是市场的主体，政府无法也不能一手包办，而应定位于如何为企业提供更多的帮助、支持与服务，发挥政府的宏观调控职能，进一步引导企业应对和消解技术贸易壁垒。具体来看，当企业面对技术贸易壁垒时，即便能积极应对，但是由于各国的技术法规、指标的数量繁多且不断更改，企业很难及时了解和掌握，这样的信息不对称是我国产品出口贸易企业频频遭遇国外技术贸易壁垒的主要原因之一。

从上述各城市的成功经验可以得出，相关职能部门帮助出口贸易企业已从"帮扶"转为"帮服"，除了有针对性地帮助外，更多地采取"服务+指导"的方式，建立贸易壁垒信息服务中心，及时发布各国的贸易壁垒信息以供出口企业及时查询和掌握；为出口企业提供应对贸易壁垒的各种相关服务；建立技术贸易壁垒预警机制，加强经济信息搜集特别是重点出口国家和地区的经济信息搜集，提高灵敏度。国外出现针对我国出口产品的技术贸易壁垒动向时，相关职能部门应及时向有关企业发出预警，建立与国际接轨的标准体系和与国外权威认证机构的相互认可机制；跟踪全球标准化发展动态，及时制定和调整地方、国家标准。同时，通过大连的经验可以得出，政府相关职能机构联合科研机构积极参与国际标准的制定、修订与协调活动，把我国具有先进水平的标准纳入国际标准，为地方乃至全国的相关行业产品顺利打入国际市场铺平了道路，夯实了基础。此外，大连市通过引导企业参与国际、国家和行业标准的制定，对改进产品质量和推动技术进步以及突破技术贸易壁垒起到了积极的作用。

3. 技术壁垒影响的对象是整个行业

技术壁垒主要是通过法规和标准的形式予以强制执行，因此，其影响范围并非单个企业而是整个行业，加之技术贸易壁垒的强制性特征，不会因企业的历史、规模、声誉等因素而对个别企业采取差别对待，所以无论是跨国集团还是中小型企业，都难以规避技术壁垒带来的风险和冲击。以福州市的经验为例，尽管制约空港家具产业集群发展的原因不止技术贸易壁垒这一方面，但从现实情况来看，发展停滞不前、举步维艰的不是个别企业，而是整个产业集群。对于任何一家家具企业而言，要想开发和拓展国际市场，没有捷径和侥幸可言，都需要对目标市场的技术壁垒逐一进行系统的学习和研究，并积极探寻突破技术壁垒的有效方法。另外，因为技术壁垒针对的是行业内的所有企业，但不是所有企业（尤其是小微企业）都有能力突破技术壁垒，此时行业协会就起到了举足轻重的作用，相对出口企业而言，行业协会代表的是整个行业，能够对行业内的相关企业产生积极影响，能弥补个别企业影响力的不足。其不仅仅是连接企业与政府的桥梁，更是行业的领军者、资源整合的平台，除了能帮助行业内企业规范生产制度，还能推动国内外相关企业的交流合作，在国内实现行业内上中下游企业的磋商、合作与帮扶；同时，通过加强同国际行业协会的交流与协作，学习和借鉴发达国家先进的生产技术与管理理念，最终达到为本行业打开国际市场、树立良好的国际形象的目的。

4. 应对技术壁垒的关键是企业的积极态度

对技术贸易壁垒来说，企业是最直接的受害者，更应该重视技术贸易壁垒带来的影响，在应对方法和应对形式上，都应该结合企业自身的实际情况、国内外环境，采取积极的态度正面消解技术贸易壁垒。

积极反馈信息。检验检疫部门虽然已经逐渐由管理型向服务型转变，但是面对各行各业的技术贸易壁垒，政府不可能都第一时间知晓，这时就需要企业或者行业协会在遭遇国外贸易措施限制时，及时将信息反馈给政府有关部门。如连云港的经验中，即便是江苏澳新生物工程有限公司这种国内较大的氨基葡萄糖系列产品生产企业，也早在 2011 年就遭受了欧盟的技术贸易壁垒，但是直至 2016 年检验检疫部门调查时，才知晓该问题并立即做出精准帮扶行动，从而白白遭受了 4 年多的损失。

积极提高产品质量。企业必须对技术贸易壁垒有正确的认识，对于国外的技术贸易管理措施，在看到其对我国出口造成阻碍的同时，又要注意其合理合法性，进而采取正面的、积极的态度应对。技术性贸易壁垒设置的根本原因在于，我国与出口国在产品生产技术上存在明显的差距。正因如此，努力提高我国出口产品的质量水平，弱化出口国技术贸易壁垒对我国出口企业造成的负面影响，将是企业自身最为核心的一步。企业必须加强技术创新，改变旧有的"以量取胜"和"以价取胜"的做法，不断提高自身的技术水平，并在此基础上提升自主创新能力，开发具有自主知识产权的产品，提高产品技术含量和单位产品附加值，增强出口商品的国际竞争力，实现出口效益的增长。

五　南宁市破解出口技术壁垒的思路与重点

（一）指导思想

以习近平新时代中国特色社会主义思想为指导，全面深入贯彻党的十九大会议精神，积极拓展对外贸易，培育贸易新业态新模式，推进贸易强国建设，形成全面开放新格局。结合广西壮族自治区人民政府关于培育外贸竞争新优势的决策部署，紧密联系南宁市实际，深入实施《南宁市加快外经贸发展三年行动计划（2016—2018年）》，认真落实南宁市委、市政府关于拓展"南宁渠道"功能、大力发展开放型经济等重大决策部署，主动融入国家"一带一路"建设，坚持"稳中求进"的工作总基调，努力破解出口技术壁垒，加快培育出口竞争新优势，推动南宁市对外贸易向更高质量发展，为深化拓展"六大升级"工程，全面建成"四个城市"做出更大贡献。

（二）基本原则

1. 坚持开放合作原则

充分把握中国—东盟自贸区升级的契机，建成南宁市面向东盟的国际大通道，利用东盟国家广阔的贸易市场、良好的贸易条件推动南宁市与东盟国家的经贸合作，继续加强以东盟为重点的共建"一带一路"国家的贸易往来，同时加大对拉美、非洲等新兴市场的拓展，推动形成面向国内外的全面开放合作格局，以多元化的出口市场战略合理规避技术壁垒。

2. 坚持创新驱动原则

充分认识创新在破解出口技术壁垒中的核心作用，以创新推动南宁市出口产业的升级发展，尤其是要寻求科技创新，使出口产品接轨国际标准，确立优势产品的技术标准并向国际推广，进一步增强高新技术出口企业的自主研发能力，推动传统产业向中高端迈进，提升出口产品的附加值，打造富有影响力的出口品牌，以硬实力破解出口产品遭遇的技术壁垒。

3. 坚持政府引导原则

强化政府在制定技术标准、搭建技术壁垒信息平台、解决国际贸易争端等方面的引导作用，通过科学合理的决策在出口技术壁垒的问题上化被动为主动，积极培育外贸出口的新优势，同时加强出口贸易的基础设施建设，出台优惠政策，完善口岸通关服务功能，提升出口贸易便利水平，将硬环境和软环境相结合吸引更多外贸企业来邕落户，壮大破解技术壁垒的力量。

4. 坚持统筹协调原则

当前各部门在技术标准和政策法规的制定上缺乏协调统一的步伐，容易造成政策交叉或衔接不畅的问题，导致在应对技术壁垒问题上的滞后和被动，因此需要协调各部门的力量。同时，要统筹兼顾县域外向型经济的发展，加大对县域外贸经济的帮扶力度，促进县域优势特色产品出口。此外，还要考虑到政府、行业协会和企业之间的协调与信息共享等问题。

（三）目标要求

切实增强南宁市应对出口技术壁垒的能力，提升出口贸易的质量和效益，扩大南宁市出口贸易规模，使其牢牢占据全区排头兵地位，并在全国省会城市中居于前列。力争到2020年底，建成比较健全的出口贸易技术壁垒的管理体系，初步建立与国际认证标准的互认机制，为推动南宁市出口贸易发展提供坚实保障。构建较为成熟的技术壁垒信息交流平台，完善技术壁垒预警机制，提高解决出口贸易争端的能力。深化出口贸易供给侧结构性改革，显著改善出口商品结构，实现高新技术产品的出口增长，优化贸易主体结构，扩大国有企业和民营企业的出口市场份额，增强抵御出口贸易经营风险的能力。巩固加工贸易的传统优势，促进一般贸易的提质增量，使服务贸易取得新突破，培育出口贸易新优势新模式。做强做大一批出口贸易领域的龙头企业，引导中小微企业走"专精特新"、与大企业协作配套发展的道路，打造外贸产业集群。引进和培养一批既有产业研究背景，又有丰富的国际贸易经验的专业人才队伍，为破解技术壁垒提供智力支持。

（四）重点任务

1. 强化政府引导职能

首先，政府要加大谈判力度，积极参与双边或多边贸易谈判，以及国际技术标准的制定；建立与国际接轨的认证认可体系，以及与国外权威检测、第三方认证机构的互认机制，减少出口企业多个国家重复认证的麻烦，降低出口企业检验认证的成本；同时要充分利用 WTO《技术性贸易壁垒协议》中的非歧视原则、国民待遇原则和发展中国家差别待遇原则等争端解决机制，公平解决贸易摩擦，维护出口企业的合法权益。其次，政府应完善技术壁垒预警机制，如借鉴上海、广州、苏州等发达地区的做法，搭建国际贸易技术壁垒信息服务平台，定期搜集并发布国外的技术壁垒信息，设立专职机构研究出口贸易技术限制措施，提出解决方案并推广执行，让企业能够及时掌握国外市场的技术法规和检验标准，减少因技术壁垒导致的出口利润损失。最后，政府需建立完备的出口服务体系，加大宣传力度开展最新出口技术壁垒、类别、技术标准等相关培训，尤其是要加强对中小微企业的技术指导和宣讲培训；建立公共检测服务平台，为企业提供高效便捷的检验检测服务，解决企业在检验检疫环节的认识不足等问题，指导企业参与国际质量保证体系认证、产品认证以及其他质量认证，使产品顺利出口。

2. 发挥行业协会桥梁作用

首先，行业协会要参与组织制定行业技术标准和行业生产规范，行业协会要学习国外的先进经验，加强与国外行业协会的交流，积极参与国际标准的制定，争取在具备技术领先优势的行业确立自己的技术标准并使之成为新的国际标准，帮助本市的出口企业在国际上夺得话语权。同时，行业生产规范可以促进企业合法经营、安全生产，推动企业创新生产技术，提高出口产品的技术含量和附加值，减少技术壁垒导致的贸易摩擦。其次，行业要配合政府部门建立技术壁垒预警机制，打造一支熟悉国际贸易规则、具有丰富实战经验的专业队伍，对搜集到的技术壁垒信息进行分析加工再发布使用，行业协会在跟踪国际技术壁垒动态、掌握行业信息等方面比政府部门更具优势，可以通过加强与驻外机构、国外经销商的沟通和交流，主动获取国际贸易技术措施的最新要求，及时发布预警信息和解决方案，帮助出口企业快速高效地破解技术壁垒。最后，行业协会要拓宽咨询和培训的渠道，利用多元化媒体加强信息的传递与交流，如出版行业内部有专门的杂志供企业订阅，详细介绍最新技术壁垒的实施时间、所属类型及解决方法供企业参考，还可建立行业技术壁垒信息交流的微信公众号，开通在线课程、在线咨询、在线预约、自助服务等功能，降低企业"鞋底成本"，帮助企业跨越技术壁垒。

3. 增强企业主体意识

首先，企业要增强对技术壁垒的认识，改变过去事前没有预防、事后不知所措的被动局面，要接轨国际标准进行生产加工，增强环保意识、安全意识、质量意识，积极参与国际安全质量认证、产品合格认证。同时，企业要建立自己的技术壁垒预警机制，借助政府和行业协会搭建的信息平台，充分搜集有关自身产品出口的信息和资源，做好遭遇技术壁垒的预案，提高解决贸易争端的能力。其次，企业要练好"内功"，树立国际化的生产经营理念，通过提升产品的质量和技术含量，来提高出口品牌的知名度和信任度，当面临国外技术壁垒时，企业要加强经营管理，以自主创新为驱动，提高产品的竞争力，不断摸索高端化生产和绿色生产，积极应对技术壁垒带来的负面影响，推动南宁市的出口贸易产业向高端产业链升级优化。最后，企业要实现目标市场的多元化，针对不同的目标市场并结合自身实际提出切实可行的应对措施。有实力的大型企业可以同时应对不同国家不同的技术壁垒标准，对自己提出高于进口国的技术标准要求，根据客户的需求及时调整产品策略，更好地应对贸易摩擦；而实力较弱的中小微企业往往难以承担不同技术标准、重复交叉认证的资金成本和时间成本，可根据搜集到的信息资源进入适应自身技术标准的目标市场，降低技术壁垒带来的成本。

4. 统筹协调，凝聚各方力量

首先，建立与国际标准接轨的认证认可体系离不开政府部门之间的协调配合，产品出口涉及多个部门的管理制度和技术法规，容易造成重复性认证问题，导致政策交叉或者衔接不上，增加了企业成本，因此食药监局、质监局、检验检疫局（海关）等部门可共同搭建一站式服务平台，为企业提供更便利的技术支持和政策指导，同时有利于凝聚力量，协同行业协会加快与国外权威检测、认证机构的谈判进程。其次，统筹南宁市各县（区）的力量，加快发展外向型经济，通过县（区）的团结协作培育优势产业，通过巩固提升传统优势、培育新兴业态打造出一批区内有影响、国际上有特色的龙头企业，壮大破解出口技术壁垒的力量。最后，必须加强政府、行业协会和企业之间的协作交流，进一步明确政府的引导职能，发挥企业的主体作用，行业协会要做好配合政府、服务企业的桥梁工作，技术性贸易壁垒问题不是仅靠政府或者企业的单一力量便可解决的，三者要共同完善预警机制、搭建信息交流平台，及时宣传贯彻技术壁垒的新规新策，并商讨应对预案，企业要积极主动参加政府和行业协会的交流活动，政府和行业协会也要增强信息的加工和传递能力，帮助企业培训人员，提高企业人员的技术素质和应对争端的能力。

六　南宁市破解出口技术壁垒的对策建议

我国已经进入新时代，综合国力快速提升，"一带一路"倡议应者云集；

中国—东盟博览会日益红火，广西与东南亚乃至世界各国的经贸往来日益频繁，"南宁渠道"全面升级，在此背景下，南宁市企业和产品走出去的步伐正在加速。经济全球化虽然是时代的主旋律，但逆经济全球化也有所抬头，地区贸易保护主义仍然多发且更加隐蔽。可以预见，未来南宁市出口企业和产品遭遇的技术壁垒将明显增加、影响更加深刻。为此，必须把防范、应对技术壁垒工作摆上重要议事日程，政府、企业、科研机构、中介组织应通力合作，及时总结经验教训，未雨绸缪提前研判，更加有效地破解出口技术壁垒，做大做强南宁市外向型经济。

（一）加强技术壁垒研究，建立健全快速反应机制

熟练掌握技术壁垒、贸易规则的内容、形式、技巧等，是破解出口技术壁垒的关键所在。为此，要把加强技术壁垒研究放在破解技术壁垒工作的首位，政府、企业、科研机构、行业组织等各自发挥优势特长，强化技术壁垒研究，注重国际贸易规则学习研究，注重相关文化研究，建立健全技术壁垒快速反应机制。

1. 强化技术壁垒研究

一是充分发展中国—东盟博览会举办地"南宁渠道"的优势，加强东盟国家技术性贸易措施与标准的研究，在全国形成"东盟技术性贸易措施研究看南宁"的影响，为企业出口东盟提供市场准入参考。

二是深入开展对外贸易环境、贸易摩擦等方面的研究，对南宁市主要出口产品遭遇技术壁垒的案例以及新国际形势下国际贸易的环境、政策、发展趋势进行研判，为应对可能出现的贸易摩擦提供智力支持和理论支撑。

三是搜集国内外类似地区、类似产品在破解技术壁垒方面的好做法、好经验，结合本地实际情况进行深入研究，形成有价值的借鉴建议，避免走弯路。

2. 加强国际贸易规则学习研究

一是加快普及国际贸易基础知识。针对不少企业特别是出口型企业对国际贸易规则基础知识了解较少、掌握不多的问题，社会各界要共同努力，充分运用学校培训、网络培训、企业宣传板报、企业内刊内网、"两微一端"、手机短信等多种平台和途径，开展有效的宣传普及活动，让企业员工尤其是管理层系统掌握国际贸易基础知识，厘清关税壁垒、技术壁垒、绿色壁垒、蓝色壁垒等的区别及不同的应付方式，正确区分进口产品标准、产品包装标准、卫生检疫标准及产品认证标准的异同，增强运用贸易规则解决问题的意

识和能力，强化对技术壁垒的敏感性、研判的正确性、决策的科学性。

二是重点研究学习世贸组织规则。WTO 是当今世界最大的多边贸易组织，我国加入 WTO 之后，其贸易规则成为我国对外贸易最主要、最常用的规则。世贸组织制定了《技术性贸易壁垒协议》，WTO 成员就农业和工业产品使用贸易技术壁垒的约束纪律达成一致，为此，在应付技术壁垒时，要做到熟练掌握这一协议，合理运用这个协议，打破技术壁垒的限制，推动更加公平的贸易体系的建立。

三是积极研究学习其他有关经济体的贸易规则。每一个国家、经济体，都有着与世贸组织不同的贸易规则。在了解掌握世贸组织规则的同时，也要研究学习南宁市主要出口对象的贸易规则，厘清其贸易规则的特殊规定和特别要求，积极探讨应对办法。

3. 注重文化研究

有些技术壁垒并非简单的技术措施，而是与制定壁垒的国家的文化有紧密关系。在应对技术壁垒时，也要注重对相关国家文化的研究，深入挖掘技术壁垒后面的文化背景因素，企业在产品规划、设计时，要充分考虑目标客户所在地区的文化背景、生活习俗，加深对由此衍生出来的法律、标准等的理解，从而提出更为有效、影响更为深远的破解技术壁垒的措施。

4. 政府加强引导支持

一是宣传上引导支持。相关政府部门应发挥政策上的便利，继续加大宣传力度，利用各种方式特别是电子媒介通报最新技术贸易限制措施、类别、技术指标等，搭建信息平台，开展技术宣讲和培训，让企业明确了解这些技术标准对于企业发展的重要性，从而增强企业主动提高产品质量的积极性。每个季度或每半年定期组织企业了解近期发生的案例及解决方法，并针对问题，出版专门的杂志供企业订阅。

二是技术上引导支持。检验检疫机构提供技术上的支持，联合有关行业协会和商会，加强信息交流和传递，为企业产品技术升级及创新提供必要的指导，帮助企业培训人员，提高企业人员的技能。推动建立国家级公共检测服务平台，为企业提供高效便捷的检验检测服务。

三是资金上引导支持。一些技术壁垒标准苛刻、认证手续繁杂，企业要花费高昂的检测费用，这直接增加了产品出口的成本，削弱了出口产品的国际竞争力，使企业失去了许多贸易机会。对此，政府可以从做大出口经济出发，出台具体的财政补贴、研发补助等政策，帮助企业降低成本，稳定出口市场，保持市场竞争力。

(二) 强化自主发展能力，提升出口产品质量

技术壁垒一般是发达经济体利用技术优势对发展中国家采用的贸易保护手段。从技术壁垒的产生过程来看，生产技术上的超越虽然不是解决技术壁垒的唯一手段，却是不可忽视的重要途径。

1. 加大技术创新和引进力度

一是大力推进自主创新。出口型企业应更加注重技术创新，在研发上投入更多的人力、物力和资金，积极研制含有高品质专利技术的产品，生产出符合或超越市场技术要求的产品，通过提高产品档次或质量来跨越技术壁垒，提高国际竞争力。集中优势资源，重点扶持对全市出口增长有较强带动作用的企业，深挖龙头企业出口潜力，促进企业转型升级，夯实进出口稳增长的基础。发挥各级外经贸专项资金的政策叠加效应，支持外贸实体企业发展，积极组织企业申报资金项目，帮助企业进一步降低融资、物流成本；鼓励和支持外贸实体企业加快技术创新、培育自主品牌和建立国际营销网络，增强国际竞争力。积极推进品牌发展战略，支持外贸企业培育自主品牌，继续推荐南宁市外贸优势企业参加出口名牌评审。加大对出口名牌的推广力度，支持企业国际商标注册、认证及加快境外营销网络建设步伐。

二是大力引进先进技术。在自主研发的同时，还要通过合作、合资、技术转让、企业并购等形式积极引进国外先进的生产技术，学习借鉴发达国家的先进技术和管理经验，提高生产水平并有效提高产品的质量标准，不断提升应对技术壁垒的技术水平。

2. 深入开展"外贸转型提质"工程

一是升级外贸出口重点开发区和基地。以南宁市高新技术产业开发区、南宁市经济技术开发区、广西—东盟经济技术开发区三个国家级开发区作为先导区和示范区，实施创新驱动发展，积极承接东部产业转移，重点培育一批出口额在一千万美元以上的企业，形成稳定的外贸增长主体，促进外贸结构转型升级。在南宁市已获评国家级出口罗非鱼质量安全示范区（西乡塘区）和自治区级电子信息科技兴贸创新基地的基础上，升级转型广西农垦良圻良种猪场等一批富有南宁特色的出口产品基地。

二是推动县域外向型经济加快发展。加强对县域外贸企业的调研和督导力度，支持创建县域外贸孵化基地，开展外贸企业培训帮扶，促进优势特色产品扩大出口。协助县域生产企业与外贸综合服务企业建立联系，促进双方合作，依托外贸综合服务平台带动县域企业开展自营进出口业务，助力县域

外向型经济发展。积极指导县区盘活存量，推动铝制品、农产品和编织及藤铁工艺品等本地特色产业加快内外贸一体化发展，充分发掘增长潜力。对重点外贸企业落实"一企一策"，在通关便利、市场开拓、出口信用保险等方面给予重点扶持。

三是鼓励发展外贸新产业、新模式、新业态。加快建设外贸综合服务平台，重点推进广西—东盟区域（南宁）外贸一体化综合体通关提速工程，加快"关、检、汇、税、商、物、融"一体化综合服务体系建设，逐步打造具备报关、融资、保险、结汇、退税等一站式外贸全流程服务功能的国际贸易"单一窗口"，有效降低企业的贸易成本，提高中小微企业出口竞争力。

3. 深入实施"第二轮加工贸易倍增计划"

一是完善配套政策。认真贯彻落实《国务院关于促进加工贸易创新发展的若干意见》（2016）精神，进一步完善《南宁市加快加工贸易产业发展的若干措施》等政策配套，继续对加工贸易梯度转移项目实行政策优惠。发挥三个国家级开发区和南宁市其他重点工业园区的示范带动作用，依托南宁市综合保税区的政策优势，进一步扩大加工贸易规模，鼓励加工贸易企业加速向技术密集型、资本密集型转变。重点发展电子信息、生物医药等高新技术产业，提高和增加加工贸易的质量和效益。

二是加大招商引资力度。强化由市领导带队赴东部地区开展加工贸易专题招商的工作机制，加大招商引资力度，主动承接珠三角地区产业转移，力争一批新企业落地发展。创新加工贸易招商引资模式，鼓励以商招商、实施精准招商，积极承接东部产业梯度转移，实现引资规模与质量并重提升。

三是抓好园区平台建设。推动加工贸易产业向产业园区集聚发展，重点打造以南宁市高新区、南宁市经开区为重点的加工贸易示范园区，争取将经开区、江南工业园区列为自治区加工贸易重点园区。围绕富士康等加工贸易龙头企业，着重引导配套协作企业集聚发展，逐步形成产品配件和工艺配套的完整供应链，提高加工贸易出口产品的本地化程度，带动本地企业发展。深入推行加工贸易电子联网审批及监管，助力企业提高生产效率和通关效率。完善加工贸易上下游产业链，围绕富桂精密等龙头企业，着重引导配套协作企业集聚发展、优化布局，逐步形成产品配件和工艺配套的完整供应链，提高出口产品的本地化程度，带动本地企业发展。

4. 保持进出口扶持政策的稳定性和连续性

加大南宁市涉外经济发展专项资金扶持力度，鼓励企业巩固传统市场、拓展新兴市场、培育潜力市场，确保外贸进出口整体保持稳健增长。进一步强化外贸进出口目标责任制，继续将进出口指标纳入绩效考核体系，及时检查督促各县（区）围绕全年目标任务积极有效地开展外贸相关工作。

（三）开拓多元出口市场，规避技术壁垒

美国、日本、欧盟等发达经济体，是技术壁垒的主要发起者。为此，要加强对新兴市场的开拓力度，不断扩大南宁市出口产品的国际市场覆盖面，使出口市场多元化，减少技术性贸易措施带来的市场风险，争取在国际市场竞争中占据有利地位。

1. 大力开拓新兴市场

进一步优化贸易市场结构，支持企业深度开拓中国香港、中国台湾、美国、欧盟等传统市场，广泛开拓非洲、南美、中东等新兴市场，深耕共建"一带一路"国家和地区，积极发展以东盟为重点的共建"一带一路"国家的进出口贸易，巩固和提高"一带一路"市场在南宁市外贸中所占比重。

2. 充分利用进出口展会平台

一是用好中国—东盟博览会的平台。自2004年举办第一届以来，中国—东盟博览会已经在南宁市成功举办了15届。中国—东盟博览会推动南宁市对外经贸合作迈上了新台阶，使"南宁渠道"影响力日益增强。如2018年9月举办的第15届中国—东盟博览会和中国—东盟商务与投资峰会，盛况空前，在4天的展会时间里，有2780家企业参展，开设了6600个展位，有8个东盟国家包馆，开展了91场经贸促进活动。南宁市应注意发挥作为中国—东盟博览会永久举办地的独特优势，更多地组织本地企业参展，积极向世界各国推介企业和产品，不断开拓新市场。

二是积极参加其他展会活动。根据南宁市产业特点和产业优势，继续组织企业参加中国进出口商品交易会（广交会）、中国—东盟博览会境外展、中国广西（德国）商品博览会等重点展会，加大力度为企业争取更多的外贸发展机遇，以新的市场增量带动进出口增长。引导企业借助中新互联互通项目南向通道建设、中欧班列常态化运营的契机打开进出口贸易的新局面。

3. 提高贸易便利化水平

一是加强涉外经济各部门间的协作。充分发挥南宁市对外贸易联检部门联席会议机制作用，指导督促全市对外贸易各项工作，全面巩固关检合作"三个一"的通关模式改革成果，深入推进口岸"信息互换、监管互认、执法互助"，提升协同服务水平，共同研究解决全市外贸发展的重大问题。加快南宁市口岸服务体系的建设，加快推进南宁市保税物流中心向综合保税区

过渡，积极推进大通关及电子口岸建设，加快口岸服务设施建设。大力引进外贸综合服务企业，切实提高贸易便利化水平。强化市、县（区）上下联动、分片包干、齐抓共管的工作机制，引导属地企业开展自营进出口，减少进出口货源流失，吸引更多外向型企业落地发展，夯实外贸增长基础。

二是抓好外经贸政策落实。继续加大外经贸政策支持力度，重点改善外贸公共服务，优化对外贸易结构和布局，发展加工贸易；支持出口品牌培育、产品和服务质量提升及国际营销网络和境外服务机构建设；推动电子信息、机械、农产品、工艺品等本地优势产业加快内外贸一体化发展；努力引导企业开展自营进出口，支持外贸综合服务企业发展；吸引外埠企业落户，开展进出口业务，重点培育一批进出口额在1000万美元以上的企业，形成外贸增长的新动力；继续巩固外贸传统优势，加快培育竞争新优势，实现南宁市对外贸易持续健康发展。进一步优化外贸进出口主体结构，重点做强亿元领军型企业，扶持壮大一批千万元成长型企业，引导发展百万元潜力型企业。积极帮助企业争取国家、自治区的政策扶持，在企业融资、境外商标注册、境外收购技术和品牌、国际市场考察、出口信用保险等方面给予企业相关支持，进一步提高外经贸资金项目财政审批拨付效率，使企业充分享受到政策优惠和便利。

（四）加强地区横向协作，组建优势产业出口联盟

技术壁垒往往是一个经济体针对其他经济体制定的贸易保护措施，单个企业、单个城市往往由于实力有限，很难独自应对技术壁垒。建立健全地区合作机制，加强地区横向协作，组建优势产业和产品出口联盟，可以更为有效地破解技术壁垒。

1. 加强跨区域外贸行政协作

南宁市政府和各相关部门，要根据南宁市主要出口产品类型，加强与其他有同类产品出口城市的沟通与协作，在遇到技术壁垒时，及时采取应对措施，提高破解技术壁垒的能力。

2. 加强跨区域行业协作

当前由单个企业来搜集关于国际技术壁垒的信息难度极大，而行业协会可以较好地解决企业面临的这一难题。因此，应积极支持本市主要出口产品的行业组织与其他相关城市、城区的行业组织建立跨区域的行业组织，开展跨区域行业协作。跨区域行业组织着重搜集本行业的贸易资讯，当获得国外技术壁垒信息时，应立即将信息发至下属的行业组织、企业，实现信息的传

递和共享。跨区域行业组织还要发挥好行业组织协调职能，针对本行业的一系列情况进行研究和对外交流，建立良好的贸易预警机制，及时向企业和有关部门提供国内外市场的动态、策略研究数据和分析报告，为企业的生产经营提供决策依据，协助政府和企业在国际贸易规则范围内与其他成员协商解决各种贸易争端。

3. 加强专利技术成果的协作共享

在当代国际经济竞争中，没有核心专利技术的出口企业很难在竞争激烈的全球市场中存活，而即使是生产同一种产品，不同企业也会有自己独特的专利技术。但专利的分别所有，容易导致一些行业出现恶性竞争。因此，可以依托行业组织，推动不同地区生产同类产品的企业成立专利池联盟，联盟内的企业之间互相授权使用专利，通过专利分享来打破其他国家对我国相关产品设置的专利壁垒，从而实现资源共享，共同推进产业的发展。

（五）积极参与出口技术标准制定，化被动为主动

随着我国综合经济实力和科学技术水平的快速提升，我国在世界经济体系中的地位越来越重要，在一些领域的产品国际技术标准制定中享有越来越多的话语权。这为南宁市积极推动国家出口技术标准的制定提供了更有利的条件。

1. 推动出台新的国家标准

国家标准的制定能够营造良性、规范的产业发展环境，如此才能促进技术研发的良性循环和行业的健康发展。对于一些尚未制定国家标准的出口产品，可以吁请国家有关部门加快制定国家标准，并为制定国家标准提供翔实的数据资料，让南宁市更多的制造技术成为国家标准。

2. 推动建立国际化的技术标准

积极推动国家建立国际化的技术标准，在国际标准的制定过程中加入中国元素甚至是南宁元素，把本国标准推向世界并为各国所认可，从而使出口产品能够突破技术壁垒的限制，实现可持续发展。

3. 推动建立与国外权威检测、认证机构的互认机制

出口企业普遍期盼我国尽快与国际社会达成检测报告或认证的互相认可，以减少企业经营的直接成本和时间成本。对此，南宁市相关政府部门和行业协会应积极作为，恳请国家相关部门加强与国外相应机构的沟通协调，让国际社会认可中国有关机构的注册或认证，如国家市场监督管理总局出具的注册证、国家质检总局出具的特种设备设计和制造许可证等，减少企业开

拓国际市场所需要的各种重复性认证，以降低企业成本，使产品更加快捷地进入国外市场。

4. 加强标准化建设，掌握贸易主动权和话语权

大力实施标准化战略，发挥标准的技术基础作用，完善重点区域标准体系建设，掌握出口贸易的主动权和话语权。一是应出台南宁市"关于进一步加强标准化工作的指导意见"，支持鼓励企事业单位参与制定修订国际、国家、行业和地方标准，支持企业创新发展。二是引导企业实施以核心技术为支撑的标准战略，积极采用国际标准和国外先进标准，推动产业转型升级，增强企业发展的核心竞争力。三是建议出台"关于南宁市加快优化出口贸易工作的指导意见""关于进一步优化南宁市出口贸易的资助与奖励办法"等，推动南宁市出口贸易及企业蓬勃发展。

参考文献

陈维涛、王永进、毛劲松：《出口技术复杂度、劳动力市场分割与中国的人力资本投资》，《管理世界》2014 年第 2 期，第 6~20 页。

邓雪琴：《技术性贸易壁垒的经济和贸易效应》，博士学位论文，暨南大学，2014。

邓雪琴：《欧盟对中国技术性贸易壁垒实证分析》，《企业经济》2014 年第 1 期，第 157~160 页。

杜凯、蔡银寅、周勤：《技术壁垒与技术创新激励——贸易壁垒制度安排的国别差异》，《世界经济研究》2009 年第 11 期，第 57~63 页。

杜运苏：《出口技术复杂度影响我国经济增长的实证研究——基于不同贸易方式和企业性质》，《国际贸易问题》2014 年第 9 期，第 3~12 页。

何解定：《中国突破农产品出口技术壁垒的对策研究》，《社科纵横》2009 年第 12 期，第 28~30 页。

胡涛：《新常态下苏州对外贸易发展的挑战与机遇》，《北方经贸》2018 年第 3 期，第 21~22 页。

黄宗海：《中国—东盟经贸往来中的广西：现状、问题、对策研究》，《学术论坛》2016 年第 7 期，第 48~53 页。

李芳：《农产品出口型技术性贸易壁垒的统计测算》，《统计与决策》2017 年第 7 期，第 85~88 页。

刘建华：《基于公共选择的技术性贸易壁垒形成机制论析》，《中国商贸》2011 年第 10 期，第 183~184 页。

刘瑶、王荣艳：《技术性贸易壁垒的保护效应研究——基于"南北贸易"的 MQS 分析》，《世界经济研究》2010 年第 7 期，第 49～54、88 页。

罗来军、罗雨泽、刘畅、赛利什辛格·冈内塞：《基于引力模型重新推导的双边国际贸易检验》，《世界经济》2014 年第 12 期，第 67～94 页。

邱斌、闫志俊：《异质性出口固定成本、生产率与企业出口决策》，《经济研究》2015 年第 9 期，第 142～155 页。

舒杏、王佳、胡锡琴：《中国企业对"一带一路"国家出口频率研究——基于 Nbreg 计数模型》，《国际贸易问题》2016 年第 5 期，第 82～93 页。

宋明顺、赵志强、张勇、熊明华：《基于知识产权与标准化的贸易技术壁垒——"国际贸易技术壁垒与标准化问题"研讨会综述》，《经济研究》2009 年第 3 期，第 155～158 页。

陶伟：《技术性贸易壁垒的经济学分析》，《中国商贸》2011 年第 32 期，第 223～224 页。

田野青：《国际商品流通服务贸易的显性和隐性壁垒探索》，《山东财政学院学报》2007 年第 3 期，第 69～71 页。

王孝松、施炳展、谢申祥、赵春明：《贸易壁垒如何影响了中国的出口边际？——以反倾销为例的经验研究》，《经济研究》2014 年第 11 期，第 58～71 页。

王亚星、李峰：《如何跨越贸易壁垒——基于出口技术复杂度视角的研究》，《国际商务研究》2018 年第 1 期，第 30～43 页。

王有鑫：《征收碳关税对中国出口贸易和国民福利的影响——基于中美贸易和关税数据的实证研究》，《国际贸易问题》2013 年第 7 期，第 119～127 页。

卫龙宝、杨金风：《TBT 规则及其对我国农产品出口影响的研究综述》，《农业经济问题》2004 年第 11 期，第 12～19 页。

魏浩、李晓庆：《中国进口贸易的技术结构及其影响因素研究》，《世界经济》2015 年第 8 期，第 56～79 页。

魏炜：《甘肃省对外贸易发展面临的困境及对策》，《农村经济与科技》2018 年第 4 期，第 71 页。

徐维、贾金荣：《涉农行业技术性贸易壁垒的技术进步效应研究》，《科技进步与对策》2012 年第 10 期，第 60～64 页。

许欣然：《"一带一路"区域经济带贸易合作问题研究》，《纳税》2017 年第 27 期，第 115～116 页。

姚亚玲：《技术性贸易壁垒对中国出口贸易影响的实证研究》，硕士学位论文，东华大学，2014。

易攀：《"一带一路"战略下我国农产品对外贸易发展问题及对策探析》，《中国集体经济》2017 年第 26 期，第 76～77 页。

张建中、梁珊：《后危机时代中国对外贸易发展趋势及其政策措施》，《云南财经大学学报》2011 年第 6 期，第 44 ~ 48 页。

B. Xu, "Measuring the Technology Content of China's Exports," Working paper at China Europe International Business School（CEIBS），2006（10）.

Disdier, Anne – Celia, and Frank van Tongeren, "Non – Tariff Measures in Agri – Food Trade：What Do the Data Tell Us? Evidence from a Cluster Analysis on OECD Imports," *Applied Economic Perspectives and Policy* 32（2010）：436 – 455.

Fontagne, Lionel, Gianluca Orefice, Roberta Piermartini, and Nadia Rocha, "Product Standards and Margins of Trade：Firm Level Evidence," CESifo Working Paper Series No. 4169, March 31, World Trade Organization, 2013.

K. Bagwell & R. W. Staige, "What do Trade Negotiators Negotiate about? Empirical Evidence from the World Trade Organization," *The American Economic Review* 101（2011）.

L. Castro, "Fixed Export Costs and Export Behavior," *Southern Economic Journal* 8（2016）.

Mangelsdorf & Axel, "The Role of Technical Standards of Trade between China and the European Union," *Technology Analysis* & Strategic Management 23（2011）：725 – 743.

José de Sousa, Thierry Mayer, and Soledad Zignago, "*Market Access in Global and Regional Trade*," Regional Science and Urban Economics 42（2012）：1037 – 1052.

Z. Wang and S. J. Wei, What Accounts for the Rising Sophistication of China's Exports? *Chicago：University of Chicago Press*, 2010.

（南宁市社会科学院课题组）

课题组组长：李君安
课题组成员：陈展图　吴寿平　杨　彧　丁浩芮
　　　　　　申鹏辉　冯　畅　蓝梦芬

南宁市铝产业品牌战略研究

铝在工业界被誉为万能金属,是当今建筑、交通运输、电力、航空航天、军工、冶金、机械、工艺美术等行业不可或缺的原料。我国是全球最大的铝材生产国和消费国,随着铝材出口退税政策的调整和差别电价政策的进一步落实,我国铝工业的产业结构及进出口结构将发生巨大变化。广西发展铝加工工业有原料优势和后发优势,为加快推进广西铝产业"二次创业",把南宁市打造成为我国重要的高端铝产业基地,2018年7月印发了《广西壮族自治区人民政府办公厅关于印发南宁高端铝产业基地建设行动计划(2018—2022年)的通知》①,从强龙头、补链条、聚集群、抓创新、创品牌、拓市场等方面着力打造南宁市铝产业,以高质量高科技高创新"三高"为目标,打造"一平台两主体五集群"。在此背景下,把南宁市建设成国内领先、西南最大、具有市场引导力的铝精深加工制造基地和"中国铝加工之都"的品牌集群地,把南宁市铝产业品牌推向全国并使其走向世界,是南宁市发展铝产业的重点和难点。本文通过分析南宁市铝产业品牌发展的成效、存在的问题,客观界定南宁市铝产业品牌发展战略的目标和主要任务,提出南宁市铝产业品牌发展的战略措施。

一 相关概述

(一) 品牌的内涵及特征

1. 品牌的内涵

品牌在英语中的对应词是"brand",源于古挪威语"brandr",最初的含义是"打上烙印"。通俗地讲,品牌就是产品的牌子。狭义的"品牌"是一种具有对内对外两面性的"标准"或"规则",是通过对理念、行为、视觉、

---

① 参见《广西壮族自治区人民政府办公厅关于印发南宁高端铝产业基地建设行动计划(2018—2022年)的通知》(桂政办发〔2018〕85号)。

听觉四方面进行标准化、规则化,使之具备特有性、价值性、长期性、认知性的一种识别系统的总称。广义的"品牌"是具有经济价值的无形资产,是用抽象化的、特有的、能识别的心智概念来表现其差异性,从而在人们的意识中占据一定位置的综合反映。[①] 品牌最持久的含义和实质是其价值、文化和个性,品牌是企业或品牌主体(包括城市、个人等)一切无形资产的浓缩,而"浓缩"又可以特定的"符号"来识别,它是主体与客体、主体与社会、企业与消费者相互作用的产物。本文侧重于研究南宁市如何提升铝产业品牌影响力,通过打造产品品牌、企业品牌、区域品牌来扩大市场占有率,加速产业科技创新,使铝产业品牌成为南宁市工业强市战略的有力推手、工业品牌的金字招牌,实现铝产业长期、稳定、高质量发展。

2. 品牌的特征

(1)品牌的差异化

品牌的特征和优势是品牌核心价值的体现,而品牌价值是由其功能、质量和价值要素组成的。优秀的品牌在载体方面表现较为突出,如"麦当劳"商标中的黄色拱形"M"会呈现一种独特的视觉效果,这即是它高度识别化的效果表现。

(2)品牌是无形资源

品牌不像物质资产那样用实物形式来表现,但可以凭借优势不断获取利益,使企业的无形资产迅速增大,资本内蓄力不断增强,产业不断发展完善。品牌是人们对产品背后附加的无形价值的一种认可和信赖,只有经过市场的检验和认可,品牌才能产生应有的价值。

(3)品牌具有外溢性

品牌能促进价值的渗透和外溢,可以帮助企业利用品牌资本进行扩张,甚至可以拓展到其他行业,如华为技术有限公司从最初的交换机行业拓展为手机行业。

(4)品牌的外部功能性强

品牌不仅具有经济功能,还具有社会功能和文化功能等外部功能,如格力集团、联想集团等中国著名企业就具备一定的社会、文化等外延性功能。

(5)品牌建设的历史性

品牌是可以人为打造的。只有少数品牌在激烈的市场竞争中生存下来,

---

① 参见刘群、陈亦钦《品牌》,百度百科,https://baike.baidu.com/item/%E5%93%81%E7%89%8C/235720?fr=aladdin,最后访问日期:2018年9月19日。

成为某一行业的代表，如手机中的苹果、华为等，而诺基亚、摩托罗拉等已退出市场。工匠精神和创新精神是品牌得以生存和发展的关键要素。

总之，品牌是经过时间及市场等多方检验的一种成熟的经济体，它具有持久的生命力和核心竞争力。大力发展具有自主知识产权、国际竞争力的品牌，充分发挥和利用品牌资源优势，调整和优化城市产业结构、提升企业及区域的国际知名度、转变城市发展方式，为经济社会持续发展提供不竭动力，具有重大战略意义。

（二）南宁市品牌发展概况

当前，品牌的国际竞争日趋激烈，已逐步从企业之间的竞争上升为城市甚至是国家之间的市场竞争，为加速推进中央企业转型升级，更好地实施中央企业品牌战略，2013 年 12 月，国资委研究制定了《关于加强中央企业品牌建设的指导意见》。广西计划于 2018 年底，在全区有条件和基础较好的高新技术产业园区、商标品牌集聚区建设 5 个以上具有广西特色、符合区域经济发展目标的自治区级商标品牌创业创新基地和 1 个国家级商标品牌创业创新基地。其中，南宁、崇左、钦州三个市出台了商标品牌创业创新基地建设实施方案。

"十三五"时期，南宁市经济发展将步入转型升级加速阶段，品牌建设面临着新的机遇和挑战，为更好地实施商标品牌战略，根据《南宁市建设广西商标品牌创业创新（南宁）基地实施方案》的要求，广西商标品牌创业创新（南宁）基地规划建设于高新区。基地以高新区特色产业为依托，以商标注册便利化改革为突破口，以商标品牌提质增量为宗旨，以商标品牌有效运用和依法保护为重点，以大力提升南宁市商标品牌竞争力为目标，推动形成以高新区为核心、联动全市商标品牌特色区域的"1 + N"双创空间格局。

为深入实施商标品牌战略，推进商标品牌战略示范市建设，加快商标品牌创业创新（南宁）基地建设，2018 年 9 月，南宁市确立了商标品牌战略实施工作联席会议制度，联席会议由工商、科技、商务、质监等 31 个成员单位组成，主要职责是统筹协调全市商标品牌战略实施工作，研究拟定深入实施商标品牌战略和加强"商标品牌强市"建设的政策措施；推动广西商标品牌创业创新（南宁）基地建设；指导、督促、检查有关政策措施的贯彻落实；协调解决商标品牌战略实施、市场主体创立自主品牌、培育商标品牌、"商标品牌强市"建设等重大问题；建立沟通协调机制，明确各部门在实施南宁市商标品牌战略工作中的职责，构建分工明确、权责清晰、各司其职、信息共享的工作格局。① 据统计，目前南宁市有效商标拥有量为5.7万件，排在全区商标总量的第一位。为加速推进商标品牌强市建设，南宁市简化商标注册手续，不仅要提高企业商标注册的效率，还要提升商标品牌的质量，增大优质商标培育力度，努力推进南宁市经济发展。

在工业品牌领域中，南宁市2018年获得广西名牌的工业企业共53家80个产品。尤其是南南铝业公司的"南南"牌铝合金型材成为广西工业名牌产品，"南南"商标是中国驰名商标，受国家重点保护品牌，产品在国内铝加工行业尤其在华南、西南地区得到广泛认可，企业先后获评南宁市强优企业、南宁市市长质量奖、广西企业100强、中国铝行业十佳厂商、铝型材行业十大品牌建设、科学技术进步奖等荣誉。随着南宁市对铝产业品牌建设加大投入力度，2017年12月，市工信委在铝加工业发展"十三五"规划中指出，计划到2022年，南宁市铝品牌加工进入全国铝合金新材料加工领域前三位。在品牌经济背景下，南宁市铝品牌建设既面临着机遇也面临着挑战。

（三）南宁市实施铝产业品牌战略的重要意义

工业是南宁市经济发展的重要支撑，但也是南宁市产业发展的短板。铝加工业则是南宁市重点培育的战略性主导产业，着力打造南宁市铝产业品牌，对于南宁市实施工业强市战略、实现高质量发展等具有重要意义。

1. 有助于提升南宁市工业发展质量，加快向产业链高端迈进

品牌是企业综合竞争力的有效体现，代表该行业最高的质量水平，特别是一些百年品牌，更容易受到人们的青睐。以南宁市铝产业品牌为突破口，打造铝产业品牌，有利于促进南宁市实体经济振兴，实现工业发展由规模扩张向质量提升转变，由价值链低端向价值链高端转变，刺激南宁市工业经济新的增长点，提升工业对GDP的贡献度，提升产业自身的竞争力，推动工业强市战略实施。

2. 有助于促进产业转型升级，引领广西铝产业高质量发展

"十三五"时期是南宁市铝加工业转型升级加快发展的跳跃期及攻坚期，按照"抓好大项目、培育大企业、集聚大产业""发挥优势、统筹协调、集

---

① 参见《南宁推进广西商标品牌战略示范市建设》，南宁新闻网，http://www.nnnews.net/politics/201809/t20180919_2076172.html，最后访问日期：2018年9月19日。

聚发展"的总体思路，以南南铝加工为龙头，充分发挥铝合金新材料优势，突出科技创新，重点发展高端产业链，始终在新材料和新型高端铝材等方面保持领先地位。为优化广西铝产业布局，推动铝精深加工产业快速升级，构建现代产业体系，科学规划铝深加工产业，全面推进铝产业品牌建设打下基础。

3. 有助于塑造南宁市品牌形象，提升城市核心竞争力

有助于实施品牌经济战略，让越来越多的居民或消费者参与创造和形塑城市或企业品牌，深入开展品牌质量提升活动，为品牌建设工作营造良好的成长环境。增强全民品牌意识和企业打造品牌的能力，有助于布局城市规划品牌产业链、创造良好的经营环境，通过集群品牌营销来塑造更好的区域形象，弘扬品牌城市精神，在提高区域品牌竞争力的同时提升城市的核心竞争力。

4. 有助于推进南宁市循环经济的发展，为节能降耗再创佳绩

以"创新、协调、绿色、开放、共享"的发展理念为引领，在节能、环保、低碳、绿色和循环经济的发展趋势下，国家推行"以铝代铜、以铝代钢、以铝代木"，逐步扩大铝加工产品应用范围。目前，南宁市已被列为废铝回收城市试点，因此，开展再生铝项目，利用废杂铝和铝加工边角料生产工业型材、建筑型材、交通型材、汽车型材、太阳能边框型材、五金制品和汽车配件等产品，补齐、完善铝产业链，发挥再生铝优势，能有效推进全市循环经济的发展。

5. 有助于打造南宁市工业品牌集聚地，推进品牌经济建设

有助于推动实施"质量品牌经济战略"，以品牌经济间接带动地方经济，使南宁市铝品牌成为工业产品转型的"排头兵"，让铝产业形成以科技创新、高品质、高性能、高信誉、优质服务为特色的品牌形象，加快建设产业集群、商标品牌集聚区，创建一个完整的循环经济型铝加工品牌产业链，完善铝品牌战略体系，创建品牌强市，推进实施南宁市品牌"走出去"战略。

二 南宁市铝产业品牌发展现状分析

（一）铝产业发展概况

1. 发展概况

南宁市铝产业主要以铝加工业为主，以南南铝加工为龙头，形成了以生

产中高端产品为主的铝加工产业格局，主要产品有航天航空器、轨道车辆、新能源汽车的配件及电线电缆、铝板带箔和铝型材等。"十二五"期间，南宁市铝加工业实现跨越式发展，成为南宁市重要支柱产业。南宁市现有铝加工企业有 25 家以上，规模以上企业有 19 家，重点及骨干企业有南南铝加工有限公司、南南铝业股份有限公司、南宁中车铝材精密加工有限责任公司、广西源正公司和一批电线电缆加工企业等；具备年产 3 万吨大规格交通型材、7 万吨高性能中厚板材、11 万吨深加工铝材、3.5 万吨普通铝合金板带箔、8 万吨挤压型材等铝材产品的生产能力，后续形成了年产 80 万平方米铝门窗、200 万套铝散热器、150 万公里铝芯电缆等精深加工产品的生产能力。2015 年，南宁市铝材产量达到 28.61 万吨，比 2010 年增长了 4.64 倍；实现工业总产值 180.72 亿元，约占南宁市工业总产值的 5.57%（见表 1）。其中，电力电缆增长 23.88%、铝材增长 22.77%。2016 年南宁市铝加工业实现工业总产值 207.32 亿元（含电线电缆），同比增长 14.61%，占全市工业总产值的 5.86%，比 2010 年增长了 2.14 倍；其中，铝材产量高速增长，达到 38.29 万吨，比 2010 年增长了 5.22 倍。2016 年铝产业链下游的汽车产业实现产值 80.69 亿元，同比增长 19.73%，轨道装备实现产值 15.64 亿元，同比增长 45.3%。2017 年 1～11 月，铝加工业（不含电线电缆）实现产值 88.21 亿元，同比增长 22.94%。

表 1　2015 年南宁市铝加工业总产值及比例

单位：亿元，%

	总产值	占南宁市工业总产值比例
规模以上非铝企业	3062.02	94.38
铝加工企业	180.72	5.57
规模以下企业	1.78	0.05
合　计	3244.52	100.00

南宁市现有的铝加工产业主要分布在南宁市高新技术开发区（南宁八菱科技有限公司、广西正田节能玻璃有限责任公司、广西澳宁电线电缆有限责任公司、南宁市黑猫铝制品有限责任公司）、南宁铝工业园（南南铝加工有限公司、南南铝业股份有限公司、南宁铝箔有限责任公司、南宁中车铝材精密加工有限公司一期）、南宁经济技术开发区（广西阳工电线电缆有限公司、广西广缆科技集团有限公司、南宁家友电线电缆厂）、南宁新兴产业园（南宁中车铝材精密加工有限公司二期、广西源正新能源汽车有限公司）、隆安

县那桐镇浪湾工业园、宾阳县黎塘工业集中区、武鸣伊岭工业集中区城南工业园、上林县象山工业集中区（上林南南实业有限责任公司）等园区。其他涉铝企业如表 2 所示。

表 2　南宁市其他涉铝企业

序号	单位名称	分布地点
1	广西源正新能源汽车有限公司	邕宁区
2	南宁鸿滨电线有限公司	经开区
3	南宁双健医疗器械有限责任公司	经开区
4	广西纵览线缆集团有限公司	经开区
5	南宁市国凯铝型材有限公司	江南区
6	南宁银杉电线电缆有限责任公司	高新区
7	广西联源电缆有限公司	高新区
8	南宁燎旺车灯有限责任公司	高新区
9	广西电力线路器材厂	高新区
10	广西平铝特种线缆有限公司	武鸣区城南工业园
11	广西森宝电动汽车制造有限公司	武鸣区城南工业园
12	广西南慧电缆有限公司	隆安县
13	广西电力线路器材厂黎塘分厂	黎塘镇

2. 发展成效

（1）科技创新成果显著。2016 年，源正新能源汽车下线全铝车身新能源客车超过 400 台，实现"南宁公交南宁造"；中车轨道装备完成 13 列地铁车辆制造，实现"南宁地铁南宁造"。"十二五"期间，南南铝加工有限公司以"国内领先，国际一流"为目标，设立广西航空航天铝合金材料与加工研究院，建立了国内最完整的大规格高性能硬铝合金材料的研发生产体系，为发展中高端铝加工产业链奠定了基础；通过引进国外先进的生产设备和工艺技术，成为国内第 3 家具有硬铝合金生产能力的企业，可生产大规格交通型材、高性能中厚板材及深加工铝材等产品，主要应用于交通运输领域（见表 3）。2015 年，南南铝加工有限公司实现产值 34.4 亿元，同比增长 54.2%。2018 年，南南铝加工有限公司高端铝合金产品已应用于航空航天、轨道交通、汽车船舶、电子信息等领域，并成为"复兴号"动车组及火箭配套关键构件。

表 3　南南铝加工有限公司新型铝合金材料

序号	国家"十二五"新材料规划	应用	生产情况
1	编号 163 – 高性能铝合金半固态坯料及零件	汽车、电力、航空	大推力火箭用铝合金锻环坯料
2	编号 165 – 铝镁硅（铜）合金汽车车身板	汽车	已有产品销售
3	编号 166 – 2 系列铝合金	航天航空	已有产品销售
4	编号 167 – 7 系列铝合金	航天航空	已有产品销售
5	编号 168 – 铝锂合金	航天航空	已有产品销售
6	编号 169 – 深冷铝合金板材	LNG 运输及储存	已具备生产能力
7	编号 170 – 大型及超大型铝合金工业型材	高铁、地铁及载重车辆	已具备生产能力

（2）转型发展成效突出。"十二五"期间，引进成立南宁中车铝材精密加工有限公司、广西源正新能源汽车有限公司，产业链延伸到轨道交通车辆和新能源汽车生产等领域，形成了铝加工—高端装备制造业产业链，改变了铝加工产业格局，使南宁市工业转型升级成效突出，标志着产业链朝高端化方向发展。

（3）新旧动能转换步伐加快。自从南宁市高新区成为广西首个国家双创示范基地以来，南宁·中关村创新示范基地形成了智能制造等 4 个产业微集群，引进高新技术企业 33 家。其中，明匠工业 4.0 智能制造研发、生产、服务东盟基地项目正式投产，与南南铝业合作的智能工厂第一条生产线投入作业，标志着科技创新带动铝产业新旧动能转换迈出了坚实的一步。

（二）铝产业品牌发展的基础与优势

1. 南宁市铝产业品牌发展的基础

（1）市场基础

全球原铝需求增长。自 20 世纪 90 年代以来，全球工业精密铝合金部件加工制造业进入了全新的发展时期。加工产能主要分布在欧洲、北美洲和亚洲地区，生产大国主要有中国、美国、意大利、日本和德国等。铝合金结构部件和功能部件应用领域的不断扩大，直接促进了全球原铝需求增长。2016年全球原铝需求量为 5874 万吨，较 2015 年增长了 1.78%；2017 年 1 ~ 3 月全球原铝需求量达到 1505 万吨，较 2016 年同期增长了 8.26%。

中国成为全球最大的铝消费国。统计数据显示，2011 ~ 2015 年，全球原铝表观消费总量年均复合增长率为 2.52%，而同期中国原铝表观消费总量年均复合增长率为 6. 80% , 增速明显高于全球平均水平。2006 年中国已经超越美国成为全球最大铝消费国, 截至 2016 年, 中国原铝表观消费量达到 3182. 58 万吨。工信部有色金属工业发展"十三五"规划估算, 预计到 2020 年我国原铝表观消费量将达到 4000 万吨, 铝材消费量将达到 6500 万吨左右, 年均复合增长率可达到 5. 2% 。在原铝价格恢复上行的推动下, 铝材价格也会回到合理的价格区间, 但普通铝材获利增长较慢, 中高端铝材获利增长较快。

国内铝加工业正朝着精深加工方向发展。我国铝合金挤压工业正处于快速发展时期, "十二五"期间, 挤压材产能占铝材产能比例为 52% , 2016 年挤压材产能达到 2806 万吨, 我国已经成为铝挤压加工生产大国。然而, 我国铝工业发展水平与世界先进国家相比仍有一定差距, 深加工率不足 15% 。高端深加工铝材及产品品种少、质量不高、产量不足, 低端铝材产品大量出口, 高端铝材产品则主要依靠进口。2016 年, 我国铝材平均出口价格为 2810 美元/吨, 进口平均价格高达 6203 美元/吨, 进出口铝材产品的价格相差较大。

（2）行业发展基础

铝材较其他材料具有易加工、生产成本低、质量轻、强度高、耐腐蚀性能好等优点, 在我国工业发展中具有不可估量的作用。在节能、环保、低碳、绿色和循环经济的发展趋势下, 国家推进"以铝代铜、以铝代钢、以铝代木", 逐步扩大铝加工产品应用范围。其中, "以铝代铜"主要表现为电力装备以铝或铜铝复合材料的形式取代铜材；"以铝代钢"主要表现为汽车、新能源汽车等交通工具, 以高性能、大断面铝材取代钢材, 实现汽车"轻量化"节能目标；"以铝代木"主要表现为建筑领域以铝模板取代木模板。在《中国制造 2025》的推动下, 重点发展新材料, 包括高性能铝合金新材料；建立铝加工上下游合作机制, 加强产需衔接, 是发展高端装备制造业的重要基础, 是铝加工业的重要转型方向。2016 年我国铝材产量达到 5796. 1 万吨, 同比增长 10. 69%（见图 1）, 增速高于同年全国工业增加值增速, 而且铝材产量近年来的增长率均高于铜材、钢材和木材（见图 2）。

（3）政策基础

南宁市将打造高端铝产业基地。2018 年 8 月, 广西壮族自治区政府办公厅印发《南宁高端铝产业基地建设行动计划（2018—2022 年）》, 根据该行动计划规定的目标, 到 2020 年底, 南宁市铝加工及下游产业将实现产值 500 亿元；到 2022 年底, 南宁市铝加工及下游产业将力争实现产值 1000 亿元以

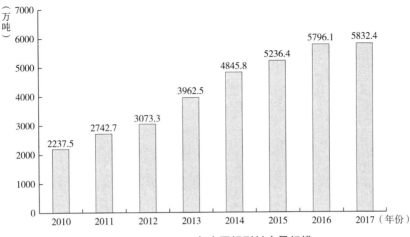

图1 2010～2017年中国铝型材产量规模

资料来源：国家统计局、前瞻产业研究院。

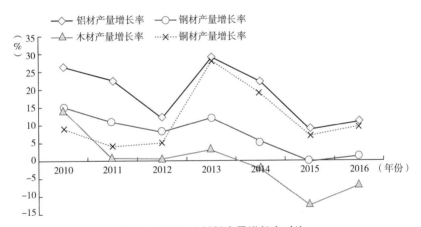

图2 不同工业材料产量增长率对比

上，铝加工及下游产业的制造和研发体系得到进一步优化，建成广西壮族自治区内铝工业精深加工及铝产业高质量发展的制造基地和研发中心。铝合金新材料的研发创新体系将基本搭建完成，届时将建成1～2个国家级科技创新基地。同时，基本形成铝合金新材料产业集群、高端铝合金精深加工百亿元产业群、汽车百亿元产业群、航材锻造（军民融合）配套加工百亿元产业群、轨道交通百亿元产业群、高端绿色建筑铝材百亿元产业群等。在空间布局方面，南宁市铝产业将以邕宁新兴产业园区为重点，延伸至高新区、伶俐工业园及江南工业园，规划用地达8000亩，基础设施建设投资为45亿元，将建设一个集科研、加工、设计、贸易于一体的智能化铝产业园区。

（4）产业发展基础

除了现有的轨道车辆、新能源汽车和航天航空等领域，铝产业还将发展装备制造业，持续拉动中高端铝材消费。铝制人行天桥替代混凝土或钢结构天桥、铝制建筑屋面替代钢结构屋面等技术正在探索开发，铝材应用领域持续拓展，铝材消费量也将持续上升（见图3）。而在城市化建设中，建筑型材、铝幕墙及建筑模板需求量依然很大。其中，铝合金模板实现"以铝代木"，降低了建设成本，预计广西年消耗量约为9.5万吨。中国铁塔股份有限公司广西壮族自治区分公司2016年接收广西境内三大通信运营商原有基站，并计划新建基站1.1万个。目前，南南铝加工有限公司已开发出铝制通信基站机房，预计"十三五"期间，广西每年的铝制通信基站机房建设投资将达到6.3亿元，需要铝合金1.5万吨。在电力基础设施建设的拉动下，南宁市电缆行业市场需求增加，广西阳工电线电缆有限公司、广西广缆科技集团有限公司等线缆企业保持着不同程度的增长，促进了南宁市铝加工业的快速发展。

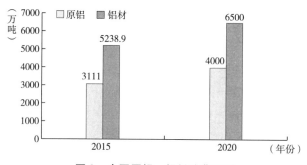

图3　中国原铝—铝材消费预测

2. 南宁市铝产业品牌发展的优势

（1）产业优势

资源丰富。广西拥有丰富的铝土矿资源，自20世纪90年代开始实现铝工业现代化规模生产以来，积极推进煤电铝一体化建设，完善铝产业链，大力发展铝合金和铝精深加工，经过近20年的不断发展壮大，百色、来宾的电铝一体化、生态型铝产业，南宁的高端铝精深加工制造成效明显，已逐步成为全国重要的铝工业生产基地。南宁市铝加工产业形成了以南南铝加工为龙头、以生产中高端铝材产品为主的产业发展格局。

龙头企业带动铝产业向中高端精深加工发展。南南铝加工有限公司作为广西铝工业行业的骨干企业之一，经过多年发展，由一个生产普通铝材、铝型材产品的企业成功转型升级为研发生产具有高附加值的铝新材料、铝材产品的高科技企业，尤其是年产 20 万吨铝合金新材料项目投产以来，在军工产品、轨道交通、铝制汽车、IT 电子等领域不断研发推出新产品，部分高端铝材新产品处国际、国内领先水平，实现了替代进口。南南铝高端铝材产品应用于多个领域，成为苹果、特斯拉、宝马、美国 HEIL、西飞国际、中车、比亚迪等国内外知名企业的供应商。南南铝加工有限公司铝合金新材料是中高端装备产品的重要原材料，在国内引领了航空航天、轨道交通、新能源汽车、汽车轻量化、船舶和 3C 电子产品等高端铝合金材料的开发，并形成了具有自主知识产权的产品及工艺制造技术。聚集了中车集团、申龙公司等装备制造企业，并带动配套产业发展，初步形成了中高端铝加工产业链，推动南宁市工业向高端装备制造业转型升级。

产品质量稳定。2018 年，《南宁市质量技术监督局关于开展 2018 年铝合金建筑型材产品质量日常监督检查的通知》（南质监发〔2018〕59 号）要求开展铝合金建筑型材产品质量日常监督检查的抽样及检验工作，抽查覆盖了南宁市（不含五县）内正常生产的 2 家铝合金建筑型材产品生产企业，2 家企业均在江南区。共抽查了 2 家企业的 7 批次样品，合格样品达 7 批次，样品抽检合格率为 100%。这说明近年来生产企业加强了产品质量管控，铝合金建筑型材产品质量稳定，一直保持较高的合格率。

（2）人才优势

南宁市铝加工产业拥有由中国工程院、大专院校以及航空航天、汽车制造等科研机构和专业领域的著名院士和专家组成的国内专家团队，由德国、美国等国的高级专家组成的国外专家团队，并从国内外知名铝加工公司引进了一批技术管理人才，招聘了一批具有专业知识的博士和硕士毕业生，加上南南铝加工有限公司、南南铝业公司、南南铝箔公司等企业现有的专业技术和管理人员，共同组成了一支较为完善的、具有行业较高水平的铝加工人才队伍。南南铝加工有限公司聘请了 3 位中国工程院院士、1 位国家"973"项目首席科学家为航空航天铝合金材料的研制提供技术创新支持，同时企业拥有 20 多位铝加工资深专家和 100 多位硕士、博士及以上学历专业技术人才，为航空航天铝合金材料的研制提供创新动力，为发展铝加工业提供了强有力的人才支持。

（3）技术优势

一是铝产业具有完整、高端的研发生产体系。南宁市构建了目前国内最完整的大规格高性能硬铝合金材料的研发生产体系，拥有铝加工工程院、院士专家工作站和国家级博士后工作站、区技术中心等科研机构（见表4）。先后成立了航空航天铝合金材料与加工研究院，下设航空航天、轨道交通、船舶、汽车、层状复合材料和中试所六个研究所，开展以航空铝合金材料为主的产品研发工作。目前研究团队已拥有2名博士后、9名博士及70余名硕士研究生，并聘请中国工程院院士左铁镛、王国栋、才鸿年，国家"铝973"项目首席科学家张新明等一批国内顶尖的铝加工专家作为"南南铝"研发团队的中坚力量。拥有授权专利166项，多项发明专利填补了国内技术空白。2017年研发的"高端铝合金溶体高洁净化技术"已达到国际先进水平，为航空航天、轨道交通、汽车轻量化、船舶、3C电子产品的应用奠定了坚实的基础。

表4　广西南南铝加工有限公司研发平台情况

序号	级别	平台名称	认定时间（年）	归口部门
1	国家级	广西航空航天铝合金材料与加工研究院博士后科研工作站	2013	国家人社部
2	国家级	高性能铝合金材料国际科技合作基地	2013	国家科技部
3	自治区级	广西铝合金材料与加工重点实验室	2017	广西科技厅
4	自治区级	广西铝加工工程院	2012	广西壮族自治区人民政府办公厅
5	自治区级	广西铝加工业人才小高地	2006	广西人社厅
6	自治区级	广西铝产品加工研发中心	2010	广西科技厅
7	自治区级	广西企业技术中心	2014	广西工信委
8	自治区级	广西航空铝合金国际科技合作基地	2013	广西科技厅
9	自治区级	广西航空航天铝合金材料与加工研究院院士专家工作站	2013	广西科技厅
10	自治区级	广西轨道交通用铝合金工程技术研究中心	2016	广西科技厅
11	自治区级	广西铝合金汽车板新材料工程研究中心	2015	广西发改委
12	南宁市级	南宁市轨道交通用铝合金工程技术研究中心	2013	南宁市科技局
13	南宁市级	南宁市院士专家工作站	2011	南宁市委、市政府

二是加大标准研制力度，以标准助推创新型企业发展壮大。2017年以来，结合南宁市铝产业发展需求，全市范围内共征集铝产业广西地方标准制定计划项目11项（起草单位均为广西南南铝加工有限公司），有7项广西地方标准获得自治区质监局批准立项，其中《电子产品用铝及铝合金板、带材

技术规范》《全铝机械式停车设备用挤压型材技术条件》《油罐车用铝合金板材技术条件》等 3 项广西地方标准已通过专家审定（见表 5）。

表 5　广西南南铝加工有限公司参与制定 3 项国家标准、1 项行业标准

序号	标准级别	标准名称	时间	主/参编
1	国家标准	船用铝合金板材	2017.3	参编
2	国家标准	铝合金预拉伸板	2017.3	参编
3	国家标准	铝合金力学熔点测试方法	2017.12	参编
4	行业标准	变形铝及铝合金扁铸锭	2017.5	参编

（4）品牌优势

南宁市 2016 年获得广西名牌的工业企业有 24 家 30 个产品，2017 年为 48 家 66 个产品，2018 年已有 53 家 80 个产品。目前，南宁市在有效期内的广西名牌产品共 176 个（不含农产品）。南南铝业股份有限公司于 2014 年荣获首届南宁市市长质量奖。经过多年发展，"南南"牌铝合金型材成为广西名牌产品，"南南"商标是中国驰名商标、受国家重点保护品牌，产品在国内铝加工行业尤其在华南、西南地区得到广泛认可，享有一定知名度。企业先后获评南宁市强优企业、南宁市市长质量奖、广西企业 100 强、中国铝行业十佳厂商、铝型材行业十大品牌建设、科学技术进步奖等荣誉。

近年来，南宁市铝产业品牌呈现全面开花、稳步上升的态势。2016 年，南宁市铝产业产品获广西名牌产品 2 个（新增），分别是广西南南铝箔有限责任公司生产的铝及铝合金箔、广西弘毅诚信幕墙门窗有限责任公司生产的铝合金门窗。2017 年，南宁市铝产业产品获广西名牌产品 10 个（新增），分别是南南铝业股份有限公司生产的铝合金建筑型材、铝合金工业型材、家电铝合金零组件，广西南南铝加工有限公司生产的地铁用 6005A 铝合金型材、油罐车用 5XXX 铝合金板材、新能源客车蒙皮用 5052 铝合金带材、航空集装箱用 7021 铝合金板材、航空用 7075 铝合金中厚板，广西南南铝箔有限责任公司生产的铝及铝合金圆片，广西福美耀节能门窗有限公司生产的金属门窗。2018 年，南宁市铝产业产品获广西名牌产品 7 个（新增），分别是广西南南铝加工有限公司生产的超高塑性 3XXX 铝合金氧化圆片、高强耐蚀海洋工程用 5XXX 铝合金板材、高表面 3C 电子外观件用 6N61 铝合金板带材、航空专用 6061 铝合金挤压型材，广西福美耀节能门窗有限公司生产的 FM160 重型推拉门、FM55 节能环保高性能内开窗、FM100 窗纱一体节能防盗窗。2018 年，广西南南铝加工有限公司获第四届广西壮族自治区主席质量奖、第三

届南宁市市长质量奖。

(三)铝产业品牌发展存在问题

1. 产业规模小,品牌效应不明显

2017年1~11月,南宁市铝精深加工业规模以上工业总产值为88.21亿元,占全市比重为2.5%,其经济总量在南宁市工业总量中占比较小,对工业总量的贡献不大,带动作用不够明显。南宁市铝加工企业在25家以上,不能完全消化上游铝合金材料及型材产品。南宁市初步形成了铝材—轨道交通车辆、新能源车辆产业链,但下游装备制造企业数量不多、规模不大,其中,轨道交通装备制造只有南宁中车轨道交通车辆公司和南宁南车铝材精密加工公司两家,新能源汽车目前落地生产的只有广西申龙新能源汽车、玉柴专用汽车两家,广西申龙共生产了1687辆新能源客车,2017年1~11月实现产值11.5亿元。全市尚未形成以大型装备制造业为牵引、以铝加工业为支撑的组织完善、协作紧密的产业集群关系。此外,其他铝加工企业布局分散,关联性不强。南宁市铝产业规模小、体量小,企业布局分散,导致铝产业产品没有形成明显的品牌效应,如图4所示,虽然从2016年开始,南宁市获得广西名牌的铝产业产品的数量有所提升,但2018年,新获得广西名牌的铝产业产品在南宁市获得广西名牌的工业产品中占比不足9%,在工业产品市场中缺乏品牌影响力。

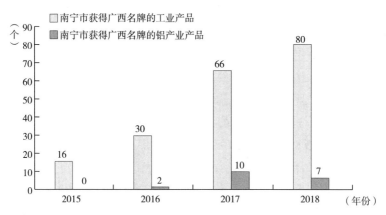

图4 2015~2017年南宁市获得广西名牌产品数量情况

说明:由于广西名牌产品有效期为3年,故图中数据为年度新增数。

2. 产业链缺失,品牌潜力待挖掘

产业品牌的建设和推广还有赖于产业链的完善和产品目录的完整,南宁

市铝产业链缺失主要表现在四个方面。一是南宁市没有形成产业配套集群，缺乏为轨道交通车辆、新能源汽车提供配套的电机、电控、电池、座椅内饰等核心零部件产业，消费产品设计、模具和市场宣传等配套领域也有待拓展，铝新品种、新款式和新样式开发能力弱，不能满足市场需求，尤其是个性化需求，难以形成引领时尚潮流的能力。二是虽然南宁市已初步形成铝材—轨道交通车辆、新能源车辆产业链，但没有形成以装备制造业为牵引、铝加工业为支撑的产业集群关系，不能提供铝轮毂、散热片等配套零部件，其他铝加工企业布局分散，关联性不强。三是铝材产品结构需进一步调整升级，铝轧制材占比提升较缓，热处理生产线、大型精密模锻件与高档锻造轮毂、活塞等高端产品生产能力不足。四是缺失循环经济产业链，南宁市废铝回收再生体系不完善，不能有效利用南宁及北部湾废铝，发挥再生铝优势。铝产业链条的缺失或断裂，直接导致铝产业品牌停留在产品品牌阶段，不利于南宁市铝产业品牌的潜力挖掘、建设和推广。

3. 人才流失严重，制约品牌建设

品牌的建设需要企业家、研发人员、技术工人等沉下心来专注于产品质量提升、工艺技术打磨、经营管理等，保证品质，坚持创新，从而强化品牌塑造能力，推动产业转型升级。限制南宁市铝产业品牌建设发展的另一大瓶颈就是人才的流失，经调研发现，南宁市铝加工业的几家代表性企业均反映了人才流失问题，都不同程度地面临着专业技术人才及高级管理人才短缺的困境。南南铝加工有限公司研发平台多，但由于在待遇和工作环境上与周边或沿海城市相比还存在不小差距，骨干研发人才流失严重。中车铝材精密加工公司由于产品的特殊性，所需的焊接技术工通常需要培训6个月以上才能上岗，常常面临已通过培训的技术工流失的问题。对南宁市的铝加工业来说，企业人才流失不是个例，从侧面反映了南宁市铝产业发展体量小，品牌影响力不强，其待遇、福利和发展前景对于高层次人才和熟练工来说无法形成强劲的吸引力，其他如完善的人员结构、良好的工作氛围和工作环境、优质的培训管理、健全的晋升制度等，在大部分分散的、规模小的铝加工企业中更是存在这样或那样的缺失，从而导致了南宁市铝产业人才流失严重的问题。可见，人才建设是品牌建设中很重要的一个环节。

4. 与周边城市的竞争加剧，品牌差异化有待提升

广西区内铝加工产业正在蓬勃发展，规模不断扩大、质量不断提高，与南宁市的竞争日渐加剧。百色百矿集团有限公司投资150亿元在平果市建设年产100万吨铝精深加工项目，2017年8月动工，计划2019年7月逐步竣工

投产，预计项目达产后年营业收入达 400 亿元，致力于高端铝产品的研发和生产，以中厚板为主，建成规模特大、配套完善的铝压延生产基地。广投集团计划在来宾市投资 85 亿元建设铝加工工业园，旨在与柳州新能源汽车产业发展形成配套。此外，贵港市着力打造以高端铝材为基础的新能源汽车产业基地，目前已有华奥、腾骏、战神 3 家新能源汽车企业落地建设。这些都将对南宁市铝精深加工产业的发展造成强劲冲击，南宁市铝产业发展的关键是要找准自己的定位，走差异化发展之路，只有细分市场才有可能成功。

5. 忽视宣传，品牌战略缺失

一是南宁市在发展铝加工业时注重产业本身发展，品牌战略意识不强，品牌建设缺乏顶层设计，创品牌、树品牌、依靠品牌增加产品附加值、增强竞争力的意识淡薄，铝精深加工的生产和营销仍然停留在产品观念上，对品牌创立和品牌经营并没有太多的概念。品牌战略被理解为知名度、宣传力度和轰动效应，但其实这样的理解对品牌的打造来说是片面的，南宁市铝产业发展的品牌战略被长期理解为好听的名字、有表现力的包装和商标等，铝产业品牌竞争力优势并没有被充分挖掘和发挥出来，品牌建设与产业发展规模不相匹配。二是缺乏核心价值和良好的品牌形象。品牌意识不足直接影响产品的核心竞争力，消费者对企业及其产品的认知度尚未得到强化，从而拉低了企业的整体品牌形象。三是从我国企业品牌发展的大环境来看，有利于品牌发展的良好竞争环境尚未形成。例如，有利于培育品牌机制的统一有效、覆盖面广的政府战略工作机制没有形成，也缺乏相应的政策支撑体系。四是宣传"南宁品牌"的专项活动较少。

6. 研发成果转化率不高，品牌发展核心竞争力不足

科技创新是铝产业发展的内生动力，需要构建完善的科技创新体系，开发新材料、新产品，延伸产业链、丰富产业群，以此来促进铝产业品牌核心竞争力的提升。但从南宁市铝产业发展实际来看，广西南南铝加工有限公司近年来设立或搭建了十多个国家级、自治区级和市级研发平台，可以看作国内最完整的高规格、高性能硬铝合金材料的研发生产体系，部分研发成果也已经申请专利并且达到了国际先进水平或国内领先水平，但存在的问题有三点，一是高精尖铝加工产品研发周期长，受研发人员流动性影响大；二是研发产品的市场需求度有限，定向研发仅用于满足订单要求，对产业品牌的贡献不明显；三是研发平台的优势如何转化成铝产业品牌建设的优势，在有效利用研发成果提升产业品牌的核心竞争力方面，南宁市仍然缺乏明显的联动效应。由此可见，虽然南宁市铝加工产业对研发平台日益重视、研发投入逐

年提高，但研发成果的品牌效应仍然不强，品牌缺乏核心竞争力，产学研用的结合度有待提高。

三 国内品牌先进城市的经验启示

本章从品牌城市、铝产业品牌强市、2018 年中国十大铝品牌三个层面，从政府和市场两个维度，结合产业和企业两个主体，对铝产业品牌的打造进行归纳分析。

（一）品牌先进城市做法与经验

1. 青岛——工业品牌之都

青岛被誉为中国的品牌之都，拥有海尔、海信、中车等一大批国内外知名品牌，其中很多品牌已经成为"中国制造""中国创造"的代名词。目前，青岛拥有海尔、青啤两个世界品牌，68 个中国名牌，141 件中国驰名商标，644 个山东名牌，各类品牌数量稳居全国同类城市前列，入选"中国制造2025"试点示范城市。

（1）尽快实施品牌战略

青岛作为"中国品牌之都"的发展建设离不开政府的推动。青岛是全国最早提出"打造品牌战略、发展品牌经济"的城市，坚定不移地实施"品牌兴市"战略，走出了一条"品牌产品—品牌企业—品牌产业—品牌经济—品牌城市"的特色发展之路①。

青岛的品牌经济建设始于 1984 年，由于青岛啤酒等一些民用消费品牌长盛不衰，青岛很快意识到这种"名牌现象"，并由此拉开了青岛名牌战略的序幕。在青岛啤酒、双星运动鞋、蓝天运动服等传统品牌大行其道的同时，青岛新兴家电工业品牌也迅速崛起，如海尔、海信、澳柯玛等逐步享誉全国。早在 1992 年，青岛就有 78 种产品获得了国家质量奖，1100 多种产品荣获部、省、市优质产品称号，为青岛名牌群体的形成打下了良好基础。1994年，青岛开展"培育名牌、发展名牌、宣传名牌、保护名牌"活动，开始实施第二轮名牌产品培育发展滚动计划。到 1999 年，经过十多年的培育，青岛名牌产品群已经形成。但青岛并未故步自封，面对中国即将加入 WTO 的形

---

① 参见《青岛，如何成就"品牌之都"》，搜狐网，http：//www.sohu.com/a/230698980_351293，最后访问日期：2018 年 5 月 7 日。

势，青岛将眼光投向世界，从技术质量、管理质量和服务质量等方面组织实施新一轮名牌战略，积极引导和推动企业贯彻实施 ISO 9000 系列国际标准，加快与国际标准接轨。同时，鼓励和扶持企业大力实施技术创新，建立企业技术开发中心，增强技术开发能力，加大技术含量，为企业生产注入新的活力。目前，青岛已有 1000 多家企业通过了质量体系国际标准认证，在全国副省级城市中位居前列；已有 80 家企业建立了市级以上技术中心，并建立了一批重点实验室；已有 1100 多项工业产品采用国际标准和国外先进标准，占全市主要工业产品的 80% 左右。2016 年以来，青岛深入开展"十、百、千"品牌培育工程（培育十个世界知名、国内领先品牌，一百个国内行业领先品牌，一千个系统品牌），不断提升品牌管理绩效和品牌价值①。青岛工业企业品牌的打造还带动了农业和服务业品牌的创建，全市已经形成三次产业品牌建设协同共进的良好格局。目前，青岛已经打造完成 10 条千亿级知名品牌产业链，品牌经济已经成为青岛发展的主导力量②。

（2）实施"标准化 +"战略

青岛品牌战略的背后，是"标准化 +"战略尤其是工业标准化的提早布局和大力推动。青岛也是全国第一个提出"标准化 +"战略的城市，通过大力支持企业将自主技术转化为标准，涌现出一批产业规则的"制定者"。纵向来看，青岛市经历了技术标准战略→标准化战略→"标准化 +"战略的 3 个发展阶段。2003 年，青岛被国家质检总局、科技部批准为创建技术标准试点城市，拉开了标准化战略的序幕。2005 年，海尔、青啤分别获得全国第 1 和第 2 号企业标准化良好行为 AAAA 级证书。2007 年，国家标准委在青岛召开"全国创建国家高新技术产业标准化示范区动员大会"，青岛的工业标准化驶上了快车道。据统计，2002 年以来，青岛市承担了 21 个全国专业标准化（分）技术委员会秘书处，总数达到 25 个，居计划单列市之首，涌现出海尔、海信、三利、国林等国家行业领域标准化标杆企业③。例如，海尔不仅是我国提报国际标准制定或修订提案最多的家电企业，也是国内主导制定

① 参见林刚《青岛再添 78 个名牌 品牌经济实现跨越式发展》，搜狐网，http：//www.sohu.com/a/123318554_115421，最后访问日期：2017 年 1 月 3 日。
② 参见朱文达《青岛：新旧动能转换助力中国品牌之都》，中国质量新闻网，http：//www.cqn.com.cn/zgzlb/content/2017 - 09/14/content_4875347.htm，最后访问日期：2017 年 9 月 14 日。
③ 参见朱文达《工业标准化托起"品牌之都"》，中国质量新闻网，http：//www.cqn.com.cn/zgzlb/content/2017 - 06/13/content_4415080.htm，最后访问日期：2017 年 6 月 13 日。

国家行业标准最多的家电企业。标准化战略的实施，使海尔成长为世界家电行业的领军企业；海信网络科技主导完成 12 项国家标准制定，其中 7 项系列国家标准规范了快速公交智能系统行业的产品开发和应用，有效地推动了智能交通系统集成和设备销售，使快速公交智能调度系统（BRT）市场占有率达到 70%，成为国内智能交通行业的领军品牌。在青岛，企业重视标准化工作，参与国家标准化活动，从而掌握了行业技术标准"话语权"，引领了行业发展。

（3）具有质量意识和工匠精神

青岛的"品牌之都"是靠一代代人的质量意识和工匠精神锻造的。青岛追求产品"质量"到了严苛的程度，从海尔在 1986 年主动砸掉外观有瑕疵的 76 台冰箱开始，"质量第一"就成为青岛制造的首义。青岛是全国首批"质量强市示范城市"，一贯坚持质量立市、质量兴市、质量强市的核心战略。2016 年底，青岛市（企业）共获中国质量奖 1 项、中国质量奖提名奖 3 项，有中国世界名牌产品 2 个、中国名牌产品 68 个、山东省名牌产品 580 个、山东省服务名牌 163 个、山东省优质产品生产基地 6 个、国家地理标志保护产品 6 个。在世界品牌实验室（World Brand Lab）发布的 2018 年《中国 500 最具价值品牌》榜单上，山东共有 40 个品牌入选，其中青岛品牌入选 12 个，海尔继续排名全国第 3 位。在 2017 年第三届中国质量诚信品牌论坛上，海尔荣获"全国质量诚信品牌优秀示范企业""2016 年度诚信服务突出贡献奖"等 5 项大奖；与此同时，海尔连续 12 年在"明察暗访用户口碑"奖项中蝉联用户口碑第一名，刷新了家电服务诚信纪录。自 1979 年起，青岛啤酒将每年的 4 月 10 日作为"提高质量纪念日"，至今已坚持了 40 余年，质量意识和工匠精神已经成为青岛品牌的灵魂。

2. 辽阳——亚洲最大的工业铝合金型材生产研发基地

辽阳是辽宁的工业重镇，拥有目前全球第二大、亚洲及中国最大的工业铝型材研发制造商——忠旺集团。辽阳市将铝加工产业作为支柱产业进行培育（另一支柱产业是石油化纤），从规划、品牌战略、推动企业外向型发展等方面给予支持。

（1）规划引领

为了做好顶层设计，2013 年辽阳市委托中国产业集群研究院编制《辽宁（辽阳）铝合金加工产业发展规划》和《园区建设规划》，明确了辽阳市铝产业发展定位，即发展精深加工，实现创新发展，把辽阳市打造成为世界级的铝合金深加工产业基地和国家级交通工具轻量化产业基地；规划 5 年内打造2000亿元产业集群，2020年达到3000亿元，集聚50万人口，成为辽阳经济新的增长极。辽阳铝合金加工产业园区规划用地35平方公里，包括铝板带箔原料区、交通运输产业区、建筑装饰产业区、包装产业区、电子电力产业区、消费产业区和铝基PS版产业区等功能板块，引进了印刷版项目、包装铝箔项目、电子铝箔项目、汽车应用项目、建筑铝材项目、再生铝项目等25类项目，企业近百家，全部为国内外涉铝的知名大企业。

（2）品牌战略

早在"十一五"初期（2006年），辽阳市就实施了北打沈阳牌、南打鞍山牌、内打特色牌的错位发展战略，不折不扣地贯彻落实省里有关财税方面的鼓励政策，对获得"中国名牌产品"或"中国驰名商标"的企业，财政给予100万元的奖励，并在名牌的评价认定过程中坚持企业自愿、不增加企业负担的原则，建立完善的科学认定体系。2016年，辽阳市将铝合金精深加工产业作为产值千亿元的产业进行培育。2017年11月出台的《辽阳市推进品牌提升专项行动实施方案》提出，"推动工业铝材产品品牌整体提升，加快铝材产品结构调整，拉长产业链条，推动产业链和品牌价值向高端发展"。

（3）推动企业"走出去"

在"一带一路"倡议、供给侧结构性改革深化和产业升级的综合作用下，辽阳市为企业"走出去"创造条件，促进中国高端制造业的代表性企业——中国忠旺加速海外并购步伐，其于2017年9月和10月分别收购德国百年铝企乌纳铝业（Aluminiumwerk Unna AG）和澳洲全铝合金超级游艇制造商（Silver Yachts），同时进军高端航空和先进船舶领域，延长铝合金产业发展链条。

（4）在转型、创新中塑造品牌

发展初期以建筑铝挤压产品为主，2002年实现第一次转型，进军工业铝挤压市场；2011年将业务板块延伸至深加工和铝压延业务，实现第二次转型；2016年进行第三次战略转型，致力成为轻量化综合解决方案供应商。迄今为止，忠旺铝材获得多项国际资质认证，如挪威船级社认证、IRIS认证、汽车行业质量管理体系认证（TS 16949）、航空航天质量管理体系认证（AS 9100）、欧盟的CE认证等，并连续14年被国家工商管理总局认定为"国家级守合同重信用企业"，拥有国家级企业技术中心、国家地方联合工程研究中心、博士后工作站、省级工程技术研究中心及重点实验室等机构，先后获得国家专利627项（截至2018年9月）。可以说，每一次转型、每一次创新，都是赢得市场、树立品牌的关键。

3. 佛山——中国铝业重镇

广东是我国铝加工和制造大省，其铝型材产量约占全国的50%，且已形成比较完善的铝加工行业产业链。广东省铝工业主要集中在佛山市，佛山是中国南方的铝业重地，拥有全国起步最早、发展最快、产业集聚度最高、知名企业和品牌最集中的铝加工产业集群。佛山的南海更是被誉为"中国铝型材产业基地"，聚集了400余家铝加工企业，拥有千亿级产业规模，被誉为"中国铝材第一镇"。

（1）搭建产业互联网平台，促进"互联网＋"深度融合

虽然南海是国内起步最早、发展最快的铝业重地，是国内乃至世界闻名的建筑型铝材产业基地。但近年来，受环保要求提升和生产成本上涨等因素影响，铝业面临着产业链单一、深加工项目少、附加值低、生产成本高等挑战。为此，佛山搭建了多元化的产业互联网平台，促进"互联网＋"深度融合。①2016年10月，广东金德铝产业互联网服务中心成立，旨在通过整合产业资源、信息资源、金融资源，引导产业上下游协同，促进同业和外界跨界融合。计划构建中国最专业、最具特色的互联网铝产业现货交易平台，并打造立足南海、面向全国、连通世界的铝大宗商品交易中心、区域定价中心、集成供应中心和综合服务中心，以此打造"铝业阿里巴巴"。②众铝联产业链整合服务平台（下称"众铝联"），集传统企业、互联网、金融资本、公信力平台于一体，以B2B＋O2O双轮驱动的产业链整合服务平台，旨在打造总部经济模式。众铝联的成员企业将共建线上线下融合的电子商务平台，通过平台集中采购原材料，可降低7%~8%的采购成本，保证质量并确保产品溯源。此外，众铝联还将帮助会员企业对接全球多种高端资源，拓宽其销售渠道并提升其品牌价值。众铝联改变了铝行业的业态和"同行是对手"的思维模式，将中国铝行业的生产经营大数据加以收集和利用，服务企业的发展。③南海区全铝家居行业协会，来自佛山的100多家全铝家居企业成为首批会员单位，在制定行业标准的基础上，协会将组织会员到全国各地开办展会，提升全铝家居产品的知名度和应用面。④大沥·中国全铝家居指数结合大沥·全铝家居产业发展现状和发展需求，制定了"价格指数""产业发展指数""影响力指数"三个指数体系，相当于铝产品的纳斯达克综合指数，该指数将规范行业产品的价格信息，为企业和行业发展提供参考依据。⑤1688电商服务中心（佛山凤池站）强调本地化服务，拟将线上电商服务引入线下，满足线下企业在电商服务方面的需求，使企业可以享受"家门口的

专业电商服务"。1688 电商服务中心看中了大沥凤池的产业和商贸基础,凤池需要在其帮助下挖掘市场运营数据,前者有技术,后者有载体,阿里巴巴的数据能提升大沥的产品研发数量和销量,使其保持中国铝材第一镇的地位①。

(2)成立产业标准联盟组织

家居产业和铝型材产业是佛山两大重要产业,两者都十分发达。佛山的各种家居产品畅销海内外,但在消费升级和供给侧结构性改革的大环境下,家居行业遭遇发展瓶颈,铝产业也面临着产能过剩和"绿色化"转型的发展难题。如何实现两大产业的协同发展,是佛山市重点考虑的课题。对此,佛山市进行了有益探索,由佛山全铝家居产业标准联盟组织发布《铝合金家具》《铝合金家具用型材》两份标准,以标准联盟为纽带,促使铝型材与传统家居产业"联姻",使两大传统优势产业实现融合、协同发展,为全铝家居绿色新兴行业带来了新的发展机遇。佛山全铝家居产业标准联盟组织是以佛山市质量和标准化研究院、标准化协会为技术支撑机构,集合了坚美、伟业、广亚等铝行业龙头骨干企业,打造集"产、学、研"于一体的标准联盟。该联盟进一步强化了企业合作,促进了核心和共性技术的开发。其中,《铝合金家具》联盟标准对全铝家具做了明晰的产业定位,对"高精度装配质量"和"绿色环保"提出了明确要求;《铝合金家具用型材》联盟标准则主要确定不同用途的产品在材料选用上的性能指标。随着两项联盟标准的实施,该标准联盟组织还将结合产业发展需要,在全铝合金家具用五金配件、装饰件等零部件标准和不同用途的系列铝合金家具方面,对相关标准进行研制②。广东省铝型材产业标准联盟试点是广东省 2014 年开设的标准联盟试点项目。2018 年 6 月,由佛山市南海区铝型材行业协会等单位承担的广东标准联盟试点项目"铝型材产业标准联盟试点"通过评估测验,制定发布了 2 项联盟标准,其中《建筑铝合金模板》上升为行业标准,填补了国内空白。佛山市南海区将继续以省铝型材产业标准联盟为载体,吸引省内外优秀的铝型材企业与机构,研发新工艺、新技术,以质量促品牌,运用标准带动铝型材

---

① 参见丘媚、吴蓉《佛山"众铝联"成立 打造最大铝产业 B2B 平台》,佛山新闻网,http://www-86.citygf.com/fstt/201803/t20180312_144982.html,最后访问日期:2018年3月12日。

② 参见沈洪《广东佛山依靠产业标准联盟组织助推"以铝代木"绿色转型》,中国质量新闻网,http://www.cqn.com.cn/zgzlb/content/2017-09/20/content_4899788.htm,最后访问日期:2017年9月20日。

产业的发展①。

（3）实施品牌企业行动计划

佛山市南海区 2017 年 12 月启动品牌企业行动计划，在第一批 206 家品牌企业行动计划试点企业中，有 8 家铝企入选。南海区主要从"加大扶持力度""集聚创新要素""创新土地使用方式""搭建金融资本平台""优化人才政策体系""鼓励本地采购"六个方面对品牌企业进行政策扶持，突破企业发展的障碍。如在扶持力度方面，只要企业的固定投资达到 1000 万元，可按设备购置费的 5%～8% 给予事后奖补，最高补助 5000 万元；品牌企业在区内举办国际性或全国性论坛（峰会、沙龙）等活动的，按举办费用的 50% 给予一次性补助；在土地使用方式方面，将支持企业"原地改造"，支持以"先租后让、租让结合"的方式向试点企业灵活供应产业用地；鼓励品牌企业实施"工改工"政策，提高土地利用率，放宽部分指标限制，可适当提高容积率，不加收土地出让金；在优化人才政策体系方面，南海将根据品牌企业的技术骨干及中高层管理人员缴纳的个人所得税地方留成部分给予等额补贴，每年向品牌企业提供一定数量的公办学校入学指标。

4. 铝合金—铝型材十大品牌榜（2018）

"十大品牌网"公布的"铝合金—铝型材十大品牌榜（2018）"，分别是忠旺铝材（辽宁忠旺集团有限公司）、AAG 亚铝（肇庆亚洲铝厂有限公司）、兴发铝材（广东兴发铝业有限公司）、凤铝铝材（广东凤铝铝业有限公司）、坚美铝材［广东坚美铝型材厂（集团）有限公司］、伟业铝材（广东伟业铝厂集团有限公司）、南山铝材（山东南山铝业股份有限公司）、伟昌铝材（广东华昌铝厂有限公司）、闽铝铝材（福建省南平铝业股份有限公司）、振升铝材（长沙振升集团有限公司），在此，对其品牌发展的共性进行归纳总结。

（1）多元扩展策略

一是产品的多元化。忠旺铝材有工业铝挤压、深加工以及铝压延三大核心业务，并积极向绿色建造、交通运输、机械设备、电力电子等领域拓展，涉及全铝轨道车体、特种车车厢、航空航天器、船舶结构、铝合金模板、家居等系列产品及综合工业材产品。肇庆亚洲铝厂有限公司产品由单一的建筑门窗、幕墙类铝型材拓展到包括各类工业型材的航空航天、轨道交通、汽车

---

① 参见《广东省铝型材产业标准联盟试点验收会顺利召开》，铝加网，http：//wwm. zml833. albiz. cn/news/display－lid_2－news_id_197699. html，最后访问日期：2018 年 6 月 23 日。

制造、通信科技、IT 等多个领域。凤铝铝业主要研发与生产建筑铝型材、工业材、高端装饰材、高端系统门窗及航空航天、军工类等特种铝合金产品。兴发铝业已经拥有铝合金型材国家专利 1000 多项，4 万多种产品规格型号，产品涉及建筑门窗幕墙类、各种电子设备、机械装备、轨道交通、船舶及高科技航天铝材料等。二是生产基地的多元化。兴发铝业除在广东有生产基地外，还在江西、四川、河南布局生产线。华昌铝业设有广东、江苏两大生产基地，并在广东、江苏、香港、澳大利亚设有四大分公司。坚美铝业、伟业铝业等品牌也纷纷涉足海外，参与国际工程建设，布局海外生产基地。

（2）卓越的创新效能

创新是企业的灵魂。兴发铝业有"国家企业技术中心"、"博士后科研工作站"、"国家认可实验室"、"广东省重点铝型材工程技术研究开发中心"和"广东兴发铝业高端铝合金材料研究院"等研发平台，与清华大学、北京科技大学、中南大学、华南理工大学等高校和科研院所建立了长期稳定的产学研合作关系。凤铝铝业 2014 年在整合国家级企业技术中心、省级工程中心、省级企业重点实验室、博士后科研工作站、科技特派员工作站、院士工作室等优秀研发资源的基础上，成立了凤铝研究院。华昌铝业于 2014 年创建了铝型材行业的首个企业商学院——华昌商学院，满足企业发展对人才的需求、帮助经销商伙伴做大做强。坚美、南山、闽铝等都将创新作为保持产业竞争力和品牌影响力的核心。

（3）追求一流的质量

亚铝按照 ISO 质量管理体系的要求，设置了一套完整的控制产品质量的程序；亚铝的检测设备齐全，能全方位满足原辅材料进厂检验、生产过程检验以及产品出厂检验和公司计量管理、计量器具校准 \ 检定等工作；检验员、技术员、工程师和计量专职人员均通过培训和考核取得了国家职业资格证书。亚铝 2011 年即获得国家实验室 CNAS 认可证书，自 2012 年起连续七年被评为"全国铝型材行业质量领先品牌"。忠旺铝材定期对供货商进行分类、评级和备案，防止不合格原料或产品的使用，定期披露产品质量资讯，并设置回收程序、建立品质把关体系，确保产品质量。伟业铝材坚持"科技兴伟业，质量创名牌"的质量方针，建立了理化检测中心，对生产的所有产品进行相关理化试验。凤铝铝业在工序和产品质量控制过程中实行"自检"、"互检"和"专检"相结合的检验制度，做到"不合格原料不投入、不合格品不生产、不合格品不出厂"，坚持"下工序监督上工序、工序自检与质检监控相结合"的全员质量监控制度；建立质量检测检验中心，全程检测质量。

（4）参与行业标准制定

十大铝品牌中有多个参与国家行业标准的起草、编制，如忠旺铝材参与修订行业标准58项，凤铝铝业2014年主编了《铝合金建筑型材单位产品能源消耗限额》国家标准、2013年起草了《铝及铝合金抛光膜层规范》行业标准、2008年主编了《铝合金建筑型材单位产品能源消耗限额》国家标准等。南平铝业拥有国家级技术中心、国家认可试验室和博士后工作站，现为铝型材国际及国家标准研制创新示范基地，是GB/T 5237《铝合金建筑型材》等国家和行业标准的主要起草单位，并获得4项国家重点新产品、430项国家授权技术专利，南铝自主研发的全维管理信息化系统，覆盖了所有产品系列及全部产业链，填补了中国铝行业的空白。

（二）对南宁市的启示

1. 构建南宁市铝产业发展联盟

南宁市的铝加工制造业企业应该抱团发展，打造跨企业、跨行业、跨区域的全产业链和全开放的"南宁市铝加工制造产业联盟"。积极谋划建设南宁·中国铝材谷，通过"谷"的建设，加大项目引进力度，形成产业集群，提升产业核心竞争力。整合延伸铝加工下游产业，优化铝合金新材料、铝精深加工、先进装备制造等产业布局，带动再生铝等其他加工产业链的发展，构建完整的铝合金新材料—铝精深加工—高端装备制造产业体系，打造铝精深加工全产业链条。重点发展高端铝合金精深加工、新能源汽车产业、轨道交通产业三大百亿产业，逐步形成铝加工—装备制造大产业集群，强化产业集聚效应。

2. 以创新驱动高质量发展

依靠创新驱动实现高质量发展是先进城市和知名品牌的普遍做法。当前，我国制造业格局面临重大调整，南宁市铝产业的创新变革迫在眉睫。南宁市铝产业要做大做强，必须把品牌这一短板补好、补足。南宁市铝产业品牌的打造必须突出技术创新要素，促进铝产业高质量发展。以打造"南宁市铝产业智能制造中心"为重要目标，推进制造业企业与智能制造产业的跨界合作。政府部门应积极扶持，通过传统产品、技术、服务的智能改造，去除落后产能、提质增效。企业应该大力实施创新驱动战略，实现技术、产品、装备等的全方位突破，推动南宁市铝产业发展的弯道超车。积极搭建交流合作平台，定期举办铝产业发展论坛，邀请国内外铝行业领军人物、专家及高端人才就铝产业建设模式、产业发展、技术突破、资源整合、发展路径进行研讨，集中智慧创建南宁市铝产业品牌。

3. 积极参与行业标准制定

先进城市和知名品牌的经验告诉我们，谁拥有行业标准的制定权，谁就掌握了行业品牌的主动权，制定行业标准日益成为品牌建设的重要内容。因此，应大力推动南宁市铝产业积极参与国内、国际行业标准建设，掌握产品制造的话语权。设立奖励基金，对成功制定行业标准的南宁市铝产业企业进行奖励。

4. 加快实施"引进来"和"走出去"

没有一个产品的品牌打造是在市域范围内完成的，加快实施"引进来"和"走出去"是打造南宁市铝产业品牌必不可少的举措。要强化产业链招商，按照规模化、集群化和高端化的发展思路，研究策划一批铝精深加工产业招商项目，力求做到研究一批、储备一批、招商一批、实施一批。当前，国家正在着力推进"一带一路"建设，广西正在着力打造"南向通道"，南宁市作为"一带一路"的重要节点和"南向通道"的核心，在铝产业"走出去"方面大有作为。加大对外开放力度，充分利用外部资金、技术、人力、市场和物质等资源为发展南宁市铝产业服务，尽快提升南宁市铝产业的市场地位。主动参与跨区域、全球行业竞争，在竞争中创建品牌。

5. 强化质量意识和培养工匠精神

当前，全国的制造业正在进行大洗牌，高质量发展成为新的发展方向。实现制造业的高质量发展，除了进行技术革新之外，还要增强广大技术人员的质量意识，培养其工匠精神，南宁市铝产业品牌的打造必须用质量意识和工匠精神贯穿铝产业加工制造的全过程。铝产品的生产和服务，需要有一流的工程师，需要不断提升基层技术工人的素质。政府应加强铝产业企业家队伍建设，建立提升企业家综合素质的长效机制，树立铝产业企业家标杆。发挥政府的纽带作用，优化职业院校相关专业设置，撮合企业与职业院校联合培养技术人才和工匠，为企业提供人才保障。加大铝产业品牌文化建设，营造铝产业品牌发展的浓厚氛围。只有不断强化质量意识和培育工匠精神，才能有效保证铝产品的生产质量，使其在激烈的市场竞争中通过质量获胜。

四 南宁市铝产业品牌发展的总体思路

(一) 指导思想

以习近平新时代中国特色社会主义思想为指导，进一步贯彻党的十九大精神，牢固树立和贯彻落实创新、协调、绿色、开放、共享的发展理念，深化铝产业供给侧结构性改革和产业转型升级，激发市场活力，紧紧围绕南宁市铝产业"科技研发—合金材料—精深加工—下游应用—成套装备"的发展方向，以做大做强铝产业为目标，以推动铝产业向更高质量发展为方向，以强化自主创新为主线，以完善政策法规、技术标准为支撑，以丰富铝产品体系为切入点，以加强精致化管理为保障，重点发展科研及合金、精深加工、下游应用三大领域，打造军民融合的终端消费产品，锻造出具有核心竞争力的优质产品和品牌，努力培育一批区域品牌、企业品牌、产品品牌，促进产品品牌与铝产业的良性互动发展，推动南宁市铝产业技术创新和改造升级，扩大铝合金新材料应用范围，深化铝产业国际合作，把南宁市建设成为广西铝工业精深加工、高质量发展的制造基地和研发中心，使其成为我国重要的高端铝产业基地。

（二）基本原则

1. 坚持市场主导原则

遵循市场经济规律，科学研判铝产业的竞争态势和发展趋势，充分发挥市场机制作用，按照面向市场、面向客户、满足需求、引导消费的品牌发展思路，调动企业主体的积极性，引导企业利用自身优势，扬长避短，构建适合国内、国际市场需求的品牌发展格局，扩大市场占有率。同时，发挥政府、行业协会的引导作用，加大铝产业品牌的培育力度，营造有利于铝产业发展的环境。

2. 坚持创新驱动原则

坚持做大做强做精做特铝产业，以产品为单元，以产业为主线，以提高科技创新能力为突破口，支持优势企业整合国内乃至国际科研力量，建立创新联合体，突破核心技术，促进科技成果转化，努力从执行标准到创造标准转变，不断提高品牌的科技含量，切实转变增长方式，使铝产业实现高质量发展。

3. 坚持突出重点原则

立足区域资源禀赋，综合考虑产业基础、市场条件及生态环境等因素，优先发展资源条件好、优势突出、市场竞争力较强的铝产品，找准品牌建设的突破口和着力点，突出重点、扶优扶强，集中力量加大对铝产业中的重点领域、重点企业、重点产品的扶持，形成重点带动、整体推进的发展格局。

4. 坚持可持续发展原则

铝产业品牌建设是一项长期又复杂的系统工程,需要立足当前,着眼长远,科学制定中长期品牌战略规划,确定阶段性目标和行动方案,持之以恒,分步实施,扎实推进,同时要统筹谋划,实行品牌全生命周期开发和管理,推进研发、设计、营销、管理、传播、服务等环节的相互协同,形成合力,加强对品牌成长过程的维护、管理和创新。

(三) 主要目标

大力推进铝产业品牌培育工程,到2022年,打造有重要影响力的国家级应用技术研发平台1~2家,建立起铝合金新材料研发创新体系,建成2~3个国家级科技创新基地。积极开发新产品,开拓、引领市场,努力推动铝加工业向智能、智慧和绿色制造转型,铝产业集群基本形成,涌现一批品牌战略明晰、品牌管理体系健全、品牌建设成果显著的企业,形成一批品质优良、影响力强的知名品牌,培育一批拥有自主知识产权和市场竞争力的品牌。5年内力争打造年销售额超10亿元的国家级、省级区域品牌2~5个,年销售额超1亿元的省级、市级产品品牌20个以上;形成5~8家装备水平较高、创新能力强、产品附加值高的行业龙头企业(品牌企业);南宁市铝加工及下游产业实现产值超1000亿元,南宁市铝产业研发创新能力及在国内分工地位明显提升,国际化主体的竞争实力显著增强。

(四) 重点任务

不论是产业规模还是产业优势,品牌都具有形象性、影响力和效益性,其关键在于技术和创新,可以说研发创新是品牌建设的重要支撑。南宁市铝产业实施品牌战略实质上是为了提高产业发展水平和产品质量,增加产品的技术含量,使南宁市铝产业居于行业产业链的高端环节,以品牌提升质量和占有市场率,促进产品及新技术扩散到全国乃至国际范围。因此,需要实施五大重点工程。

1. 研发创新工程

一是打造铝合金新材料及应用技术研发平台。好产品要靠研发创新。按照"先研发、后建设"的发展理念,推动研发平台建设,围绕航空航天、交通运输、绿色建筑等领域应用高性能铝合金和铝基复合材料、高端铝加工新工艺和智能化新装备等,通过引进和优化整合等途径,创建国家级重点实验室、国家级工程技术研究中心,培育争创国家级科技创新基地。依托广西南南铝加工有限公司的技术优势，采用"企业 + X（高校、科研院所、金融机构、行业上下游）"模式组成铝产业创新联盟，在高端铝合金材料和加工技术、汽车轻量化、铝合金锻造技术、高纯铝合金纯净化技术等铝产业共性技术、关键技术、前沿技术方面进行联合攻关，实现技术突破，建立铝合金材料的研发生产体系，面向市场研发产品。采用"科学家团队 + 专业企业 + 社会资本 + 政府资本"模式成立包括产品开发、特色工艺与设备、原料、包装设计、品牌等在内的研究院，力求在铝产业各个环节实现创新和突破。

二是推进平台建设。完善铝加工产业发展所需的实验、检验、测试、认证等平台建设，打造铝合金新材料及应用研发创新集聚区。加快铝产业孵化器建设，鼓励孵化器将孵化功能延伸到国内高等院校和科研机构，建立联合研发基地，促进科技人员创新创业，源源不断地吸收高等院校和科研机构的自主创新成果，促进科研成果转化，为品牌建设打下基础。

2. 品牌培育工程

一是培育区域品牌。发挥"南南"品牌优势，依托广西南南铝加工有限公司、南南铝业股份有限公司等龙头企业所拥有的资本、科技及人才优势，在航空、交通等领域应用的铝合金新材料产业集群中创建一批自主品牌，通过制定统一的标准和流程，壮大优势产业集群，分层分级培育区域品牌，打造集中度高、辐射带动强、质量效益好的全国、全区名牌 2 ~ 5 个，培育品牌发展新优势，促进铝产业高质量发展。依托开发区和特色铝产业集群，创造条件申报"全国知名品牌创建示范区"，实现抱团发展、板块式发展。

二是大力培育品牌企业，尤其是龙头品牌企业。企业是实施品牌战略的主体，重点围绕高端铝合金精深加工、汽车、航材锻造（军民融合）配套加工、轨道交通、高端绿色建筑铝材、成套设备等领域打造一批品牌价值高、规模大、实力强、拥有核心技术和自主知识产权的大企业集团，推进强强联合、并购重组，培育一批龙头品牌企业。大力发展民营品牌企业，深入贯彻落实习近平总书记在民营企业座谈会上的讲话精神，激发民营经济活力，鼓励民营中小企业与大型企业建立产供销和技术开发等协作关系，促进专业分工，注重以品牌提质增效，努力使"南宁产品"向"南宁品牌"转变。引进和培育并举，集聚铝产业"专精特新"中小型产业链配套生产企业、创新型中小企业，打造一批中小企业集群，培植"单打冠军"类中小型品牌企业，催生更多的"瞪羚企业"。对小微企业品牌进行扶持。加大小微企业品牌培育力度，重点支持和引导小微企业申请商标注册，对实现"小升规"的企业，加强自主商标培育，提升企业品牌附加值。探索建立支持中小微企业共享区域品牌机制。

三是培育产品品牌。品牌最终用产品来说话，要用产品做代言，市场只有通过产品才能了解品牌背后的故事或者文化。因此，要引导企业进一步强化品牌思维、极致思维，将产品锻造成精品以提高质量和附加值，提升并扩大企业效益与规模。有意识地在五大铝产业群中构建明晰的核心产品品牌、渠道品牌，指导企业进行商标注册，策划好品牌形象、标识，谋划好品牌的定位和推广模式，按照"市级品牌—省级知名品牌—国内领先品牌—国际一流品牌"的思路建立和完善品牌建设推进机制，分层次地精准指导，培育产品品牌梯队，形成一批具有较强市场竞争力和影响力的品牌产品。

3. 质量提升工程

一是提升管理质量。坚持质量第一，广泛推行 ISO 9000、ISO 14000 等管理体系认证，提高企业产品质量保证能力。推广全面质量管理，引导有条件的企业使用卓越绩效模式、精益生产管理模式、零缺陷管理、六西格玛管理等先进的质量管理方法。尝试向"专精特新"中小型企业免费发放"质量管理提升券"，扶持企业邀请质量管理专家上门辅导，有效提升企业内部质量规划、管理水平。鼓励企业采用高端数控机床、工业机器人、智能化控制系统、自动化成套生产线等高端智能装备，实现关键工序核心装备升级换代，从而促进整个铝产业链的质量提升，在品牌建设上站稳脚跟。

二是推进与国际先进水平对标达标。发挥标准引领作用，分行业、分产品地推进实施标准与国际及先进标准的对标达标。鼓励铝产业企业制定高于国家标准甚至国外先进标准的企业内控标准，制定严于现行标准的质量性能指标。支持企业积极参与铝产业行业领域国际、国家标准的研制，旗帜鲜明地鼓励和奖励企业承担专业标准化技术组织工作。创新标准化与科技、知识产权的融合机制，推动科技创新成果快速转化为技术标准。

4. 开放合作工程

一是加强与共建"一带一路"国家和地区的合作。鼓励企业围绕共建"一带一路"国家和地区的市场需求，瞄准铝产业前沿，布局铝合金新材料高端应用产品，主动出击，抢占先机，出口铝合金材料和高端电子产品材料，打开国际市场。充分利用中国—东盟博览会、中国—东盟自由贸易区等重要合作平台，发挥"南宁渠道"的作用，加强与东盟国家的沟通与合作，开展"南宁品牌丝路行"活动，全力稳定东盟市场。加强与世界知名品牌企业的合作，力争嵌入国际知名企业产业链条环节。

二是深化与国内城市的合作。主动对接粤港澳大湾区和东部沿海先进城市，加强政策衔接，引导生产要素跨区域合作流动和优化配置，探索合作新机制和新模式，努力形成新的产业竞争优势，促进铝产业结构升级和产品品种多元化。

三是深入推进军民融合发展。建立与军队、军工企业和军队所属科研院所的战略合作机制，统筹建设军民共用科研基地，建立军民融合重大研发任务协同创新机制，推动资源共享。

5. 人才支撑工程

一是加强企业家队伍建设。高度重视企业家的培养和企业家队伍的建设，激发和保护企业家精神，为企业家干事创业营造良好环境。企业家作为铝产业企业的主心骨和领路人，要树立"通过产品积蓄品牌势能，通过质量让产品和品牌实现共通""品牌决定产品高度"的品牌观，并将其融入企业发展战略的全过程。

二是引进和集聚专业技术人才。实行更加灵活的引进和培育人才政策，摆脱国有科研机构体制机制的束缚，突出一人一策，通过聘请人才担任项目负责人，集聚一批领军人才。建立政策针对性强、操作性强的人才"引、育、留、用"机制，吸引各类高层次人才到南宁市创新创业。建立健全激励机制，鼓励科技人员以职务发明科技成果投资入股，增加科技人员成果转化收益比例。创新科技合作模式，借助"外脑外力"，与国际、国内知名公司开展合作与交流，联合进行技术攻关，构建无边界技术中心。政府要下大力气为创新创业者提供宜居宜业的好环境。

三是培养产业人才队伍。加强产业工人在设计、制作、工艺流程等方面的培训，全面提高其专业技术水平，夯实品牌发展的技术和人才基础。激励产业工人树立爱岗敬业、精益求精的工匠精神，将工匠精神与岗位技能培训结合起来，引导职工立足本职岗位开展技术革新、技术攻关，争当工匠人才。

五 推进南宁市铝产业品牌发展的对策建议

品牌建设是优化南宁市铝产业结构、促进铝产业升级的重要举措。面对当前南宁市铝产业品牌建设中存在的诸多问题，要以"南南铝"为区域品牌龙头，加快推进品牌建设，提升品牌实力，提高铝产业的市场竞争力。

(一) 提升品牌意识，凝聚工作合力

品牌是南宁市铝产业区域整体形象的重要载体，品牌建设作为一项系统

工程需要凝聚工作合力，要发挥政府的引导作用，更要充分发挥企业的主体作用，提升品牌创建工作水平。

1. 完善品牌建设发展规划

制定《南宁市铝产业品牌发展规划》，对铝产业品牌建设的发展目标、发展思路、产业布局、重点行业等进行统筹规划，强化顶层设计对全市铝产业品牌建设的指引作用。要加强铝产业品牌建设规划与《南宁市工业和信息化发展"十三五"规划》（南府办〔2016〕84号）等的对接，确保规划的顺利衔接。要对规划执行情况进行监测评估，及时发现品牌创建中出现的问题，并及时修订相关政策措施。

2. 加强组织协调

充分发挥政府在品牌建设中的引导作用，成立由分管工业副市长担任组长，市发改委、市工信局、市国资委、市投促局等相关部门参与的铝产业品牌建设小组，建立健全跨行业、跨部门的工作机制，及时对全市铝产业品牌建设中的重大决策问题进行部署，并及时解决铝产业品牌建设中的职责不清、职能交叉问题，形成发展合力。通过政府引导、部门联动、企业主体、社会推进，激发品牌主体的内生发展动力。

3. 搭建品牌建设交流合作平台

定期举办铝深加工产业发展论坛，将铝产业品牌创建作为论坛的重要主题，邀请国内外铝行业领军人物、专家及高端人才到南宁市就铝精深加工产业品牌建设模式、品牌发展、技术突破、资源整合、发展路径等展开研讨，为南宁市铝产业品牌创建建言献策。

4. 引导鼓励品牌主体增强品牌意识

要积极引导鼓励南南铝加工有限公司、南南铝业股份有限公司、南宁中车铝材精密加工有限责任公司、广西申龙新能源汽车公司等铝产业骨干企业树立创品牌、增品质的理念，提升品牌意识，实施品牌经营战略。鼓励铝产业龙头骨干企业结合自身实力，抓住企业优势，挖掘特色元素，塑造符合自身的品牌形象，培育竞争对手难以效仿的优势，打好品牌培育的基础。鼓励铝产业龙头骨干企业进行品牌建设的"战略性"规划和定位，在充分了解市场需求和研究比较优势的基础上，根据行业特点、企业实际和产品特性，科学确立品牌定位。鼓励铝产业龙头骨干企业学习借鉴成功品牌的经营管理模式，注重企业品牌广告、公益活动等多元推广方式，切实推进品牌的长期发展。

5. 将品牌建设纳入绩效考核体系

将南宁市铝加工企业品牌培育工作纳入企业干部绩效考核体系，实行绩效考核，通过新增注册商标数、引进品牌培育人才、品牌推进会及交易博览会等活动组织情况、税收及信贷支持政策等考核指标来考量干部的政策制定执行情况、专属岗位工作业绩等情况。对业绩突出的干部，予以优先提拔。

（二）强化统筹推进，注重品牌质量、标准一体化发展

品牌是质量、标准的集中体现，其中，质量是核心，需要企业保持足够的定力和耐力；标准是基础，需要在铝细分产业领域、智能制造领域拥有制定标准的能力，促进南宁市铝产业质量、标准、品牌建设的高度统一。

1. 鼓励企业追求高品质

树立"质量第一、效益优先、品牌强企"的思想，弘扬工匠精神，增强精品意识，打出品牌提升、产品创新以及售后服务的组合拳，塑造优秀、长效品牌。要强化质量管理体系建设，进行全过程、全方位、全生命周期的质量管理，完善管理标准，不断提高产品质量。开展质量提升行动，鼓励企业采用先进 AI 装备，推动关键装备和工序的升级换代，推动产品质量进一步提升。推进与国际先进水平的对标达标，鼓励和奖励企业积极参与本行业国家、国际标准的制定。通过推广先进的质量管理方法、实施质量奖励政策等，强化品牌质量优势。用好"中国质量奖""国家地理标志保护产品""自治区主席质量奖""广西名牌产品""南宁市市长质量奖"的评选表彰结果，鼓励县区对奖励资金进行配套管理，提倡质量优先，以质量提升来树立南宁品牌的新形象，努力打造铝产业一流品牌。

2. 建立健全品牌标准

政府要加快研究制定南宁市铝产业品牌建设指导标准，推动全市铝产业品牌规范化建设。要强化对铝产业品牌建设规律的研究，在对南宁市铝产业品牌建设最佳实践进行总结的同时，将客户认可作为标准制定的核心原则，积极组织企业向社会公开产品标准和服务标准，鼓励企业制定高于国家标准、行业标准的具有竞争力的标准，为企业树立品牌意识、加强品牌建设、走品牌发展之路提供有效指导。鼓励行业协会、学会、商会等社会团体积极提供技术、标准、质量管理等方面的咨询服务，充分发挥中介组织在品牌建设中的桥梁和纽带作用。

（三）提升自主创新能力，强化品牌发展内生动力

要将自主创新能力建设作为品牌培育的核心要素，以品牌价值为检验创新成效的重要指标，提升铝深加工企业的自主创新能力。

1. 强化科技创新

要抓住服务、集成、设计、标准等关键环节，强化科技创新，加快培养铝产业品牌优势并形成自主知识产权。以广西航空航天铝合金材料与加工研究院为主要平台，以南南铝加工有限公司院士工作站为先导，加强与名校的战略合作，引进大公司、大集团等的研发机构，构建以市场为导向、企业为主体、产学研政相结合的铝产业研发创新体系，提升铝加工创新研发能力。要大力培育原始集成创新能力，以不断突破关键技术为目标，加快南宁市铝加工产品从"制造"向"创造"的转变。实施重大科技专项计划，加大共性技术、关键技术、前沿技术的联合攻坚力度，加大新材料、新装备和新产品研发力度，推动国际先进技术的引进吸收再创新。支持企业技术改造，实施优质企业正面清单和环保安监负面清单制度，大力支持"零增地"技术改造，增强民营铝产业企业的自主创新能力。

2. 促进两化融合和智能制造

积极推进"两化融合"建设。以自动化提升工艺、工序生产技术水平，实现铝加工生产过程动态监控和反馈，以信息化技术实现生产数据存储，与智能化系统实现无缝连接。利用"互联网＋"有效监控市场动态，发展差异化、个性化产品，建立铝合金材料基因数据库。要建立智能化处理系统，通过外部信息化系统，接收和高效处理外部订单，优化生产工艺，生成生产工艺数据或指令；通过内部信息化系统，与生产单元、管理单元交换各类数据，及时处理反馈的动态数据，实现精准调度和精准管理；根据新材料研发要求，以冶金材料基因数据库为基础，通过云计算优化研发试验方案和生产工艺方案，缩短研发周期，降低新材料研发成本。深化南南铝加工有限公司与广西名匠公司有关智能制造解决方案的合作，推进冰箱把手生产线智能化改造。积极与东北大学对接，争取在国家重点科技研发项目"基于工业大数据的铝/铜板带材智能化工艺控制技术"上达成合作，促进南南铝加工有限公司在现有控制系统的基础上建立完善的智能制造系统，进一步提高产品质量、提高生产效率、开发创新产品。

3. 加快建设国家先进铝加工创新中心

与东北大学等高校和科研院所合作，多渠道筹集资金，集聚高端人才，从成立热处理装备研究室起步，加快建设热处理装备、先进铝加工工艺、电解铝节能减排、原铝洁净度控制、废料处理与循环利用、大型高端铝合金锻件生产技术、特色铝土矿资源开发利用、铝与铝合金加工智能制造、先进加工装备研究等9个研究室，打造以高端铝材生产为主的产业链，保持高端铝材生产机器装备制造行业领先水平，打造铝行业国际知名品牌。

4. 促进服务和商业模式创新

要紧盯客户需求，建立售前、售中、售后服务体系，对体系中的服务项目不断更新，确保服务品质。企业要不断创新服务形式，由被动适应变为主动探求客户期望，及时跟踪和回应客户诉求，并正确地处理无条件服务与合理约束的关系。要以公共关系建设为抓手，完善铝产业企业的信息披露制度，积极维护相关债权人、供应商、投资者等的利益，推动品牌建设环境不断优化。要加大现代科技在企业基础设施中的应用，扩大服务种类，提高服务效率。要进行商业模式创新，根据信息技术和大数据发展潮流，积极引进新兴业态和新型商业模式，促进品牌产业深度融合，延伸产业链、提升价值链。

（四）加快打造产业集群，强化品牌发展基础

发展产业集群有助于企业创建产品品牌和企业品牌，进而创建区域品牌，这些品牌的创建进一步促进了产业集群的持续创新、升级和发展，使产业集群优势更加明显。

1. 大力发展五大百亿产业集群

大力发展高端铝合金精深加工、新能源汽车产业、轨道交通产业、航材锻造（军民融合）配套加工产业、高端绿色建筑铝材产业五大百亿产业集群，逐步形成铝加工—装备制造大产业集群。以南南铝加工有限公司年产20万吨航空交通高端铝合金新材料项目、南南电子汽车新材料精深加工技术改造项目为基础，加快建设智能制造精深加工中心、汽车新材料制造中心、电子新材料制造中心及铝合金精加工研究所，积极引进铝合金新材料应用企业，重点研发制造城市特种铝制设施、汽车铝零组件、铝制电力电子产品、建材及高档门窗、电子元器件、家电铝零组件等产品，形成高端铝合金精深加工产业群。以广西申龙新能源汽车生产基地项目落地建设为基础，依托铝合金新材料在汽车轻量化领域的应用优势，集中力量发展全铝车身新能源客车、新能源专用车、新能源乘用车、多功能电动车，以整车组装为切入点，逐步向电机、传感器、控制器等关键零部件及关键技术的研发和生产拓展，研究发展电驱动系统、电驱动动力总成等集成化产品，重点推动铝合金材料在电池、电机、电控等关键零部件上的应用，形成以新能源汽车制造为龙头，关键铝制零部件配套加工生产为辅助的新能源汽车制造产业群。发挥铝合金新材料在轨道交通领域的应用优势，进一步深化南宁市与中国中车的合作，提升中车南宁产业基地的整车制造和城轨车辆铝材加工配套能力，同步

引进车辆制动系统、空调系统等整车配套项目，形成具备区域整合能力的轨道交通装备产业群。

2. 进一步延伸产业链条

以江南工业园和新兴产业园为双核心，延伸拓展至高新区和伶俐工业园区，重点发展高端铝加工及下游产业链。立足铝合金新材料领域的研发优势和大规格高性能精密铝材的制造优势，整合延伸铝加工下游产业，吸引国内外铝合金新材料应用的知名企业到南宁市投资建设轨道交通、新能源汽车、挂车、罐车、集装箱、游艇、电子产品、建筑装饰、城市公共设施等铝合金新材料精深加工及应用项目，优化铝合金新材料、铝精深加工、先进装备制造等产业布局，带动再生铝等其他加工产业链的发展，构建完整的铝合金新材料—铝精深加工—高端装备制造产业体系，打造铝精深加工全产业链条。通过产业集群打造和产业链延伸，夯实铝产业品牌基础，加快推进中国铝材谷建设。

（五）加强服务体系建设，营造品牌发展的生态环境

发展品牌不光是企业的事情，也是产业、城市发展的事情，讲好"品牌故事"，不仅需要内修实力，还需要确立适合资本、技术、专利等要素流动的制度，为品牌发展创造良好的生态环境。

1. 设立品牌建设专业服务机构和平台

鼓励企业的品牌运营部门与高校、科研院所等联合设立专业化品牌建设培训机构，对企业的品牌运营管理、品牌开发等进行全面指导与培训，加快推进品牌建设。充分利用大数据、互联网等新一代信息技术，打造高水平专业化铝产业品牌建设服务平台，充分发挥服务机构和行业协会的桥梁作用，为荣获中国质量奖、国家地理标志保护产品、自治区主席质量奖、广西名牌产品、南宁市市长质量奖的企业提供品牌创建、品牌营运、品牌推介、境外商标注册等服务。搭建南宁市铝产业信息化平台，实现企业在铝产业技术创新、科技成果转化以及名牌、商标、知识产权等方面的资源共享。在平台上积极开展与品牌建设有关的研究、调查、培训，为不同企业提供品牌建设交流和发展的机会，提升企业品牌建设能力。

2. 完善品牌培育机制

强化分类指导。按产品、企业、特色品牌对现有铝加工企业进行分类，针对不同类型的品牌企业，制定不同的培育措施。对于全新品牌，应在政策鼓励和税收优惠两方面重点扶持，如政府采购、减免税收、税收返还等。要鼓励企业为长远发展考虑，做好品牌定位，强化自有品牌建设意识。对于有

潜力的品牌，要充分运用"政府搭台，企业唱戏"的政策，搭建各类平台尤其是举办全国性或国际性的交易活动、博览会，帮助企业做好品牌推介，为有潜力的企业进行品牌建设提供更多的机会。对于竞争力较强、具有一定知名度的品牌，如"南南"品牌，要从保护、开发的角度，帮助企业进一步盘活品牌。要鼓励企业不断提高管理水平、改进管理模式，增强市场竞争力。

开展培训。开展一系列诸如知识产权保护、品牌经营管理、品牌创建培训、商标知识宣讲等的活动，帮助企业增强品牌保护意识和自主创新意识。

积极组织合作交流。加强南南铝加工有限公司、南宁中车铝材精密加工有限责任公司、广西申龙新能源汽车公司等铝加工重点骨干企业与国内国际知名企业的交流，学习借鉴这些知名企业在品牌建设方面的先进理念和方法。积极与国内外品牌管理、咨询、设计等品牌建设服务机构开展合作，加强南宁市铝加工企业之间的合作，协同推进南宁市铝产业品牌建设。

3. 健全品牌保护机制

健全品牌保护机制可以从政府和企业两方面进行。

政府方面，要坚持将品牌建设与知识产权保护工作相结合，建立健全品牌建设各个环节的法律保护制度，构筑完善的法律保护体系。成立品牌保护组织，加强品牌自我保护意识与行业自律。实时评估、调查、监控品牌保护状态，通过诉诸法律、舆论维权、协商沟通等手段打击各种侵权行为，维护品牌主体的合法权益。开展诚信宣传教育，强化企业质量诚信和品牌保护意识。适时开展知识产权保护培训和交流，营造品牌建设的良好环境。综合运用专利、商标、商业秘密等，建立完善的品牌保护体系。开展客户满意度调查，建立健全品牌满意度测量体系，完善品牌危机处理机制，维护品牌形象。

企业方面，要实施系统化的商标战略，积极推进商标管理制度化、规范化、专业化，同时建立有效的商标监测机制，保护商标权益不受侵犯。要重视品牌危机处置，将公共关系建设作为手段，完善品牌舆情危机应对体制机制，做到品牌舆情危机应对专业化、研判精准化、监测即时化。

4. 探索建立品牌评估机制

探索建立市场验证、社会主办、政府监督的南宁市铝产业品牌评估机制，做到品牌评估主体明确、机构权威，确保品牌评估体系科学公正又能被社会接受、市场认可。同时，要营造品牌建设的社会氛围，在全市树立正确的品牌意识和品牌理念，重视品牌价值。

（六）加大人才培养和引进力度，提升品牌建设软实力

专业的管理团队在品牌建设过程中发挥着重要作用。因此，一定要重视

专业人才和专业团队的培养，确保品牌建设战略的有效性和可行性。

1. 重视人才培养

编制全市铝合金精深加工及应用人才发展目录，推动铝加工企业与高校的产教融合、协同育人，推动南宁市有条件的院校加强与铝合金新材料及应用领域的知名院校如东北大学、华中科技大学等合作，共同办学，加快培养铝精深加工业的高级技术人才和技工。鼓励研究机构、企业共同成立研发联盟，为南宁市铝产业企业科技创新提供人才支撑。通过高校、专门培训机构等加强对专门技术人才、品牌建设专业人才的培训与培养。支持铝产业企业人才培养，鼓励支持企业建立首席技师、技能大师工作室，全面落实住房、就医、入学、落户等政策。

2. 加强人才引进

出台更有吸引力的人才政策，通过鼓励并积极支持企业大力引进海内外高层次人才尤其是铝新材料开发和高端装备制造业人才、引进铝产业一流企业来集聚高端人才等，加大人才引进力度，为实现铝工业二次创业目标提供强大的人才支撑。对到南宁市投资创业、符合条件的高级人才，给予团队建设、资金补助、子女入学、住房优惠等优先与便利服务。同时大力引进有创新能力、品牌建设和管理经验丰富的优秀人才，尽快建立一支负责任、能力强、专业精、素质高的品牌建设管理队伍，为南宁市品牌建设、运营和管理提供人力支持。

（七）加大宣传力度，做好品牌营销

对品牌的传播推广，要主动出击，不断加大对多元化产品的宣传，方式要多样化、网络化，在维护国内品牌形象的同时，积极创造条件"走出去"，努力提高国际知名度。

1. 有效利用各种媒体开展品牌宣传

抓住各种有利时机，推进品牌传播体系建设。鼓励支持企业继续利用报纸、杂志、广播、电视、户外广告、橱窗布置等传统传播媒介开展品牌宣传，同时紧跟市场变化，积极运用网络等新媒体营销平台，将传统媒介和新媒介进行有效组合，增强品牌传播的及时性、有效性，相对减少成本，增强传播效果，增加广告效益。

2. 充分利用南宁城市定位提升品牌知名度

抓住南宁市作为"中国面向东盟开放合作的枢纽城市"、"中国东盟博览会永久举办城市"以及"一带一路重要节点城市"的定位，将其作为铝产业品牌宣传推广的媒介，积极与东盟国家建立品牌联盟、积极借助国际媒体资源，提升铝产业品牌的国际知名度，推动南宁市铝产业"走出去"。

3. 积极开展公益活动树立品牌形象

充分借助社会公益事业、赞助文体活动、政府关系沟通、媒介关系沟通等现代公共关系来塑造品牌，大力提升企业的社会形象。要抓住南宁市脱贫攻坚进入关键期的时机，积极配合政府相关部门对马山、上林等贫困地区的贫困户脱贫展开帮扶，通过赞助学校教育、产业扶贫等方式，强化企业的社会责任，提升企业的社会形象；抓住南宁市作为越来越多国际重大赛事活动举办地的机遇，积极赞助这些文体活动，开展品牌传播和营销；根据国外文化习俗、消费者习惯、市场竞争状态及法律法规等特点，积极融入当地社会，自觉遵守当地法律法规，开展品牌推广宣传，有效提高品牌的知名度和美誉度。

参考文献

《关于加强中央企业品牌建设的指导意见》（国资发综合〔2013〕266号）。

李红凤：《加快推进我国品牌建设的对策建议》，《中共山西省委党校学报》2017年第6期。

刘述桂：《解决广西铝产业痛点 提前实现二次创业目标》，《广西经济》2018年第3期。

吕志成：《以品牌建设引领质量提升——浅谈高质量发展时代如何加强品牌建设》，《中国质量报》2018年5月23日。

孟莉莉：《品牌培育过程中的政府扶持作用研究》，硕士学位论文，天津大学，2012。

乔家熙、张雪莹：《我国国际商务中品牌建设的问题和对策》，《襄阳职业技术学院学报》2018年第2期。

杨建梅、黄喜忠、张胜涛：《区域品牌的生成机理与路径研究》，《科技进步与对策》2005年第12期，第22～24页。

（南宁市社会科学院课题组）

课题组组长：覃洁贞

课题组成员：王水莲　陈展图　王　瑶　许　颖

　　　　　　陶艳兰　张　力　刘汉富

南宁市推进政府性融资担保体系建设研究

前 言

  党的十九大以来，国际政治经济格局结构调整的步伐加快，贸易保护主义、单边主义显著抬头，政治风险和经济风险交织上升。外部因素的变化，尤其是中美贸易摩擦的不断加剧，给我国经济发展带来了较强的负面效应，加大了经济下行的压力。基于国内外经济形势发生的较大变化，2018 年 7 月 31 日召开的中央政治局会议，确定了下半年的经济发展方向，要重点做好稳就业、稳金融、稳外贸、稳外资、稳投资、稳预期等"六稳"工作。在当前形势下，南宁市作为西部地区发展中的城市，经济下行压力较大，从 2018 年上半年经济数据来看，情况不甚理想，"六稳"工作需要在更大层面精准发力。推进政府性融资担保体系建设，对于激发南宁市经济社会发展活力意义重大，对于全面推进"六稳工作"，缓解经济下行压力，具有"四两拨千斤"的作用，应当作其中的一项重点工作来抓。本文以此为出发点，对南宁市政府性融资担保体系建设进行系统性研究，希望能够为政府决策提供理论参考。

一 南宁市推进政府性融资担保体系建设的重要意义

（一）有助于破解中小微企业融资难融资贵等难题

  融资难、融资贵是很多中小微企业融资过程中面临的普遍问题。党中央国务院多次强调，要为中小微企业融资提供便利，帮助其突破融资难、融资贵的困境。2017 年，国务院公布《融资担保公司监督管理条例》，重在支持普惠金融发展，促进资金融通。广西壮族自治区、南宁市也先后发布《广西壮族自治区人民政府关于加快政府性融资担保体系建设的意见》《南宁市加快政府性融资担保体系建设实施方案》，极力破解中小微企业融资难、融资贵等问题。无论是中央还是地方，支持中小企业融资已在政策方面形成合力，南宁市推进政府性融资担保体系建设，对于改善中小微企业融资环境，破解其融资难融资贵等难题具有重要意义。一方面，政府通过注入担保资金，充分利用政府担保信用，放大借贷资金池，在资金供给源头方面发挥杠杆效应；另一方面，中小微企业的融资约束力减小，融资空间趋向扩展，供给与需求的匹配更为充分。

（二）有助于促进融资担保行业有序发展

事实上，南宁市融资担保行业还处于起步阶段，整个行业发展并不充分，行业秩序并不规范，风险隐患突出，缺乏规模大、运营良好、有影响力的龙头担保公司。行业发展的不规范，既增加了政府监管的难度，加大了风险波动，也增加了中小微企业借贷的难度与成本，以及信贷违约风险。推进政府性融资担保体系建设既有助于促进融资担保行业有序发展，又能不断增强融资担保业服务中小微企业的能力，主要表现在两个方面：一是政府性融资担保体系为整个行业的发展提供了一种极具竞争性的运营模式，可能会加快担保行业格局的调整与担保业务的创新，进而促进与规范担保行业的发展；二是通过政府＋担保机构＋金融机构＋第三方等，最大限度地整合、盘活和调动信贷资源，以满足中小微企业的融资需求，进而增强整个融资担保行业服务中小微企业的能力。

（三）有助于推动实体经济健康发展

信贷机构为了降低风险和追求高利润，更偏向于给国有企业、龙头公司等发展前景明确、具有一定垄断性的大企业提供融资，而对弱势的小微企业提供融资的积极性较低，所以，这在一定程度上造成了借贷资金的错配，也不利于实体经济的均衡和可持续发展。推进南宁市政府性融资担保体系建设，通过加大对政府性融资担保机构的政策扶持力度，构建新型政银担合作关系与"4321"风险分担机制，进而调动融资各方的积极性，尤其是银行等金融机构的积极性，激发其为中小微企业融资的热情。大中小企业的协同发展，既能充分促进就业，又能为实体经济发展增添活力与动力，大量中小微企业在初步发展阶段，如果长期无法获得急需的信贷支持，可能面临关门破产的风险，有损实体经济健康发展的肌体。加快推进政府性融资担保体系建设，也为南宁市大量中小微企业的可持续发展注入了强心剂，对于推动实体经济的健康发展意义重大。

（四）有助于不断激发经济发展新动能

大众创业，万众创新，在全国范围内一片火热。南宁市也在加快实施创新驱动发展战略，积极打造大众创业、万众创新高地。"双创"的加速推进，一方面点燃了大众的创新创业热情，催生了一大批中小微企业，另一方面孕育出一批发展前景广阔的新业态、新模式，为促进新旧动能转换提供了强大动力。当然，"双创"的推进，不是无源之水、无本之木，而是建立在各大要素投入的基础上，其中的核心要素便是资本。创新的生命力既源自创新本身所带来的新产品、新模式，也源自不断试错过程中所产生的成本能够得到补足。这意味着"双创"活动的可持续开展，依赖于资本的持续性投入，但必须意识到，中小微企业是"双创"主体，往往面临着深层次的融资困境。推进政府性融资担保体系建设，为更多"双创"中的中小微企业提供融资担保，对于推动大众创业、万众创新意义重大，有助于产生更多的新业态、新模式，不断激发经济发展新动能。

二 南宁市政府性融资担保体系发展现状

2017 年以来，南宁市认真贯彻落实《广西壮族自治区人民政府关于加快政府性融资担保体系建设的意见》（桂政发〔2016〕62 号）和《南宁市加快政府性融资担保体系建设实施方案》（南府办〔2016〕91 号），大力推进政府性融资担保体系建设，在核心平台、机构队伍、配套政策体系、运营机制等方面都有突破性进展。

（一）核心平台

为加强南宁市政府性融资担保体系发展过程中政府的统筹和指导作用，现已建立政府性融资担保体系建设工作联席会议，其主要工作职责、联席会议成员及相关事项规定明确、运行有序，构建了南宁市政府性融资担保体系建设的核心平台。

1. 核心作用明显，全面统筹指导建设工作

从联席会议的主要工作职责来看，其主要负责统筹协调政府性融资担保体系建设的重要事项，并指导政府性融资担保体系建设工作，在整个建设发展过程中处于核心地位。

2. 多方协调，联席会议成员配置合理

联席会议的召集人由南宁市政府分管副市长担任，其他成员包括市金融办、市财政局、市国资委、市工商局、市金融投资集团以及各县（区）政府、开发区管委会等单位的主要负责人，在多方共同参与的情况下，加强了多部门的协调合作。

3. 建立常设机构，确保日常工作有序开展

联席会议在南宁市金融办设立办公室，由市政府分管副秘书长担任办公室主任，市金融办主任担任办公室副主任，办公室主要负责处理全市融资担保体系建设工作日常事务，为政府性融资担保体系建设有序推进保驾护航。

4. 有力推动，加快进程

联席会议统筹推进全市政府性融资担保体系建设。截至2017年，共召开联席会议2次，推进市政府与建设银行广西区分行等12家银行机构、广西再担保公司和市小微担保公司签署了《"4321"政银担合作框架协议》，审议出台了《南宁市政府性融资担保机构资本金补充、风险分担和代偿补偿机制及实施细则》、《2017年南宁市政府性融资担保机构绩效考核评价方案》和《南宁市银行业金融机构参与新型政银担合作考核暂行办法》等系列配套文件。此外，还以召开专题会、现场走访等形式，及时协调解决工作中存在的困难和问题。

（二）机构队伍

南宁市政府性融资担保体系建设的首要任务就是大力发展政府性融资担保机构，南宁市小微企业融资担保有限公司的成立，加强了机构队伍建设。

1. 设立专职规范机构

根据南府办函〔2016〕373号文件要求，成立专门负责"4321"融资担保业务的政府性融资担保机构，南宁市小微企业融资担保有限公司设置了担保业务部、法务风控部、综合部、财务部4个部门，提供低费率的公益融资担保服务，在保持独立性的基础上，受南宁金融集团管理，实行决策独立、业务独立、财务独立、人员独立、考核独立，确保公司的公益性定位。2017年，市小微担保公司注册资本金达4亿元，股东共17人，现有员工23人（含公司领导4人），获得银行准入授信32.89亿元，为全区唯一一家2017年度分类评级结果达到A级的政府性融资担保机构。

2. 有序推进业务发展

根据工作目标要求，平稳、较快地推进业务有序发展。第一，实现县城全覆盖。2017年末，南宁市小微担保公司"4321"融资担保业务已经在南宁市15个县域实现全覆盖。第二，任务完成度高。截至2018年6月30日，业务累计投放20749.85万元、回收1500万元，在保余额19249.85万元。市小微担保公司贷款担保余额比去年新增11909.85万元，增速为162.26%，已

完成自治区下达的年度担保余额任务的 24.74%，完成率暂列广西 14 个地市小微担保公司第五名，在保余额暂列第三名。第三，切实服务小微企业和"三农"。目前，市小微担保公司共为 40 户小微企业和"三农"提供融资担保服务，户均担保金额为 481.25 万元，综合融资担保费率为 1.32%，暂未发生担保代偿。

3. 有效拓展业务合作

主动与各家银行洽谈，签署合作协议，业务合作效果显著。截至 2017 年，南宁市小微担保公司共与 12 家银行签订四方、三方合作协议；2018 年新增 4 家合作银行，分别为华夏银行南宁分行、南宁兴宁长江村镇银行、南宁马山长江村镇银行、南宁隆安长江村镇银行，目前均已签订相关基础协议，并逐步有业务落地。截至 2018 年 6 月 30 日，共获得上述 14 家合作银行准入授信金额累计 33.89 亿元（马山、隆安长江村镇银行尚未完成准入授信），如图 1 所示。

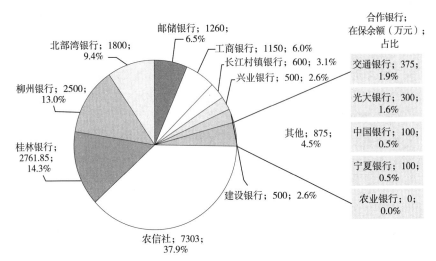

图 1 南宁市小微担保公司与各合作银行业务发展情况

（三）配套政策体系

根据自治区政府印发的《广西壮族自治区人民政府关于加快政府性融资担保体系建设的意见》（桂政发〔2016〕62 号），南宁市政府积极贯彻落实，结合实际，出台了一系列配套政策措施，加快推进政府性融资担保体系建设。

1. 与自治区政府文件相配套的引领性措施

南宁市政府积极响应自治区政府号召，出台引领性配套政策，贯彻落实桂政发〔2016〕62 号文件精神，于市十四届人民政府第 4 次常务会议审议通过《南宁市加快政府性融资担保体系建设实施方案》，并印发给各县（区）人民政府、市政府各部门、各开发区管委会、市级各双管单位，以及市直各事业、企业单位组织实施。该配套引领性措施指出，以坚持政府主导和政策扶持相结合、加快推进政府性融资担保体系建设、切实提升南宁市融资担保行业发展水平、更好地服务南宁市经济社会发展大局为总体要求和发展目标，建立政府性融资担保体系建设工作联席会议，加强组织领导，优化发展环境，加强风险防范，主要任务是大力发展政府性融资担保机构、发挥普惠金融服务职能，建立资本金持续补充机制、新型政银担风险分担机制、融资担保代偿补偿机制和考核评价机制，与广西再担保有限公司建立良好合作关系。

2. 配套出台市政府性融资担保机构组建方案

南宁市政府为加强政府性融资担保机构建设，已于 2016 年 12 月 30 日将《南宁市小微企业融资担保有限公司组建方案》印发给各县（区）人民政府，由市政府各部门，各开发区管委会，市级各双管单位，市直各事业、企业单位组织实施。该方案根据国发〔2015〕43 号和桂政发〔2016〕62 号文件精神，坚持以政府主导、政策扶持、市场化运作、专业化管理原则来组建南宁市小微企业融资担保有限公司，对公司名称、性质、管辖、注册资本、运作方式、业务范围、治理结构、经营要求及考核机制做出明确规定，并且对组建领导小组及筹建工作安排提出相关要求。

3. 出台确保市政府性融资担保机构有效运行的措施

南宁市小微企业融资担保有限公司属于南宁市政府性融资担保机构，致力于构建"4321"新型政银担合作关系，为确保其有效运转，市政府相继出台了建设资金预算、考核评价、风险分担和代偿补偿机制等方面的政策措施。一是出台了《关于落实政府性融资担保体系建设 2017 年预算资金安排的通知》（南金办函〔2017〕69 号），将融资担保体系建设各项资金纳入 2017 年财政预算。二是印发了《南宁市政府性融资担保机构资本金补充、风险分担和代偿补偿机制及实施细则》（南政融资担保发〔2017〕27 号），明确了责任主体、资本金补充机制及资金安排、代偿风险责任分担及申请程序、融资担保代偿补偿机制及申请程序等内容。三是印发了《2017 年南宁市政府性融资担保机构绩效考核评价方案》（南政融资担保发〔2017〕26 号），针对政府性融资担保机构放大倍数、服务小微企业户数与贷款担保规模、风险控制和合规经营与代偿到位情况等，根据考核指标和评分细则，对加入自治区政府性融资担保体系的南宁市政府性融资担保机构进行绩效考核评价。

（四）运营机制

南宁市政府性融资担保体系已经形成资本金持续补充、新型政银担风险分担、融资担保代偿补偿、考核评价等四大运营机制，有力地保障了体系的稳定与发展。

1. 资本金持续补充机制

已建立政府性融资担保机构的资本金持续补充机制，所需资金纳入市、县（区）财政年度预算，各县（区）的增资比例原则上与辖区内政府性融资担保业务规模相匹配。2017年隆安县、上林县、马山县财政需分别安排预算资金800万元，其余12个县（区）需分别安排预算资金1600万元来增资南宁市小微企业融资担保有限公司。

2. 新型政银担风险分担机制

推动建立"政银担"收益共享与代偿分担合作机制，扩大小微企业和"三农"担保业务规模，建立"4321"风险分担机制，即对政府性融资担保机构开展的符合条件的小微企业融资担保业务，由政府性融资担保机构、广西再担保有限公司、银行业金融机构、融资担保业务发生地设区市或县（区）财政按照4：3：2：1的比例分担代偿责任。市、县（区）财政所承担的10%的代偿责任要通过设立政府性融资担保风险分担资金，列入财政年度预算并确保及时足额到位。

3. 融资担保代偿补偿机制

已建立政府性融资担保代偿补偿机制，设立了融资担保代偿补偿资金，并纳入财政年度预算，及时足额对本级政府性融资担保机构（含非本级政府性融资担保机构在辖区内设立的分支机构）进行适当补偿。市、县（区）财政在2017年和2018年分别需安排600万至1000万元和1500万至1800万元预算资金对辖区内开展"4321"业务的政府性融资担保机构（含非本级政府性融资担保机构在辖区内设立的分支机构）进行代偿补偿。2017年，各级共安排政府性融资担保代偿补偿预算资金642万元。

4. 考核评价机制

已建立以融资担保功能发挥和风险防范为核心指标的政府性融资担保机构绩效考评体系，着重考核政府性融资担保机构放大倍数、服务小微企业户数与贷款担保规模、风险控制和合规经营与代偿到位情况、担保费率优惠等指标，并取消营利要求。南宁金融投资集团对南宁市小微企业融资担保有限公司进行年度综合绩效管理。2017 年南宁市政府印发了《2017 年市政府性融资担保机构绩效考核评价方案》（南政融资担保发〔2017〕26 号），进一步明确了考核评价机制的内容。

三　南宁市政府性融资担保体系存在的问题

（一）政府性融资担保机构建设尚未健全

财政部门对于政府性融资担保机构的支持力度仍显不足，南宁市政府性融资担保机构资本金实力相对于周边省会城市仍较小，扶持政府性融资担保机构的相关能力不足，无法在更广泛的领域更为深入地开展相关业务。同时，南宁市政府性融资体系存在政策性融资担保业务总量偏低的状况。2017 年，全区"4321"业务总量为 5.29 亿元，南宁市占比为 13.9%，低于柳州市 5 个百分点。截至 2018 年 2 月，仅新增政府性融资担保业务 1 笔 100 万元，储备的项目未能紧跟衔接，在审项目进展也十分缓慢。

（二）政府性融资担保体系的整体运营机制尚未构建

南宁市政府性融资担保体系在运营方面最突出的问题还是难以调动合作银行的积极性，市本级分类考核对银行业金融机构的触动作用不大，尚有农业银行未实现南宁市"4321"业务零突破。虽然南宁市将银行开展"4321"业务纳入市本级财政资金和预算单位资金竞争性存放特别加分项目，市小微担保公司出台了《合作银行担保业务存款激励方案》，但在调动银行的积极性方面收效甚微，银行对业务开展表现不积极。

影响银行积极性不高的原因主要有以下几点。一是银行难以执行体系优惠利率政策，受国家货币政策保持中性、金融监管趋紧、去杠杆力度加强等因素的影响，资金价格持续走高，小微企业融资成本居高不下。目前银行对小微企业和"三农"的贷款利率一般在基准利率的 50% 以上，难以达到"4321"业务利率不得超过基准利率 30% 的要求，这种情况对广西北部湾银行、桂林银行、柳州银行等资金成本较高的地方性商业银行来说尤为突出。二是银行未制定完善"4321"业务管理制度，对 20% 的风险敞口相对谨慎。除柳州银行、农信社等地方法人金融机构开辟了"4321"业务绿色通道外，大部分银行仍按总行的小微和"三农"贷款政策要求开展"4321"业务，业务审批权限没有下放，业务流程过长。大部分银行还未出台"4321"业务尽职免责办法，导致银行基层信贷经理对办理"4321"业务存在风险顾虑。

(三) 融资担保体系的资金补偿机制不够健全

南宁市融资担保体系的资金补偿机制不够健全，主要表现在四个方面。一是南宁市政府财力有限，不能完全满足融资担保的资金需求。二是南宁市融资担保机构一般考虑到风险的集聚与突发，在资金投放业务上较谨慎，不少资金需求大、发展前景好的企业不能有效取得担保资格。三是区县一级政府对信用担保的后续扶持很少，未能在税收、审批等方面形成长效支持。四是未能采取可持续的资金投入形式，进行一次性资金投入，不能有效地对融资担保机构形成长期的资金支持。

(四) 融资担保体系的风险分担机制有待明确

安徽在风险分担机制创新与执行方面，走在全国前列，经典的"4321"风险分担模式，在实践中得到具体贯彻与体现，使政府性融资担保功能得到较大发挥，在对中小微企业扶持方面成效明显。相比之下，南宁市尽管在政府性融资担保风险分担方面进行了较大尝试，但与形成具有南宁特色、体现南宁市情的风险分担机制还有一定距离，现在尚处于模仿磨合阶段。风险分担的主体、比例、补偿形式，都还须进一步规范化、明晰化。

(五) 政府性融资担保体系考核机制尚未真正发挥作用

政府性融资担保机构最主要的作用是提供准公共产品服务，最大限度地帮助小微企业融资并降低融资成本。然而由于政府部门对银行业金融机构的考核以形式考核为主，对银行机构触动不大，考核的成果没有进一步调动参与各方的工作积极性，考核成果的运用也没有相应地与激励制度挂钩，故政府性融资担保体系考核机制未能有效发挥作用。

四　外地政府性融资担保体系建设经验与启示

(一) 安徽省

2014年底，安徽省信用担保集团率先推出了"4321"新型政银担合作模式，由融资担保公司、再担保公司、银行、当地政府，按4:3:2:1的比例同担风险责任，为全国有效破解小微企业融资难题，提供了决策参考。

截至2018年4月，安徽省已累计开展"4321"新型政银担业务1961.91亿元、服务企业46160家，极大地推动了当地小微企业的发展，其不良率也低于银行。通过房产抵押等方式直接放贷，银行、担保公司的放贷积极性大大提升，贷款意愿明显增强，中小微企业贷款门槛降低的同时，融资成本也降低了。

为扶持小微企业发展，2015 年银监会做出贷款增长目标"三个不低于"的规定。在加大对小微企业放贷支持的政策要求下，相比独自开展小微企业的放贷业务，银行通过政银担模式还能减压，其积极性得到极大的提高。银行、担保公司的风险从一方承担到风险共担，风险防范意识得到提升。通过"4321"政策，融资担保公司、再担保公司、银行、当地政府均需承担风险，无形中增加了 3 道风险把控的关卡。

"4321"政策必须靠各级政府和担保公司协同发力，政府财政需大力支持，一方面要确保融资担保机构的准公共性质，另一方面要加强对担保机构的考核与激励。安徽省从 2014 年底开始，已累计有 3.5 亿元用于承担代偿风险。党的十八大以来，每年安徽省财政会拿出 31 亿元资金用于支持政策性融资担保体系建设。截至 2018 年，安徽省政策性融资担保体系成员单位相比 2013 年底增加约 5%，净资产增加了 2 倍，达到 522.51 亿元。同时，安徽省探索建立符合融资担保机构实际的考核激励机制，确保政策不走形不变样，确保中小微企业最终受益。

（二）陕西省

近年来，国家持续加大对融资担保行业的支持力度，先后出台了相关文件，重新明确政府性融资担保机构的政策性定位，并要求进一步增强其担保能力。陕西省积极贯彻落实国务院文件精神，2017 年 12 月，省金融办、省财政厅、省银监局联合印发了《陕西省政府性融资担保体系建设行动计划》，预计利用 3 年时间，在 2020 年前建立起覆盖省、市、县三级的政府性融资担保体系，通过政府性融资担保机构建设，切实缓解小微企业和"三农"发展中融资难、融资贵问题。

全省政府性融资担保体系建设重在发展财政出资为主、主业突出、经营规范、实力较强、信誉较好的省、市、县（区）三级政府性融资担保机构。按照扶小微、广覆盖、低费率、可持续的原则，主要以服务小微企业和"三农"为对象；到 2018 年 6 月，实现融资担保机构业务县域全覆盖；到 2020 年底，完成省、市、县（区）三级政府性融资担保体系建设，市级政府性融资担保机构小微企业和"三农"担保户数比重不低于 70%，县级不低于 90%，担保费率不高于 1.5%。

2018 年 4 月 25 日，全省政府性融资担保体系建设启动暨政银担合作签约仪式在省财政厅举行。陕西省信用再担保有限责任公司（以下简称"省再担保公司"）为全省首批 19 家政府性融资担保体系成员单位进行了统一授牌，此举标志着陕西省正式启动了政府性融资担保体系建设。

省再担保公司作为全省政府性融资担保体系建设的龙头，主要以股权投资和再担保业务为纽带，支持市县（区）政府性融资担保机构做大做强，构建全省政府性融资担保体系。同时，省再担保公司作为融资担保体系牵头单位，积极与省内各银行对接，推行新型政银担合作模式。在此次政银担合作签约仪式上，省再担保公司分别与 9 家银行及 19 家政府性融资担保机构签订了合作协议，就资源共享、风险分担、保证金减免、代偿追偿等达成合作意向，努力降低小微企业融资成本，不断提升融资担保机构的服务能力。

（三）山东省

山东省高度重视政府性融资担保体系建设，在政策制定与执行上迈出较快步伐，已出台多项重要政策文件，全方位推进政府性融资担保体系建设。2014 年，为切实加强融资性担保机构监管工作，提高监管的科学性、有效性和针对性，加快建立健全融资性担保机构风险预警机制，促进融资性担保行业规范健康发展，相关部门出台了《山东省融资性担保机构分类监管暂行办法》。2015 年，为贯彻落实《国务院关于促进融资担保行业加快发展的意见》（国发〔2015〕43 号），加快提升融资担保行业整体实力和服务水平，促进省融资担保行业快速发展，山东省制定了《关于贯彻国发〔2015〕43 号文件促进融资担保行业加快发展的意见》，该项文件的出台，标志着山东省政府性融资担保体系建设迈出关键一步，为其指明了方向与发展路径。

2016 年，制定了《山东省金融业转型升级实施方案》，着力提升融资担保行业服务能力。重点发挥好融资担保机构股权投资基金的引领带动作用，加大"四个一批"落实力度，提升融资担保行业规模实力和服务能力。把握好融资担保的准公共产品性质，着力构建政策性和政府性融资担保体系，支持省再担保公司增资扩股。2017 年，中共山东省委、山东省人民政府印发《关于深化投融资体制改革的实施意见》，重视发展政府性融资担保机构的作用。主要探索建立资本金持续补充机制，充分考虑地方财政承受能力，做好风险防控；鼓励有条件的地方发展壮大一批主业突出、实力较强的政府性融资担保机构，建立数量适中、结构合理、竞争有序、稳健运行的新型融资担保机构体系；发挥好省级融资性担保机构股权投资基金作用，以股权形式出资参股省内主要向小微企业和"三农"提供融资担保的机构。

（四）启示

安徽、陕西、山东等省（区、市）在推进政府性融资担保体系建设方面的好经验、好做法，为在政府性融资担保体系建设方面刚起步的南宁带来了不少启发，主要表现在以下几个方面。

一是务必坚持公益性定位。政府性融资担保机构担保费率低于平均代偿率，风险难以覆盖，对政策性支持诉求较强，担保基金不应以营利为目的，坚持公益性、政策性定位。

二是推进利率的市场化与行政适度干预机制。政府性融资担保体系由政府提供信用担保，具有较强的公益性质，但仍然需要发挥银行在借贷方面的重要作用，这意味着银行在获取利益方面存在激励，所以推动利率的市场化取向，进行适当的自由浮动，是有必要的，包括安徽在内的省（区、市）并没有设置固定的利率，而是在利率自由浮动的基础上进行适度干预，已达到平衡多方的效果。

三是切实建立风险分担体系。担保资金主要用于建立风险补偿、资本金补充、代偿后流动资金补充等，建立市县融资担保机构二级组织体系，分散现有融资担保机构的风险。从市级层面与各大商业银行总行研究风险分担机制，做好风险顶层设计。

四是激励各方参与地方融资担保体系建设。市各级财政资金、银行资金建立政担合作基金、银担合作基金，融资担保基金和各级财政资金作为优先股入股符合条件的担保机构，优先股入股应低息甚至零股息，不要求分红，保本即可。鼓励设立由民间资本和政府资本合作的有限合伙企业，可以通过股权、债券、股债结合等出资，既可以平行出资也可以劣后出资，进一步放大杠杆。

五是因地制宜设定具体扶持对象。针对不同的扶持对象制定不同标准，分类开展业务。民营担保公司往往担保费率较高，使小微企业资金成本上升，宜仅与国有担保公司合作。对聚焦于小微和"三农"的融资担保机构予以业务补助，加大对贫困县（区）的支持力度。

五　南宁市推进政府性融资担保体系建设的总体思路

（一）指导思想

以习近平新时代中国特色社会主义思想为指导，全面贯彻落实《国务院关于促进融资担保行业加快发展的意见》（国发〔2015〕43号）、《广西壮族自治区人民政府关于加快政府性融资担保体系建设的意见》（桂政发〔2016〕62号）和《南宁市加快政府性融资担保体系建设实施方案》（南府办〔2016〕91号）等文件精神，用新发展理念，准确设置政府性融资担保机构，加大对政府性融资担保机构的政策扶持力度，突出其准公共产品属性及普惠金融服务职能，创建新型政银担合作关系与"4321"风险分担机制，扩大政府性融资担保的有效供给，全面破解小微企业和"三农"融资难、融资贵问题，切实提升南宁市融资担保行业发展水平，助推其经济又好又快发展。

（二）基本原则

1. 政府主导，协同共建

坚持政府主导、协同共建的原则。充分发挥政府的公共管理、宣传导向、辅助支持职能，调动各县（区）人民政府、市政府各部门、各开发区管委会、市级各双管单位，及市直各事业、企业单位的积极性，形成信息互通、资源共享、沟通宣传的协同共建格局。

2. 市场导向，兼顾公益

坚持市场导向、兼顾公益的原则。坚持市场导向，以市场发展规律与趋势为政府性融资担保体系建设的行动指南，结合市场自我调节机制，形成以政府为主导、以市场为导向的建设机制。同时，政府性融资担保机构具有准公共产品属性，应不以营利为目的，兼顾公益性。

3. 企业主体，规范经营

坚持企业主体、规范经营原则。借鉴现代企业管理的先进做法，充分利用企业发展经验，结合当前政府性融资担保体系建设的要求，将政府性融资担保机构作为主体，必须要求其严格遵守相关法律法规和政策，坚持依法合规经营，自觉接受相关部门的监管。

4. 创新引领，绿色发展

坚持创新引领、绿色发展原则。以创新理念为先导，推进工作方式方法、金融产品的创新。坚持绿色发展，提升政府性融资担保体系建设者的绿色金融发展意识，逐渐认识、把握绿色发展理念，自觉将绿色发展的理念和原则合理地运用到政府性融资担保体系建设的过程当中。

（三）发展目标

切实发挥南宁市小微企业融资担保有限公司的引领作用，做强、做优、做精，带动行业快速、规范发展；结合南宁市、县（区）政府及开发区管委会的财力情况，建立对政府性融资担保机构资本金的持续补充和代偿补偿机制，夯实政府性融资担保机构的基础；加快建立新型政银担合作关系和"4321"风险分担机制，构建"收益共享、风险分担、优势互补、互利多赢、持续发展"的合作模式；优化项目推介、项目评审、确认担保等业务流程，建立银行、企业和担保公司常态化沟通机制平台，推动各个环节加快办理，进一步扩大、提升对小微企业融资担保的业务规模和服务水平。

力争到2020年，南宁市小微企业融资担保有限公司注册资本金达到10亿元，能合理、有序完成自治区考核，并全面、均衡覆盖县（区）"4321"担保业务。

（四）发展路径

1. 完善平台建设，协同发展

完善政府性融资担保体系建设工作联席会议，突出政府指导与规划工作，协调各相关部门，结合市场发展形态，形成可靠、稳定的建设领导力量。既要坚持政府"有形之手"的统筹协调，又要重视市场"无形之手"作用的发挥，二者相结合，方能加快推进南宁市政府性融资担保体系建设。

2. 建立资本金持续补充机制，注入建设发展新活力

持续注入资本金，构建资本金持续补充机制，夯实政府性融资担保体系建设发展基础。要求市、县（区）根据自身情况，将所需资金纳入财政年度预算，并按规定执行。

3. 推动建立新型政银担风险分担机制，创新建设发展模式

建立风险分担机制，寻求新的建设发展模式。建立"4321"风险分担机制，即对政府性融资担保机构开展的符合条件的小微企业融资担保业务，由政府性融资担保机构、广西再担保有限公司、银行业金融机构、融资担保业务发生地设区市或县（区）财政按照4：3：2：1的比例分担代偿责任。

4. 设立融资担保代偿补偿资金，夯实建设发展基础

专门设立融资担保代偿补偿资金，纳入财政年度预算，及时对本级政府性融资担保机构（含非本级政府性融资担保机构在辖区内设立的分支机构）进行适当补偿，夯实政府性融资担保体系建设的基础。

5. 完善考核评价机制，监控建设发展情况

完善以融资担保功能发挥和风险防范为核心指标的政府性融资担保机构绩效考评体系，着重考核政府性融资担保机构放大倍数、服务小微企业户数

与贷款担保规模、风险控制和合规经营与代偿到位情况、担保费率优惠等指标，取消营利要求，对以上数据进行分析可以了解建设过程中可能出现的问题及相关注意事项，达到监控和及时修正的目的。

六 南宁市推动政府性融资担保体系建设对策建议

（一）完善新型政银担合作模式

1. 稳定新型政银担合作关系

构建新型政银担合作关系和"4321"风险分担机制，对政府性融资担保机构开展的符合条件的小微企业融资担保业务，由政府性融资担保机构、广西再担保有限公司、银行业金融机构、融资担保业务发生地设区市或县（区）财政按照4：3：2：1的比例分担代偿责任。

2. 积极对接银行业金融机构

积极对接各类银行和金融机构，邀请其积极参与南宁市融资担保体系建设，共同做好制度建设、政策制定等顶层设计。对重点支持小微企业和"三农"的政府性担保机构，要提供分担风险、不收或少收保证金、提高放大倍数、控制贷款利率上浮幅度等优惠条件。对银行业金融机构不承担风险或者只承担部分风险的小微企业和"三农"融资担保贷款，可以适当下调风险权重。

3. 加强与再担保机构合作

发挥再担保机构的作用，加强与广西再担保有限公司的合作，按照政府主导、专业管理、市场运作的原则，推动再担保机构以股权投资、再担保业务、技术支持、增信支持为纽带，逐步统一管理要求和服务标准。及时向广西再担保有限公司报送业务进度，实现信息共享，共同促进业务发展。

4. 加强融资担保机构监管服务和风险防控

坚决贯彻落实习近平总书记讲话精神和全国、全区金融工作会议精神，切实加强履行属地监管职责，按照《融资担保公司监督管理条例》及其四项配套制度的要求，压实监管责任，把提高监管能力放到更加重要的位置，把好风险防控的一道关，强化监管职责，提高防范化解金融风险的能力，守住不发生系统性风险的底线，促进政府性融资担保机构依法合规经营和行业高质量发展。积极对接中国人民银行南宁中心支行，有序推进政府性融资担保机构接入金融信用信息基础数据库，充分运用金融信用信息基础数据库的信息资源，加强自身信用建设，提高担保风险识别和防范能力。

（二）不断增强政府性担保机构服务能力

1. 不断充实注册货币资本金

一方面应积极争取自治区以及南宁市政府性融资担保体系建设资金以参股、控股方式注资支持政府性融资担保公司；另一方面南宁市各级财政每年预算安排专项资金补充公司注册资本金，待公司发展到一定规模再停止预算安排，扶持融资担保公司成长为具有良好的自我发展能力的公司，持续为中小企业融资服务。

2. 积极加强融资担保人才队伍建设

在融资担保公司发展中，牢固树立"人才资源是第一资源"的发展理念，加强人才引进与培养，内强业务素质，外塑行业形象，使员工整体素质得到全面提升。着力引进一批金融专业或融资担保等相关专业的人才，加强入职员工专业知识培训，拓展员工知识面，学习国内外先进的行业案例、经验和模式，促进员工业务能力提升。不断加强公司员工风险防控意识，多角度甄别和防范业务风险，努力为政府性融资担保业务安全稳健运营提供有力保障。

3. 完善各类制度建设

建立健全全面风险控制体系，逐步构建牢固的风险控制体系和标准化制度，确保经营决策符合程序，经营管理有据可依，保证业务健康、可持续发展，完善尽职免责相关配套政策。

（三）鼓励融资担保机构积极创新发展

在聚焦主业、审慎经营的基础上，坚持为小微企业提供准公共产品和公益性服务的定位，同时鼓励融资担保机构按照市场规律积极创新发展。

1. 创新资金担保与来源方式

南宁市政府性融资担保体系可发挥信用优势和政府政策资源优势，创新拓展资金渠道。一是发债融资担保。为中小微企业发行集合债、集合票据、私募债等提供融资担保。综合利用广西的区域性股权交易市场，为中小微企业发行私募债提供渠道。二是引入权威互联网金融平台。政府性融资担保体系通过与互联网金融平台开展合法合规的业务合作，为中小微企业提供更加便利和低成本的融资渠道。三是融资租赁，通过设备融资租赁等方式为中小微企业融资。

2. 探索与民间金融组织合作

支持融资担保机构与小额贷款公司等民间金融组织开展融资担保业务合作，针对不同细分市场开发新产品、新业务，利用产业孵化器、众创空间等平台资源，着力在三农、"互联网＋"等特定业务领域提供差异化、综合化的担保服务。

3. 支持与财富管理公司等新型业态合作

支持融资担保机构加强与财富管理公司等新型业态合作，争取在企业债券等直接融资担保领域实现突破。鼓励融资担保机构积极与广西再担保有限公司加强合作，抱团发展，在股权、技术、管理等方面采取联保、分保、反担保等方式开展合作，实现信息共享、授信额度共享。

4. 不断开发新型融资担保产品

针对小微企业抵押物不足、创新型企业轻资产、专利技术质押需求大等特点，加大担保产品创新力度，根据小微企业和"三农"特点以及客户信用等级进行产品分类设计，加强与银行的合作，推出分类精准、定位鲜明的差异化融资担保产品以满足不同需求。探索科技型中小微企业专利权质押贷款、知识产权质押贷款等新模式。科技型中小微企业是加强扶持的重点对象，应加大与科技部门的合作，对专利质押融资项目的企业优先办理，促进专利商用化及产业化，拓宽企业融资渠道，引导支持全市中小企业运用质押融资方式实现专利权市场价值，同时引导企业按照《南宁市企业专利权质押融资项目贴息和补助资金管理办法》申请后续贴息和补助。引入专业知识产权评估、运营与交易机构，由第三方机构公平公正地评估和处置知识产权质押物，形成合理的利益—风险挂钩机制。同时，推进建立知识产权质押融资风险补偿资金池，引入保险、评估等机构，为银行贷款提供保险、增加企业贷款信用评级，形成多方机构相互合作、相互监督、相互制约的风险共担机制，加强贷前贷后监管，有效化解银行风险，促进对科技型中小微企业的贷款发放。

探索工业园区贷款、"担保＋保险"等新型融资担保业务模式，分散代偿风险。适应互联网金融等新型金融业态发展趋势，在风险可控的前提下，审慎开展互联网融资担保业务。

（四）构建以财政资金为主的多层次资金补充机制

资本金不足和后续补充资金跟不上是限制融资担保行业发展的一个重要原因，为了更好地发挥融资担保行业的杠杆作用，以达到促进更多中小微企业融资的目的，必须加大对融资担保行业的资金扶持和补充力度。

1. 以财政资金为主体

建议市政府出台政府性融资担保体系资本金持续补偿政策，所需资金纳入市、县（区）财政年度预算。南宁市小微企业融资担保有限公司的注册资本金达到一定规模后，在综合考虑在保余额、放大倍数、资本金使用效率、业务发展需要等因素的基础上，每年市、县（区）财政和广西再担保有限公司以增资幅度不低于上一年度全区小微企业贷款平均增速的原则对其增资，持续增强其资本金实力和业务发展能力。各县（区）的增资比例原则上要与辖区内政府性融资担保业务规模相匹配。

2. 多渠道筹措资金

不断拓展融资担保资金筹集和补偿的渠道，积极引导社会投资资金流向融资担保行业，增加融资担保机构的注册资本金，壮大融资担保行业的实力。对融资担保行业的税费进行减免，降低融资担保机构的经营成本，助力其积累资本，逐步做大做强。深化以财政激励为基础的"银—担"合作关系，通过财政手段，充分调动银行参与融资担保行业建设的积极性，推动"银—担"合作，提高"银—担"合作的放大比例，更好地发挥融资担保机构的杠杆作用，增加融资担保机构的营业收入。

3. 建立健全代偿补偿机制

南宁市政府性融资担保体系的可持续运作，面临的最主要的经营风险来自中小微企业融资担保业务导致的代偿损失，可考虑在现有政策基础上建立政府性融资担保体系代偿补偿机制。一是建立市财政对已设立的中小企业信用担保代偿补偿资金的持续补充机制，每年按固定金额或一定比例增加。二是部分县（区）级政府已经设立中小微企业信贷风险补偿资金，可在此基础上建立县（区）财政对风险补偿资金的持续补充机制，并重点建立政府性融资担保机构的代偿补偿机制。

（五）完善政银担合作工作机制

政府性融资担保体系合作银行和融资担保机构要贯彻落实《融资担保公司监督管理条例》（国务院令第683号）及其配套制度《银行业金融机构与融资担保公司业务合作指引》要求，不断规范和优化银担业务合作，提高业务办理效率和服务水平。

1. 优化银行工作机制

在具体的授信管理工作中，政府性融资担保体系合作银行应对"4321"

业务实施"单独流程、单独授信、单独考核、单独问责"的工作机制，确保"4321"业务资源配置充足、业务开展高效、考核激励有效。

2. 建立尽职免责机制

各合作银行和政府性融资担保机构要贯彻落实《关于进一步加强商业银行小微企业授信尽职免责工作的通知》（银监发〔2016〕56 号）和自治区相关政策要求，针对"4321"业务特点，并结合自身实际调整或制定相应的尽职免责制度。对从业人员遵照运营制度和业务规程履职尽责且程序规范、手续完备的代偿损失业务，应予以相应免责；对政府性融资担保机构、合作银行在探索、创新过程中产生的失误、损失，应予以容错免责。

3. 建立统计通报机制

相关数据通报单位要切实加强数据的采集、汇总、审核和报送工作，确保报送数据的真实性、完整性和及时性。在每月固定时间，南宁市再担保公司要向市级联席会议办公室报送上一月份政府性融资担保机构"4321"业务担保贷款累计发生额、期末余额、户数等指标数据；体系合作银行要向市级联席会议办公室报送"4321"新型政银担代偿风险分担业务完成进度表。市级联席会议办公室要编制南宁市"4321"业务进展通报并及时向全市相关部门通报"4321"合作四方工作开展情况。

（六）完善征信查询应用体系

1. 加强中小微企业信用信息平台建设

中小微企业信用不足是导致其融资难的重要原因之一，因此搭建中小微企业信用信息平台是完善中小微企业融资服务的基础设施建设的重要内容。应整合政府部门、公共服务部门、金融机构等方面的中小微企业信用信息数据，为政策性融资担保业务开展提供信用信息支持。南宁市中小微企业数量众多，企业的个体差异大，要发挥南宁市政府性融资担保体系特别是南宁市小微企业融资担保有限公司的作用，使其迅速服务更多企业、控制风险，就必须建设中小微企业大数据信息平台。

2. 积极筹划接入人民银行征信查询端口

申请授信主体的征信查询是融资担保机构开展项目调查的基本条件之一，从当前的业务操作过程来看，通常是由申请人自行查询，可能存在配合不积极、耗时长，且可能产生涂改的风险，一定程度上降低了业务办理效率。接入人民银行征信查询端口，可以方便客户授权查询，拿到第一手征信报告。担保公司接入人民银行征信端口的前提是要有业务信息系统，并同意将系统接入人行征信中心后再进行申请。南宁市政府性融资担保机构应积极对接自治区再担保公司加快业务信息系统的上线运行，并协调接入征信端口。

（七）建立与政策性功能相适应的考核管理体制

1. 建立科学考核评价机制

区分政府性融资担保机构与一般国有企业，明确政府性融资担保机构的准公共服务产品属性，取消机构经济效益、保值增值等不符合政府性融资担保机构政策性功能定位和准公共产品属性的考核指标，建立以服务小微企业和"三农"的户数、业务规模、融资担保放大倍数、担保费率优惠、风险控制和合规经营与代偿到位情况等为主要指标的经营业绩考核评价体系。

2. 强化担保机构考核结果的运用

考核评价采取政府性融资担保机构申报，市相关部门审核评价，市政府性融资担保体系建设工作联席会议办公室综合评定的评分办法。考核评价结果是各级财政注资增资本级政府性融资担保机构的重要依据和政府性融资担保机构负责人业绩考核及人事任用的重要参考因素。对政府性融资担保机构年度考核结果为优秀和良好的，在资本金注入、代偿补偿资金、业务补贴及奖励、银行放大倍数等方面加大扶持力度；对政府性融资担保机构年度考核结果为不合格的，按照干部管理权限对政府性融资担保机构主要负责人进行干部约谈，按照属地管理原则对高级管理人员进行监管约谈。严重违法违规经营的政府性融资担保机构负责人，不得继续在原机构和南宁市内担任融资担保机构高管人员，情节特别严重的，应依法追究责任。

3. 强化合作银行考核结果运用

从考核和激励两方面着手，不断提高银行参与政府性融资担保体系建设的积极性。优化银行监管考核机制。市级联席会议成员单位组成考核组，负责对政府性融资担保体系主要合作银行进行考核，注重地方性银行考核结果的运用，国资部门将地方性银行考核结果与其负责人经营业绩考核评价挂钩。市人民政府和相关部门应将银行业金融机构参与政银担合作情况纳入金融机构支持地方经济社会发展考核评价体系，对考核结果较好的合作银行，要加大政策扶持力度，给予财政性资金存款等政策倾斜。

参考文献

李财旺：《融资性担保行业发展对策探析》，《财经界》2014 年第 4 期。

李娇：《我国中小企业信用担保体系运行现状及模式选择研究》，硕士学位论文，吉林大学，2014。

李军、李倩薇：《浮动抵押在农业小企业融资领域中的适用——以浮动抵押与其他担保方式的比较为视角》，《改革与战略》2018 年第 4 期，第 48 ~ 53 页。

刘骅、卢亚娟、王舒鸥：《转型期地方政府融资平台信贷博弈仿真研究》，《审计与经济研究》2018 年第 1 期，第 118 ~ 126 页。

刘翼：《政府在融资担保行业中的行为研究》，硕士学位论文，重庆大学，2015。

卢斌：《融资担保行业发展中政府职能研究》，硕士学位论文，郑州大学，2017。

马国建、樊娅：《农业融资担保机构决策机制研究》，《农村金融研究》2018 年第 5 期，第 65 ~ 71 页。

马松、潘珊、姚长辉：《担保机构、信贷市场结构与中小企业融资——基于信息不对称框架的理论分析》，《经济科学》2014 年第 5 期。

马永祥：《融资担保公司非法集资活动规制研究——兼评国务院〈融资担保公司监督管理条例〉》，《学习论坛》2018 年第 3 期，第 92 ~ 96 页。

史建平主编《中国中小微企业金融服务发展报告（2014）》，中国金融出版社，2014。

武安华：《我国中小企业信用担保问题研究》，《金融经济》2011 年第 6 期。

谢日华：《广东省中小微企业政策性融资担保体系构建问题研究》，硕士学位论文，江西财经大学，2017。

张娥：《融资性担保公司监管制度研究》，硕士学位论文，安徽大学，2014。

朱健齐、林泽兰、苏志伟：《关于中小企业"融资难"问题的对策研究——基于台湾经验和启示》，《中国海洋大学学报》（社会科学版）2018 年第 1 期，第 77 ~ 89 页。

（南宁市社会科学院课题组）

课题组组长：钟柳红

课题组成员：吴金艳　黄旭文　王许兵　韦灵桂

南宁市社区养老现状与对策研究

当前，我国正处于计划生育政策调整与正式实施"全面二孩"政策的交会期，随着第一批独生子女的父母步入老年期，中国社会老龄化程度不断加深，如何养老成为国家、社会高度关注且影响我国经济社会发展的关键问题。与全国各地一样，南宁市也面临着如何降低高额养老成本和提高养老质量的战略性难题。近年来，南宁市按照以人为本、政府主导、政策扶持、多元筹措、市场运作的总体思路，努力构建以居家养老为基础、社区养老为依托、机构养老为支撑的多元化、多层次的养老服务体系，大力发展社区养老，积极探索社区养老服务的新模式和实施的有效途径。经市领导审定同意，将"南宁市社区养老现状与对策研究"作为2018年南宁市重点研究课题，由南宁市社会科学院承担。课题组通过实地走访、调研，掌握了大量一手资料，对当前南宁市社区养老实践中存在的问题进行了分析，走访了部分具有丰富的社区养老经验的城市，并借鉴其经验教训，就南宁市社区养老服务提出了有针对性的对策建议，供市委、市政府和相关部门决策参考。

一 社区养老的相关理论

（一）相关概念界定

1. 社区养老

社区养老是指老年人按照自己的生活习惯，选择居住在自己家里安度晚年，老年人在接受家人照顾的同时，由社区养老服务机构及相关人士上门为老年人提供生活服务的生活方式。社区养老介于家庭养老和机构养老之间，是利用社区资源开展养老照顾，由政府正规服务机构、社区志愿者及社会支持网络共同支撑，为有需求的老年人提供帮助和支援，使他们能在熟悉的环境中维持自己的生活。社区是城市老年人生活和日常活动的主要场所，社区养老作为一种新型的养老方式，保留了在家养老的传统形式，利用个人、家庭、社区和社会的力量和资源，向老年人提供就近而又便利的服务，满足老年人养老的心理和物质需求，让老年人保持稳定、良好的生活状态，减轻其子女的日常照料负担，弥补机构养老的不足，能较好地解决老年居民的实际问题，顺应了人口老龄化的客观要求。

2. 社区养老服务

社区养老服务就是通过政府扶持、市场运作、社会参与，建立以家庭养老为核心，以社区为依托，以专业化服务为支撑，以老年人日间照料、生活护理、家政服务和精神慰藉为主要内容，以上门服务和社区日托为主要形式，并引入养老机构专业化服务方式的居家养老服务体系，旨在向居家老年人提供以生活照料、医疗保健、精神慰藉、文化娱乐等为主要内容的服务。社区养老服务机构通过整合各种服务资源，为社区老年人提供助餐、助洁、助浴、助医等服务，提供以生活照料等为主要内容的社会化服务。主要内容是举办养老、敬老、托老福利机构，设立老年人购物中心和服务中心，开设老年人餐桌和食堂，建立老年医疗保健机构，建立老年活动中心，设立老年婚介所，开办老年学校，设立老年人才市场，提供老年人法律援助、庇护服务等。本文针对南宁市社区养老的实际，重点研究如何发挥社区养老的作用，提升南宁市社区养老的服务水平。

（二）社区老年人养老服务需求的外部特征

1. 渴望专业化程度高的养老服务

老年人除了对社区提供的基本的专业化服务如专业护理、管道疏通、水电检修等有需求外，对一些专业化程度高的服务，如老年人的配餐和定点用餐、钟点工服务、家庭日常保洁、家电维修、老年人专用器械服务等需求度也较高，这就意味着社区养老服务体系建设应致力于加强对老年人专业化服务的需求供给，并注意提高养老服务的专业化程度。

2. 对引进专门机构管理的社区养老服务需求更高

当前社区老年人对有专门机构进行管理的服务，如社区医疗服务、心理咨询服务等类型的社区养老服务，需求比较强烈。对老年培训服务、托老所服务、日托中心等属专门机构管理的服务，也有较大需求。因此，社区应该强化对养老服务需求的专门机构管理，加强评估监督。

3. 对具有持续资金支持的服务需求较为旺盛

老年人对具有持续资金投入的服务，如老年大学、老年培训中心等，需求较为旺盛。同时，他们希望对托老所服务等持续投入的资金有较大的连续性与保障性，因此，有必要充分调动和利用社会资源，对社区养老服务项目投入更多的基础性资金。

4. 渴望高水平的医疗保健服务

老年人的恐老心理使他们对健康的保障尤为关注，医疗服务和安全健康成为老年人最关注的信息，完善的医疗护理体系是老年人晚年生活幸福的重要保障。因此，老年人对充足的医疗服务和减轻医疗费用负担的需求更为强烈。如果无法享受到高效、便捷的医疗服务，"看病难"问题将会给这类群体及其家庭成员带来更大的不便和困扰；如果自负医疗费用支出占据退休收入的比例过大，造成经济负担并降低了生活质量，则势必进一步影响他们晚年生活的幸福感。

5. 对精神慰藉服务需求比较强烈

在满足了基本的生活需求后，具有稳定的收入和较高文化水平的城市老年人，需要更多的精神上的满足，如陪聊、读报、单身老年人联谊活动等服务，社区服务机构应在这方面保障养老服务的有效供给，丰富老年人的精神生活，提高老年人的社会依存度和生活满意度。

（三）社区养老的"养"

以社区为平台，整合社会和社区的各种服务资源，为生活在社区的老年人提供餐饮服务、卫生清洁服务和休闲娱乐服务等，实施老年人就地、就近养老是推进社区养老的基本目的。一般认为，社区养老服务"养"的基本内容大致有以下几项。

1. 生活服务

日间照料。为社区内生活不能完全自理、日常生活需要一定照料的半失能老年人提供膳食供应、个人照顾、保健康复、休闲娱乐等日间托养服务设施，白天入托接受照顾和参与活动，晚上回家享受家庭生活，是一种适合半失能老年人的社区养老服务模式。

日常饮食。社区养老餐厅为社区老年人提供一日三餐，由老年人自行选择。

居家上门服务。社区养老服务中心为老年人提供居家上门服务，老年人既可以在养老服务中心享受餐饮、日间照料、健康咨询检查等特色服务，也可以选择上门服务。

便民服务。建立便民驿站，提供"五助三送"服务，即助餐、助浴、助洁、助行、助医，送健康、送科技、送政策，为老年人提供公交卡、天然气、话费、电费等充值服务，使老年人不出社区就能享受便捷的充值服务，提供各种跑腿及送药服务。

老年用品服务。购置科技化、智慧化、轻便化和小型化的全品类老年用品，如个人医疗辅助器具、个人生活自理和防护辅助器具、技能训练辅助器具、矫形器和假肢、个人移动辅助器具等。

2. 健康服务

体检。定期为社区老年人进行身体检查，包括动态全身体检分析、疾病早期筛查和风险评估等。

康复理疗。设置诊疗室、牵引室、理疗室、针灸室等，社区老年人均可使用。

健康咨询。开展中西医进社区活动，每周定期安排医生坐诊，向社区老年人等普及医药基本知识与养生保健技术。

健康管理。社区养老服务中心配备专业的医生、护士、健康管理师、营养师和养老护理员，为每一位老年人会员配备专业团队，定期监控身体各项指标、提供专业的慢性病健康管理服务。

智能照护。为社区老年人配备智能腕表或者腕带、智能定位呼叫器、老年人定位手机等，可为老年人提供血压测量、运动监测、心率监测、睡眠监测、电子围栏、动态智能导航、一键救护、主动关怀、吃药提醒、跌倒判定、低电量提醒、双向语音通话或信息提醒、精准定位等服务。

3. 人文精神关怀

文体活动。搭建文体舞台，举办各类老年活动。

老年教育。在社区养老机构设立老年大学，开展中老年教育，使中老年朋友们老有所学、老有所乐、老有所为。

读书活动。开展读书活动，让社区老年人老有所学，形成"爱读书、多读书、读好书"的文明风尚。

银发旅游。开展"老年旅游"活动，倡导"候鸟式"旅居、国内外生态旅游，满足中老年朋友的旅游需求。

（四）社区养老的优势

社区养老作为一种新的养老模式，推行时间不长，基本处于起步阶段，但其优势明显，同时集中了家庭养老和机构养老的优势，在未来将会得到快速发展。

1. 社区养老契合我国文化传统

首先，千百年来家庭一直是我国传统养老的载体，养儿防老的传统观念延续了几千年，家庭养老模式代代相传成为传统社会的主要养老模式。新型的社区养老模式依旧以家庭为核心，与我国几千年来注重家庭观念的社会文化特征相契合。其次，在新时代背景下，随着城市化的推进和"421"结构家庭的凸显，中间两个年轻人成为夹心层，不但上有老、下有小，还要承担工作竞争的压力，缺乏对老年人照顾和与老年人沟通交流的时间，因为不愿意将老年人送入养老机构，所以白天社区照顾、晚上家人陪伴成为他们最放心且省力的养老模式，也体现了传统文化与现实境况的契合。社区养老"养"在社区、"住"在家庭便于老年人走出封闭的家庭空间，融入社区。在保障养老的基础上，搭建老年人养生健体、情感交流、娱乐休闲的平台，追求高层次的精神生活养老，十分契合我国孝老和守望相助的传统文化。

2. 社区养老优化整合养老资源

社区里能够为老年人提供服务的资源很多，如医院、学校、志愿者组织、社工组织、养老服务组织等，但这些社会资源目前比较分散，需要一个平台进行整合，社区"这根针"作为我国城市最基本的单元有利于整合各方面的资源输送给需要服务的老年人。

社区优化整合养老资源有四个优势。第一，社区是未来建立养老服务电子平台的重要基础。随着信息化程度的加深，在未来社区养老服务中，必然会有基于大数据、人工智能的养老"云平台"，汇集老年人的生活需求和相关服务内容，这些基础数据大都来自社区的调研和摸底。第二，社区是各类资源整合的中心。一方面是与政府资源整合，政府把绿化美化、治安联防等工作交给辖区的老年协会来做，在节省开支的前提下调动了老年人的积极性，满足了他们发挥余热的愿望与诉求。另一方面是与社区内部资源的整合，即社区内部存在的可以有效促进社区发展的物质、精神、组织等资源。在养老服务中，要深入挖掘各个社区的内部资源并加以整合升华，这对社区养老的意义重大。例如，社区成立的各类公益联盟等组织资源可以使原本分散的、弱小的各类社会组织找到相互交流合作的平台，逐步提升其服务社区老年人的能力。第三，整合社区丰富的人力资源能在一定程度上缓解养老服务人员不足等问题。如社区退休的音乐老师、退休工人和医护人员等可以免费为老年人进行服务；一些低龄且收入较低或者时间较为充裕的健康老年人，可以为失能老年人或者高龄老年人做一些力所能及的事情，同时也为将来能获取这样的服务做好时间储备，在一些地区这种做法被称为"时间银行"。如此既缓解了养老服务人员不足的问题，又为部分低龄老年人找到了精神寄托。第四，投入资金较少但见效快。从政府角度来看，机构养老和社区养老所投入的资金、人力、物力不可同日而语，据测算建一个养老院的经费可以建立几十个社区养老服务中心。因此，大力发展社区养老服务，既能满足老年人需要照料但又不愿离开家庭的要求，又与现阶段生产力水平相适应，有效缓解机构养老不足的矛盾，弥补家庭养老的不足，促进社会保障制度的完善。

3. 社区养老的推行顺应了人民的新期待

2000 年 8 月，中共中央、国务院出台了《关于加强老龄工作的决定》，这是发展养老事业的纲领性文件。文件提出要"建立以家庭养老为基础、社区服务为依托、社会养老为补充的养老机制"，并强调社区服务在这一养老体系中的重要作用。2008 年 1 月，全国老龄办、民政部等联合出台了《关于全面推进居家养老服务工作的意见》，居家养老开始受到越来越多的关注。目前来看，机构养老和居家养老模式虽各有优势，但随着社会的发展和老年人要求的提高将越来越无法满足社会需求和老年人的期盼。从社会需要的角度来看，机构养老目前确实能缓解部分养老难的问题，但与中国深厚的文化积淀相冲突，且给很多家庭带来了较大的经济压力，多不为人们所选择；居家养老虽然满足了老年人的需求，但给上有老下有小的青年和中年人带来了很大的压力。因此，随着人们生育观念和生活居住方式的改变，完善社区养老服务体系，为居家养老提供服务补充，将机构养老延伸到社区，是解决南宁市养老服务业滞后，构建多元化多层次养老服务体系的重要措施。从老年人自身需要的角度来看，其社会交往和社会地位都发生了较大的变化，而机构养老容易使老年人产生被遗弃的感觉；居家养老又容易触发老年人的孤独感和不满情绪，社区养老服务可以满足老年人与社会接触、融合的各种需求。在课题组调研的南宁市 7 个社区养老服务站点中，走访的老年人中有 95% 以上对在家居住、在社区休闲娱乐的养老服务模式十分认可，也乐意参加社区服务站点的相关活动。同时，很多中年人和青年人也表示这种养老服务模式经济压力较小，为他们解决了后顾之忧。

2013 年，国务院在《关于加快发展养老服务业的若干意见》（国发〔2013〕35 号）中明确了养老服务业的发展目标："到 2020 年，全面建成以居家为基础、社区为依托、机构为支撑的，功能完善、规模适度、覆盖城乡的养老服务体系。养老服务产品更加丰富，市场机制不断完善，养老服务业持续健康发展。"党的十九大报告也提出，要构建养老、孝老、敬老政策体系和社会环境，推进医养结合，加快老龄事业和产业发展。近年来，国家对于养老服务业的重视和政策扶持可见一斑。从 2016 年开始，国家分三批在 91 个市（区）开展居家和社区养老服务改革试点工作，南宁市为第三批试点城市。从课题组分别对第一、第二、第三批的试点城市兰州市、西宁市、南宁市的走访调研来看，各试点城市逐步形成了一批服务内容全面、社会力量积极参与、人民群众普遍认可的成功经验。南宁市根据《关于确定第三批中央财政支持开展居家养老和社区养老服务改革试点地区的通知》（民函〔2018〕80号）、《关于中央财政支持开展居家和社区养老服务改革试点工作的通知》（民函〔2016〕200号）、《南宁市人民政府办公厅关于印发南宁市加快发展养老服务业实施意见的通知》（南府办〔2015〕40号）等文件要求初步建立了103个社区日间照料中心。其中，投入社会化运营的社区日间照料中心达70个，占比为67.96%，社区养老服务在南宁市养老服务体系中的补充作用逐步凸显。

二 南宁市社区养老现状分析

（一）南宁市社区养老的基本情况

1. 南宁市老年人口数量与老龄化现状

根据联合国教科文组织的定义，60岁以上的人口占一个国家或地区人口总数的10%或以上，或者65岁以上的人口占该地区人口总数的7%或以上，这个国家或地区就进入了"老龄化社会"。如图1所示，进入21世纪，南宁市60岁以上常住人口占全市总人口的10.56%，已经进入"老龄化社会"。此后老年人口比重每五年平均增幅在1个百分点以上，呈持续增长态势。到2015年，全市60岁以上常住人口已达102.78万人，老年人口占比达到14.71%。到2020年，老年人口占比将达到16.42%。老龄化的发展趋势将造成

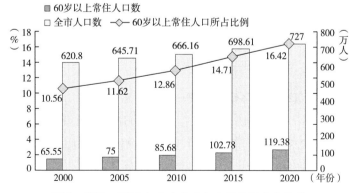

图1 2000～2020年南宁市老年人口数量变化趋势

说明：其中2005年老年人口数据为推算数、2020年的各项数据为预计推算数。

资料来源：根据第五次、第六次人口普查数据以及南宁市2015年全国1%人口抽样调查主要数据绘制。

南宁市劳动人口相对减少和被赡养的老年人相对增加，不仅会减少社区养老事业的发展活力，增加社区养老的负担，还会带来一系列经济问题，如果处理不当，则很可能成为南宁市社区养老发展的绊脚石。

2. 南宁市各县（区）老年人口现状

通过分析全市各县（区）的老年人口数据可知，市区中心区的人口老龄化程度更高，老年人口更为集中。武鸣县改区后，南宁市区老年人口数量和比例进一步增加。横县、宾阳县、上林县、马山县、隆安县老年人口比例相比城区更低。从地域来看，青秀区的东部和江南区西南部属于近十五年来发展较快的区域，总人口逐渐增多，老年人口比例已逐渐提高，分别为 15.4% 和 15.6%。良庆区、邕宁区经行政区划调整后，人口数量减少，生活配套少，老年人口相对较少，比例分别为 14.3%、13.9%。而西乡塘区、兴宁区、武鸣区三个老城区老年人口比例最高，均达到 18% 以上（见图 2）。这说明城区历史悠久、生活服务设施完善、养老服务配套相对完备，能够吸引老年人口向该区域集中。

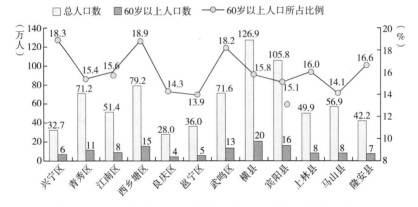

图 2 南宁市各县（区）60 岁以上户籍人口统计（截至 2016 年）

资料来源：根据 2017 年南宁市统计年鉴数据绘制。

3. 南宁市社区养老服务组织现状

南宁市社区养老服务组织主要包括社区日间照料中心和城市养老服务中心，两者区别在于服务时间和服务对象不同。城市养老服务中心规模更大，服务内容更广，服务对象更多，还提供上门服务，它既可以接纳有全托需求的老年人，也可以接纳仅有日托需求的老年人。社区日间照料中心的功能相对单一，仅仅提供日托服务。

南宁市从 2010 年开始选取一些具备场地条件的社区建设日间照料中心，截至 2017 年，全市已建成 103 个社区日间照料中心，社区日间照料中心占全市社区的数量比例已达42.74%。

南宁市政府从2015年开始建设集日间照料和全托于一体的镶嵌在社区的城市养老服务中心，共投入资金5290万元。截至2017年，已完成15个，未按要求完成的有2个。

（二）南宁市社区养老运行情况分析

1. 社区养老服务站点分布分析

南宁市社区养老服务站点包括社区日间照料中心和城市养老服务中心。如果企业对日间照料中心进行社会化运营则会加挂企业养老服务中心的牌子。

社区日间照料中心。2015～2017年，南宁市共设立社区日间照料中心115个，覆盖市区46.47%以上的社区（见表1）。其中，中心城区兴宁区、青秀区、江南区、西乡塘区共有99个，占站点总数的比例为86.1%，良庆区、邕宁区、武鸣区共有13个，占站点总数的比例为11.3%，宾阳县、上林县、马山县各有1个，横县、隆安县为0，五县站点设置占总数比例仅为2.6%。不难看出，南宁市社区日间照料中心多分布在中心城区，老年人口集中是主要因素。

表1　2015～2017年南宁市社区养老服务组织覆盖社区情况

区　域	社区总数 （个）	城市养老服务中心 数量（个）	覆盖社区 比例（%）	日间照料中心 数量（个）	覆盖社区 比例（%）
全　市	342	23	6.73	115	33.63
市　区	241	23	9.54	112	46.47
兴宁区	38	3	7.89	18	47.37
青秀区	58	5	8.62	32	55.17
江南区	28	3	10.71	20	71.43
西乡塘区	76	6	7.89	29	38.16
良庆区	12	0	0.00	6	50.00
邕宁区	9	2	22.22	3	33.33
武鸣区	20	4	20.00	4	20.00
横　县	26	0	0.00	0	0.00
宾阳县	40	0	0.00	1	2.50
上林县	16	0	0.00	1	6.25
马山县	6	0	0.00	1	16.67
隆安县	13	0	0.00	0	0.00

注：城市养老服务中心不在县域开设，县域会有农村养老服务中心或"300～500张床位公办示范性养老项目"等。

资料来源：根据南宁市民政局提供的数据制表。

城市养老服务中心。2015～2017 年，南宁市共计划投入 5000 多万元建立城市养老服务中心 23 个，大部分设在人口稠密、商圈成熟地区。目前良庆区和五个县均未设立养老服务中心。

理论上，社区养老站点分布数量应与县（区）内老年人口数量成正相关关系才能满足区域内老年人的需求。但实际上，社区养老服务站点选址的前提是该社区能够在现有条件下提供相应的服务场地，布点也和城区政府的财政实力、重视程度和推动力度有关，影响布点的因素较多。

从实际来看，南宁市社区养老站点的分布特点是"中心多边远少"，即中心城区内布点多，边远城区如郊区、新开发区及辖县布点少。虽然青秀区、西乡塘区、武鸣区、宾阳县、横县这几个区（县）的老年人口均超过十万人，老年人口数量相对较多，但武鸣区、宾阳县、横县这几个属于中心城区外围的地区站点分布数量却很少。从老年人口占总人口比例来分析，布点数量和老年人口占比并无太大关系，如宾阳县、隆安县老年人口占比达到 16% 以上，但站点数量远比青秀区少得多。因此，经济、文化、人口聚集程度高的老旧城区，城镇化程度高，能够提供建设社区养老服务站点的场地更多，站点数量也更多，反映出社区养老服务站点建设发展不够均衡的问题。

2. 社区养老服务形式、内容分析

如表 2 所示，城市养老服务中心和社区日间照料中心服务内容大体相同，但城市养老服务中心集日间照料和全托服务于一体，服务内容更丰富、方式更灵活。两者提供服务的形式可根据老年人的实际情况，分为无偿服务（三无老年人）、低偿服务（低保户、优抚对象、困难家庭）和有偿服务（有经济能力的居家空巢老年人）等。

在服务设施建设要求上，社区日间照料中心建设标准较低，总建筑面积不少于 200 平方米，每个功能室使用面积不少于 30 平方米。城市养老服务中心建设标准较高，总建筑面积不少于 600 平方米，并要求符合老年人建筑设计、建筑无障碍设计和公共建筑节能设计及防火等规范。

在规划上，城市养老服务中心要求设置老年人生活服务用房（占 36%），包括休息室（设置床位不少于 20 张）、淋浴室等满足老年人过夜需求的设施，日间照料中心则无须规划设置这类设施。

在服务对象上，城市养老服务中心的服务对象包括全托和日托老年人，社区日间照料中心的服务对象是日托老年人。

表 2　南宁市社区养老服务形式、内容对比分析

类别	城市养老服务中心	社区日间照料中心	主要区别
服务内容	生活照料	生活照料	城市养老服务中心能提供全托服务
	医疗保健	医疗保健	
	精神慰藉	精神慰藉	
	文体活动	文体活动	
	法律服务	法律服务	
	其他服务	其他服务	
建设要求	总建筑面积不少于 600 平方米	总建筑面积不少于 200 平方米	
	符合老年人建筑设计、建筑无障碍设计和公共建筑节能设计及防火等规范	功能室使用面积不少于 30 平方米	
规划要求	设置老年人生活服务用房（占 36%），包括休息室（设置床位不少于 20 张）、淋浴室等满足老年人过夜需求的设施	无	
服务对象	全托、日托老年人，有机构养老和社区养老需求的老年人	日托老年人、有社区养老需求的老年人	

资料来源：根据相关政策规定整理。

3. 社区养老服务组织分析

2014 年，南宁市为了解决居家养老服务机构功能缺失的问题，制定了《南宁市开展社区居家养老日间照料中心社会化运营试点实施方案》，鼓励社会专业机构和专业队伍参与社区居家养老日间照料中心运营。先后共有 11 家社区养老服务组织参与日间照料中心社会化运营（见表3）。其中，南宁市老来福社区养老服务中心、颐养自在家养老服务中心、广西零距离社会工作服务中心这三家社会组织规模最大，据统计，这三家社会养老服务组织参与社会化运营的日间照料中心共计 58 个，占全部总数比例超过 80%。

表 3　南宁市日间照料中心社会化运营情况统计表

单位：个

序号	社会运营方名称	参与社会化运营的日间照料中心数量
1	南宁市老来福社区养老服务中心	36
2	颐养自在家养老服务中心	13

续表

序号	社会运营方名称	参与社会化运营的日间照料中心数量
3	广西零距离社会工作服务中心	9
4	广西一通居家养老服务中心	3
5	广西同欣社会服务工作中心	1
6	广西八桂女子就业服务中心	1
7	广西众益社会工作服务研究中心	2
8	南宁市福利中医医院	1
9	南宁市惠众社会工作服务中心	1
10	南宁市康之桥康美养老服务中心	2
11	南宁市江南区鑫源养老服务中心	1
合　计		70

资料来源：根据南宁市民政局提供的数据制表。

从地域分布来看，青秀区、西乡塘区、江南区等老城区更受社会养老组织青睐，如老来福社区养老服务中心、颐养自在家养老服务中心、广西零距离社会工作服务中心这三家养老组织投标运营的站点基本都集中在西乡塘区和青秀区。其他城区的社会化运营站点较少，而县里的更少。市辖5县仅有上林县、马山县、宾阳县有社会化运营项目，均为公办福利院或乡镇敬老院，每个县各一所。隆安县、横县有公办福利院，但无社会养老组织进驻运营，南宁市5个县均无社会养老组织参与日间照料中心的社会化运营。社会养老组织选择社会化运营的站点时会倾向于选择交通便利、人口稠密的居住小区及周边区域，所以同一个社会养老组织参与运营的站点呈现相对集中的特点（见表4）。

表4 社会养老组织参与社会化运营情况

单位：个

区　域	社会化运营的日间照料中心	社会化运营的城市养老服务中心
全市	70	8
市区	70	8
兴宁区	0	1
青秀区	34	4
江南区	8	2
西乡塘区	22	0

区　域	社会化运营的日间照料中心	社会化运营的城市养老服务中心
良庆区	4	0
邕宁区	2	0
武鸣区	0	1
横县	0	0
宾阳县	0	0
上林县	0	0
马山县	0	0
隆安县	0	0

注：城市养老服务中心因工程进度和招投标进程缓慢，目前只有 8 所在进行社会化运营，剩余 15 所预计近两年将全部建成并进行社会化运营。

资料来源：根据南宁市民政局提供的数据整理。

4. 社区养老服务效率分析

从运营效益看，采取公建民营形式运营社区日间照料中心本来是要利用市场调节的力量，提高社区养老服务效率，但目前南宁市采取公建民营的社区养老服务站点运营效果不太好，相当一部分日间照料中心"公建民营"后因资金困难、人员不足等难以维持正常运营。以目前规模最大的社会化第三方运营机构老来福社区养老服务中心为例，该企业之前共运营 43 个站点，截至课题组调研时，因亏损关停 32 个，关停率达到 74.4%，关停的 32 个站点硬件相对较差，老年人参与意愿极弱，即使恢复运营也可能出现"无人光顾"的尴尬局面，造成社会资源浪费（见表 5）。正常运营的 11 个站点本身硬件较好，覆盖的社区民众对中心提供的养老服务需求较强，居民参与意愿强烈。但这 11 个站点中只有 2 个站点能达到收支平衡且微盈利，盈利原因是这两个站点属 A 级站点，老年人流量大、人员集中，且整体经济能力较强，支付意愿强于一般老年人，能够消费也愿意消费站点的收费项目。例如，滨湖路市老年大学站点能实现收支平衡主要有三个方面的原因。一是在社区养老的文体娱乐、居家照料、健康管理、社会救助四大服务模块中，该站实际开展服务的项目集中在居家照料（老年人就餐）、健康管理（康复保健）两个方面，且都是收费项目，纯公益性的文体娱乐、社会救助任务均由老干部活动中心承担。这在很大程度上减少了老来福社区养老服务中心的成本支出。二是该站所服务的老年人大多是离退休干部，整体经济能力较强，愿意多付费购买差异化服务。如老年家政服务，政府指导价格为 25 元/小时，但这里的老年人一般都能接受按市场价即 40～45 元/小时收费。三是该站人流量大、人员集中，经营场地充足，可以开展规模化的经营服务，摊薄服务成本。

表 5　老来福社区养老服务中心站点资质分类和运营情况

单位：个

类别	站点数量	盈利站点	亏损站点	正常运营的站点	关停站点
A	8	2	6	8	0
B	20	0	20	3	17
C	15	0	15	0	15
合计	43	2	41	11	32

注：1. 老来福社区养老服务中心原有 46 个站点，2018 年 3 月关停了 3 个站点，现剩余 43 个站点；2. 根据老年人数量、密度、消费水平、活动参与意愿以及场地面积、硬件设施等对各站点进行分类分级，好的评为 A，中等的评为 B，差的评为 C。

资料来源：根据老来福社区养老服务中心提供的数据整理。

5. 南宁市社区养老政策分析

为促进社区养老服务业的发展，多年来从国家到地方各个层面出台了多项政策推动社区养老事业的发展。政策涉及内容较广，既有前期养老机构的用地、财政税收、发展规划，又有后期的纳入医保范围、考核评比、推进医养结合、建设智慧平台等。政府出台的养老服务业重点法规政策汇总如表 6 所示。

表 6　政府出台的养老服务业重点法规政策汇总

层面	文件名称	主要内容	分类
国家级	《国务院关于加快发展养老服务业的若干意见》（国发〔2013〕35 号）	对各地区完善养老服务业的若干意见和要求	综合类
国家级	《关于全面推进居家养老服务工作的意见》（全国老龄办发〔2008〕4 号）	推进居家养老服务工作的纲领性文件	居家养老类
国家级	《关于中央财政支持开展居家和社区养老服务改革试点工作的通知》（民函〔2016〕200 号）	拟选择部分地级市开展居家和社区养老服务改革试点，制定财政等政策支持发展居家和社区养老服务	居家、社区养老类
国家级	《关于做好第一批中央财政支持开展居家和社区养老服务改革试点工作的通知》（民发〔2017〕54 号）	确定居家和社区养老服务改革试点地区的基本试点任务和特色试点任务	居家、社区养老类

层面	文件名称	主要内容	分类
国家级	《关于确定第二批中央财政支持开展居家和社区养老服务改革试点地区的通知》（民函〔2017〕252号）	确定第二批中央财政支持开展居家和社区养老服务改革试点地区	居家、社区养老类
国家级	《关于确定第三批中央财政支持开展居家和社区养老服务改革试点地区的通知》（民函〔2018〕80号）	确定第三批中央财政支持开展居家和社区养老服务改革试点地区，包括南宁市	居家、社区养老类
自治区级	《关于扶持我区民办养老服务机构发展的通知》（桂民发〔2007〕162号）	规定举办非营利性养老机构享受自治区福利彩票公益金的床位资助补贴（按实际使用床位数确定）	机构养老类
自治区级	《关于建设养老服务业综合改革试验区的意见》（桂政发〔2015〕33号）	提出建设养老服务业综合改革试验区的意见和要求	综合类
自治区级	《关于推进医疗卫生与养老服务相结合的实施意见》（桂政发〔2016〕82号）	对推进医疗卫生与养老服务提出相关意见、要求	综合类
自治区级	《关于全面放开养老服务市场提升养老服务质量的实施意见》（桂政办发〔2017〕129号）	提出优化养老服务市场意见	综合类
自治区级	《关于我区养老机构用水、用气价格有关问题的通知》（桂价格〔2014〕145号）	制定养老机构用水、用气的优化政策	机构养老类
自治区级	《关于做好政府购买养老服务工作的通知》（桂财社〔2015〕186号）	规定政府购买居家养老服务的对象、标准、内容、要求	居家养老类
南宁市级	《2016年南宁市养老服务业综合改革试点城市和核心区建设工作方案》（南府办函〔2016〕158号）	推进"1521养老服务示范园区建设工程"、社区居家养老服务中心建设项目，以及24个农村幸福院的建设工作	居家、社区养老类
南宁市级	《关于按照标准配备社区居家养老服务用房的通知》（南府办函〔2016〕216号）	规定社区居家养老服务用房面积配备标准	居家、社区养老类
南宁市级	《南宁市政府购买居家养老服务实施意见》（南府规〔2016〕27号）	明确政府购买居家养老服务的对象、标准、内容、要求、申请流程等	居家养老类

层面	文件名称	主要内容	分类
南宁市级	《南宁市民办非营利性养老机构补贴实施办法》（南民政规〔2016〕5号）	制定详细具体的民办非营利性养老机构补贴实施办法	机构养老类
南宁市级	《关于印发2016年南宁市城市养老服务中心建设工作实施方案的通知》（南府办函〔2016〕179号）	对南宁市城市养老服务中心建设提出具体要求和实施方案	社区养老类
南宁市级	《关于印发2016年南宁市社区日间照料中心建设工作实施方案的通知》（南府办函〔2016〕178号）	对南宁市日间照料中心建设提出具体要求和实施方案	社区养老类
南宁市级	《南宁市推进医疗卫生与养老服务相结合工作实施方案》（南府办函〔2017〕235号）	从纳入医保、土地、财税等方面着手，规划建设一批兼具医疗卫生与养老服务资质和能力的医疗卫生机构或养老服务机构	综合类
南宁市级	《2017年南宁市养老服务机构考核评比暨以奖代补工作实施方案》（南民政发〔2017〕65号）	针对南宁市养老机构制定详细的评比考核方案	机构养老类
南宁市级	《关于印发南宁市建设智慧养老服务平台项目实施方案的通知》（南府办函〔2018〕60号）	建立三大平台——养老服务监管平台、社区居家养老服务平台、养老机构管理信息化平台	居家、社区、机构养老类
南宁市级	《南宁市人民政府办公厅关于分解2018年南宁市承办自治区为民办实事工程目标任务的通知》（南府办〔2018〕14号）	明确将社区日间照料中心建设、城市养老服务中心建设和智慧养老服务平台项目建设纳入2018年为民办实事项目	社区、机构养老类

资料来源：根据出台的政策整理。

南宁市政府高度重视社区养老工作，2010年成立了"南宁市居家养老服务工作领导小组"，出台了《南宁市居家养老服务工作实施方案》，此后每年都密集出台有关养老服务的文件，2018年连续第三年将社区日间照料中心、城市养老服务中心的建设和智慧养老服务平台项目建设列为为民办实事工程，针对社区日间照料中心建设下拨市本级补助资金400万元，针对城市养老服务中心建设下拨市本级补助资金500万元，从经费保障和政策支持上推动社区养老服务的发展。

2016年为进一步推进社区养老服务机构发展，出台了《南宁市民办非营利性养老机构补贴实施办法》，开始对民办养老机构建设实施补贴和运营补贴。同年，相关部门正式印发《南宁市政府购买居家养老服务实施意见》，开始提供居家养老运营补贴，具体资助标准如表7所示。

表7　南宁市政府购买居家养老服务对象和补助标准

基本补助			以奖代补		备注
服务对象	养老服务经费标准	一年补助总额	90分以上的（含90分）	80分以上的（含80分）	
60周岁以上（含60周岁）城市散居，需介护、介助的"三无"老人	每人每月可享受4小时服务，25元/小时	1200元	500元/（年·人）的奖励	300元/（年·人）的奖励	
60周岁以上（含60周岁）需介助、介护的失独低收入老人					
70周岁以上（含70周岁）需介助、介护的低保对象，低收入家庭孤寡老人、残疾老人，及享受定期抚恤或定期生活补助的重点优抚对象					
80周岁以上（含80周岁）需介助、介护且子女不在南宁市市区工作的独居老人					
90周岁以上（含90周岁）的高龄老人	每人每月可享受2小时服务，25元/小时	600元	300元/（年·人）的奖励	200元/（年·人）的奖励	

资料来源：根据《南宁市政府购买居家养老服务实施意见》整理。

从政策层面看，南宁市制定了一系列有利于推动社区养老服务发展的政策，实施后在社会上获得较大反响，得到养老服务机构和组织的普遍欢迎，增强了社会各界投资南宁市养老服务业的信心，到南宁市考察养老服务市场的大型企业逐年增加。但从表6也可看出，政策过于密集，导致许多文件内容交叉重复，且对社区养老服务的发展缺乏专门性、针对性、系统性的政策支持，对社区养老和居家养老界定不清晰，在实践中存在政策设计与实际服务错位的现象，无法满足社区养老服务的需求。

（三）南宁市推进社区养老取得的成效

1. 推进社区养老服务机构公建民营改革

2014年，根据《南宁市开展社区居家养老日间照料中心社会化运营试点实施方案》，南宁市尝试采用政府购买服务的方式，积极引入社会力量参与社区居家养老日间照料中心运营，当年建成的 22 家社区日间照料中心全部开展社会化运营，以上门服务和提供日托为主要形式，对身体状况较好、生活基本自理的老年人提供日间休息、陪伴、饮食供应、法律援助等服务；对生活不能自理的高龄、独居、失能等老年人提供家务劳动、家庭保健、辅具配置、送饭上门、紧急呼叫和安全援助等服务，公建民营改革工作取得阶段性成果。此后，南宁市每年都组织各县（区）、市民政系统单位及各类养老机构和企业召开公建民营推介会，采用公开招标、委托经营等方式，鼓励民间资本、吸引社会力量参与公办养老机构运营，预计 2018 年南宁市投入社区居家养老社会化运营的社区日间照料中心将达到 85%。在政府和相关部门的有力推动下，南宁市养老服务行业的公建民营改革已初见成效。

2. 积极优化社区养老的医疗服务

南宁市积极推进医疗卫生资源进入社区养老服务站点，为社区老年人提供日常护理、慢性病管理、康复、健康咨询、中医保健、基本医疗护理、辅助生活器具提供等专业服务。如南宁市老年大学社区养老服务站医疗设施齐全，开通了医保收费系统，设有中医诊所、康复室、理疗室、小型药房，配备全科医生为老年人提供方便快捷的就诊服务。南宁市积极推动医疗机构将护理延伸至社区，通过与社区老年人签订家庭医生服务协议，为老年人提供线上线下健康管理、医疗咨询服务，实现基层医疗卫生机构与社区养老服务机构的无缝对接。

3. 互联网助力打造智慧养老模式

推进"互联网＋养老"。南宁市筹集资金 900 万元建设智慧养老服务综合信息平台，并将其列入 2018 年为民办实事项目，涵盖了养老服务监管平台、社区居家养老服务平台、养老机构管理信息化平台。其中，社区居家养老服务平台着力解决社区居家养老服务的瓶颈，利用"互联网＋居家养老"的模式，为社区居家养老的老年人提供多元服务，满足政府为特殊老年群体购买服务的需求，通过平台购买专业化服务为社区居家老年人群体提供技术支撑，逐步将社区打造成没有围墙的养老院。

4. 多方协调为社区养老服务业保驾护航

完善土地供应。在《南宁市加快发展养老服务业实施意见》中，明确了"十三五"期间的土地供应：要求各县（区）做好本辖区内发展养老服务业、用地保障、社区养老服务用房、资金保障等计划，规定必须按照人均用地面积不少于 0.12 平方米的标准，分区分级规划设置养老服务设施。

完善税费优惠政策。2015 年，南宁市由市发改委牵头，联合民政、财政、物价、地税、供电、残联、水务等单位开展为养老机构解困活动，解决了对社区养老机构的收费问题和享受居民生活类价格等问题。

完善人才培养和就业政策。在《南宁市加快发展养老服务业实施意见》中明确"加强对各类养老服务机构从业人员开展职业技能培训和考核，推行持证上岗制度。对南宁市养老服务机构新增岗位招用就业困难人员，与其签订 1 年以上劳动合同并缴纳社会保险费的，按规定给予社会保险补贴"等。目前，南宁市民政局正会同市卫健委、人社局等部门研制相关规定和具体落实的做法。为缓解社区养老机构人才短缺问题，南宁市民政系统先后举办了"养老机构管理人员培训班""养老机构护理员职业技能鉴定培训班""养老护理员岗前培训班""养老护理员中级技能培训班"，继续加强对社区养老机构专业人才队伍的培养。

三 南宁市社区养老服务存在的主要问题及原因分析

近年来，南宁市社区养老虽然取得了一定的成绩，但也存在一些突出问题。

（一）南宁市社区养老服务存在的主要问题

1. 社区养老服务政策设计存在缺陷

南宁市根据国家和自治区的养老政策精神，结合本地实际制定了推进社区养老服务业发展的地方政策、措施，但是相关实施办法和实施意见的出台是老龄化、高龄化、养老服务业发展到一定程度倒逼的产物，实施意见相对滞后。目前，还缺乏对相关企业的生产与经营活动在法律或行业政策上的保护和监管，致使难以对其服务质量进行监督和管理，使目前社区养老服务监管处于无序状态。例如，老来福社区养老服务中心、颐养自在家社区居家养老服务中心等组织反映，存在政府布点不均匀、缺乏相关运营补贴政策等问题。

南宁市社区养老服务业涉及市民政局、城区、街道、社区四级组织，涵盖民政、卫生、人社、土地、税务、财政等部门的政策，而不同部门颁布的政策之间的协调性较差，不能针对社区养老服务体系形成统一有效的管理和支持，导致政策碎片化比较严重，难免造成认识模糊、混乱不清的状况，难以形成政策合力；政府不同部门之间的合作机制也缺乏相关政策指导，缺乏完善的引导性政策和具体的实施细则。

2. 基层对社区养老服务工作"有心无力"

街道作为城市基层管理机构，虽然认识到社区养老服务的重要性，但由于日常工作繁忙，对于社区养老服务工作没有花费太多的心力去做，从而出现了"有心无力"的问题。

从社区一级来说，社区工作人员基本身兼数职，对社区养老服务工作的关注度和参与度都不太高。一部分社区工作人员的认识存在误区，甚至认为社区养老就是政府养老，社区养老服务工作费力不讨好不出彩，不值得去做；一部分社区工作人员行动上不愿配合，认为既然是社会养老服务机构或组织与上级政府职能部门签订合同来我辖区开展服务，社区养老服务就是相关社会组织的事情，因而不愿投入精力配合开展社区养老服务。

3. 社区养老服务市场供需不对称

课题组调研南宁市7个社区养老服务站点的情况发现，社区养老服务站布点和老年人需求不对称。一是重布点轻运营。部分基层政府为了完成任务，在社区用房本身就很短缺的情况下，通过各种方式调剂，以至于大多数养老服务站点的面积和所在位置根本无法达到老年人活动的基本要求和老年人进出通行的安全便捷要求。南宁市思贤社区和桂雅社区日间照料中心服务站从挂牌开门至今极少接待过老年人，服务设施利用率极低（见表8），这与站点偏僻、场地不具备市场经营价值有直接关系。南宁市社区养老服务资金筹措主要用于投入服务站点设施建设、服务设备器材添置、相关服务人员培训三个方面，几乎没有资金投入运营、人才引进等方面。大部分站点虽然由政府免费提供场地、部分设备，减免税收，但是没有设立详细的付费采购内容并提供运营补贴。例如，南宁市老来福社区养老服务中心在青秀区的站点虽然在协议中写明给予每个站点运营补贴，但协议要求只能购买设备或者添置器材而不能用于人工支出，这样在企业看来依旧是建设补贴而不是运营补贴。二是市场信息不对称。现有的社区养老服务站点的老年人基本都是被动参与，与老年人在服务需求上存在沟通不对称、不通畅等情况，难以实现快捷高效地服务。同时，老年人在生活和心理方面还存在个体差异，服务需求也有区别。但目前政府购买的居家养老服务项目，还未扩展到读报、陪聊、心理疏导、日常关怀和提示、陪游览、陪串亲访友、陪伴参加社会活动、法律问题咨询等方面。

表8　南宁市部分社区日间照料中心设施使用情况调查

日间照料中心名称	面积(m²)	休息椅(把)		音响(套)		电视(台)		麻将桌(张)		图书(本)		厨房(个)		体检设备(套)	
		数量	使用情况	数量	使用情况	数量	使用情况	数量	使用情况	数量	使用情况	数量	使用情况	数量	使用情况
思贤社区服务站	60	2	无人使用	无		1	无人使用	2	无人使用	无		有	被占用	无	
老年大学服务站	600	20	经常使用	无		2	经常使用	无		无		有	经常使用	驻站医务室	经常使用
植物路军休所服务站	200	无		无		无		2	经常使用	无		有	经常使用	无	
鲁班社区服务站	250	无		无		无		2	经常使用	无		有	暂停服务	驻站医务室	经常使用
凤岭南社区服务站	200	3	经常使用	1	偶尔使用	1	偶尔使用	2	经常使用	无		有	偶尔使用	1	经常使用
桂雅社区服务站	150	无		1	偶尔使用	1	无人使用	3	偶尔使用	无		无		1	偶尔使用
金浦社区服务站	40	无		无		1	偶尔使用	2	经常使用	300	偶尔使用	有	偶尔使用	1	经常使用

资料来源：根据课题组调研走访的数据整理。

4. 社区养老服务组织资金来源渠道单一

南宁市社区养老服务组织的资金来源由相关企业资助、政府补贴和低偿服务收入三部分组成，其中相关企业资助占主要部分。例如，南宁市老来福社区养老服务中心是在广西新振锰业集团等企业的共同资助下成立的，其成立以来70%的运营资金来自广西新振锰业集团；南宁市颐养自在家社区居家养老服务中心是由太和自在城股份有限公司打造的社区居家养老服务品牌，100%的运营资金都由母公司提供。目前的社区居家养老服务组织由于企业资助占大头，没有自负盈亏的能力，在不受利益驱动的情况下，还能够单纯依靠企业的社会责任感给予资助经营，一旦资助企业本身经营不善或者不愿意继续资助就会出现资金链断裂等问题。例如，2018年4月份，老来福社区养老服务中心因出资企业资金周转困难而停止出资导致资金链断裂，出现运营资金短缺、拖欠员工工资和部分站点关闭的问题。

5. 社区养老服务人才严重不足

我国社区养老服务人员主要有以下三类：一是专业服务人员，为社区养老提供专业服务；二是社区养老服务的管理人员，主要有基层政府、社区、居委会、相关养老服务组织的工作人员等，承担服务规则的制定、服务项目的设置、资金和人员管理等工作；三是志愿者（含社区相关人员），他们自愿、无偿地向老年人提供服务。经课题组调研发现，南宁市这三类服务人员都较少，尤其是专业服务人员极度匮乏，有些社会服务组织和社区养老服务站点的专业服务人员一度达到个位数。

6. 部分社区养老服务场地不足

南宁市社区养老服务场地基本免费提供，部分社区养老服务中心环境较差，有些场地较为偏僻、潮湿，有些场地不通风、通光，导致老年人不愿意参与活动。以南宁市青秀区为例，辖区内办公场所面积最小的新竹街道民族大道中段社区，服务用房仅280平方米，为开发商提供的是共享用房；建政街道茅桥社区实际办公用房仅为租赁的120平方米居民住房；新竹街道星湖社区拥有服务用房676平方米，但是用房面积不连续，被分割为三处；南湖街道金湖社区服务用房有900平方米，因其属于政府投资建设，使用面积连续完整，能容纳较多社区居民活动，但地理位置在城中村安置房旁边，较为隐蔽。另外，部分基层政府在社区养老用房和政策性补助等方面没有提供有力支持，导致社区养老服务工作开展缓慢。

（二）南宁市社区养老服务存在问题的原因分析

1. 养老服务多头管理、政府政策有待创新

南宁市社区养老服务工作存在多头管理、各自为政的情况，缺乏一个统一的牵头部门。例如，各类养老服务政策有民政、卫健部门制定的，也有人社、土地、税务、财政等部门制定的。政出多门，各相关主体又没有发挥协同作用，导致政策效果有限，医疗、养老、人社等资源相互阻隔，老年人养老服务缺位现象明显，养老资源浪费现象较为严重。面对养老服务业日益复杂的新形势和老年人需求的多样性，如何制定有前瞻性、灵活性、针对性、有效性的社区养老服务政策，在保证"老有所养"的前提下进一步提高社区养老服务水平，值得每一位政策制定者深思。

2. 社区养老服务力量不足

从财力来说，基层对没有配套社区养老服务的专项工作经费反应较为强烈，每年街道开展具体项目的时候，如对城市社区内的老年人情况进行摸底

调查、为城市社区养老服务人员进行培训等，工作经费至少需要几万元，这还不包括相关社区开展养老服务活动的经费，经费短缺导致这一工作铺开较难。

从人力来说，一是社区养老服务工作人员比较紧缺，二是社区没有专职的养老服务管理人员，大部分社区是指定一名社保或民政工作人员来兼任，导致配合力量不足。从养老服务机构来说，以颐养自在家社区居家养老服务中心为例，目前运营服务中心有 15 个，部门总人数为 28 人（含 5 名实习生）。具体人员配置情况如下：总部设置督导部，配置社工督导 1 名，康复理疗督导 1 名，心理督导 1 名，营养督导暂缺；根据地理位置进行划分，每 5 个社区为一个片区，设置区域经理 1 人；每个片区根据社区场地、老年人人口密度等条件分为 1 个 A 类、2 个 B 类、2 个 C 类社区，A 类社区配置中心主任 1 人、颐养管家 1 人，B 类社区配置颐养管家 1 人（加上阶段性实习生 1 人），C 类社区配置颐养管家 1 人。每个社区养老服务中心只有 1~2 名工作人员，人手非常紧缺。以人员配备较多的江南区江南街道二桥西社区为例，共有两委委员 10 名，负责民政工作的委员 1 名，也没有专门管理或者服务养老工作的委员。

从物力来说，部分社区养老服务站点缺乏厨具、餐具，或音响和电视等老年人娱乐设备，大部分小区没有供老年人活动的场地和器材。

3. 对社区养老服务市场调研和培育不足

通过实地调研走访发现，南宁市在社区养老服务站点选点布点、社区养老服务需求信息收集上对市场调研不足，导致社区养老服务市场供需不对称现象出现。大部分老年人对社区养老服务站点开展的项目了解不多，存在"既然是政府购买的服务就要免费为我服务"的认识误区，影响了社区养老服务组织开展低偿服务；一些老年人也反映站点较远、配餐服务价格较贵、菜品烹饪质量不高等。在市场开发方面，南宁市还缺乏具体配套的政策和相关产业规划指导，在很大程度上限制了社会力量的积极参与。虽说养老服务业前景好，但受制于一定的政策与市场条件，南宁市大部分养老服务主体仍处在分散的初级发展阶段，缺少成熟商业模式的支撑，经常陷入"叫好不叫座"的怪圈。同时，养老服务与医疗、家政、保险、教育、健身、旅游等相关领域的互动发展略显不足，促进养老服务领域的信息咨询、商贸流通、电子商务、物流配送等上下游产业的集聚化发展方面也存在不足。

4. 尚未建立起政府主导的引导性融资模式

当前，南宁市养老服务业建设仍以政府为主要力量，市场作用没有充分发挥,社会力量从事养老服务的动力不足,政府、市场、社会等多元供给主体尚未形成优势互补的良性互动格局,尤其是尚未建立起政府主导的引导性融资模式,导致社区养老服务主体抗市场风险的能力较弱。如何利用政府的引导性政策来撬动社会资金参与社区养老服务尚值得深思。

5. 社区养老服务人员收入较低、社会地位不高

由于社区养老服务人员工资福利待遇偏低,行业吸引力不强,相关养老服务组织招工难、留人更难,专业人才纷纷转行。人们对老年护理工作也不够重视,很难吸纳受教育程度较高的专业人才来从事城市社区养老服务工作。

6. 部分社区基础设施不健全

现有养老服务站点所在的社区或小区很多是建设年代久远的单位居民小区,基础设施十分不健全,原来没有规划养老服务的用房,结构也不尽合理,缺乏适老设施,以至于大多数养老服务站的面积无法达到老年人活动的基本要求。

四　国内外社区养老的经验及启示

(一) 国外社区养老经验

1. 美国

20世纪80年代,美国政府开始建立老年人社区。目前,主要有以下六种形式。一是可以照顾自己的老年人独立生活在老年人公寓或老年人住在一起的住所,并支付月租和相应的服务费。二是不能照顾自己居住在援助区或住宿护理区的老年人,从个人资金中支付社会保险等费用。三是可以独立生活但希望得到照顾的老年人,可以选择住在连续照顾退休社区,个人支付社区一次性服务费和月租。四是不能照顾自己的老年人可以住养老院,养老院交纳的资金来源有私人资金、医疗保险。五是老年人住在家庭护理社区,家庭护理机构为老年人提供专业护理。六是社区为老年人提供专业服务、日托服务等。

(1) 政策支持

低收入住房税收减免,也称为优惠住房选择计划,由美国住房和城市发展部(简称 HUD)提供补贴资金,符合条件的老年人可以获得公共住房补贴,补贴不仅包括选择基金房屋,还包括房屋装修。根据美国社区护理资助计划,老年人的家庭装修也包含在国家健康保险中,有专门的志愿者团队帮

助老年人进行房屋维修。

（2）社区养老服务项目多元化

对于不同的服务对象，美国不同社区的养老金服务项目有不同的资金来源。对于低收入老年人，由医疗保健和医疗保健资助的老年人计划提供全包服务。55 岁以上的受资助老年人必须接受评估并住在指定社区，老年人只能从该计划中获得医疗服务。针对居住在指定社区的 65 岁及以上老年人，由 HUD 资助的中央住房服务计划，适用于居住在政府补贴住房中的低收入、体弱或残疾老年人。

（3）非营利组织的有效补充

美国的非营利性社区养老服务可分为四种类型：一站式服务、专业服务、政府资助组织和居民自组织。其中，一站式服务主要是聚集分散的老年服务提供者，通过合作或签约建立社区养老服务网络系统，并在社区网络中为老年人提供不同的养老服务产品。与政府资助组织类似的专业服务向特定社区或特定老年人提供其所需的服务，并与他们建立密切联系。老年人自我组织的基础是一些高收入成员或其他可用资源的捐赠。

2. 英国

英国政府在 20 世纪 50 年代开始推广社区护理的养老模式。在 20 世纪 90 年代初，英国发布了"护理白皮书"及"国家卫生服务和社区护理法"，进一步强调社区护理的目标是提供像家一样的服务环境。

（1）评估和监督的系统化

英国的社区护理采取政府与民众相结合的管理模式。它以社区为中心，由政府机构组织，并由私营组织协助提供专业服务。部分政府服务通过项目申请表向非政府机构、非政府组织申报评估，有一套标准的运作范例，并向相关工作人员和志愿者做评估，仅评估符合条件的非政府机构，以及相应的服务转让协议。在向老年人提供社区服务的过程中，政府将定期检查，接受不同社会力量的监督。

（2）多级服务系统

社区养老机构包括由政府、商业服务机构资助的非营利组织，形成了多机构和多层次的服务体系，政府对各类人员的资格和责任有具体规定。与此同时，英国有大量的社会工作者为弱势群体提供服务，社会参与度很高。英国近一半的人每年都参加社区护理服务，从官员到普通公民，从流动性高的老年人到青少年。英国还鼓励社会各界为社区养老服务提供资金援助，以减轻政府的压力，更好地应对老龄化问题。

（3）多元的服务内容

英国社会关注老年人的生理和心理服务，服务内容非常丰富，包括老年人的双重身心护理。英国为老年人提供不同形式的生活服务，这取决于他们居住的地方以及他们是否有家人照顾。首先，有专门的服务人员或志愿者为老年人提供免费或低成本的门到门服务，包括用餐服务、帮助老年人清洁个人卫生、家庭保健和其他护理；其次，为无法自理的老年人提供生活补贴，帮助家人更好地照顾老年人；最后，为老年人提供公寓，公寓里将提供相应的紧急铃，一旦发生紧急情况，他们会按铃寻求帮助。此外，英国政府也非常重视对老年人的精神关怀。政府资助建设老年人娱乐和健身设施，并定期举办各种活动，如郊游、聚会和心连心会谈。

3. 日本

日本在应对老龄化方面做了许多尝试，建立了比较完善的家庭养老金制度和政府的援助政策体系，重视保护老年人的权利，促进多方参与社区养老服务，减轻政府的压力，并通过多方服务内容和专业服务人员，为老年人提供幸福的晚年生活。因此，日本 70% 以上的老年人都选择居家养老，基本实现了以居家养老为主、社区服务为辅的目的。

（1）有效的法律保障体系

日本已颁布了一系列法律和政策，包括国家金融法，帮助老年人缓解经济压力；老年人福利法，涉及老年人的福利；促进老年人保健的"十年战略计划"，明确了社区养老金的主导地位，避免了医院资源的过度占用，缓解了政府的财政压力。这些政策法规为日本社区养老服务的有效实施提供了保障。

（2）组织类型多样化

日本有各种组织和机构参与社区老年人护理服务，其中志愿者组织主要由社区居民经营，由大学生、家庭主妇和有工作能力的老年人组成。有些类型的非营利组织由政府直接资助或购买，社会福利协会是由政府资助的非政府组织。参与日本社区养老服务的多元化组织类型丰富了养老服务的组织形式，形成了良性竞争机制，缓解了政府的压力，提高了社区养老服务的质量。

（3）丰富的老年人护理服务

为了让老年人安享晚年，减轻孩子的压力，日本提供了丰富的老年人护理服务，包括身体虚弱、行动不便的老年人日托。医务人员和家庭服务人员到老人院为老人检查身体，提供护理和家居清洁服务；提供长期和短期服务，以满足老年人的不同需求，为所有感兴趣的老年人提供护理咨询服务。

（4）专业服务人员

日本对从事老年人护理的服务人员有严格要求，这些服务人员必须具备一定的工作资格。从事这类护理工作的人员分为两种，一种是需要经过 3 年的正式学习，通过国家统一考试的持照看护人，学习内容包括社会学、心理学等。另一种是需要亲自报名参加政府举办的培训班，接受专业培训，并通过考试取得社会工作者资格证书，然后在正式上岗前到当地有关部门进行登记。

（二）国内社区养老的典型经验

1. 上海

近年来，上海积极探索社区嵌入式、多功能、综合性养老服务机构的建设，相继建立了"老人养老院""社区综合服务中心"。社区嵌入式养老服务模式不仅可以提供老年人短期住宿护理服务，还可以提供日托服务。此外，还可以为家庭护理提供专业服务和支持，实现家庭护理、社区护理和机构护理的有机结合。

（1）政府主导的嵌入式养老服务平台建设

2014 年 9 月，上海开始在部分地区开展"养老院"嵌入式养老服务试点工作。2015 年，"老人护理院"被纳入市政府的实施项目，试点单位从 5 个增加到 20 个以上。这种模式的特点体现在以下四个方面。第一，是嵌入式的，老年人可以在社区甚至家中享受养老服务。第二，是缩小版的，即尺寸小，投资门槛低。第三，专业操作，由专业的养老服务机构提供优质的护理服务。第四，功能多样化，它不仅为老年人提供日托服务，还提供 24 小时服务，包括生活护理、康复护理、医疗和保健等。与此同时，政府加大了政策支持力度，如参照基本养老机构的扶持政策，为市政新养老床提供建设补贴、福利彩票基金等。

（2）完善养老服务供给体系

社区中的微型养老机构被定位为社区护理机构，为周围社区的老年人提供集中护理服务。虽然规模小，但服务功能多样化。它不仅是提供"日托"服务的"日托中心"，也是提供全天候护理服务的"老人护理之家"。此外，它还是连接社区养老金和机构养老金的桥梁。入住护理机构的大多数老年人介于中度失能和重度失能之间，经过一段时间的强化医疗和康复治疗后，其中一些人可以进入日托中心接受健康护理。无法改善身体状况的老年人被转移到养老院或疗养院。嵌入式养老金直接向家庭提供养老金资源和专业服务，为家庭养老提供专业支持。

（3）创新养老服务模式

对老年人来说，养老和医疗是同等重要的基本生活需求。目前，上海试点"养老院"开展综合医疗服务，有两种具体模式：一种是养老金机构与社区医院签订合作协议，社区医院派遣全科医生为老年人提供定期医疗服务；另一种是由全职医生和护士全天候配备的内部医疗机构。例如，虽然洋泾街道"长者照护之家"只有30张病床，但一般康复、诊疗、医疗处方和水上悬挂均可在院内进行，为老年人提供了极大便利。

2. 济南

近年来，济南市积极推动以居家为基础、社区为依托、机构为补充的全方位、多层次、宽领域的养老服务体系建设。截至目前，济南市建成城市社区老年人日间照料中心223处，社区居家养老服务对象范围逐步从困难老年人向社区所有老年人延伸，服务内容也从家政、助餐基本需求服务向心灵慰藉、精神抚慰等方向拓展，社区居家养老社会化、专业化、信息化的趋势更加明显。

（1）全面做好居家养老基础性工作

一是做好政府兜底保障工作。济南市每年投入近500万元，对于独居、空巢、低保、重病等高龄"困境老人"，每月由政府购买送时服务。二是积极搭建社区居家养老服务平台。把城市社区日间照料中心和农村幸福院建设作为居家养老服务的有力支撑和资源载体，持续加大建设和运营支持力度。济南市在省级建设资金补助基础上，除落实市级财政在建设和开办方面的补助政策外，又拿出资金对居家养老服务场所予以运营补助，对每处城市社区日间照料中心给予2万至4万元运营补助，各市、县（区）再根据自身条件给予相关配套资金资助，极大增强了社区居家养老设施的运营能力。

（2）积极调动社会各界力量

济南市通过多种措施引导专业组织、社会力量广泛参与社区居家养老服务。目前，建成了市、区、街、社区四级覆盖的社会组织孵化培育网络，采取政府提供场地、政策指导、成果展示和项目推介等方式。一是调动社会力量参与社区居家养老。在中国社会福利基金会种子基金的启动下，通过建立"暖心工程"社区服务站，利用财政拨款、企业赞助、社会募捐，为社区中的老年人提供优质便捷的居家养老服务。二是组织社会力量开展自助式、互助式、志愿助老服务。推广"银发志愿服务岗"活动，社区老年人、居民和志愿者等可以通过参与居家养老服务获得相应积分，再兑换等值的社区服务。指导社区"邻里守望协会"等草根社会组织，采取多种形式丰富社区居家养老服务内容。探索"以老养老＆以房养老""邻里一家亲"等方法，综合采用居家和社区养老的有效途径，目前已惠及4000多名老年人。

（3）加快居家养老服务信息化发展

一是依托中国老龄事业发展基金会成立了"贴心一键通"助老服务中心，建立市级养老服务信息平台，并在各区县建立分中心，加盟运营商达700余家，入网用户达29万人，为济南市老年人提供紧急救助、餐饮配送、综合缴费、预约挂号、综合代办等多种服务。二是加快养老服务信息平台建设。2016年，济南市重点推动以社区为依托的居家养老服务，大力推行"互联网＋养老"模式。三是加强各类信息平台整合。如天桥区将辖区的社会组织、社会工作、志愿服务综合服务平台与社区养老服务信息平台进行综合运营，加大了为老年人服务的资源整合力度。市区大多数街道办将"智慧社区365—线上平台"接入"96558一键通"平台，为受助老年人提供爱心午餐、家庭保洁、心灵慰藉、文艺汇演、家电维修、费用代缴等服务。

（4）提升养老服务队伍专业化水平

一是注重从业人员岗前培训。济南市采取分级培训（市级负责中级护理员培训、县区负责初级护理员培训）、政府补贴等加大养老护理员培训力度，培训费用由市、县级财政负担。二是注重在岗人员能力提升。依托济南养老服务中心，建立护理实践基地，聘请专家开设讲座加大技能培训力度。三是注重专业岗位设置。大力发展各类志愿者服务组织，进一步在养老服务中引入专业社会工作人才机制，推动养老机构开发社工岗位。四是注重从业人员激励。如举办济南市首届"最美养老院院长""最美护理员"评选活动，提高护理质量和服务水平，提升从业人员的职业荣誉感。

3. 武汉

近年来，武汉市围绕提升社区居家养老服务功能，加大创新工作力度，采取"互联网＋"社区居家养老服务机构模式，初步形成了家庭新模式和以政府指导、社会参与、健全的网络为基础的护理服务。

（1）推进社区养老服务长效机制建设

一是加强政策规划指导。推出了《社区居家养老服务工作手册60条（试行）》《武汉市工商行政管理局武汉市民政局关于鼓励企业和社会组织参与社区居家养老服务的通知》《关于深化养医结合工作的指导意见》《市民政局关于印发 2014 年全市提升社区养老和居家养老服务水平工作方案的通知》《关于深入推进社区居家养老信息系统建设的通知》《关于印发政府为特殊困难老人购买社区居家养老服务项目实施方案》等文件，完善社区家庭养老服务政策支持体系。二是建立业务支持机制。非营利社区家庭老年人水价煤气护理服务机构应当按照当地的水和天然气价格，进行社区家庭护理服务设施建设并给予运营补助。社区家庭护理服务中心建设补贴标准为每单元 10 万元，运营补贴单位为 6 万元。社区家庭护理服务站的建设补贴为 6 万元，运营补贴为 3 万元，保证了家庭护理设施的健康运行。

（2）推进社区养老服务项目建设

一是明确服务模式。确定了结合家庭服务、膳食、康复护理、精神慰藉、社区日托和特殊服务等的服务模式。二是确定服务项目。以社区为单位，组织各类服务队伍，为老年人提供每小时清洁、健康咨询、医疗指导、送餐等基本服务，开展洗衣预约、保养、剪发等特色服务。每个服务呼叫并联连接，实现验收平台与家庭成员之间的同步响应，满足老年人的需求。三是探索各种发展模式。从三个方面推进养老服务设施建设，增加养老设施总数，重视社会保障。在过去三年中，市、区、街已安排近 4.74 亿元资金，整合和利用各种现有资源，加强社区养老服务设施与社区服务中心（服务站）、党员群众中心、社区卫生服务中心和文化体育设施之间的资源整合和功能联系。共建立了 583 个社区家庭护理服务中心（站），这些中心是养老机构，床位不到 200 张，并被定位为社区疗养院（目前该市建立了 164 个社区疗养院）。

（3）推进社区养老服务队伍建设

一是增设养老服务窗口。在 1300 多个社区城镇中添加老年服务窗口。服务窗口主要负责宣传和落实与社区相关的养老政策，负责社区使用"一键式"老年人信息输入和更新，协助一键通信服务平台参与服务团队的建设和管理；组织社区志愿者与其他社区服务队开展护理及其他服务。二是加强政府对服务的购买。确定每个社区家庭 2 万元的护理服务补贴标准，并由具体的工作人员负责。为该市的社区家庭护理服务中心（站）设立了 368 个公共福利岗位，用于社区护理设施的管理以及日托服务的组织和实施。三是组织社会服务。以街道或社区为单位，广泛动员和积极鼓励企业和社会组织参与家庭养老服务。目前，武汉已组织 5000 多家企业和社会组织与"一键式"管理平台或互联网养老平台签订协议，为老年人提供社区家庭护理服务。

4. 太原

2017 年，太原市被确立为全国居家和社区养老服务改革试点城市，同时在市社区养老示范中心、各县（区）街道、社区建立养老基金服务中心（站），市、区二级财政也给予社区养老服务设施相应的经营补贴，建立家庭养老服务补贴制度，提供多元化、专业化的养老服务。

（1）社区养老模式的多样化

一是积极探索"互联网＋"养老服务模式，创建线上线下综合"互联网＋社区养老"服务模式；二是开展社区养老服务业孵化园项目，引导社会力量投入养老服务事业，发展养老服务业；三是开展自给自足的社区老年人护理项目，主要针对残疾人群体和老年人家庭，帮助老年人；四是探索多元化的社区养老服务，主要采取"投资多元化，多元化建设，多元化经营"的灵活模式，鼓励企业和社会组织以各种形式参与社区养老机构建设。

（2）加强社区养老服务设施建设

太原通过市场竞争机制引入社会力量，为全市 537 个社区的 12000 多名老年人购买社区家庭护理服务。其中，引入百余个第三方社区养老服务组织（企业），依托社会力量建立为老服务点 2461 个、为老助餐点 252 个，建立为老服务队 760 个；全市建成社区养老服务设施 386 处，社区养老服务中心 143 个，社区日间照料中心 195 个，老年餐桌 117 张，嵌入式微型社区托老中心 53 个，形成了以市区为依托、居家为基础的特色社区养老模式。此外，太原市还通过 12349 服务热线、社区 App、微信公众号等方式，让社区居民享受家政、餐饮配送、生活缴费、预约挂号等便捷服务。

（3）完善社会支持体系

太原市万柏林区的五个社区以"社区为依托、社工为主导、义工为支撑"的模式参与社区养老。在专业社工的指导下，整合社会资源，引导相关人员和志愿者为老年人服务，协助老年人建立互助和自助组织。完善社区养老保障制度，探索社会工作在家庭养老中的工作模式，使社区家庭养老服务质量进一步提高，同时创新社区管理和服务模式，推动社区建设深入发展。

5. **西宁**

青海省西宁市现有 60 岁以上老年人口 36.56 万人，占全省老年人口总数的 50%。近年来，青海省西宁市将服务型居家养老和托底型机构养老相结合，推动政府购买服务，支持养老服务发展，促进卫生和养老服务一体化，增加养老服务设施，具有西宁特色的"90% 的老年人居家养老，6% 的老年人社区养老，4% 的老年人机构养老"的"9064"养老服务模式已初见成效。

（1）社会力量成为提供居家和社区老年人护理服务的主体

目前，在西宁开展养老服务的社会组织数量从 2014 年的 2 个增加到 27 个。在 117 个日托中心中，有 83 个社会组织提供此类服务，社会化率为 71%。"1＋7＋N"三级养老服务体系已经初步建立，包括 1 个市级养老服务指导中心、7 个地区级养老保健示范基地和福利中心，以及 N 个日托中心和农村老年人住宅。

2018 年，西宁市中南部山东社区党委重点介绍了"高原红颐养院居家养老服务"社区日托中心，其通过规范管理，改变了原有的等待门到门服务"三库"服务管理模式（建立居民储存库、申诉项目库和服务库），从单一的托管护理中心类型向综合护理类型转变。同时，加快西宁市养老服务"工作网"建设，试点开展"呼吸"养老服务，结合"医疗"养老服务、"综合型"养老服务，为社会提供护理、保健等 2 ~ 3 周龄男性短期护理服务，与社区卫生服务中心签订协议，定期到中心安排医生开展老年人体检、疾病预防、康复护理、健康教育、用药指导、慢性病防治等服务，通过拓展居家养老服务功能，重点为社区老年人提供生活照料类、医疗保健类、体育健身类、互助养老类、理疗康复类、适老化产品租用类等服务。

2018 年 1 月，青海省出台《关于青海省加快发展商业养老保险实施意见的通知》，支持商业保险机构开发符合青海实际的商业养老保险产品，推广保障适度、保费低廉、保单通俗的适老性普惠保险业务；鼓励商业保险机构提供中医养生保健、治未病保险产品以及满足老年人保障需求的健康养老保险产品。促进政府与保险机构的合作，创新养老保障模式，切实为独生子女家庭、无子女家庭、"空巢"家庭、残疾人等特殊群体提供养老保险服务，实现商业养老服务业、医养结合健康协调发展。

（2）加快推进养老服务基础设施建设

目前，西宁通过以日托中心和农村"老年"住所为基础，设置餐厅、棋牌室、娱乐室、健身室、休息室等，全面覆盖 28 个社区老年人日托中心，为老年人提供护理服务。同时，积极构建综合信息服务平台，进行数据采集、技能培训和行业监督等，利用信息管理、评估与反馈、培训与指导等功能进行资源整合。区（县）养老机构建设投资 6.72 亿元，在 4 个区、3 个县建立了 4 个养老保障示范基地和 4 个福利中心。

（3）加大资金和政策扶持力度

近年来，西宁市西区共投资 4.6 亿元，其中包括西宁市医疗养老保健服务中心、彭家寨养老院等 2 家养老服务机构，还有 23 个老年人社区日托中心、6 个农村老人院、8 个幸福互助医院。同时，城西区加大了政府购买养老服务力度，通过提供意外保险参保补贴，发放高龄老人优待金，开展居家和社区养老服务改革试点适老化改造等。截至目前，城西区已于 2018 年上半年支付 75 万元，开展了 1 万多人次的门到门家庭护理服务，共向全区高龄老人发放优待金 1363 万元。此外，城西区制定并发布了《城西区居家和社区养老服务改革试点的实施方案》《城西区居家养老服务管理办法》等工作方案来深化居家和社区养老服务，并引入第三方对承接方服务行为、服务质量等进行评估考核。每年区财政会给社区老年人日间照料中心拨付运行经费，以保障中心正常运行。

（三）对南宁市社区养老的启示

1. 完善相关的法律和政策体系

法律法规是社区养老金的前提和保障。拥有健全的法律制度才能确保资金的合理使用、设施的合理安排，才有利于服务人员的培训和评估，并明确各服务主体和对象的权利和义务。社区养老服务的法律和政策支持系统不仅指明了服务的内容和标准，还明确了行政机构在社区养老服务中的权利和责任，以明确责任主体和提高服务效率。此外，有必要通过法律法规指导和鼓励除政府以外的其他服务对象。

2. 鼓励和引导社会各界参与社区老年人护理服务

首先，不同主体的参与促进了市场机制的形成，有利于提高资源利用效率和服务质量。例如，政府可以为老年人提供"养老金服务券"，老年人可以通过服务券选择机构为他们服务，从而促进主体在良性竞争中提高服务效率和质量。

其次，不同主体的参与可以有效弥补政府供给的不足，减轻政府的负担。同时，还可以建立公民与政府之间的信息桥梁，及时向有关部门传达老年人的愿望和需求，拓宽政府信息渠道。

最后，不同主体的参与扩大了资金来源，拓宽了各种基金会捐赠基金的渠道。发达国家的养老服务基金主要来自国家财政拨款和社会各界的捐赠，另外是通过一系列政策，如签订合同和减税，引导社会基金参与社区养老服务。随着社区养老企业的发展，政府将不再直接提供社区养老服务，而是通过购买或其他形式由第三方提供，其主要责任体现在相关法律和政策的制定及落实上，包括提供社区服务的主要资金和基础设施融资、引导社区养老服务发展、监督社区养老服务等。

3. 建立多层次的社区养老服务体系

由于老年人在年龄、身体状况、文化程度等方面存在很大差异，他们对社区服务的需求也不同。政府只有为社区提供各种替代生活场所和服务项目，才能满足不同层次老年人的需求。因此，应该建立一个多层次的服务系统，为不同的老年人服务对象提供不同的项目。根据老年人的需要提供不同的健康、卫生服务，包括定期健康检查、医疗服务、家庭护理服务等有针对性的护理。另外，还要丰富社区老年人的精神生活，为不同文化水平的老年人设计不同的服务项目，适合社区老年人交朋友、郊游等。此外，社区老年人服务不仅要为老年人提供身心帮助，还要满足他们发挥余热的需要，为他们提供力所能及的工作。

4. 加强对专业服务人员的培养和教育

从各个城市的经验来看，高素质、专业的社区养老服务人员是优质养老服务的重要保证。一是加强社区老年人服务队伍建设。应该配备专业的老年人社区档案管理人员和老年人医疗保健团队从事相关医疗工作，其必须能够为老年人提供日常护理服务，开展社区养老服务志愿者培训，有效整合社区资源，形成与工作团队的良好配合，提高工作质量。二是加强专业养老服务教育培训，建立健全相关专业体系，确保社区专业人才更加充足，提高本群体的经济社会地位。三是加强对老年人家庭成员的教育和培训，家庭成员是与老年人接触最多的人，其对社区养老工作的有效开展具有重要作用和意义。

五 加快推进南宁市社区养老服务的对策建议

（一）完善社区养老服务的政策支持体系

社区养老服务工作是一项关乎大众民生的基本公共服务事项，政府是社区养老的职能主导主体，企业社会组织是社区养老的服务供给主体，政府通过购买服务兜底保障特殊困难老年群体的基本养老需求，一般老年群体可根据需求自主选择购买企业社会组织提供的养老服务。政府的职能主导作用更直接地落实在具体的政策支持上，科学合理地构建南宁市社区养老服务政策支持体系，需重点围绕社区养老服务的前置配套政策、发展配套政策以及保障配套政策等加以研究完善。

1. 完善前置配套政策

一是科学编制社区养老服务体系建设规划。科学规划是保障社区养老服务可持续发展的前提，规划先行尤为重要。结合南宁市市情，制定出台南宁市社区养老服务体系远期规划，明确社区养老的部门责任清单，科学预判社区养老服务的发展需求和发展趋势，统筹谋划社区养老服务发展的基本思路和格局，充分保障社区养老服务发展的资源配给和制度支撑。二是制定社区养老用地保障政策。可借鉴安徽省合肥市的做法，以群众需求为出发点，结合南宁市具体实际，调研出台社区居家养老服务用房和设施配建标准的规范性文件，按照"科学规划、均衡发展、分级分类"的原则，在南宁市新建住宅小区拟供应地块的规划条件、土地出让条件中，对配套社区养老服务用房和设施的建设、移交和管理等工作做出明确规定。三是合理优化社区养老服务运营的前置审批政策。结合"公建民营"的建设运营要求，全面梳理城乡建设、规划、国土资源、环保、公安消防等部门职能和相关文件，厘清社区养老服务运营的前置审批事项，取消不合理的前置审批事项。消除各部门之间的政策门槛，压缩审批办理流程，提高审批办理效率，为社区养老服务提供合理合法的开放性环境。

2. 完善发展配套政策

一是制定社区养老服务行业管理规范。行业规范是保障社区养老服务科学发展的根本导向，规范越明晰，管理就越科学。建议参照国家、自治区及其他城市的行业管理规范的具体指标，融合南宁市地域特色，制定出台南宁市社区养老服务标准，明确社区养老服务的术语定义、服务内容、服务要求、设备设施、服务组织和人员、服务管理、服务质量评价以及服务监督等标准化内容。建立健全养老服务的准入、退出机制，推进养老服务规范化、标准化建设。二是优化社区养老服务产业发展配套政策。以优化营商环境为契机，进一步加大财政、税费、融资、供水、供电、供气、人力资源和社会保障服务等优惠政策的支持力度，创新探索更多以奖代补的方式，奖励率先加入南宁市社区养老服务市场的元老级企业，鼓励更多养老企业积极参与南宁市社区养老的市场化竞争，重点培育发展一批规模化、连锁化、品牌化的社区居家养老服务机构。三是合理制定社区养老服务分类收费指导意见。针对社区养老服务企业运营成本过高、利不抵亏的问题，要加紧研究出台南宁市社区养老服务收费事项及指导价格的具体意见，为企业发展提供"以服务养服务"的政策支持。将社区养老服务的具体事项进行分级分类，按服务性质分为全公益免费服务、半公益服务以及市场化低偿和有偿服务，实行半公益服务和市场化服务的基本定价，逐步突破社区养老服务业无利可收、运转失衡的发展困境。

3. 完善保障配套政策

一是创新老年人社会保障政策。通过涉老社保政策的统筹保障，有效提高老年人对于养老服务的支付能力。可借鉴青海省的具体做法，构建社会保障和商业保险互补支持的政策体系。在进一步完善城乡居民养老保险政策，推进全民参保的基础上，采取政府财政补贴的方式，联合商业保险公司开发涉及老年人的长期护理险以及意外伤害险等产品，通过社保支付方式统筹提高老年人的总体支付能力。二是创新社区养老服务的投融资政策。政府要根据年度财政收支情况，设立养老服务专项工作资金，并逐年增加对社区养老服务工作的资金投入比例。同时，要通过贷款专项贴息、以奖代补等政策鼓励社会各界力量参与社区养老服务工作，大力支持企业、民间组织或个人投资社区的养老服务项目，拓宽社区养老服务资金的筹融资渠道。三是创新养老服务人才队伍保障政策。人力资源是保障养老服务可持续发展的关键要素，政府应从养老服务人才的专业化培养、职业化培训以及资源化管理等层面出台一系列人力资源保障政策，采取政府、高校以及企业的多方合作方式，重点培育医生、护士、营养师、康复师、心理咨询师、社会工作师等涉老行业的专业人才。

（二）宣传社区养老服务的科学发展定位

当前，广大市民及市场主体对于社区养老服务工作存在一定的认识误区，甚至把社区养老和政府养老混为一谈，成为养老服务业市场化发展的极大障碍。开展全市统一宣传，引导广大市民及市场主体树立正确的理念，明确社区养老服务的科学发展定位，构建"政府保障基本、社会增加供给、市场满足需求"的社区养老服务体系，是当前亟待推进的首要任务。

1. 加强理念渗透，转变社区养老服务的认识误区

一是帮助老年群体正确认识社会养老发展趋势。随着城市化进程的推进，人员跨区域流动日益频繁，子女不在父母身边的情况日益普遍，即使在同一城市，子女与父母分开居住的老年人空巢化问题也日益凸显。因此，从维护老年人基本权益和社会稳定的角度，加强社区养老服务建设工作是充分满足整个社会养老需求的主要手段之一。二是帮助老年群体正确认识社区养老的公益性和市场性。社区养老服务是建立在政府购买服务兜底困难老年群体的基础模式上的，对于部分特殊群体来说具有一定的公益服务性，但是社区养老服务采取"公建民营"的运行方式，在满足公益服务需求的基础上实

行产业化经营，这一运行模式是满足社会内部养老需求的创新路径，现在还处于不断完善建设中。三是帮助老年人正确认识社区养老的重要作用。社区养老通过日间照料、文化娱乐、社会交际等日常服务的组织引导，可以弥补子女照料的不足，促进老年群体之间的精神交流，有效降低老年痴呆症的发病概率。

2. 加强政策宣传，明确社区养老服务的发展定位

一是开展全市范围内的社区养老服务公益宣传。以政策解读、现实案例以及公益广告等形式在市属电视台、广播电台等媒体平台进行循环式播放。要从老年群体的切身感受出发答疑解惑，重点介绍社区养老服务的内容和项目，说明社区养老服务的公益性和市场化特点，帮助老年群体正确看待社区养老服务的运营理念。二是开展社区养老服务进门入户宣传活动。由市民政局统一印制社区养老服务的宣传标语、海报、宣传册等，依托社区居委会，通过在各个住宅小区设置专题宣传栏、入户发放宣传册子、面对面宣传解读等形式，让每一个家庭都能够认识和了解社区养老服务政策的背景、初衷和落实方式。三是开展以宣传社区养老服务为主题的群众文体娱乐活动，如广场舞比赛和文艺汇演，以及家庭敬老孝亲活动等。

3. 加强市场培育，引导社区养老服务的发展方向

一是帮助市场主体明确社区养老服务性质。《中华人民共和国老年人权益保障法》中明确规定："发展社区服务，逐步建立适应老年人需要的生活服务、文化体育活动、疾病护理与康复等服务设施和网点。"这是发展社区养老服务的根本法律依据，同时明确了社区养老服务的根本性质，即建立在保障居家养老的基础上，满足居家养老未能完全提供的老年人日常生活起居需求的专业化服务形式。发展社区养老服务市场必须以此定位服务对象、服务内容、服务形式等，充分满足老年群体的养老服务需求。二是引导市场主体充分利用社会资源提供专业服务。社区养老服务是为居家养老群体解决日常起居困难的社会化服务形式，市场主体应充分发挥慈善组织、志愿者团体以及其他社会机构的力量，整合利用资源，提供适合老年群体的衣、食、住、行、医、文化娱乐等需求的服务，真正实现社会资源参与社区养老的效益最大化。三是鼓励市场主体实行标准化服务模式。老年群体的支付能力不强，他们对于养老服务的消费要求较高，务必在同等消费水平下，尽可能提高服务质量。这就要求提供服务项目的市场主体必须在服务供给中实行标准的程序化管理，尽可能减少服务成本，让利于老年消费者，以此逐步提高老年群体的消费积极性，最终实现社区养老服务的可持续发展。

（三）打造社区养老服务的基础保障格局

1. 优化社区养老服务空间布局

一是开展社区养老服务站点设置的摸底调研。对全市现有的社区养老服务站点进行用房、配套设施、服务群众、活动运营等方面的摸底调查，根据社区养老服务站点的建设运营情况进行等级分类，为科学布局提供前期参考。二是分类开展社区养老服务站点的建设布局。综合考量社区老年人的基本经济支付能力和社区周边生活、医疗、文体设施配备条件，重新规划社区养老服务的示范点建设布局，人口密集、经济发达的重点地区应适度增设服务站点。三是确定了各个社区服务站点布局后，合理规划养老机构服务设施布局，根据社区老年人的分布及行为等因素，合理选址（可参考老年人基本生活活动圈的 5 分钟舒适步行距离要求）。

2. 优先发展成熟的社区地段

按照"成熟一个、布点一个"的基本思路，优先发展经济适应度高、配套设施成熟的社区地段。一是各城区根据实际选取 1 ~ 3 个符合优先发展条件的成熟社区，开展养老服务站点建设，要充分考量服务站点开设的受众支持度、可持续度，宁缺毋滥，避免出现服务站点建成运营后因受众支持度不高，经营难以为继、关门停业的现象出现。二是要集中人力、物力、财力，高标准推进成熟社区养老服务站点建设。各城区要按照示范推进的基本要求，以高质量的配备和服务为标准做好基本硬件建设，同时要通过招标引入资质较好的养老服务机构开展运营，按照政策文件要求落实相关运营补贴，要在全市尽快建成一批民众信赖、质量过硬、平稳运营的社区养老服务站点，为社区养老服务工作的全面铺开提供样板。

3. 探索"1 + N + N"线上线下覆盖服务模式

针对全市各城区之间、不同社区之间的具体情况，创新探索社区养老服务"1 + N + N"（即 1 家社区养老服务站、N 个社区内住宅小区和 N 个养老服务项目）覆盖服务模式，拓展"门到站""点对点"服务，根据南宁市社区老年群体基本需求情况，开发"1 + N"覆盖范围内的线上线下养老服务产品配送业务，鼓励美团外卖、饿了么等配送企业与社区养老服务机构联合提供公益服务或低偿服务，构建新型老年配送餐服务体系，培育形成"服务中心厨房 + 配送餐点 + 配送队伍"三位一体的服务模式。鼓励更多家政服务企业与社区养老服务站点开展老年家庭养护上门服务合作。围绕医、养、护、乐的养老服务需求，开发更多线上线下服务产品，实现社区养老与居家养老的融合发展。

（四）加强社区养老服务的基础设施建设

1. 推进老旧小区适老化改造

建议根据广西老龄事业发展"十三五"规划的具体要求，对于已建居住小区没有养老服务设施或者现有养老服务设施未达到配建标准的，通过新建、改建、购置、置换、租赁等方式进行建设改造，明确将适老化改造列为为民办实事项目，分批次有序推进。一是推进老旧小区公共区域适老化改造工作。重点改造小区内部道路、公共绿地、健身活动场所等，增建缘石坡道，满足轮椅通行要求；小区内物业管理处、住宅出入口等增设无障碍坡道；小区内公厕增设无障碍坡道及厕内扶手；增设小区内公共场所爱心椅、休息椅等。二是推进特殊家庭的适老化改造项目。对特殊家庭的适老化改造需求进行摸底，对于政府兜底养老的服务对象和家有失能、半失能老年人的贫困家庭提供现有住房免费的适老化项目改造服务。主要包括蹲厕改马桶、增设防滑防摔扶手、安装紧急呼救按钮等。三是推进老旧住宅加装电梯项目。号召产权单位或者业主委员会按照相关政策加装电梯，按照政府补贴、市场运作、免费安装、有偿使用的原则，引入市场投资资本，解决加装经费来源问题，方便居民按需求使用电梯。

2. 完善社区养老设施

根据南宁市民政事业发展"十三五"规划的具体安排，推进全市所有社区服务用房按照政府制定的标准，划出20%的面积用于社区居家养老服务，新建小区要按照标准要求配套建设养老服务设施。一是完善社区生活服务设施。为社区养老提供便利的日常生活服务，完善社区银行、水电气服务站、家政服务、快递服务、农贸市场、超市等便民网店的选点布局，方便有能力的老年人就近买菜、购物和缴费，并能够为有需要的老年人及时提供家庭保洁、看护等日常服务。建设社区周边范围内配套的生活服务设施，也是帮助老年群体正常参与社会生活、保持良好精神风貌的重要举措。二是完善社区医疗服务设施。建议利用社区空置用房，开设老年医疗健康服务室，配备基本医疗卫生诊疗器械，由社区养老服务运营机构具体经营。突出老年人健康养老服务功能，主要解决老年人慢性病诊疗、中医理疗等长期护理类问题。同时，可将社区内的私人诊所、中医按摩理疗室等多种健康服务单位列入社区医疗服务所，采取个人先行支付、政府后期补贴的方式，为老年人提供低偿的医疗健康服务。三是完善社区文体娱乐设施。在社区建立棋牌室、茶室、观影区等室内活动场所，便于老年人参与室内活动。完善社区健身场所和文化活动广场的选址布点，分开设置活动区和休息区，设置老年运动提示牌，引导老年人科学参与日常健身活动。

3. 加强社区养老服务智能化基础建设

认真落实"十三五"国家老龄事业发展和养老体系建设规划的要求，依托城乡社区公共服务综合信息平台，打造养老服务信息化工程，以失能、独居、空巢老年人为重点，整合建立居家社区养老服务信息平台、呼叫服务系统和应急救援服务机制。一是推进养老服务部门管理信息化建设。制订全市养老服务部门信息化建设计划，尽快打通涉老的民政、卫生、街道、社区等不同部门、不同层级政府职能部门之间的数据壁垒，推动信息数据的共享应用，最大限度地拓展管理与服务功能，为社区养老各项服务开展提供便捷的信息管理平台。二是加快支持研发运用社区养老服务智慧平台。建设以社区养老服务供应商为中心、社区为基点、居家为终端的信息智能服务平台，为全市老年群体提供服务调度，主要涵盖紧急救助、实时定位、医疗服务、心理咨询、法律救助等服务。三是探索建立社区养老服务信息化监督平台，对社区养老服务产业运营机构的服务态度、质量、内容、执行等具体方面进行监管，及时向公众进行动态化信息反馈。

（五）精准拓展社区养老服务的多元需求供给

老年群体的基本收入情况和支付能力在一定程度上决定了其对于社区养老服务的认识和需求。因此针对不同老年群体的多元服务需求，分类拓展社区养老服务项目供给，有助于充分发挥社区养老服务的辅助功能，最大限度满足老年群体居家养老的辅助服务需求，提高老年群体生活质量。

1. 提供心理健康服务

心理慰藉是老年群体存在的最为普遍也最为强烈的陪护需要。因此，心理健康服务是社区养老服务的首要供给。一是老龄办和基层组织要将社区老年人心理健康服务作为工作重点。充分利用社区养老服务中心、老年大学、老年活动中心、基层老年协会、有资质的社会组织等宣传心理健康知识。通过培训专兼职社会工作者和心理工作者、引入社会力量等多种途径，为空巢、丧偶、失能、失智、留守老年人和一些特殊家庭的老年人提供心理辅导、悲伤抚慰、家庭关系调适等心理健康服务。二是鼓励有条件的社区养老服务中心适当扩展老年活动场所，组织开展健康有益的老年文体活动，丰富广大老年人的精神文化生活，在老年人生病住院、家庭出现重大变故时及时关心看望，进行心理疏导和情绪排解。三是通过开展"老年互助、邻里守望"等群众性的社区老年人互助活动,增加老年人心理安全感,充分利用好低龄、健康老人这一人力资源,鼓励低龄老人、健康老人积极参与社区养老的心理健康服务工作。

2. 增加新型日常照料服务

日常生活需求是老年群体独居生活中最为突出的服务需要,因此,提供多样化的日常照料服务项目是发展社区养老服务的基础性产品。针对支付能力较差的老年群体,可引导其按照政策申报成为政府兜底的社区养老服务对象,帮助其充分争取政府的经济补助和社会福利的支持,对于特困供养人员集中供养需求和其他经济困难的孤寡、失能、高龄等老年人的服务需求,可逐年提高政府购买服务经费投入,真正解决困难老年群体日常养老照料问题。一是在有条件的社区引入社会资金,开设社区老年购物中心和服务中心。针对老年人的特殊需求,提供适合老年人的各种日用品,提供容易消化吸收的食品以及特供的加厚保暖衣物等。二是鼓励社区养老服务中心提供多样化的老年人家务照料服务。养老服务不能局限在养老中心,还可以延伸到老年人家里,为居家老年人提供助餐、助浴、助洁、助急、助医等多样化的定制服务。三是针对需要特殊照顾的失能、半失能老年人提供 24 小时专人陪护服务。研究制定合理的 24 小时全天候照顾式的有偿养老服务,对有需求的老年人提供 24 小时定时巡视、24 小时随叫随到等日常照料服务,保障老年人的生理需求和精神需求都能得到满足,更加人性化地提供养老服务。

3. 强化医疗保健服务

医疗保健服务是当下老年群体共同面临的基本服务需求,尤其是日常的预防保健和慢性病治疗、康复护理等需求。因此,在发展社区养老服务中提供医疗保健服务项目是满足未来市场需求的基本趋势。一是增强社区养老服务中心的医疗功能。增加养老服务中心的常用医药种类、医疗设备数量和医护人员数量,配备专业医生常驻服务中心,有条件的养老服务中心还可以配置康体医疗器械帮助有需求的老年人进行全方位的康复护理。二是开展社区和居家中医药健康养老服务。在社区养老服务中心开设中医门诊科,邀请退休中医专家定期开办健康养老讲座。鼓励中医院与社区养老服务中心建立合作机制,把中医院的中医诊疗、中医康复医疗融入健康养老全过程,利用中医副作用少、保健功能强的优点医治老年人慢性病、易复发病。三是对社区内有医疗需求但行动不便的老年人提供上门医疗咨询和疾病诊疗等服务,并与周边医院或大型医疗机构签订合作协议,采取绿色通道、专家会诊等方式,保障空巢老人的医疗服务。

（六）加快培养社区养老服务的专业人才队伍

1. 加强养老服务专业人才培养

一要引导南宁市的大专高职院校开设养老服务相关专业，根据养老服务需求逐年扩大招生规模，主要包括老龄护理、家政服务、临终关怀及社会工作等专业，采取政府适度补贴减免学费的方式，吸引更多年轻人选择就读养老服务相关专业，为养老服务业发展提供人才保障。二要吸引更多的养老服务产业发展管理人才。养老服务产业发展不仅仅需要养老服务项目的具体执行人员，更需要开拓市场、创新智慧管理的专业管理人才。建议政府将涉老服务企业亟须招聘的紧缺管理人才纳入南宁市紧缺人才资源库，保障其充分享受南宁市高级人才相关政策，提高人才聚集吸引力。三要加强基层管理部门养老服务专职岗位建设。为充分发挥政府主导职能，在街道（乡镇）以及社区（村）等设置养老服务公益管理岗位，明确落实编制，专岗专责，为落实党委政府各项养老服务政策措施提供专职队伍保障。

2. 加强养老服务相关技能培训

一是加强待业人员养老服务技能免费培训。针对进城务工人员缺少技能、养老服务机构招工难等问题，建议市人社部门依托各级人社部门开展养老服务技能免费培训工作。重点培训养老服务理念、服务内容、服务要求和实际操作等方面，帮助待业人员树立正确的养老服务理念，掌握一定的可操作技能，适应养老服务机构的用工要求。二是加强养老护理人员职业技能培训。把养老护理员纳入城乡就业培训体系，建立养老护理员持证上岗制度，市人社部门联合市卫计部门可依托专业卫校，开设养老护理员一年期或半年期短期培训班，从专业护理层面培养养老护理员队伍，培训期满必须通过实训测试，才能获得养老护理员上岗证。三是加强老年人心理咨询和心理干预相关技能培训。市人社部门要对全市养老服务机构现有的服务人员进行老年人心理咨询和心理干预的专业化培训，帮助服务人员充分把握老年群体的心理特性，以便更好地开展养老服务工作。

3. 加强养老服务志愿者队伍建设

一要充分发挥南宁市高校志愿者队伍参与养老服务工作。要依托高校志愿者的专业技能、文体活动能力，不定期为老年人提供服务和组织文化交流活动，如卫生清扫、免费理发、电器修理、书法比赛、文艺表演等。努力培养一支充满青春活力、专业技能强的高校志愿者服务队伍。对高校学生参与养老服务志愿活动的，可纳入社会见习内容，给予一定的学分记录。二要积极引导社会组织志愿者队伍参与养老服务工作。为社会组织提供专家、场地、补贴等，组织志愿者团队开展养老服务专业技能培训，加强社会组织开展养老服务的规范性。三要广泛发动企事业单位工作人员参与养老志愿服务工作。按照市民政局统筹协调，各县区民政局具体执行的方式，建立一支由医务人员、教育工作者、企事业单位职工等组成的养老服务志愿者队伍，由各县区民政局统一组织，志愿者全程参与协助做好社区养老服务工作。

（七）大力推进社区养老服务的医养结合探索

医养结合是响应十九大精神，在近年来兴起的一种新型养老模式。医养结合的服务模式将现代医疗服务技术与养老保障模式有机结合，有利于整合社区医疗资源，提高养老中心的医疗水平，方便社区老年人的就近就地就医和养老，实现医养一体，提高社区养老质量。

1. 合理兴办医养结合养老中心

一是支持有条件的养老机构设置医疗机构或者有条件的医院设置养老机构。符合条件的纳入医保定点范围，引导医疗机构转型为社区养老中心，开展养老护理业务，特别是临近社区的一些厂矿医院、铁道医院可以作为医养结合的重要试点对象。二是鼓励和支持社会力量参与建立医养结合服务中心。贯彻落实《国务院办公厅关于全面放开养老服务市场提升养老服务质量的若干意见》和《关于加快推进养老服务业放管服改革的通知》等文件精神，开放养老市场，降低养老服务准入门槛，简化程序，加快推进养老服务业放管服改革，激发市场活力和民间资本潜力。三是根据地域老年人口数量、密度、需求性等合理配建医养结合养老服务中心。根据各地区不同的情况合理配建，杜绝盲目兴建医养结合机构，打造地方医养结合品牌，提升医养结合机构的服务质量。

2. 加强基层医疗卫生养老服务建设

一是积极引导社会力量托管已有的公立社区卫生院和社区养老服务中心，大力推行社区医院、社区养老服务中心公建民营，明确提出 3 年或 5 年计划，核定量化发展的目标。根据国务院明确提出的养老照护机构发展和改革目标，一般要求公建民营改革的数量占比不低于 50%。二是依托国家基本公共卫生服务项目，确立老年人健康管理服务制度，做好老年人体检、咨询、健康监控、信息管理等服务。对 65 岁以上老年人每年免费提供一次有关生活方式和健康状况的评估、体检等健康管理服务。三是社区联合医院开展家庭医生签约服务。医院的医生与有意愿的老年人建立契约服务关系，医生为老年人提供连续性健康管理。家庭医生不仅可以提供日常保健咨询，还可以提供生活康复、药物管理等服务。家庭医生合约制可以拓宽社区老年人的问医渠道，为老年人提供专业健康咨询。

3. 发展多种医养结合养老模式

一是引进社会力量兴办医养结合、一体化的大型养老服务机构。主要是引进大型养老服务企业，如北京泰康、太和自在城、合众等，利用企业的雄厚实力，打造环境优良、设施齐全、服务周到、品质过硬的医养一体的大型社区养老服务机构。大型养老机构对周边地区老年人吸引力大、辐射功能强，能够提供的床位数完全满足该区域老年人的需求。二是建立医养融合发展的运行机制和服务模式。推动各级医院与周边养老机构按照互惠互利原则建立合作机制。医院可通过整合医疗资源为养老机构的老年人提供医疗、护理、诊治等服务，设立养老机构康复病床、急诊急救等医疗救治绿色通道，保证养老机构的老年人及时得到医疗救治。此外，医院也可承担养老机构的人员培训任务，提高养老服务中心的员工简单医治、护理保健的水平。三是推进旅游养老和医疗保健养生服务相结合。推动生态健康旅游、旅居养老、休闲养老发展，结合旅游区的区位医疗资源，在旅游区、休闲区打造养老服务中心，推出按摩、针灸、温泉泡疗等养生服务项目，制定节奏慢、风险低等适合老年人的休闲旅游路线，打造融合旅游、休闲的医养项目。

（八）积极推进社区养老服务的"互联网＋"应用建设

智慧社区养老服务平台通过整合线上资源服务线下，可以全面提高养老行业的服务效率。

1. 完善互联网法律法规和监督评估体系

一是要抓住互联网发展契机，重视社区养老"互联网＋"平台的法律法规建设。从"互联网＋"养老发展规划着手，重点关注网络信息安全和数字资源权益的保护，做好相关立法工作，保障大数据隐私安全。二是尽快建立统一的"互联网＋"养老行业服务标准。规范行业交易标准，对互联网服务供应方制定严格的服务细则，设置行业准入门槛，保证"互联网＋"养老行业的服务质量。三是建立"互联网＋"养老行业的监督体系。政府要严格审核养老平台的企业资质，杜绝劣质企业入市骗取政府补贴。通过对老年人的满意度调查，对互联网服务供应商进行绩效考评，建立奖惩机制。鼓励群众和媒体参与监督，畅通反馈渠道，保证"互联网＋"养老行业得到有效监督、健康发展。

2. 大力发展老年人智能感知终端和网络云服务技术

一是要引导企业积极发展老年人智能感知终端技术。利用财政资金补贴的引导作用，鼓励企业根据不同的老年人的需求，研发操作简单、使用方便的老年人智能感知终端，为远端服务提供技术和载体支撑。二是要加大互联网基础设施的财政投入。政府要坚持贯彻党中央关于网络通信"提速降费"的文件精神，通过技术手段降低地方宽带的网络资费及网络故障率，减少老年人家庭用网成本。三是鼓励发展网络云服务技术。引入实力雄厚的云平台开发企业研发创建社区智慧养老网络云服务平台，拨付财政补贴资金用于企业云平台的研发。同时，做好老年人健康初始数据的收集和管理工作。

3. 加强"互联网+"养老产业从业人员队伍建设

一是加强社工人才队伍建设。社工队伍是互联网养老线下服务应用层的关键，但是现在的社工队伍因为社会地位不高，收入待遇较低，所以职业认同感较低。政府应建立高级社工人才培训体系，提升社工地位，增加社工收入，稳定社工队伍，减少社工人员的流动性。二是要加强"互联网+"养老运营人才队伍建设。充分利用产学研平台联合培养"互联网+"养老专业人才，提高互联网养老平台运营维护人员的素质，培养一批受过养老服务和网络数据处理培训的复合型高级人才。三是打造一支专业的互联网技术普及队伍。在社区成立互联网技术普及小组，针对老年人定期开展互联网常用操作技术培训，使社区老年人具备使用"互联网+"养老平台的能力，提高互联网养老普及率。

参考文献

常媛媛：《人口老龄化背景下构建社区居家养老模式的路径分析》，《河北软件职业技术学院学报》2016 年第 1 期，第 10～13 页。

陈成文、陈云凡：《城市养老服务要走"社区化"道路——来自 753 位城市老年人的实证研究》，《湖南师范大学社会科学学报》2017 年第 2 期，第 103～111 页。

方俊、李子森：《政府购买社区居家养老服务的探索——以广州 Y 区为例》，《中共中央党校学报》2018 年第 3 期。

黄淼：《新时代社区养老的新思维及优化路径》，《中国统计》2017 年第 12 期，第 26～28 页。

贾玉娇：《中国养老服务体系建设中的突出问题与解决思路》，《求索》2017 年第 10 期，第 90～98 页。

李春红：《"互联网+"助推社区养老转型升级》，《人民论坛》2017 年第 16 期，第 64 ~ 65 页。

刘维林、李放：《推进养老服务亟需六个转变》，《新视野》2017 年第 4 期，第 98 ~ 103 页。

马利霞：《智慧城市视角下社区居家养老综合服务平台的构建——以青岛西海岸新区为例》，《经济研究参考》2017 年第 32 期，第 34 ~ 39 页。

戚晓明、郭志芹：《社区居家养老服务机构发展中的问题及对策研究——基于南京市玄武区的调查》，《江苏社会科学》2017 年第 5 期，第 25 ~ 31 页。

冉晓醒、宋振瑜、杨秀玲：《河北省社区养老的发展困境与对策研究》，《经济研究参考》2017 年第 32 期。

王彩星、马淑丽、赵利杰：《借鉴国外模式发展中国社区养老》，《中国老年学杂志》2018 年第 12 期。

王佳姝、俞蕾、仇琰、赵微、谭化姣、张萍、彭歆：《城市社区老年人养老服务需求及影响因素》，《中国老年学杂志》2017 年第 24 期。

王婷、贾建国：《我国养老及社区养老现状分析》，《中国全科医学》2017 年第 30 期，第 3707 ~ 3710 页。

王文俊：《人口老龄化背景下社区居家养老问题研究——以南宁市为例》，《行政与法》2016 年第 10 期，第 58 ~ 66 页。

吴芳、冯冬燕：《城市空巢老人社区养老服务需求类型及其差异化分析——基于陕西省的调研数据》，《调研世界》2018 年第 6 期。

杨长敬：《人口老龄化背景下我国城市社区居家养老模式研究》，硕士学位论文，中共湖北省委党校，2017。

袁妙彧、魏雷：《低碳社区模式下的居家养老创新》，社会科学文献出版社，2017。

袁昕主编《健康中国 幸福养老——养老产业发展研究报告》，社会科学文献出版社，2017。

章莹：《人口老龄化背景下的城市社区居家养老研究——以武汉市百步亭社区为例》，硕士学位论文，中南民族大学，2013。

周亚同：《如何直面人口老龄化挑战》，《人民论坛》2018 年第 3 期。

朱叶：《社区养老服务现状研究及机制探寻——以成都市武侯区为例》，《电子科技大学学报》（社科版）2017 年第 3 期，第 16 ~ 21 页。

（南宁市社会科学院课题组）

课题组组长：黄　燕
课题组成员：蒋秋谨　周　博　梁瑜静　尚毛毛
　　　　　　　周　娟　谢振华　颜　娇

南宁市发展数字经济研究

2017 年 3 月 5 日，国务院总理李克强在十二届全国人大五次会议上做政府工作报告时提出，"将促进数字经济加快成长，让企业广泛受益、群众普遍受惠"，明确了促进数字经济加快成长的基本要求，这是数字经济首次被写入政府工作报告，既是对近年来以互联网为核心的新兴商业模式的肯定，也是对中国经济未来发展模式的一种新的探索。在 2017 年 7 月 12 日召开的国务院常务会议也提出，要促进产业升级、制定发布促进数字经济发展战略纲要。中国信息通信研究院发布的《中国数字经济发展白皮书（2017 年）》显示，数字经济已成为近年来带动经济增长的核心动力。2018 年 8 月 20 日，根据《中共广西壮族自治区委员会 广西壮族自治区人民政府关于深入实施大数据战略加快数字广西建设的意见》（桂发〔2018〕16 号），广西壮族自治区人民政府办公厅印发了《广西数字经济发展三年行动计划（2018—2020年）的通知》（桂政办发〔2018〕95 号），对南宁市发展数字经济具有重要的指导作用。

目前，关于发展数字经济的研究成果已经非常丰富，在国际和国内大环境的作用下，南宁市如何发展数字经济才能紧跟时代步伐？为对南宁市发展数字经济建言献策，本文紧紧围绕南宁市发展数字经济的情况，在借鉴国内先进城市经验的基础上，通过实地调研、召开座谈会等方式方法，深入了解南宁市数字经济发展的状况，分析目前南宁市发展数字经济的机遇和挑战，以及南宁市数字经济发展存在的主要问题，最后提出南宁市发展数字经济的总体思路，以及相关对策建议。

一 理论概述

（一）数字经济产生和发展的背景

1. 数字经济产生的背景

数字经济是随着信息技术的发展而产生的一种新的经济形态，早在 1996

年，美国 IT 咨询专家、数字经济之父 Don Tapscott 就在其著作《数字经济：网络智能时代的希望和危险》中，将数字经济描述为"利用比特而非原子"的经济，随即引起各国关注。虽然各国对数字经济概念的界定有所不同，如日本政府将数字经济视为电子商务，美国政府则将其视为电子商务与信息技术产业的结合体，英国政府甚至将数字经济的发展放在调整和升级产业结构的战略性地位，但数字经济基于互联网进行跨部门融合的本质特征并未改变，这是各国政府基本认同的观点。2008 年世界金融危机致使全球经济进入深度调整和结构变革的新时期，数字经济异军突起，并成为经济复苏和社会进步的重要驱动力，全球传统产业的数字化转型速度也在不断加快。经济合作与发展组织（OECD）主要成员纷纷出台数字经济战略，将数字经济作为经济社会发展的主线，强力推动基础设施建设、应用模式融合创新、经济数字化转型等，充分显示了其利用科技创新积极发展数字经济的决心。当前，我国正处在经济结构转型升级、经济增长方式转变以及新一轮科技革命和新业态、新模式不断出现的关键时期，迫切需要发展数字经济以促进新旧动能转换和建设现代化经济体系。

党的十九大报告也提出："推动互联网、大数据、人工智能和实体经济深度融合"，"推动经济发展质量变革、效率变革、动力变革"，"把发展经济的着力点放在实体经济上"。当前，我国进入中国特色社会主义建设的新时期，发展数字经济、助推制造业数字化转型成为提升实体经济发展质量的关键。

2. 南宁市数字经济的发展背景

南宁市全面贯彻落实党的十九大和十九届二中、三中全会精神，以习近平新时代中国特色社会主义思想为指导，深入贯彻习近平总书记系列重要讲话和视察广西的重要讲话精神，首先以国家实施信息化发展、数字丝路、中国—东盟信息港及自治区建设数字广西等重大战略为背景，根据南宁市经济社会发展的实际，坚持新发展理念，按照高质量发展的要求，主动服务和融入国家战略。其次，南宁市还通过围绕城市发展新定位，以新型智慧城市"南宁模式"、中国—东盟信息港南宁核心基地建设为切入点，建立融合创新、开放共享的体制机制，进一步释放政府数据红利。再次，通过充分发挥中国—东盟信息港、南宁·中关村创新示范基地、中国—东盟智慧城市协同创新中心等平台作用，与东盟国家、珠三角、北部湾城市在信息基础设施、数字经济和网络安全等方面的交流合作不断加强。最后，南宁市作为"广西全方位开放发展格局的核心、引领高质量发展的先锋、辐射带动区域经济发展的增长极、全国宜居宜业的城市典范"，正不断提高各领域数字化发展质量和效益。

近年来，南宁市实施创新驱动发展战略，促进数字经济发展，数字经济成为引领发展的新动能，数字技术开始融入产业发展当中，工业、农业、服务业数字化、智能化蓬勃发展；南宁市转化区位优势为发展优势，形成产业集聚效应，进一步培育经济发展新动能。另外，南宁市充分发挥其面向东盟开放合作的区位优势，借助中国—东盟信息港这个平台，积极推动一批信息化产业项目，在中国—东盟信息港核心基地五象新区布局中国—东盟新型智慧城市协同创新中心，促进大数据产业发展，形成产业生态。以数字产业化和产业数字化为主线，夯实数字经济发展基础，创新数字经济治理模式，拓展数字化公共服务，积极推动实体经济与数字经济融合发展，不断提升数字产业竞争力，逐步建立面向东盟、具有南宁特色的数字经济产业体系。

（二）数字经济的内涵

1. 数字经济的产生

1994 年，"数字经济"（digital economy）词组最早出现在 1994 年的牛津词典中。1996 年，"数字经济"这一概念开始进入行业文献，Don Tapscott 出版了 *The Digital Economy：Promise and Perilin the Age of Networked Intelligence*，该书标题突出了"digital economy"，全书也详细描述了数字经济的各方面情况，在业内引起了巨大反响，至此"digital economy"这一概念真正形成，Don Tapscott 因此被公认为"数字经济之父"。20 世纪 90 年代，特别是后半期，美国经济出现了高增长、低通货膨胀、低失业率的繁荣景象，多数人将其主要归功于信息技术的应用。1998 年，美国商务部发布 *The Emerging Digital Economy*，从政府角度判断数字经济的到来，并开始设计测量指标、搜集数据，将数字经济纳入官方统计中。此后，又陆续发布了 *The Emerging Digital Economy II* 和 *Digital Economy 2000* 等，"数字经济"概念在全社会开始广泛使用。目前，随处可见数字经济一词，政府、学术界、行业、传媒、普通民众都在使用这一概念，用以描述信息技术革命引发的经济现象。从 2002 年起，世界经济论坛每年都会发布 *The Global Information Technology Report*，"digital economy"一词从首份报告起一直出现在正文中，甚至出现在 2016 年报告的副标题中。OECD 连续多年考察数字经济发展状况，若干报告的标题也使用数字经济，如 *Measuring the Digital Economy：A New Perspective*。

2. 数字经济定义及研究范围界定

根据百度百科对数字经济的定义，数字经济是一个经济系统，数字技术被广泛使用并由此带来了整个经济环境和经济活动的根本变化，数字经济也是一种信息和商务活动都数字化的全新的社会政治和经济系统。中国互联网络信息中心分析师将数字经济定义为主要以数字技术方式进行生产的经济形态，李长江分析师还强调数字经济是一个具有时效性的概念，在信息技术产生以前，不会产生数字经济。上述两种定义均体现了一个核心词——数字技术，数字技术作为数字经济概念的核心，不光是一种通用目的技术，还与其他技术之间存在强烈互补性，具有强烈的外部性，其自身在不断演进与创新的同时，能够改造提升各行业技术。由此可以看出，数字经济是从技术角度区分的经济形态，全社会的生产方式主要采用数字技术是这种经济形态的本质特征，某个时期的经济形态通常以该时期经济形态的突出特征来命名。国家行政学院信息技术部信息管理处高级工程师杨庆昊提出，数字经济是互联网、云计算、大数据、人工智能等新一代信息技术与经济社会各方面深度融合后产生的结果，是引领全球经济增长的重要引擎之一。

数字经济是一个系统，涉及经济社会方方面面的内容。为了突出重点，本文主要从数字技术自身发展以及数字技术与产业的融合发展角度来分析南宁市数字经济发展情况，重点关注产业转型升级和新动能培育问题。

3. 与数字经济相关的概念

在现有的研究及各类政府文件和媒体报道中，"信息经济""网络经济"也通常被用来描述与数字技术有关的经济现象。"信息经济"和"网络经济"的研究者更多强调的是信息和互联网快速传输这两个显而易见的外在特征。另一个被用来描述与数字技术有关的经济现象是"知识经济"，其主要是从知识工人、知识管理角度逐步形成的概念，这个概念的使用者强调的是对信息和知识的主导作用。随着大数据时代的到来，部分行业人士也采用"数据经济"的概念来进行相应的分析。根据研究背景和对数字经济的定义可以看出，现有的部分研究者认为这些概念具有差异，同样有研究者认为这些概念有很大的相似性，还有一些研究者将这些概念，特别是数字经济、信息经济、网络经济等视为一样的。如学者何枭吟认为，知识经济、信息经济、网络经济和数字经济之间的确存在差异，不过这几个概念相辅相成、一脉相传。

李国杰认为，"数字经济与网络经济、信息经济差不多是同义词"。中国信息通信研究院的鲁春丛认为，信息经济范畴最大，数字经济范畴远大于网络经济，甚至他认为网络经济不等同于互联网经济，网络经济大于互联网经济，不过要统一到数字经济这个概念上，一是符合国际社会的共识，二是符合历史沿革的定义，三是符合技术经济演进的趋势。近年来，中国信息通信研究院发布年度系列报告，分别是《2015 中国信息经济研究报告》《中国信息经济发展白皮书（2016 年）》《中国数字经济发展白皮书（2017 年）》，从标题和内容来看，其已开始使用数字经济这个概念。

（三）数字经济的特征

1. 开拓创新性

信息、数据、知识成为经济发展的主要投入要素，深刻改变了生产要素结构，相对于传统经济，数字经济开拓了一个全新的经济系统类别。同样，在数字经济发展过程中，创新是其核心竞争力，对产业升级和推动经济增长有着重要作用，其中有技术创新，也有制度、规则创新。另外，数字技术通过降低信息获取成本使经济社会发展中的交易成本大大降低，经济活动更少受到时间和空间因素制约，技术创新、技术扩散、产品开发和价值创造快速迭代。

2. 开放和共享性

数字经济发展的基础为网络连接和运用技术手段，进而通过网络连接、信息流动、数据共享在经济各领域形成网状结构，在市场组织、交易手段，甚至在部分交易内容或服务上，使相互之间的依存度增强，单向、封闭的经济状态向开放、自由、共享的互联互通状态发展。在这个过程中，数字技术渗透到生产、分配、交换和消费等社会再生产全部环节，数字技术的发展不仅促进了传统产业改造升级，也不断催生出新产业、新技术、新产品、新业态，由此数字经济在全球范围内形成了以开放共享为特征的经济发展模式。

3. 全球化和融合性

数字化导致了产业融合、产消融合，而数字经济使经济活动不受地域的限制，使资源有效配置，形成全球统一的大市场。在供给侧，数字技术在产业间高度渗透，信息技术产业与三次产业的细分行业日益融合，新兴产业和新业态不断涌现，产业边界越来越模糊。在需求侧，数字经济背景下的商业模式以消费者为中心，消费者广泛参与产品价值链中的研发、制造和营销等环节，并逐渐变为"产消者"。另外，国际产业分工体系重构，占据先发地位的国家将占据国际产业分工的价值创造上游环节，并主导全球竞争格局，使数字经济呈现全球化发展趋势。

（四）南宁市加快发展数字经济的意义

1. 加快发展数字经济是贯彻国家战略和推动当地经济发展的重要举措

党中央、国务院高度重视数字经济发展，G20 杭州峰会将"数字经济"列为 G20 创新增长蓝图中的重要议题。2017 年 12 月，习近平总书记在中共中央政治局第二次集体学习时指出，要发展以数据为关键要素的数字经济。南宁市发展数字经济有利于加快产业数字化转型，释放数字对经济发展的放大、叠加、倍增作用，为经济高质量发展提供重要抓手，满足人民日益增长的美好生活需求。发挥南宁作为广西首府在信息基础设施、智能制造、电子商务等领域的比较优势，对于促进国家各项战略落地实施以及建设中国—东盟信息港大数据中心、探索中国—东盟国际大数据产业园发展经验具有重要意义。

2. 加快发展数字经济是提升传统产业综合竞争力的现实需要

数字经济发展的一个重要特征为数字技术与传统产业的融合，在发展数字经济的过程中，其能有效带动传统产业的发展，通过利用数据、劳动力、资本、土地、技术、管理等要素能够共享、整合，实现协作开发和高效利用，由此带动传统产业向优发展。南宁市传统产业正处于转型升级的关键阶段，通过发展数字经济，加快大数据、物联网、人工智能等数字技术在制造业、服务业、农业等传统产业的融合应用，能够增强产业转型能力，提升全市产业的综合竞争力。推进数字技术融入传统制造业，发展智能制造、柔性化生产、网络协同制造、个性化定制、服务型制造、体验制造等新型制造模式，提升供给侧与消费侧的快速响应能力，构建更敏捷的生产、经营、管理体系，重塑产业链、供应链、价值链。

3. 加快发展数字经济是推进信息化和各行业深度融合的战略选择

当前，数字化、网络化、智能化成为发展方向，发展数字经济成为时代发展的必然趋势，新一轮科技和产业变革正在推动人类社会由工业经济向数字经济转型，给各地带来了重大发展机遇。南宁正在推进信息化和各行业深度融合，加快数字经济发展有利于中国—东盟信息港南宁呼叫中心产业基地的建设，以及软件信息技术服务业生态群的培育；有利于数字化与工业的深度融合，加快南宁智能制造城的打造，形成产业链纵向延展、横向协作的数字化装备制造产业集群；有利于南宁市农业综合信息管理与服务平台、农产品质量安全追溯系统和农产品安全监管系统等信息化建设和各行业的深度融合。

4. 加快发展数字经济是促进南宁市新旧动能转换、增强经济发展动能的本质要求

发展数字经济，可以带动技术、资金、人才、物资等要素结合，以此促进资源优化配置和提升生产率，这一形势正在对传统的供需方式形成巨大的冲击，并由此催生出更加共享、普惠和开放的经济形态，成为国民经济发展的新动能。近年来，南宁市新经济发展动力不足，这就需要壮大经济发展新动能。南宁市发展数字经济，能够进一步释放发展动能，培育新的经济增长点，这主要包括以下两方面。一是数字经济与经济社会各领域深度融合，是推动"大众创业、万众创新"的有力平台，可以推进技术创新、商业模式创新、制度创新，还可以孕育出一大批新技术、新产品、新产业、新业态、新模式，培育一批高成长的创业创新型企业。二是发展数字经济有利于数字技术和智能装备、智能产品推广应用，推进数字产业化发展，做大做强数字经济核心产业。

二 南宁市数字经济发展现状

近年来，随着我国经济由高速增长转向高质量发展，转变发展方式、新旧动能转换、优化经济结构便已进入攻关阶段。在这样的背景下，我国数字经济增长逆势而上，2016 年中国数字经济占比高达 30.3%，对 GDP 增长贡献率高达 58.7%，数字经济已经成为带动国民经济高质量发展的重要引擎。而广西的数字经济发展在全国仍处于中游水平，2017 年，广西数字经济规模占 GDP 比重约为 25%，低于全国 32.9% 的平均水平。而根据《中国数字经济发展与就业白皮书（2018 年）》，2017 年，广西数字经济规模增速高达 27.1%，处于第三位。由此看来，广西的数字经济虽然规模偏小，但增速较快，表现出向全国中上游水平跃升的势头。在这样的发展形势下，南宁市加快出台了促进数字经济发展的相关政策，加强信息化基础设施建设，提高了产业数字化程度，加快发展信息产业和大数据产业，数字经济发展势头迅猛。

（一）加快出台相关政策

"十二五"期间，广西壮族自治区政府陆续编制出台了《广西壮族自治区战略性新兴产业发展"十二五"规划》《广西电子信息制造业发展"十二五"规划》《广西软件与信息服务业发展"十二五"规划》《广西壮族自治区新一代信息技术产业发展"十二五"规划》等一系列信息技术产业发展指导性文件；联合多部门加强通信新业态发展与管理政策的研究与出台工作，促进广西"互联网＋"、云计算、大数据等互联网新业务的发展；先后发布《广西壮族自治区人民政府关于加快高新技术产业开发区发展的若干意见》《广西壮族自治区信息服务业发展专项资金管理办法》以及项目验收资金管理办法等相关配套政策，为自治区加快数字经济发展创造了良好的政策环境。

近年来，南宁市在信息化发展、新型智慧城市建设方面出台了《"智慧南宁"建设总体规划（2014—2020年）》《南宁市大数据建设发展规划（2016—2020）》等专项规划和《2017年新型智慧城市建设实施方案》《南宁市电子政务工程实施方案》《南宁市加快推进"互联网＋政务服务"开展信息惠民建设实施试点工作方案》等具体实施方案，其中《2017年新型智慧城市建设实施方案》提出搭建"一朵云、五平台、多维应用"的技术架构，围绕信息惠民、便民、利民的核心理念，努力将南宁市打造成中国新型智慧城市的标杆和面向东盟国家智慧城市的样板。

五象新区按照中央实施国家大数据战略加快推进数字中国的决策部署，全力推进南宁核心基地建设，着力将其打造成为中国—东盟数字经济基地，同时制定印发《关于加快中国—东盟信息港南宁核心基地创新型产业发展的通知》，重点从规划、用地方面支持信息港创新型产业发展，明确信息港创新型产业项目在确定项目土地出让底价时，在符合国家土地政策的前提下，可参照工业用地最低价标准执行。同时，研究起草了《关于支持中国—东盟信息港南宁核心基地建设的若干政策》，提出设立南宁核心基地专项资金，并在用电、宽带租赁、保险补贴、公共服务平台补助、租赁标准厂房补助、高级管理人员奖励、人才公寓等方面出台相关政策。此外，还研究制定了支持中国—东盟信息港小镇建设的相关政策措施。

（二）加快推进基础设施建设

1. 信息基础设施建设稳步推进

2017年，南宁市加快推进信息基础设施建设，全面推进"三网融合"，加紧落实国务院关于"提速降费"各项要求，全年电信业务总量完成135.46亿元，同比增长43%。截至2017年12月，南宁市互联网出口总带宽为5520G，同比增长94.37%；50M以上家庭宽带接入用户数占比提高到32.2%；移动互联网接入流量为1.14亿G，户均流量达13.21G，同比增长107%；IPTV用户数为54.7万户，广电宽带用户数为38.68万户，同比增长117.8%。

（1）固定宽带建设方面。城区实现了光网全覆盖，农村地区行政村光纤接入通达率为 98%，互联网宽带接入通达率为 99.99%。宽带接入端口有 568.44 万个，其中 FTTH/O 端口数有 286.15 万个，同比增长 169.8%。宽带接入用户有 273.43 万户，其中 xDSL 用户达 3.2 万户，同比减少 41.76%，FTTH/O 用户达 159.03 万户，同比增长 44.68%；接入速率 8M 以下用户有 7.2 万户，同比减少 80.29%，接入速率 50M 以上用户达 77.6 万户，同比增长 452.91%；城市宽带接入用户达 229.83 万户，农村宽带接入用户为 43.6 万户；家庭宽带接入用户为 213.25 万户，家庭宽带普及率为 94.8%。

（2）移动宽带建设方面。南宁市已建设开通的移动基站为 3.46 万个，其中 4G 基站数量有 1.76 万个，同比增长 34.39%。移动 4G 高速宽带网络基本实现了城乡全覆盖，行政村覆盖率达 97.8%。全市仅兴宁区昆仑镇群星村、横县石塘镇五福村未通移动宽带网络，8 个县区的 31 个行政村未通 4G 网络。移动互联网用户有 862.73 万户，其中 4G 用户有 586.77 万户，渗透率为 68.01%，同比增长 31.86%，移动高速宽带人口覆盖率达 78.06%。

2. 网络安全体系进一步完善

（1）推进大数据关键信息基础设施安全保障体系研究。梳理全市 126 个关键信息基础设施，厘清南宁市关键信息基础设施存在的主要问题与风险，对比国家网络安全法及相关法规标准的差距，借鉴北京、上海、杭州等城市网络安全管理的先进经验及做法，为建设全市关键信息基础设施、出台对应保障措施的网络安全防护能力提出相关建议，进一步保障南宁市网络安全体系建设。

（2）推进南宁市政务信息安全管理平台建设。该平台实现了对南宁市重要信息系统的安全管理，加强对重要政府网站的监测与预警，强化对全市电子政务网络平台及相关信息系统的漏洞检测等。至 2017 年底，该平台使用单位达 73 家，录入业务类数据有 1000 多条，预警数据已达 83000 多条，其中，及时处理高危漏洞威胁近 700 条，网站风险事件有 300 多条，有效提升了全市网络安全综合监管能力。

（3）积极开展病毒防范工作。一是组织成立应急处置小组，投入多名工程师，为南宁市电子政务网络平台相关单位提供技术支撑。二是积极采取病毒防护措施，封堵电子政务网络平台相关端口，阻止病毒跨域传播，保障市级重要网络平台的安全。三是组织各单位开展应急处置工作。组织刻录发放杀毒光盘 136 张，通过多种方式发送短信 2295 条，组织单位 189 个，对 104 个应用系统、500 多个终端进行了妥善的应急处理，保障了全市电子政务网络平台及相关信息系统免受 wannacry 病毒的侵害。

（三）数据资源建设初显成效

1. 南宁市基础数据库建设取得初步成效

2017 年对全市 84 个（含二层部门）政府部门开展深入摸底调查，确定开放属性，编制资源目录，共梳理政务数据信息达 1645 项。经初步分类，人口、法人、地理空间、宏观经济四大基础数据库数据集分别为 260 项、505 项、5 项、36 项，主题数据集为 828 项，初步建立起南宁市政务数据资源目录体系。建成南宁市人口基本信息库、南宁市企业基础信息库、南宁市信用信息数据库等一批基础数据库，实现了对政府部门信息资源的初步整合，一定程度上解决了各政府部门之间存在的数据隔离和信息孤岛等问题。已建基础数据库的二期建设稳步推进，深入提升数据的整合度和完整性。宏观经济基础数据库和政府、企业、社会三大信用信息数据库也加快建设。

2. 跨部门数据资源共享实现突破

通过整合各部门数据资源，解决了各部门之间和各部门内部的信息孤岛问题，按照"资源整合、信息共享"的原则，不断推进基础性、公共性的数据中心和信息平台建设。建成了全市统一的电子政务网络平台、公安专网、社会治安监控网等公共信息与网络平台，构建了统一的政务地理信息共享平台，为网络党建、数字绩效、"违法用地违法建设"等信息共享平台提供地图支持。建立南宁市流动人口管理信息共享交换平台。基于南宁市企业基础信息库，建成涉税信息交换平台，实现 21 个综合治税单位的涉税信息交换共享。建设南宁市信用信息系统，为全市 14 万户企业、867 万人建立了信用档案，并成为中国人民银行征信中心首批通过互联网查询个人信用信息的试点区域，提升了城市诚信管理水平。建立了防汛应急指挥和决策系统，以及覆盖市防汛办、水利局、气象局等相关单位的防汛应急系统网络，实现了市气象局、自治区水文水资源局南宁分局等单位防汛基础数据的实时交换与整合。

3. 各行业数据库建设初具规模

为加快推进农村基础信息资源整合建设，南宁市建立了农村基础信息数据库；在土地方面，搭建了南宁市土地流转管理平台；广西农牧网、南宁农业信息网、南宁物流网、南宁市中小企业公共服务平台、南宁市中小企业集群网络服务平台、南宁价格信息网、南宁文化产业信息网、南宁林业产业信息网、南宁旅游信息网等行业信息网建成，有力促进了行业数据库的建设，推动了"智慧南宁"的发展。

（四）"互联网＋"融合发展成效显著

1. 信息产业规模不断扩大

2017年，南宁市积极扎实推进信息化产业发展，加强统筹谋划，实施创新驱动发展战略，大力发展新一代信息技术产业，推进云存储、物联网、移动互联网、通信、信息安全、网络支付等新一代关键技术和产品研发及产业化应用，推动软件和信息技术服务业保持快速增长，产业竞争力不断提升。

电信产业快速发展。2017年南宁市电信业务总量达185.79亿元，增长了42.5%（见图1、图2）。2017年南宁市移动主营业务收入达40亿元，客户市场份额约占60%，信息化收入全年完成3.8亿元，同比增长22%，IDC、物联网、中小企业上网数稳健快速增长，较好地促进了信息化业务发展。电信业从打击、防范、教育、管理、建设、改造等六个方面维护社会治安，在执法专用终端、视频监控类、数字基站对讲、4G行业应用、无线WI-FI、政法信息综合平台搭建、大数据分析等领域提供服务。

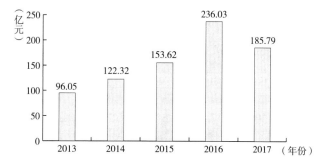

图1　2013～2017年南宁市电信业务总量

资料来源：根据《南宁市国民经济发展统计公报》整理。

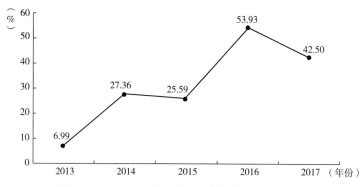

图2　2013～2017年南宁市电信业务总量增长率

资料来源：根据《南宁市国民经济发展统计公报》整理。

电子信息产品制造业持续推进。电子信息及软件产业园、战略性新兴产业特色园区的建设有序推进，高端电子产品制造业进入快速发展期，涌现出富士康南宁科技园、广西德意数码股份有限公司、广西卡斯特动漫影视有限公司等一批电子信息骨干企业。2017年底，电子信息制造业实现工业产值570.41亿元，增长了19.14%（见图3）。围绕电子信息制造业龙头企业，吸引配套企业落户，发展电镀、包装、电子元器件等产业。南宁市电子信息制造业（富士康、鸿盛达、佳薇、天祥等企业）重点推进富士康C厂区、瑞声电子南宁产业园项目建设，通过南宁市产业发展基金、工业发展专项等经费扶持，以"互联网+""北斗+"为驱动，逐渐发展壮大；将发展集成电路产业作为南宁市电子信息产业持续发展的新抓手，重点推进广西鸿盛达电子芯片封装项目，开拓电子信息制造业高端领域，发展新的市场点。

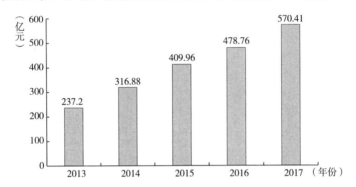

图3　2013~2017年南宁市电子信息制造业工业产值

资料来源：根据《南宁市国民经济发展统计公报》整理。

软件和信息服务业不断革新。2017年，南宁市软件和信息技术服务业完成主营业务收入130亿元（不含三大运营商），同比增长8.1%（见图4），信息

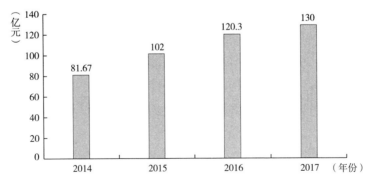

图4　2014~2017年南宁市软件和信息技术服务业主营业务收入

资料来源：根据《南宁市国民经济发展统计公报》整理。

传输、软件和信息服务业完成固定资产投资 152.60 亿元，同比增长 42.5%（见图 5）。对统计制度方法、统计单位登记等方面进行了改革，完善软件和信息技术服务业增加值核算基础指标体系，开展统计业务培训，提高企业填报的积极性。截至 2017 年，完成新增升规入统的软件和信息技术服务业企业达 24 家。网络通信设备、CAD 系列设计软件、软件中间构件、生产智能信息平台、海量图文数据处理系统等产品均达到国内先进水平。

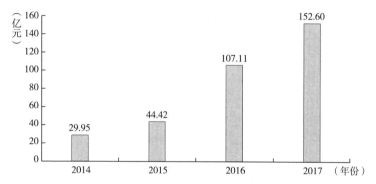

图 5　2014~2017 年南宁市信息传输、软件和信息服务业固定资产投资额
资料来源：根据《南宁市国民经济发展统计公报》整理。

产业园建设促进产业升级。中民低碳智慧产业园围绕智慧信息服务，重点发展高端信息技术软件、信息服务业、技术性业务流程软件与外包服务、技术性知识流程软件与外包服务、移动互联等产业，吸引大规模的信息产业和服务业企业及高端人才聚集南宁，进而有效助推南宁市产业转型升级。建设南宁北斗信息产业园，扎实开展北斗综合应用建设工作，推动设立南宁北斗产业发展基金，形成以财政资金为引导，以"基金"为融资媒介，吸引社会资本以股权形式为企业北斗技术成果的产业化提供资金支持。2017 年底，南宁北斗信息产业园顺利开园，重点开展产品质量、平台服务的检测与认证，基础导航信息公共服务平台等项目建设前期工作，力争通过园区载体将北斗产业培育成南宁市新一代信息技术产业的发展亮点。对国内北斗系统技术应用（尤其是北斗高精度位置服务应用）研发部门、厂商和服务供应商展开引智、引资、引技工作，促进上海华测、北极星云等一批北斗产业龙头企业落户南宁，推动北斗产业相关芯片、模块、天线、终端的研发与生产。

2. 服务业信息化进程加快

随着南宁市电子商务基础设施建设的不断完善，"中国—东盟贸易门户"、南宁（中国—东盟）大宗商品交易平台也逐渐建成。2016 年南宁跨境电商综合服务平台不断完善，电子商务应用水平逐步提升，服务能力不断增强。一是完成了平台进口模块改造，并获海关总署同意接入海关跨境电商进口统一平台，开展跨境电商进口业务。二是完成了南宁跨境电子商务综合服务平台的二期项目建设。三是成功获批国家跨境贸易电子商务服务试点，跨境电子商务综合服务平台上线运行，电子商务服务业总量在广西占比超过1/3，其中电子商务交易额占比超过50%，城市电子商务零售额超过469亿元，占广西总额的70%左右。2016年，全市网购消费者超过400万人，比上年增长24.2%；电子商务交易总额为2200亿元，同比增长22%。建成一批特色电子商务网站和平台，吸引一大批有实力的外地大型电商企业入驻南宁市或与本地企业建立战略合作关系。第三方电子商务平台进入快速发展阶段，全市有50%以上的规模以上企业通过企业网站或第三方电子商务平台开展商务洽谈、市场信息收集、供应商管理、销售管理等业务。南宁市电子商务支撑体系正逐步健全，安全认证机构、支付平台快速发展，信用体系不断完善，物流配送基础设施日趋成熟，为电子商务的发展提供了有力的支持。

3. 农业信息化发展稳步推进

一是南宁市进一步完善农业信息化基础平台建设，开展农业综合管理与服务平台项目设计，围绕生产、经营、监管、决策和服务等，构建生产管理、产品追溯、安全监管、市场流通、支撑决策和综合服务等多个层面的应用，从农业信息资源目录体系、农业物联网示范工程建设、农产品质量安全追溯平台、农业信息服务平台、农业综合决策平台和应用支撑平台六大板块开展。二是构建南宁市休闲农业地图查询系统，将农业休闲区域设施等信息整合到地图平台，并对该地图平台进行查询、显示等操作。三是继续完善南宁市农业基础数据库系统建设，通过对全市部分农业基础数据进行梳理，整合数据并完善入库，实现同质数据统计分析，为农业部门领导决策提供数据支撑。四是积极推进农业企业信息化发展。武鸣县润宇生态农业有限公司通过引进水肥一体化智能物联网控制系统、农产品质量安全追溯系统和企业管理系统，有效促进了企业的标准化生产，提升了生产效能；广西博元生态农业科技有限公司开展农业残留检测、水肥一体化灌溉等项目保障产品安全等。五是大力发展农村电商。在90个贫困村设立电子商务进农村服务点，促进日用消费品、生产资料等工业品流往贫困农村以及农产品进城的"双向"流通。先后引进了阿里巴巴（农村淘宝）、中国邮政集团公司南宁市分公司（村邮乐购）等运营商到南宁市开展农村电商工作，横县、宾阳县成功申报2016年全国电子商务进农村综合示范县。同时，将马山县、上林县、隆安县电子商务产业园列为 2016 年南宁市电商进农村产业扶贫财政资金扶持项目，项目总投资为 512 万元。目前，全市已建立县级电商服务中心 5 个、农村电商产业园 7 个，完成村级服务点（体验店）约 1100 个。

（五）产业自主创新体系逐步完善

1. 优化制度设计

近年来，南宁市围绕创新驱动发展战略，连续出台了一系列突破性强、含金量高的支持政策，着力破除了当前制约创新发展的体制机制障碍。结合南宁实际，研究制定了《关于深入实施创新驱动发展战略的实施方案》《南宁市大力推进大众创业万众创新实施方案》《南宁市科学技术发展"十三五"专项规划》《实施"互联网＋"战略推动南宁市信息服务业跨越发展三年行动计划（2015—2017 年）》《中国—东盟信息港南宁核心基地建设方案（2019－2021 年)》等，对推进创新驱动发展战略做出顶层设计和重点部署。同时还出台实施了科技保险试点、科技企业孵化器认定和管理、科技成果转化大行动等一系列具有南宁特色的创新发展配套政策，形成了创新导向的政策合力。2017 年全市专利申请量达 16320 件，同比增长 2.45%，占全区的28.65%，其中发明专利有 10882 件，完成目标任务的 146.07%，同比下降4.17%，占全区的 28.66%；发明专利授权量达 1657 件，同比增长 0.42%，占全区的 36.40%；有效发明专利达 5835 件，占全区的 31.93%；每万人口发明专利拥有量达 8.35 件，比上年增长 24.32%（见表1）。全市高新技术企业已达 451 家，高企总数占全区的 37.45%，占全区总量近四成；全市共拥有国家级科技企业孵化器 5 家，国家级众创空间 5 个，自治区级科技企业孵化器 4 家，自治区级众创空间 11 个，2017 年新建国际科技合作基地 15 家。

表1 南宁市 2017 年专利申请授权情况

单位：件，%

地区	申请量				授权量					有效量	
	合计	同比增长	发明	实用新型	外观设计	合计	同比增长	发明	实用新型	外观设计	有效发明	比上年增长
南宁市	16320	2.45	10882	4568	870	4496	8.15	1657	2304	535	5835	25.62
城区	15222	1.25	10231	4348	643	4175	8.72	1553	2207	415	5455	25.60
宾阳县	300	42.18	179	74	47	107	40.79	36	29	42	71	36.54
隆安县	107	-18.32	61	25	21	26	-40.91	13	6	7	47	6.82
横县	332	11.04	221	57	54	113	-1.74	30	44	39	174	24.29

续表

地区		申请量				授权量					有效量	
		合计	同比增长	发明	实用新型	外观设计	合计	同比增长	发明	实用新型	外观设计	有效发明	比上年增长
马山县		186	30.07	98	29	59	44	-16.98	13	6	25	43	34.38
上林县		173	55.86	92	35	46	31	6.90	12	12	7	45	32.35

资料来源：南宁科技网，http://www.nnst.gov.cn/kjgl/kjtj/tjsj/201801/t20180129_824291.html，最后访问日期：2018年7月4日。

2. 搭建双创平台

2016年7月24日，南宁·中关村创新示范基地在南宁高新区成功揭牌运营，这是中关村在国内设立的首个双创示范基地，借助这个平台植入中关村的机制，集聚全球一流的人才、资本、技术等创新创业的资源和要素，把创新示范基地打造成面向东盟，辐射中南、西南的创新创业服务平台，成为战略性新兴产业集聚发展的科技中心、示范中心和服务中心。截至2018年5月，南宁·中关村入驻重点企业已经达到45家，入驻孵化创新团队66家，服务广西院校30余所，入驻面积达4万平方米，占全部可招商面积（5万平方米）的80%。上海明匠借助南宁走向东盟，中标泰国TTC公司1.2亿元的订单；本土企业广西捷佳润公司引进消化国外先进技术，并创新发展成为自有技术，服务国内和东盟现代农业，目前通过技术输出，在老挝的智能灌溉系统总面积达2万亩，与柬埔寨和越南企业的智能灌溉系统正在洽谈。2017年6月，《国务院办公厅关于建设第二批大众创业万众创新示范基地的实施意见》（国办发〔2017〕54号）（以下简称《实施意见》）正式下发，颁布了第二批双创示范基地名单，南宁高新技术产业开发区成为广西唯一入选基地。南宁市将以高新区为核心，并联合各特色区域，以"1+N"模式建设国家双创示范基地。同年9月，自治区发展改革委发布《广西南宁高新技术产业开发区建设国家双创示范基地工作方案》，并上报国家发展改革委。

（六）启动中国—东盟信息港南宁核心基地建设

2016年4月，国务院批准了《中国—东盟信息港建设方案》，同时将中国—东盟信息港建设纳入国家"十三五"规划，中国—东盟信息港建设上升为国家战略。南宁作为中国面向东盟开放合作的前沿城市，把信息港作为中国—东盟自贸区升级版建设的重要载体和关键突破口，相应启动了中国—东盟信息港南宁核心基地建设，建立中国—东盟信息港南宁核心基地重大项目库，截至 2018 年 5 月，共筹划建设重大项目 87 个，累计完成投资 155.56 亿元。广西东盟信息交流中心一期、中国移动广西公司五象信息交流中心、广西电子政务外网云计算中心、南宁市跨境贸易电子商务综合服务平台、北部湾在线等项目或平台已建成并投入使用。中国—东盟新型智慧城市协同创新中心、中国—东盟信息港南宁呼叫中心产业基地等将于 2018 年下半年投入运营；中国—东盟新型智慧城市协同创新中心作为核心基地产业布局的主要项目之一，目前已完成大楼主体建设，正在规划布局新型智慧城市研究院、人工智能、新型智慧城市产业集聚区、城市信用应用研究中心等项目，致力于打造城市级的智慧生态圈。南宁启迪东盟科技城、广西—东盟地理信息与卫星应用产业园（地理信息小镇一期）等项目按计划加紧建设；中国—东盟信息港小镇、大数据中心等正在编制建设方案，即将开工建设；中国电信东盟国际信息园、广西东盟国际电商科技园、远洋金象 IDC 大数据产业园、卫星遥感与地理信息生产与研发基地、无车承运信息数据产业园、中国—东盟智能制造产业园（3D 打印）等项目正在推进前期工作。

积极引进云计算、大数据等新一代信息技术产业及信息服务企业，蜂巢信息数据产业园 6 月份拿地入驻，中国—东盟智慧城市示范产业园、广西智能电网技术研究基地、中国—东盟农资农产品交易中心、中国移动新型绿色数据中心等项目已完成选址；中国—东盟北斗智能产业园、中国—东盟通信导航遥感智能制造产业基地、广西（南宁）转运中心及电商孵化基地、云宏科技、软通动力大数据创新研究中心等一批项目正在积极洽谈。

三　南宁市数字经济发展存在的主要问题

（一）数字经济规模偏小，总体水平偏低

2017 年，我国数字经济规模达 27.2 万亿元，占 GDP 比重达到 32.9%，已接近 GDP 总比重的 1/3。但南宁市数字经济总量不大，规模偏小。2018 年，新华三集团数字经济研究院发布的《中国城市数字经济指数白皮书 (2018)》，针对中国城市发展中的数据及信息化基础设施、产业融合、城市治理和城市服务四大关键领域制定评估指标，对覆盖全国 80% 以上经济规模、60% 以上人口规模的 100 个城市开展评估。根据评估结果，南宁数字经济总分为 54.9 分，未达到所评估城市的平均分（57.6 分）。在全国 31 个城市排名中，南宁市排在第 25 位，明显落后于上海（89.0 分）、北京（87.9

分）、广州（87.4 分）等城市；在西部 12 个城市中，南宁市排名第 8 位，与成都（86.7 分）、贵阳（73.8 分）、重庆（70.1 分）等城市也存在较大差距（见表2）。目前，南宁市数字经济正处于初见成效、加快发展阶段，只有把握机遇，不断追赶，才能实现后起先发，弯道超车。

表2　全国 31 城市数字经济发展评估排名情况

单位：分

城　市	评　分	排　名	城　市	评　分	排　名
上　海	89	1	石　家　庄	64.4	26
北　京	87.9	3	沈　阳	63.3	29
广　州	87.4	4	昆　明	60	33
成　都	86.7	5	南　昌	58.5	38
杭　州	85.9	6	兰　州	58.1	39
武　汉	80.9	7	乌鲁木齐	58.1	40
贵　阳	73.8	10	太　原	57.3	45
南　京	73.4	12	哈　尔　滨	55.9	51
长　沙	71.9	13	南　宁	54.9	56
福　州	70.2	15	呼和浩特	54.8	57
重　庆	70.1	16	银　川	54.6	58
天　津	69.6	18	长　春	53.7	59
郑　州	68.9	19	西　宁	53.1	62
西　安	67.2	22	海　口	52.1	66
济　南	65.4	24	拉　萨	43.7	92
合　肥	65.8	25			

注：表中所列城市均为直辖市、省会城市和自治区首府，此处排名是指在全国所有城市中的排名情况。

资料来源：参见《中国城市数字经济指数白皮书（2018）》。

（二）重大项目不足，数字技术产业基础薄弱

政策资源配套不足、要素环境亟待优化等问题，制约着南宁数字技术产业的发展。目前，南宁市大数据产业发展水平不仅远不及北京、上海、广州等发达城市，与成都、贵阳等西部城市也存在很大差距，数字技术产业基础较为薄弱，电子信息制造业核心竞争力不强，软件和信息技术服务业总体规模偏小。2013～2017 年，尽管南宁市计算机、通信和其他电子设备制造业工业产值呈增长态势，但是这些产业的增速却呈下降趋势，产业增长乏力，支

撑作用有限（见图6）。南宁市现有的电子信息企业数量较少，除富士康外，大部分企业产业规模较小，且整体实力不强。南宁市缺乏平台型龙头企业，对数字经济发展的驱动力不强。尤其在中国—东盟信息港南宁核心基地建设上，围绕南宁核心基地的主导产业和战略产业、拉长产业链条的大项目数量不足，尚未形成较强的产业集聚，成为制约南宁核心基地持久发展的薄弱环节。依托中国—东盟信息港小镇、大数据中心等重大项目引进大型数字经济企业急需自治区层面给予大力支持。

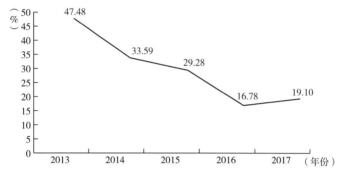

图6　2013～2017年南宁市计算机、通信和其他电子设备制造业工业产值增长率
资料来源：根据《南宁市国民经济发展统计公报》整理。

（三）传统领域数字化应用水平不高，融合发展能力有待增强

传统产业的数字化改造仍面临较高壁垒，传统产业利用数字技术动力不足，新技术、新业态、新模式改造提升传统产业的进展还比较缓慢，而且传统领域在"互联网＋"转型过程中的产业数字化发展不均衡。数字经济发展呈现出第三、第二、第一产业逆向渗透趋势，第三产业数字经济发展较快，第一、第二产业数字经济则相对滞后。农业数字化方面的问题表现为：尚未形成成熟的经验和模式，覆盖应用范围不大；农产品品牌经营不足，同质化严重，难以形成强大的竞争力；目前仅拥有自治区级农业产业化龙头企业29家，大部分农业企业规模较小，农业产业集群水平不高。工业数字化方面的问题表现为：对互联网在工业发展中的助推作用认识不够，规划不足；工业信息化基础设施落后，新型工业化缺乏有力的社会支持和保障；企业内部缺乏鼓励创新思想的良好环境，"两化"融合的整体进程缓慢；工业数字化人才总量不足，培养和吸引人才力度有待加强。服务业数字化方面的问题表现为：没有形成完整的产业链，缺少上下游之间互相带动的效益；公共平台建设的标准化、差异化、国际化发展不足；针对服务业的政府管理和服务机制有待进一步完善。

由于信息化投入大、投资专用性强、转换成本高,追加信息化投资周期长、见效慢,试错成本和试错风险超出企业承受能力。以南宁市信息化工业化融合为例,中国两化融合服务联盟在 2017 年中国两化融合大会上发布了《中国两化融合发展数据地图(2017)》,2017 年,南宁市两化融合发展水平为 44.8 分,低于全国平均水平 51.8 分,在全国重点城市中排名靠后。南宁市与东部沿海城市广州(65.1 分)、苏州(64.0 分)、深圳(63.9 分)、青岛(61.2 分)、南京(60.9 分)等差距较大。这些东部地区城市是我国经济发展的排头兵,其 GDP 规模总量在全国处于领先地位,在两化融合引领经济发展方面具有较强的示范作用。南宁市(44.8 分)与成都(57.7 分)、西安(52.8 分)、呼和浩特(51.4 分)等西部省会(首府)城市相比,也存在不小差距(见图 7)。这反映出南宁市在研发、生产、商务、管理环节的数字化水平均较低,需要加强信息技术与财务、人力、生产、采购、销售、研发等关键业务环节的融合,提升企业数字化发展水平。

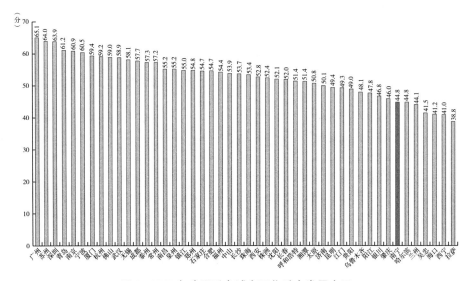

图 7　2017 年我国重点城市两化融合发展水平
资料来源:参见《中国两化融合发展数据地图(2017)》。

(四)资金投入不足,科技创新能力亟须增强

在创新、协调、绿色、开放、共享这五大发展理念中,创新发展极其重要。杭州之江实验室的经验显示,科技创新为数字经济发展提供动力。① 近

---

① 《科技创新为数字经济发展赋能》,《杭州日报》数字报纸,http://hzdaily.hangzhou.com.cn/hzrb/2018/07/04/article_detail_1_20180704A025.html,最后访问日期:2018 年 7 月 4 日。

年来，南宁市科技创新事业较快发展，创新能力进一步增强，但与数字经济快速发展要求相比，南宁市技术开发投入不足，科技创新能力有待提高。目前，南宁市科技政策体系不够健全，科技资源的配置不尽合理，科技金融融合不够，科技成果转化和产业化率不高，融资仍然困难。此外，南宁市的风险投资产业还没有发展起来，在一定程度上制约了信息技术向传统产业的渗透，影响了这些产业的竞争力与运营效率的提高。对创新创业基础研究的投入有待加强，全社会 R&D 经费占 GDP 比重还较低。2017 年全国 R&D 经费投入强度为2.12%，南宁市比全国低 0.96 个百分点。比昆明市低 0.72 个百分点，比长沙市低 1.19 个百分点，比成都市 2016 年低 1.22 个百分点。2016 年南宁市 R&D 经费投入强度在全国省会（首府）城市中排名较为靠后（见表 3）。企业科技创新主体地位不明显，创新意识不强，对技术开发投入的强度明显不足，缺乏核心技术和竞争力。技术开发经费支出总额占其产品销售收入的比重为 1%，而一般国外高新技术企业 R&D 经费强度在 3%～5%，显然，南宁市信息产品制造业 R&D 经费强度不足问题较为突出。由于资金投入不足，中国—东盟信息港南宁核心基地推进缓慢，急需国家、自治区予以资金支持。

表3　2016 年全国省会（首府）城市 R&D 经费投入对比

城市	R&D 经费占 GDP 比重（%）	城市	R&D 经费占 GDP 比重（%）
西安	5.2	石家庄	1.95
杭州	3.1	昆明	1.92
武汉	3.1	长春	1.79
合肥	3.1	郑州	1.78
南京	3.05	南昌	1.64
沈阳	2.54	银川	1.19
成都	2.38	贵阳	1.14
太原	2.38	南宁	1.02
广州	2.34	乌鲁木齐	1.01
济南	2.4	呼和浩特	0.94
福州	2.16	海口	0.92
长沙	2.13	西宁	0.88
哈尔滨	2	拉萨	—

（五）数据资源共享与开放不够，开发利用率偏低

近年来，随着信息科技革命的推进，物联网、互联网、移动通信、云计

算等快速发展，全球数据总量每年以 40% 左右的速度增长，几乎每两年就翻一番。目前，各级政府部门积累了海量数据资源，掌握着全社会约 80% 的公共数据，要让这些海量数据创造价值、释放能量，共享开放是必由之路。南宁市已经建立了几十个电子政务系统，但由于各委办局各自为政、分散建设、重复建设，产生了很多信息孤岛，跨部门的数据共享和系统集成难度非常大。近年来，南宁市加大了跨部门业务协同系统的建设力度，初步建立了基础数据的交换与共享平台。但是，跨部门数据资源共享仍面临很大困难。一是很多业务部门缺乏数据资源共享与开放的观念和意识，多年来养成了独占数据资源的习惯。由于各个业务部门数据共享与开放的主观动力不足，跨部门协调的难度非常大。二是已建系统数据标准不一致，接口不统一，技术整合难度大。三是一些部门的系统是国家部委自上而下构建的，在南宁市部署的仅仅是应用终端，这些系统中数据的共享还需要向自治区的厅局甚至国家部委进行申请，协调难度很大。四是跨部门数据共享、开放和业务协同的法律法规体系不完善，流程不规范，责任主体不明确。由于缺乏规范的流程和制度，各个部门的责任难以界定，影响了部门数据共享、开放和业务协同的积极性，跨部门系统的应用效果受到很大影响，也阻碍了政府数据资源的汇聚和再利用。同时，不少行业和企业之间缺乏数据共享的主观认识和客观条件，制约了跨地区、跨层级、跨行业、跨业务的数据整合，大量数据资源闲置。此外，还缺乏较大规模、能够带动数据产业发展的龙头企业和示范地区，目前大多处于低层次、小领域试水阶段，同时数据产业链上下游协作不畅，数据开发利用率较低。较低的数据资源开发利用水平也不利于吸引大型互联网和大数据企业到南宁市开展业务。

（六）安全问题依然严峻，数字安全防御有待加强

在大数据、移动互联网等相关技术飞速发展的同时，网络和信息安全形势更加严峻，对安全保障提出了更高的要求。随着数据数量和种类的增多，南宁市所面临的信息网络安全风险更加复杂，信息安全基础设施建设亟待加强。当前，由于我国在信息化领域缺乏自主可控的核心技术，包括南宁在内的我国很多城市的金融、电力、交通、通信等重要行业的信息系统大多使用国外的软硬件设备，存在严重的安全隐患。在信息安全关键技术的研发方面，南宁也面临着自主可控能力不强以及关键技术和产品受制于人的窘境。例如，南宁市电子政务网络平台中的核心交换机使用的就是外国厂商思科系统公司的设备。近年来，国家推进政府、学校及企事业单位网站系统及商用

网站系统进行 IPv6 改造，但是建设的缺口较大，困难较多。同时，数据的高度集中也意味着风险集聚。南宁市现有的信息安全技术保障水平有限，传统的数据保护方法不能满足大数据安全保障的新要求，对异构数据源、分布式计算、非结构化数据存储、政府数据开放与共享等方面的安全缺乏技术保障手段，对在数据开放共享中的隐私保护也缺乏必要手段，可能产生数据泄密和隐私侵犯等重大安全隐患。2016 年，185 亿用户感染移动互联网恶意程序。在恶意程序中，流氓软件占比最高，达 60% 以上。① 调查数据同样显示，46.3% 的国内网站存在漏洞，安全形势不容乐观。② 央视"3·15"晚会上曝光公共 Wi-Fi 有安全漏洞，犯罪分子可轻易获取登录用户的个人隐私信息，包括手机号码、家庭住址、身份证号和银行卡号等。在广西各级地市中，盗窃公民个人信息实施精准网络诈骗的行为屡禁不止。据广西警综平台统计，2016 年广西电信网络诈骗立案至少有 2 万件，同比上升了 10% 左右；南宁市电信诈骗案件约占全区总数的 37%，全市电信诈骗案件有 7300 多起。通过对比分析广西公安接报案情况可以发现，不法分子利用各种非法手段窃取公民个人信息，如兼职刷信誉、网络招聘类诈骗，网络购物诈骗，冒充熟人、领导类诈骗，网络（QQ、微信类）类诈骗，贷款、办卡类诈骗等，严重危害经济社会发展。

（七）发展环境尚待优化，治理能力水平亟待提升

目前，南宁市数字经济治理体系有待优化，全市数字经济发展环境亟待完善。一些部门对数字经济的认识不足，缺乏发展信息产业的紧迫感和危机感，一些部门对新技术、新概念、新业态的把握能力有限或不足，治理能力和水平明显滞后于发展需求。鉴于数字经济发展具有去中心化、跨区域和跨行业的特征，南宁市层面数字经济发展存在多头管理问题，传统监管框架条块化与属地化分割难以适应跨界融合，数据整合能力有待加强。事前审批的治理方式和依靠人力集中检查的传统手段，也不适应数字经济快速发展的需求。立法空白或法律法规相对滞后，落后于数字经济实践，给产业数字化带来极大的不确定性，传统企业数字化转型的主动性、积极性不高。国家层面未批复《中国—东盟信息港建设总体规划》，导致相关工作无法开展；南宁

---

① 中国互联网协会、国家互联网应急中心：《中国移动互联网发展状况及其安全报告（2017）》，2017。
② 360 互联网安全中心：《2016 年中国网站安全漏洞形势分析报告》，2017。

市层面缺少支持南宁核心基地的政策尤其是数字经济发展的支持政策。与先进城市相比，南宁市促进产学研结合的政策扶持力度不够，无论是在人才引进、减免政策上，还是在吸引国内外高新技术资源的政策和环境上，都缺乏应有的竞争力。尤其是人才供给不足，已经成为制约南宁市数字经济发展的关键问题。南宁市高校和科研院所相对较少，大数据技术自主创新能力低，创新成果少，产学研用环境尚未有效形成。技术创新服务体系不健全，各类创新创业孵化平台建设不足，企业创新意识普遍不强。南宁市大数据人才培养的相关专业及院系较少，与大数据相关的信息技术和数据分析等高科技人才缺乏、领军人才匮乏、高校和职业技术人才的培养等问题也亟须完善。

四 南宁市发展数字经济面临的机遇与挑战

（一）机遇

1. 政策红利持续释放

党的十八大以来，以习近平同志为核心的党中央准确把握时代脉搏，积极回应时代需求，信息化发展战略、国家大数据战略、"互联网+"行动计划、网络强国、数字中国等频密部署，提出一系列新思想新观点新论断，这为南宁市把握历史机遇、加快发展数字经济、加速推动传统产业转型升级指明了方向、提供了根本遵循。自治区层面也陆续出台《促进大数据发展的行动方案》《广西壮族自治区工业和信息化发展"十三五"规划》《广西新一代人工智能发展规划的实施意见》《广西数字经济发展规划（2018—2025年）》《广西数字经济发展三年行动计划（2018—2020年）》等多项相关政策规划。

南宁市作为广西的首府，同时享有西部大开发、沿海开放、边境地区开放、民族地区、北部湾经济区、珠江—西江经济带等多种优惠政策，在政策红利、资源集聚等方面享有更多优势，获得了更多的倾斜。在区党委、政府的领导下，南宁市结合自身发展的实际情况，有针对性地研究制定了《关于深入实施创新驱动发展战略的实施方案》《南宁市科学技术发展"十三五"专项规划》《南宁市大数据建设发展规划（2016—2020）》《实施"互联网+"战略推动南宁市信息服务业跨越发展三年行动计划（2015—2017年）》《中国—东盟信息港南宁核心基地建设方案（2019—2021年）》等，为全市数字经济加快发展创造了良好的政策环境。

中国—东盟信息港建设被列入国家"十三五"规划纲要和数字经济发展

战略纲要，目前，信息港信息通信枢纽已具雏形，依托这些平台和设施，将有助于推动南宁市与东盟各国共建共享数字丝绸之路。2018 年南宁市获批设立国家跨境电子商务综合试验区，这对南宁市构建面向东盟、辐射广西及西南和中南地区的跨境电子商务服务体系具有重要意义。

2. 良好的区位优势

单论发展数字经济，和先行地区、发达地区相比，南宁市不具优势，但如果将发展数字经济与推进中国—东盟合作结合起来，数字南宁建设就具有了区域性、国际化的独特区位优势。近年来，东盟国家对数字经济的重视程度不断提升，在智慧城市、移动支付等领域布局持续增强，目前，东盟十国网民规模总数达到 2.6 亿人，数字经济规模到 2025 年有望突破 2000 亿美元，总体市场潜在需求非常旺盛，但基础设施相对落后，这就有助于中国的信息基础设施走向东盟国家。同时，随着中国—东盟自贸区"升级版"的推进，宽领域、高层次、高水平、全方位的合作格局逐渐形成，贸易自由化与便利化程度将得到持续地提升，这为加强南宁渠道，推动南宁市数字经济发展提供了巨大机遇。

作为中国面向东盟开放合作的前沿城市，"一带一路"交汇对接的重要节点、关键区域，南宁市应当实施更加积极主动的开放带动战略，紧紧围绕打造面向东盟的数字新高地和数字丝路的重要门户，更充分地用活、用好在基础设施提升、资源链接、市场开放、政策先行先试等方面享有的得天独厚的优势，抢占制高点，把握主动权，拓展数字丝路国际合作空间，努力占据数字经济的战略高地。

3. 产业市场前景广阔

市场发展趋势及其产生的市场需求和容量，决定了数字经济的发展动力和空间。当前我国人口的数量优势逐渐向质量优势转化，在提供全球规模最大的应用用户和消费市场，且这个庞大的消费市场正呈现"年轻化"趋势，消费者乐于并善于接受所有实现数字化的事物，这为数字技术注入传统产品和服务，以及数字化商业模式的迅速市场化创造了条件。越来越多的数字经济应用新场景将不断融入人们的日常生活之中，电商购物、数字零售、数字社交、数字金融、数字旅游，甚至是数字教育、数字养老等领域的探索发展也将更为深刻地影响人们的生活消费各领域各层面和社会前进的方向。随着南宁市城镇化水平的快速提高，大量人口向南宁集聚，市场体量日趋庞大，将有助于推动数字市场化的螺旋上升发展，也有助于增强生产供给与市场需求的响应能力，满足人民日益增长的美好生活需要。

（二）挑战

1. 数字鸿沟问题严重

信息产业的快速发展，催生了不计其数的新模式、新业态、新产业。创新是数字经济发展的本质特征，数字经济时代的驱动力也由要素驱动转变为创新驱动，数字经济领域技术创新、模式创新和理念创新呈现裂变式加速，为南宁市在发展数字经济过程中的应对能力带来了极大挑战。

习近平总书记强调，金融、能源、电力、通信、交通等领域的关键信息基础设施是经济社会运行的神经中枢。关键信息基础设施作为承载经济社会运行的重要平台，也是数字经济稳定运行的有力支撑。近年来，自治区、南宁市也制订了相应的服务计划，但是适应信息化发展的关键基础设施、政策法规、标准体系，以及面向经济发展的公共数据开放共享平台建设还亟待完善，人工智能基础技术创新能力还存在短板，缺少重大或基础的技术创新成果，融合型、实用型等尖端人才队伍远远不能满足发展需求，投资力度与东部发达城市相比还有一定的差距。与先进城市相比，南宁市数字领域智力支撑乏力，高校在学科建设、技术创新研发推广、参与国内外大数据建设交流与合作等方面仍有很大的提升空间。城乡之间在网络接入方面也存在明显的数字鸿沟，难以满足数字经济蓬勃发展的需求。

此外，数字鸿沟既包括基础设施建设层面的鸿沟，也包括数字素养方面的鸿沟。在数字素养方面，南宁市仍然存在数字技能不足的情况，尤其是贫困县域、乡镇农村的居民缺乏足够的"数字能力"，急需加强数字素养教育，只有提高了民众的数字技能和技巧，包括智能手机等在内的数字设施的功能以及数字经济发展带来的便利才能得到真正发挥。

2. 产业数字化基础薄弱

数字经济的核心在于数字化技术与传统产业的发展融合，推动数字经济发展的关键也要依靠产业带动。相比发达地区，南宁市第一、第二产业比重高，第三产业比重偏低，数字经济在传统产业的融合发展中总体相对滞后。以农业为例，数字农业是现代农业发展的目标之一，但是 2017 年，南宁市电子商务进农村示范县农特产品电商交易额仅为 1.56 亿元，与全市的重点企业电子商务交易额 2500 亿元相比较低，数字经济在农业农村中的应用主要集中在农民购买使用手机、流量等信息消费和电子商务（包括工业品下乡和农产品进城）两个方面，在运用数字技术增加农产品附加值、农业物联网传感器等关键性设备和技术的研发应用、提高农业抗风险能力、培育农业品牌价值等方面仍处于探索起步阶段。

在传统工业企业转型方面，南宁市化工、建材、造纸、木材加工和纺织等五大传统优势产业较好地适应了经济发展需求，保持强劲增长势头，并且在经济进入新常态、国家大力推进产业转型升级的大背景之下，不少传统工业企业主动顺应产业发展趋势，积极实施"二次创业"谋求企业新发展，成功实现了转型发展、创新发展，但必须认识到，多数企业产业规模较小，整体实力不强，数字化水平较低，网络化、智能化演进基础薄弱，离实现"机器换人、设备换芯、生产换线"还有一定差距。此外，南宁市缺乏重大项目支撑、技术研发和人才驱动等要素，实体产业数字化转型受资本和技术门槛制约的问题依然很突出。

因此迫切需要借助数字建设，推动数字经济与传统产业深度融合与互动，加快产业结构优化调整，推动传统产业破旧立新、转型升级，重塑产业动能，培育南宁市高质量发展的新增长点和新动力。

3. 区域竞争加剧

周边省市正在不断加大数字经济布局，将形成更为激烈的区域竞争格局。在 2017 年全国数字经济发展水平排名中，广东省稳居第一，其数字产业化水平及规模领先全国。《中国大数据发展指数报告（2018 年）》公布的全国各省（区、市）大数据发展水平排名，以及《中国"互联网＋"指数报告（2018）》公布的"数字中国互联网＋指数排名"，广东省均遥遥领先。当前广东省互联网、大数据和人工智能与制造业融合发展也体现出较强的领先优势。根据中国两化融合服务联盟测算，广东省制造企业的互联网销售率、互联网采购率分别达到 42.6% 和 41.5%[1]，居全国前列。云计算、物联网、大数据在制造业企业的应用率均超过 20%[2]。

贵州省经济体量较小，属于欠发达地区，但是近年来以大数据基础设施建设为支撑，抓住数字经济这个创新增长的新动能，使本省经济在短时间内实现弯道超车，2015 ~ 2017 年贵州省数字经济增速连续三年全国第一，绿色数据中心数量居全国第二。贵阳把发展大数据作为推动转型升级、增强创新驱动能力的战略性选择，按下数字经济发展"快进键"，对组织建设与政策

---

[1] 参见《数字经济指数排名全国第一 融合创新看广东》，南方日报网，http：//epaper. southcn. com/nfdaily/html/2018－04/02/content_7713540. htm，最后访问日期：2018 年 4 月 2 日。

[2] 康伟、姜宝：《数字经济的内涵、挑战及对策分析》，《电子科技大学学报》（社科版）2018 年第 5 期。

保障、资金投入方面尤为重视。全国首个国家级大数据产业发展集聚区、首家大数据战略重点实验室、首个大数据交易所均成功落地贵阳。在招商引资方面，贵州省针对做强数字产业提出了千企改造和千企引进的规划，用"大数据+"带动招商引资和企业改造升级。2015 年以来，贵州省陆续引入一批标志性项目，如中国移动（贵州）大数据中心、中国联通贵安云数据中心等。成功吸引苹果大数据中心、华为七星湖数据存储中心，以及高通、惠普、微软、IBM、甲骨文、富士康、阿里巴巴等国际领军企业落户贵阳。在专业人才培育方面，贵阳市也不遗余力实施"十百千万"人才培养计划，其中选拔培养机关企事业单位大数据优秀人才 1000 名，保证每个单位至少有一名熟练掌握大数据相关知识的骨干。凭借数字经济，不沿边、不沿海的贵阳把大机遇变成了大红利，成为以信息化、数字化驱动发展的典型实例。

从以上分析可知，与周边省会城市相比，目前南宁市大数据产业发展水平不高，数字产业化整体实力不强，产业数字化困难重重，尚未形成强大的产业集聚。同时在大数据、人工智能、电子信息等产业领域，南宁市对于有技术、有特色、有前景的企业、项目和人才队伍的吸引力稍显不足，数字经济发展面临激烈竞争的局面。

4. 数字安全隐患突出

关于数字安全，习近平总书记指出："不出问题则已，一出就可能导致交通中断、金融紊乱、电力瘫痪等问题，具有很大的破坏性和杀伤力。"[①] 数据是数字经济的重要生产要素，大数据价值不断释放的同时也放大了技术漏洞、数据侵权、数据违约、管理不当等问题，数据安全威胁日益增多。

数据泄露的风险随着高危漏洞被恶意利用而大大提升，针对信息基础设施的新型攻击技术层出不穷，金融领域、能源行业成为重灾区。再者，数字化与各个行业深度融合，信息基础设施、数字资源、产业生产技术装备等彼此间的依赖性变得越来越强，一旦遭到网络技术攻击，将直接影响到整个网络系统。南宁市现有的信息安全技术保障水平有限，传统的数据保护方法不能满足数字化发展的新要求。关于移动互联网、云计算、物联网、大数据等新技术和新业态的信息网络安全规章制度尚不健全，信息安全管理和技术人才的知识结构相对老化，许多智能设备的开发商都是小型创业公司，没有提供复杂安全功能的资源或经验，安全保障问题极易成为技术产业发展的"绊脚石"。

---

① 参见《人民日报》2016 年 4 月 26 日，第 2 版。

另外，相关法律和管理制度建设的滞后对数字经济健康发展也有很大影响。例如，在数据产权方面，数据是多向的、流动的，因此大数据的所有权、使用权、收益权等问题难以清晰界定。又如，在知识产权方面，当下技术变革已经打破了传统知识产权的界限，"专利流氓"屡禁不止，不仅对专利持有人利益造成极大损害，也严重阻碍了技术创新、扰乱了正常的市场秩序，不利于扭转核心技术空心化的局面。因此，不断完善法律法规是加速完善大数据应用环境的基本保障。

习近平总书记在全国网络安全和信息化工作会议上强调，信息化为中华民族带来了千载难逢的机遇。牢牢抓住这一机遇，是我们义不容辞的历史责任，也是在新时代奋发有为的客观要求。面对风生水起的信息化浪潮，面对方兴未艾的数字经济发展态势，南宁市要增强机遇意识、危机意识、使命意识，以高度的历史担当顺应潮流，把握数字经济这一历史契机，主动作为，把数字南宁建设作为经济转型升级的助推器，加快南宁市信息化发展步伐，加快推动传统产业和新产业的数字化、智能化，为新时代推动经济高质量发展提供有力支撑。

五　国内城市数字经济发展的经验启示

（一）国内城市数字经济发展的经验

1. 成都市：民生服务领域的数字先锋城市

（1）为数字经济发展提供制度保障

2010 年成都市政府发布《成都市国民经济和社会信息化"十二五"规划》，提出"建设先进的信息基础设施、发展高端集聚的信息产业、构建高度融合的产业体系、发展协同高效的电子政务、形成智能驱动的城市运行、提供城乡一体的信息服务、打造和谐包容的智慧生活"等七大信息化建设目标，为数字经济发展奠定了坚实基础。为了促进新一代信息技术产业发展，增强公众信息化意识，优化数字经济发展环境，成都市还先后出台了电子信息产业、物联网、云计算、中国软件名城等专项规划，并制定了鼓励软件、集成电路、数字娱乐产业发展的政策性文件，为信息化建设和信息产业发展提供了清晰的路线图。随着智慧城市建设的不断升级，成都市启动实施《成都"创业天府"行动计划（2015—2025 年）》，推动形成"大众创业，万众创新"的新局面，加快提升民生事业发展水平和社会治理水平，推动成都市智慧城市民生服务领域的技术研发和产业化应用。2017 年 7 月，成都市出台"科技成果转化十条"，提出以全链条思路探索改革的有效途径，旨在解决科技成果转化的关键问题，从制度上保障数字经济的快速发展。2018年3月，《成都市推进数字经济发展实施方案》发布，明确将发展电子核心产品制造、下一代信息网络、新兴软件服务三大领域，到2022年，基本形成比较完善的数字经济生态体系，重点领域产业规模突破3000亿元，推动数字技术赋能实体经济发展，加速产业数字化转型，使成都市成为国内领先的数字经济发展高地。

（2）加强民生服务领域的信息化应用

成都市近年来深入推进信息化技术在民生服务领域的普及应用，成都智慧城市建设取得显著成效，使数字经济指数实现连年跃升，其中智慧交通和智慧社区建设在全国范围内均处于领先地位。本着交通先行的原则，成都智慧化建设首先以智慧交通建设为重点，成都信息化交通经历了从无到有、从零星系统建设到整个交通信息港建设的过程。在成都智慧交通建设中，主要围绕以下几个方面开展：建成汇集城市交通、铁路、民航等交通信息的数据管理中心，对市内出租车进行浮动车的交通信息采集，构建交通意外事件监测系统，以提高交通管理水平，方便公众出行；采用视频技术和浮动车技术，构建中心城区主干道信息采集系统和交通诱导系统，借助该系统，可及时掌握城区主干道交通流量信息，实现交通事故的监控和检测，并对城市交通实施有效指导，缓解交通拥堵；建设城市车辆管理信息平台，以RFID技术为核心，通过建立机动车辆数据库，对车辆运行情况进行动态监管，加强对城市车辆的管理；建立包括天府广场、春熙路等在内的多个重点人群集中区域的智能停车诱导系统，同时将二环路以内的大型营业性停车场全部纳入系统，通过114交通热线、诱导屏以及短信平台，为市民提供交通出行服务；运用交通流信息采集、信号联网联动等信息系统，进一步优化成都市道路交通信息系统。在完善GPS定位支撑应用系统、基础通信网络、地理信息系统以及智能交通指挥系统的基础上，成都市已基本建成智慧交通基础性和公用性系统。

成都智慧社区建设领域的成就主要体现在三个方面。一是建成集成化的楼宇管理平台系统，包括消防报警系统、视频监控系统、门禁系统以及照明系统等，通过智能化的楼宇集成平台软件，及时掌握办公大楼环境和设备运行情况，有效提高办公大楼的安全管理能力。二是加强智慧物业管理，在小区给排水系统、建筑设备管理、监控中心、公共照明等方面开展智慧化建设，同时，借助信息系统可提供停车场管理、紧急求助以及远程抄表计量、家居安防、社区一卡通等服务，为社区居民和管理者提供更多便利。三是建设智慧家居系统，运用现代信息技术，将与家居生活相关的各个子系统进行有机结合，对家居生活实行统筹管理，使家居生活更便捷、安全、高效、舒适，如通过家庭安装终端系统，能够通过电脑或手机远程控制连接至家庭网络中的所有设备，以及通过家居平台系统，获取平台购餐、预约家政、点播节目等服务。

2. 贵阳市：实施大数据战略

（1）加快发展"四型"数字经济

贵阳市提出要加快发展资源型、技术型、融合型、服务型"四型"数字经济，释放数据资源新价值，培育数字应用新业态，激发实体经济新动能，拓展经济发展新空间。

发展资源型数字经济，释放数据资源新价值。充分发挥大数据先行发展优势，以加快建设数据中心、完善贵阳大数据交易所运营模式为重点，持续提高数据这一战略性资源的集聚和利用效率，加速发展数字资源型产业。

发展技术型数字经济，打造信息产业新高地。把握数字技术变革趋势，增强核心数字技术创新能力，加快推进网络通信服务、信息系统集成、智能终端产品、软件开发、数字安全等领域产业发展，积极布局虚拟现实、人工智能等新兴前沿领域，以发展通信服务、数字技术硬件产品研发制造、软件开发和技术服务为重点，夯实发展数字经济的技术基础和产业基础。

发展融合型数字经济，激发转型升级新动能。加快数字技术与传统产业的深度融合，加快发展工业互联网、智能制造、数字农业等新型业态，优化产业资源配置，提升产业集群竞争力，推动产业经济的数字化、智能化转型，使数字融合型经济成为新的经济增长点。

发展服务型数字经济，培育数字经济新业态。推动数字技术赋能服务业，通过加速推进现代服务业数字化、网络化转型，带动服务能力和服务水平提升，培育创造数字消费新领域、新动能。支持与数字技术相融合的商业模式和产品服务创新，探索建设服务型数字经济先行先试区。

（2）以大数据激活实体经济

大数据与传统行业进行叠加或重组，是释放大数据价值、赋能实体经济的重要突破口。一是推动"大数据＋工业"深度融合。推广应用两化融合贯标管理体系，加强大数据在特色食品、健康医药、装备制造等行业的融合应用。争取到2020年，两化融合指数达到85以上，全市工业重点行业数字化研发设计工具普及率和关键工序数控化率显著提高。二是推动"大数据＋农业"深度融合。推进互联网、云计算、物联网等技术在产业链各环节的融合应用，实时采集蔬果种植、茶叶种植、畜禽养殖、农产品加工、农副产品质量安全追溯等方面的大数据，构建涉农资源要素数据共享机制，加强农业生产流通全程智能监控与分析。发展农村电子商务，构建市、县、乡、村四级电子商务服务体系，推进农货进城、网货下乡、电商扶贫。三是推进"大数据＋现代服务业"深度融合。鼓励大数据支持下的商业服务模式创新，利用互联网和大数据支持金融、旅游、商贸、生活服务等行业的转型升级，发展共享经济，实现数据共融共享。基于此发展目标，近期贵阳市启动实施了"千企融合"项目，组织策划了"百个优秀大数据应用场景示范"活动，力争实现"千企融合"目标。

（3）缩小数字鸿沟，推动普惠共享

一是构建和完善基础设施体系，建立数字精准扶贫机制，是贵阳市为消除城乡数字鸿沟所进行的积极探索。重点包括实施数字扶贫计划，建设贵阳·贵安国家级互联网骨干直联点，推进城乡高速宽带网络覆盖和新建开发区、产业园区宽带网络全覆盖等。二是构建区域数字经济创新发展战略协同机制，实现区域协调发展。研究发布数字经济发展指数，综合评价区域数字经济发展水平。倡导制定区域数字经济创新增长合作议程，积极与长江经济带等其他地区开展多领域、多层次、多形式的横向联合与协作。推动数博会等国际交流合作，依托"一带一路"、网络空间命运共同体等，开展数字经济国际合作。三是构建科学完备的政策体系。建立战略性、纲领性、引领性的区域性数字经济产业规划与政策体系，制定数字经济战略的具体实施方案，有效衔接战略规划与各单位的具体实施路径。面向医疗、交通、大数据、区块链、人工智能等数字经济前沿领域，加大数字人才培养力度。四是构建完善的安全保障体系。推动"贵阳国家大数据安全靶场"项目建设，建立健全数据安全管理体制，制定相应防范措施，保障国家安全、网络安全和个人信息安全。

3. 厦门市：发挥新消费引领作用促进数字经济发展

（1）不断完善数字经济发展政策环境

2011年以来，厦门遵循国家信息化发展战略，积极推进全市信息化进程，相继出台《关于进一步加快我市软件和信息服务业发展若干意见的实施细则》《厦门市动漫产业发展资金管理办法》《厦门市软件与信息服务业人才计划暂行办法》等，对信息产业发展给予人才引进优惠、专项扶持基金、百强企业奖励等政策扶持，推进产业业态更新，引领消费观念和拉动内需，促进产业结构转型升级。2013 年，厦门将"智慧名城、产业升级"战略纳入"美丽厦门文化提升行动计划"，作为推动厦门城市发展的重要目标和方向。2017 年，厦门市政府发布《厦门市积极发挥新消费引领作用促进转型升级行动方案》，通过发挥新消费引领作用，支持"互联网＋"、大数据、分享经济等新业态发展。近年来，厦门已在数字化、信息化浪潮中占有一席之地，先后获得"中国城市信息化卓越成就奖""中国智慧城市创新应用奖""中国智慧城市推动奖""中国智慧治理领军城市"等荣誉称号，并获批信息惠民国家试点城市、国家信息消费示范城市、国家十大知识产权强市创建市。

（2）加强数字经济基础设施建设

厦门以建设国家信息消费示范城市为目标，重点建设智慧城市、宽带城市、4G 无线城市，加强宽带网络基础设施、民生信息服务平台、软件园、物联网等方面的基础设施建设。其一，在宽带网络基础设施建设上，2016 年，厦门市政府与中国电信签订了《共同推动"十三五"智慧城市建设战略合作框架协议》，推进全城 Wi-Fi 建设、区域物联网产业发展、信息基础设施全面提升以及"互联网＋政务服务"、"互联网＋产业"、"互联网＋金融生态圈"、智慧家庭生态构建等七大工程，信息化成果最大限度惠及百姓。同时，厦门还建立了互联网数据中心（IDC）、海峡两岸健康医疗云工程中心和中国统计信息云平台暨大数据研究服务基地等云计算基础设施，为数字经济发展提供高质量的信息服务。其二，在民生信息服务上，厦门加快信息化服务进程，建成教育云平台、市民健康信息系统、智能交通信息服务网、数字图书馆、电子政务和便民利民公共服务平台等，持续推进"智慧厦门"建设。

（3）打造优势特色产业形态

一是打造千亿"智慧产业工程"。近年来，厦门市大力推进"双千亿"工程，在其重点打造的 12 条千亿产业链中，有多项与数字经济直接相关，厦门市的数字经济产业基本覆盖了距离百姓最近的场景应用层。二是继续巩固数字创意产业优势地位。数字创意新业态的增长率、盈利率、产业贡献率长期以来居于厦门市文化产业之首。目前，厦门正积极探索数字创意产业的新发展路径，促进数字报纸、艺术品电商、手机动漫、网上会展、数字化博物馆等新兴业态形成。经过多年培育，厦门市数字创意产业已涌现出翔通动漫、咪咕动漫、四三九九、飞鱼科技、吉比特等多个细分领域的领军企业，2017 年，厦门市动漫游戏产业营收达 143.9 亿元，同比增长 21.6%。三是逐步完善社会公共服务智能化体系。厦门市重点打造了"社区网格化服务管理平台"，推行"智慧社区"，满足广大市民智慧医疗、出行、教育、就业等需求。近期，厦门还大力推进"智慧家庭"等新兴信息消费应用推广，将物联网、云端技术等延伸到每个家庭，计划在家庭范围内实现健康医疗、居家养老、娱乐、安防、节能、环境控制等电子设备的互联和管理，实现电脑、电视、手机的三屏互动和内容共享。推进电子政务、健康医疗、电子商务进入居民家庭，推动家庭信息服务新业态的形成。

（二）对南宁市的启示

1. 尽快完善相关规划与顶层设计

南宁市要发展数字经济，首先要强化规划引领及顶层设计。数字经济发展涉及城市管理、产业升级、公共服务等多方面的内容，并且从现阶段来看，数字经济加速发展过程中产生的新业态、新模式，也在倒逼政府改革现有服务模式，如信息安全、公共监管、知识产权保护等，都有赖于政府及时出台相关的管理办法和政策。因此，政府在推动数字经济发展中起着决定性作用，数字经济的发展，需要政府在数字基础设施建设、公共服务供给、产业政策调整等方面予以引导和支持。数字经济发展较快的成都、杭州、福州等城市，均已根据自身需要和发展定位，出台了相关规划或方案。此外，自治区层面也先后出台了《中共广西壮族自治区委员会 广西壮族自治区人民政府关于深入实施大数据战略加快数字广西建设的意见》和《广西数字经济发展规划（2018—2025年）》，南宁市虽然已发布了《南宁市加快电子信息制造业发展的若干意见》《2017年新型智慧城市建设实施方案》《南宁市大数据建设发展规划（2016—2020）》等相关文件，但仍缺少针对数字经济发展的整体规划或方案，亟须在明确自身发展定位基础上，将数字经济发展、数字城市建设尽快纳入城市总体发展规划之中，统筹考虑数字经济发展所涉及的各方面、各层次和各因素，从全局出发，对南宁市数字经济发展进行系统全面的规划和布局，深入研究产业数字化和数字产业化的有效途径，研究拟定数字经济发展的目标体系和政策保障体系。

2. 积极打造数字经济发展的"南宁模式"

贵州省长期以来以煤炭、电力等能源资源传统产业为主，在经济新常态背景下，产业转型压力较大。为此，贵阳市把握住数字经济发展的契机，依据自身生态资源、气候环境等优势，确定了以大数据引领产业升级，推动信息技术和实体经济融合发展的战略，其大数据产业、云计算应用和服务水平均居于国内领先地位。借鉴贵阳市的发展经验，南宁市在发展数字经济战略层面，应根据自身发展阶段和资源条件，选定优势产业和领域。数字经济涉及诸多细分行业领域，需要确定一个或数个优势产业或领域进行深耕发展，促进数字经济资源要素的创新集聚和优化配置，从而为数字经济独角兽企业的出现、产业平台的打造，以及具有特色优势的本土企业培育奠定坚实基础，成都市的数字游戏产业、厦门市的文化创意产业，都是这方面的成功案例。南宁市应抓住新的发展机遇，充分发挥中国—东盟信息港、中关村双创示范基地、中国—东盟智慧城市协同创新中心等平台作用，积极培育战略性新兴产业，催生或培育数字经济新业态，抢占新一轮产业竞争的制高点。

3. 升级信息消费，推动数字经济发展

作为一种新经济形态，数字经济的发展受到供给、需求、结构、政策等多方面的影响，不同城市在发展数字经济过程中选择的突破点也有所不同，如成都市基于原有工业基础，选择在工业领域实现突破，并逐渐向消费领域转型，而厦门市则通过发挥信息消费引领作用，推动数字经济发展。南宁市的工业基础相对薄弱，要在短期内实现较大突破有一定的困难，但作为区域交通枢纽和中心城市，其服务业有较大的发展优势，可尝试从消费领域进行突破，优先发展信息服务业，进而推动相关产业转型升级，形成产业优势并向外辐射。促进信息消费，首先需要加强泛在普惠的信息网络建设，逐步缩小城乡数字鸿沟。贵阳市是中国第一个实现 Wi-Fi 公共免费全覆盖的城市，通过建设高质量、广覆盖的 Wi-Fi 热点和传输网络，形成消费人群上网的主入口，增加访客量和浏览量，实现块数据的集聚，为大数据产业发展奠定良好基础。其次，加强对南宁市民信息消费心理的调查研究，多方面拓展数字经济市场空间，厦门市、贵阳市在促进信息消费、挖掘市场增长潜能、激发经济发展内生动力等方面积累的经验，对南宁市有较大的借鉴作用。最后，可以借鉴国外经验，加大消费补贴力度，提升数字经济市场需求。如美、德、日等国以提供消费补贴的形式，推动光伏产业的发展，我国曾经实施的家电补贴和汽车补贴也取得过较为理想的效果，可以考虑通过在电脑、互联网、电信等领域提供消费补贴，来增加市场需求。

4. 切实加强数字经济发展保障

一是建立数字经济资源的整合共享机制，发展数据采集、存储、加工和交易服务。政府部门掌握着大量的数据，专家们也一直呼吁政府应主动向社会和企业开放非涉密数据，促进大数据的商业应用和创新。要实现数字经济快速发展，就应当稳步推进政府数据开放，加强政企数据对接和互动合作。在大数据的应用和发展方面，贵阳市积累了许多宝贵经验，如在发展专业化数据采集服务上，贵阳市提出支持专业企业基于互联网、移动互联网、社交

网络等商业化平台，面向行业领域需求，采集电商数据、社交数据、运营商管道数据、社会化"块数据"等。重点支持专业数据采集服务企业与政府部门、用户企业加强合作，参与建设或共建数据采集体系，普及应用传感器等数据采集终端，提高数据采集效率、质量和鲜活度。二是进一步完善基础设施建设。贵阳市的数字精准扶贫机制，有效推动了城乡信息基础设施体系的构建和完善，这对南宁市而言是很好的借鉴。三是发挥人才集聚效应，为数字经济繁荣发展提供智力保障。贵阳市为了更好地留住人才，施行"一人一策"，针对高端信息人才的工作特点，实行"候鸟式工作模式"，鼓励他们在贵阳当地设立研究所或工作站，落实相关激励政策，并对其工作环境、子女就业、生活设施等提供全方位服务，消除其后顾之忧。

5. 深入实施"互联网＋"战略，推动实体经济发展

南宁市可借鉴贵阳市"大数据＋"的产业发展模式，推进信息化和各行业的深度融合，赋能实体经济发展。一是加快打造南宁智能制造城，大力推动智能制造，引导企业使用新技术、新模式和新业态，对传统产业进行改造升级，加快推进智能制造关键技术装备、核心支撑软件和工业互联网等系统的集成应用。二是发展智能服务，推动智能经济与传统产业的融合发展，特别是与物流、金融、旅游、医疗等重点行业和领域的融合发展，大力发展智慧物流、智慧金融和智慧家庭等。深入实施"互联网＋"战略，大力发展电子信息产业，加大招商引资力度，引进上下游产业和相关配套企业，同时积极培育本地企业的"精兵强将"，推动形成产业生态链生态圈，为南宁市数字经济发展提供良好的产业基础和优质的生态环境。突出发展重点，加快云计算大数据、产业集聚发展，培育软件信息技术服务业生态群，推动信息服务业向规模化和高端化方向发展。

六　南宁市发展数字经济的总体思路

（一）指导思想

全面贯彻落实党的十九大和十九届二中、三中全会精神，以习近平新时代中国特色社会主义思想为指引，贯彻落实《广西数字经济发展规划（2018—2025 年）》《广西数字经济发展三年行动计划（2018—2020 年）》等文件理念，抓住"智慧南宁"和"中国—东盟信息港"建设等有利机遇，以数字产业化和产业数字化为主线，实施创新引领、数据驱动战略，加快信息技术与实体经济特别是制造业的深度融合，积极培育新产业新业态新模式，不断提升数字产业化竞争力，顺利实现经济的新旧动能转换，推动南宁向制造强市、网络强市和数字强市转变。

（二）基本原则

1. 创新引领原则

把创新贯穿发展全过程，深入实施创新驱动发展战略，对数字经济产品、技术、服务、管理、模式等进行创新，加快提升信息技术尤其是大数据、人工智能等新一代信息技术的创新能力，为数字经济发展提供不竭动力。

2. 融合发展原则

深入推进互联网、大数据、人工智能与实体经济深度融合，发挥信息技术在农业、制造业和服务业的数字化、智能化、绿色化发展中的赋能引领作用，促进传统产业转型升级，激发传统产业新活力，同时，发掘新产业、新业态、新模式，促进新旧动能接续转换，实现经济发展质量变革、效率变革、动力变革。

3. 市场主导原则

发挥市场在资源配置中的决定性作用，促进数据、资本、技术等要素资源的优化配置，实现效益最大化。发挥政府的顶层设计和规范引导作用，加快转变政府职能，充分调动各类企业的积极性和能动性，激发企业的活力和创造力。

4. 安全可控原则

正确处理安全和发展的关系，加快建设数字经济信息基础设施安全保障体系，以安全保发展、以发展促安全，推进网络信息安全与数字经济发展良性互动。

（三）战略定位

打造数字丝绸之路有机衔接重要门户城市。抓住中国—东盟自贸区以及"一带一路"建设机遇，对接自治区数字经济发展战略定位，以"智慧南宁"和"中国—东盟信息港"为主要抓手，加快与东盟国家数字基础设施的互联互通，推进大数据、云计算等国际产能合作和装备制造合作，以数字经济合作辐射和带动其他经济领域的深层次国际交流与合作，打造数字丝绸之路有机衔接的重要门户城市。

打造国家数字经济发展标杆城市。推广"智慧社会"南宁模式建设经验，创新数字经济发展模式和体制机制，推动互联网、大数据、云计算、人工智能和物联网等信息技术与实体经济融合创新，促进传统产业转型升级，使数字经济成为南宁传统产业转型升级的新动能和经济转型发展的主导力量，打造数字经济发展"南宁模式"。

（四）战略重点

结合数字经济发展战略定位，南宁市数字经济发展的战略重点主要有以下几方面。

1. 大力发展新一代信息技术产业

以五象新区中国—东盟信息港建设为契机，加快大数据产业园、区域性国际数据交易中心等重大项目建设，建成面向东盟的社会大数据交易平台服务中心，推动云计算、大数据建设，提前谋划和超前布局量子通信、区块链、未来网络等前沿信息产业。以东盟硅谷科技园、中国—东盟智能制造产业园、深圳国人通信智慧产业园等园区建设为抓手，加快人工智能产业发展。建立北斗导航产业园，完善北斗导航产业链，打造面向东盟的北斗导航产业示范基地。

2. 加快推进信息技术与实体经济融合发展

推进信息技术与农业的融合发展。全面推进物联网、大数据、空间信息、智能装备等新一代信息技术与农业生产、经营、管理、服务作业等各环节各领域的深度融合和应用，大力发展智慧农业；积极发挥横县、宾阳、上林等"国家电子商务进农村综合示范县"的带动作用，加快发展农村电商。以智慧农业、农村电商为重点，加快推进农业的数字化和高质量发展。

推进信息技术与工业的融合发展。以中关村双创示范基地、富士康东盟硅谷科技园等为载体，加快智能制造业发展，加快建设若干智能制造园区，打造面向东盟的现代化智能制造产业园。以富士康、研祥、南南铝业等企业为重点，加快电子信息产品制造业发展，打造数字化装备制造产业集群。通过智能制造和电子信息产业的快速发展，加快推进工业数字化发展。

推进信息技术与服务业的融合发展。以南宁市服务业重点行业物流、金融、旅游、文化等为重点，加快数字技术在产业中的运用，加快发展智慧物流、智慧旅游、智慧健康、数字金融、数字文化，通过融合发展实现服务业转型，促进新业态发展，推动实现经济发展新旧动能转换。

3. 强化数据安全

通过完善监管体制，强化数据安全技术的研发与推广应用，加强监测、预警、应急处置及电子政务系统安全测评，定期开展信息安全风险评估和安全联合检查，建设网络安全监测预警和应急处置平台，开展网络安全应急处置演练等，加快建立健全"防御、监测、打击、治理、评估"五位一体的数据安全保障体系，强化提升数据安全保障能力。

七 南宁市促进数字经济发展的对策措施

以数字产业化、产业数字化为出发点和落脚点①，采取强有力措施，夯实数字经济发展基础，推动互联网、大数据、人工智能与农业、工业和服务业深度融合，推进全市数字经济加快发展，打造中国—东盟数字经济基地。

（一）强化政策支持

数字经济作为新兴产业，需要用地、投融资、财税等方面的配套政策予以支持才能加快发展，南宁市要通过强大的政策支持，加速吸引和促进各类生产要素集聚集中。

1. 产业发展综合政策

产业政策对产业发展具有强大的引导促进作用，也是政府强化调控引导功能的重要手段，制定数字产业发展的强大政策成为促进全市数字经济加快发展的重要保障。一是根据数字广西系列配套政策，提出将中国—东盟信息港南宁核心基地打造成为中国—东盟数字经济基地的要求，制定出台支持中国—东盟信息港南宁核心基地产业发展的政策，着重对数字经济发展涉及的重要领域予以支持，尤其在财税扶持、用水用电、平台建设、园区运营、科技创新等方面给予重点支持。二是制定加快数字经济发展的专项政策措施，在数字经济重点项目（企业）落地、产业集聚区建设、市场开放和开拓、公共服务平台建设、示范工程和试点应用、智能化技术改造、创新发展等方面予以重点支持。三是对投资规模大、经济带动作用强、科技含量高的重大数字经济产业项目，采取"一事一议"方式给予特殊政策支持，对项目配套产业给予一定的扶持。四是强化对已出台政策的统筹，印发全市数字经济扶持政策汇编，全力做好政策的落实和兑现工作。

2. 用地支持专项政策

建设用地是产业项目落地的前提条件，没有建设用地指标或建设用地指

---

① 数字产业化是通过现代信息技术的市场化应用，推动数字产业的形成和发展；产业数字化是利用现代信息技术对传统产业进行全方位、全角度、全链条的改造。

标不足将制约数字产业项目的招商引资，直接导致数字经济发展后劲不足、动力缺乏。一是借鉴五象新区管委会出台的《关于加快中国—东盟信息港南宁核心基地创新型产业发展的通知》，制定全市支持数字经济产业项目发展的用地措施，明确数字经济产业项目用地可采取招标、拍卖、挂牌等方式公开出让，参照工业用地出让有关程序办理；以工业用地价格为基准，起始价按工业用地评估价的一定系数修正后评估确定；可兼容不超过20%的商务、商业用地；可采取"长期租赁""先租后让""弹性年限出让"等多种土地供应方式，工业用途部分用地所建物业50%可用于出售（不含配套设施）。二是全市新增数字经济产业项目用地优先纳入年度国有建设用地供应计划，确保用地需求。三是积极争取全市数字经济重大产业项目纳入自治区层面统筹推进重大项目，在用地指标方面获得自治区层面的相关支持。四是积极争取自治区专项指标，并预留一定指标用于支持数字经济重大项目建设。

3. 资金支持专项政策

产业的发展离不开金融的支持，金融支持是产业发展的必备条件，而财政和基金支持可有效扶持数字产业发展，尤其在降低数字企业投入、生产和运营成本方面具有一定的支持作用。一是在对全市各专项资金进行统筹整合的基础上，调整安排一定额度的数字经济发展资金，对数字产业关键领域、重点项目及数字经济集聚区给予财政扶持。二是从2019年起，每年安排一定额度的信息港南宁核心基地专项资金，重点对数字产业项目或企业予以支持。三是综合运用政府参股投资、贴息贷款及事前立项事后补助拨款等方式，强化对数字产业的财政支持。四是积极支持中国—东盟信息港数字经济产业基金①做大规模并扩大影响力，发挥产业投资引导基金的作用。五是引导社会资本参与数字经济重大项目实施和科技成果转化应用，引导各类风险投资机构加大对全市数字经济的投资力度。

---

① 2018年9月，中国—东盟信息港股份有限公司牵头成立了中国—东盟信息港数字经济产业联盟（以下简称"联盟"），旨在携手中国和东盟国家合作伙伴打造开放型合作平台，在联盟框架下设立中国—东盟信息港数字经济产业基金，基金规模达200亿元，主要应用于数字丝路重大项目建设及数字经济产业的项目孵化、投资和并购业务。其中，数字经济基金采用母子基金的架构，母基金计划募资规模30亿元，基金围绕产业投资、并购、孵化领域分设子基金，计划募资总规模200亿元。产业投资领域，聚焦云计算、大数据、物联网、云通信、区块链、产业互联网、人工智能、金融科技、智慧城市等战略新兴产业；产业并购领域，围绕构建中国—东盟信息港生态圈进行上下游产业并购；产业孵化领域，着重关注中国—东盟信息港生态圈内具备市场潜力和核心技术能力的初创型信息企业，通过技术孵化、资源注入与产品重构，实现资本增值。

4. 加强规划计划引导和管理

产业发展规划和计划可根据既定目标推动各类资源要素向数字经济发展重点领域、关键环节集聚集中，是政府对产业进行调控引导的重要手段。一是编制《南宁市数字经济中长期发展规划》，明确全市数字产业发展的中期和长期发展目标、重点领域、主要任务、促进措施等。二是制定出台《南宁市数字经济发展三年行动计划（2018—2020 年）》，明确全市数字经济发展的工作目标、重点任务和保障措施，定期对计划推进落实情况予以督查督办。三是全面清理和调整不适应数字经济发展的相关制度，建立健全符合数字经济发展特点的竞争监管机制。四是加强数字经济项目管理，在中国—东盟信息港南宁核心基地项目库的基础上，建立全市规范统一的数字经济产业项目库，强化对项目库、新业态的动态化管理。五是建立全市数字经济重大产业项目跟踪评价机制，根据评价等级予以分类指导，并在申报国家、自治区相关资金方面予以重点支持。六是将南宁市发展改革委、南宁市工信局相关职能进行整合，在南宁市信息网络管理中心（南宁大数据统筹管理中心）的基础上，探索组建市级层面大数据发展管理局。

（二）推动数字产业化发展

数字经济包括数字产业化和产业数字化，数字产业化可将数字化的知识和信息转化为生产要素，通过信息技术创新和管理创新、商业模式创新的融合，不断催生新产业新业态新模式，最终形成数字产业链和产业集群，是数字经济发展的主要领域①。

1. 云计算大数据

将大数据、云计算作为数字产业化发展的重点领域，着力把项目建设与企业发展作为两条腿，实现齐头并进、相互促进。一是依托中国—东盟信息港，积极发挥广西电子政务外网云计算中心强大的数字资源整合能力，全力支持电信运营商、行业龙头企业建设新型绿色数据中心，加快推进中国—东盟信息港大数据中心、中国电信东盟国际信息园、中国移动广西南宁绿色数据中心、中国—东盟信息港小镇、远洋金象大数据产业园等重大项目建设，促进项目尽快建成并投入使用，支持在其基础上建立大数据产业园，并搭建

① 习近平总书记在全国网络安全和信息化工作会议上指出，"要发展数字经济，加快推动数字产业化，依靠信息技术创新驱动，不断催生新产业新业态新模式，用新动能推动新发展"；在中国科学院第十九次院士大会、中国工程院第十四次院士大会的讲话中进一步强调："要推进互联网、大数据、人工智能同实体经济深度融合，做大做强数字经济。"

各类大数据平台，有效延伸拓展业务。二是组织申报国家大数据（南宁）综合试验区①，争取国家支持建设面向东盟的离岸数据中心，加快建设区域性国际数据交易中心，建成面向东盟的社会大数据交易平台服务中心，通过线上和线下各种方式，提供数据交易、支付、结算、交付和安全保障等服务。三是培育壮大一批数据采集、挖掘、分析、安全等大数据服务本地企业（如中国东信），促进大数据在医疗健康、社会保障、教育文化、交通旅游等领域的应用，支持发展面向第一、第二、第三产业的大数据服务和成套解决方案，积极发展基于云计算的信息存储、在线工具、学校娱乐等服务。四是积极培育引进云计算研发和服务企业，支持信息技术服务企业向云计算产品和服务提供商转型。五是促进跨领域、跨行业的数据融合和协同创新，大力提升产业大数据资源的采集获取和分析利用能力，全面推进云计算、大数据在工业研发设计、生产制造、经营管理、售后服务等各个环节和领域的推广和应用，探索形成协同发展的新业态、新模式。

2. 人工智能

人工智能是未来经济发展新的增长点，也是把握未来发展先机并实现跨越式发展的重要途径，南宁市在该领域还处于起步阶段，可加大力度予以支持发展。一是推进东盟硅谷科技园、中国—东盟智能制造产业园、深圳国人通信智慧产业园等园区建设，开展人工智能在工业、农业、交通、教育、医疗等领域的科技研发和应用示范，推动建设一批与人工智能相关的众创空间、孵化器、企业技术中心等创新创业平台。二是加大对科技创新企业支持力度，积极支持科大讯飞做大做强，加大力度引进机器视觉、自然语言处理、语言识别、智能机器人、智能医疗、智能金融等领域的人工智能创新公司，推动计算机视觉、生物特征识别、人机交互等技术集成创新应用，大力培育智能工业机器人、智能网联汽车和智能家居等产业。三是设立人工智能产业创新中心，鼓励建立人工智能企业与用户合作的"产学研用"联盟，重点支持南宁学院科大讯飞人工智能学院加大人才培养力度。四是创造优越的创新创业环境，制定人工智能研发创新的税收优惠政策和奖励补助政策，引导人工智能企业加大研发投入，引导金融机构增加对领域内企业的金融支

---

① 国家发改委会同工信部、中央网信办先后批复同意贵州省、京津冀、珠江三角洲、上海市、河南省、重庆市、沈阳市、内蒙古自治区八大区域开展国家大数据综合试验区建设，这些试验区正围绕不同定位，开展系统性、整体性、协同性大数据综合试验探索。在8个国家大数据综合试验区中，包括1个（贵州）先导试验型综合试验区，2个跨区域类综合试验区，4个区域示范类综合试验区，1个大数据基础设施统筹发展类综合试验区。

持，强化人工智能产业发展的政策、金融支持。

3. 北斗卫星导航应用

北斗卫星导航应用是推动数字产业化的重要实践，其面向东盟业务的拓展更是凸显了南宁市的战略地位。一是积极推进北斗卫星导航在全市交通运输、现代农业、城市综合管理以及民生服务等重点行业领域的示范应用，结合发展需要大力实施基于北斗的地基增强系统建设工程、智慧糖业建设工程、城市交通管理系统建设工程和交通运输管理系统示范应用等，加快形成导航、通信、地理信息系统配套应用服务体系以及完整的产业链。二是推动在中国—东盟信息港南宁核心基地建立北斗导航产业园，全面推进项目和企业集聚，重点加快广西—东盟地理信息与卫星应用产业园（地理信息小镇）、卫星遥感与地理信息生产与研发基地等项目建设，推动开展"北斗＋"创新创业应用，大力发展北斗导航应用及卫星技术应用产业。三是积极向中国卫星导航系统管理办公室（国家北斗办）申报国家级北斗导航应用示范，全面推进南宁市与东盟卫星导航领域的合作，争取国家和自治区将北斗导航产业园建设成为面向东盟的北斗导航产业示范基地，增强北斗技术在东盟国家的影响力和知名度。四是重点对接国内的地理信息（北斗卫星导航）企业，促进其在南宁市开展面向东盟的北斗卫星导航应用服务。

4. 前沿信息产业

发展前沿信息产业是转变经济发展方式、推进经济发展弯道超车的重要手段，南宁市可提前谋划、超前布局，提升数字经济发展的超前性。一是研究全市前沿信息产业的发展方向，将量子通信、区块链、未来网络等作为重点领域，大力支持开展技术创新应用研发，促进成果产业化，加快培育具有重大引领带动作用的数字产业。二是积极支持探索量子通信技术在电子政务、金融服务等领域的开发应用。三是加快推进中国—东盟区块链产业园建设，积极建立区块链技术研发的公共服务平台，鼓励区块链和"互联网＋"深度融合，推进区块链在供应链、金融、数据交易、能源等领域试点应用，推动区块链与数据交易、金融、物流等行业的广泛融合，打造新的经济增长极。四是积极争取未来网络南宁分控节点尽快落地，着力推动未来网络 SDN（软件定义网络）、NFV（网络功能虚拟化）等技术在跨境电子商务、远程医疗等领域的应用。

（三）推进农业数字化发展

以大数据为引领，以农村电商、生产智能化等为切入点，推进数字化与农业深度融合，大力发展数字农业，有效转变农业发展方式，促进农业高质量发展。

1. 积极发展智慧农业①

智慧农业是智慧经济和智慧经济形态的具体表现，对于提高全市农业经济效益具有举足轻重的作用。一是依托市级农业信息化项目，优先选择全市重点优势特色产业，全面推进物联网、大数据、空间信息、智能装备等新一代信息技术与农机生产、经营、管理、服务作业等各环节各领域的深度融合和应用。二是通过打造智慧农机建设工程、建设智慧农机生产应用示范基地等，着力培育新型智慧农机产业体系，促进农机生产管理更加精准高效。三是支持和鼓励全市现代特色农业示范区数字化建设，带动农业生产、经营、管理、服务等领域的数字化应用创新，对建设成效明显、引领作用突出的示范区予以一定资金奖励。四是强化农业实用数据库建设，强化数据采集、分析，利用大数据提升农业生产、经营、管理和服务水平，培育网络化、智能化、精准化的现代农业生产新模式，大力发展智能农业、感知农业。

2. 大力发展农村电子商务

发展农村电子商务有利于充分激发全市农村经济发展活力，并为乡村振兴战略注入新动力。一是大力推进"电子商务进万村工程"，拉动"互联网＋农业"发展，积极推进"电商＋产业＋市场＋冷链"的农村电商发展新模式，以及线上线下有机结合的农产品流通模式，推动农产品生产、流通、加工、储运、销售、服务等环节的互联网化。二是强化企业的主体地位，鼓励发展电商直供、社区支持农业（CSA）等新型农业经营模式，积极开展鲜活农产品社区直配、放心农业生产资料下乡、休闲农业上网营销等电子商务试点，加强农业经营主体与阿里巴巴、京东等电商的线上线下互动，推动特色优势农产品上网销售。三是结合全市"万企千店"电子商务推广工程，积极搭建农村电子商务综合服务平台，助力县域电子商务产业园和农村电子商务服务站建设，为农村电商提供完善的物流配送、本地特色产品外销、电商培训和创业扶持等服务。四是积极扶持一批辐射带动能力强的新型农业经营主体，培育农村电子商务示范县、示范企业和示范合作社，充分发挥其示范带动作用。

---

① 智慧农业是农业生产的高级阶段，集新兴的互联网、移动互联网、云计算和物联网技术于一体，依托部署在农业生产现场的各种传感节点（环境温湿度、土壤水分、二氧化碳、图像等）和无线通信网络实现农业生产环境的智能感知、智能预警、智能决策、智能分析、专家在线指导，为农业生产提供精准化种植、可视化管理、智能化决策。

3. 推进农业智能化管理

农业智能化管理不仅可提高农业生产效率，还能在很大程度上节约人力成本，成为南宁市发展现代农业的重要手段。一是建立农业决策系统、促进农业数据资源协同，不断完善数字农业平台的服务功能，推进南宁市农业综合信息管理与服务平台①、南宁农产品质量安全追溯系统和农产品安全监管系统建设。二是基于南宁市农村土地确权地理信息数据、数字南宁市地理信息数据等，加快推进"农业一张图"建设。三是打造现代农村综合信息服务平台，建立健全农业农村信息服务体系，做到服务延伸到村、信息精准到户，培育提升"三农"新动能。

（四）推进工业数字化发展

以南宁市建设智能制造城为契机，促进大数据、云计算、人工智能与制造业的融合发展，加快推进制造业数字化、网络化、智能化转型。

1. 大力发展智能制造业

智能制造业发展可有效提升生产效率、技术水平和产品质量，对于推进工业转型升级、推动经济高质量发展具有十分重要的意义。一是重点推进中关村双创示范基地、富士康东盟硅谷科技园等的建设，促进大数据、云计算、工业互联网、3D打印、个性化定制等业态在基地（科技园）集聚，形成产业集群发展态势。二是强化产业园区（基地）建设，依托中国—东盟信息港南宁核心基地，积极建立若干智能制造园区，围绕3D打印设备及其关键零部件和新材料生产制造以及智能制造、人工智能、开源硬件平台、工业设计、科技创新、产业孵化等，打造面向东盟的现代化智能制造产业园。三是加大项目（企业）招商引资力度，积极引进一批集智能制造、高端装备制造、电子信息、人工智能等于一体的项目，全力支持智能制造企业在南宁市设立分支机构并开展相关业务。

2. 积极发展电子信息产品制造业

电子信息产品制造业发展对于不断增强制造业核心竞争力，将南宁市打

---

① 典型案例有中国—东盟信息港股份有限责任公司在深入调研广西糖业现状的基础上，通过中国—东盟蔗糖通平台，打造了贯穿蔗糖全产业链的三大平台——甘蔗生产服务大数据平台、蔗糖生产服务大数据平台、广西泛糖现货交易平台，在IT系统建设、平台运营服务、金融产品应用三方面为蔗糖产业提供高效、便捷的全流程互联网化平台服务，实现农工商一体化。对蔗糖产业链全流程互联网化的升级，有效解决了蔗糖产业规模小、成本高、价格不稳定、附加值低的问题，保障了供需平衡。

造成为面向东盟的电子信息制造业基地，具有不可或缺的作用。一是积极支持富士康、研祥、斐讯等企业研发服务器、一体机、存储、内存计算等大数据装备产品，以及智能手机、可穿戴设备、智能服务机器人、音视频采集、传感器、条形码、射频识别技术、北斗定位等智能终端和智能芯片产品，力争在大数据装备、智能终端和智能芯片制造等领域实现重点突破。二是加大重大项目跟踪协调工作力度，以引进建设制造、封装测试生产线为切入点，努力推动高性能集成电路、新型电子材料等高端制造业发展，做大做强网络和通信设备、数字视听设备、新型电子元器件、光电子、智能控制设备等重点产品。

3. 积极搭建工业数字化平台

工业互联网平台是制造业数字化转型的关键目标，对南宁市工业信息化的实现路径和方式方法具有重大影响。一是进一步整合全行业生产、开发、经营、管理等数据资源，建立面向电子信息、先进装备制造、生物医药等主导和优势产业的工业大数据资源聚合和分析应用平台，推动建设全行业工业大数据平台，面向企业生产经营的重点环节，提供支持协同创新、柔性制造、精益管理、精准营销的大数据分析云服务。二是构建基于互联网的开放式"双创"平台，构建不同企业专业化分工协作的网络体系，打造创业融通发展的新格局。三是建立中小企业公共服务平台，构建企业间数据交换共享体系，提供产品设计、财务管理、人力资源管理、客户管理、供应链管理等云服务，降低企业成本、提高工作效率，促进传统工业企业的转型升级。四是积极搭建向东盟国家制造企业提供商业化工业云服务的数据平台。

（五）推进服务业数字化发展

服务业数字化是推动传统服务业转型升级的重要手段，加强大数据在物流、金融、旅游、文化等服务业领域的数字化渗透，加速服务企业的数字化转型，有效提升服务业发展质量。

1. 智慧物流

智慧物流可将自动化、可视化、可控化、智能化、系统化、网络化、电子化的发展成果运用于物流系统，可有效降低成本、提高效益和优化服务。一是针对中国—东盟智能化物流服务的需求，建设现代物流大数据平台，汇聚商品信息、交通路网、货物运输、货物周转等行业数据，推进物流政务服务和物流商务服务的一体化，一站式提供电子口岸、危险品流通管理、出入境检验检疫监管、物流行业管理等物流政务服务，建立具备仓储管理、业务协同、订单管理、运输管理等功能的物流商务服务系统，实行统一服务认证。二是依托空间地理信息平台，积极融合物联网、GPS、北斗导航定位等数据，实现城市物流动态行为的数据共享。三是大力支持物流企业发展智慧物流，以供应链全程可视化为核心，汇聚企业、货物流及配套服务的数据资源，优化物流供应链，促进货主企业提升供应链水平，促进物流企业智慧化发展。四是重点支持和引导中新（南宁）国际物流园智慧物流发展，加快将其打造成为一个物贸融合、智慧绿色、立体高效、服务领先的区域智慧物流园区，积极建立服务中新互联互通南向通道、具备多式联运功能的智慧物流供应链平台。

2. 智慧旅游

智慧旅游可通过推进旅游信息化与产业化的融合，推动旅游产业体制、管理及市场创新，有效促进全市旅游业转型升级。一是组织编制《南宁智慧旅游发展规划（2020—2025）》，明确全市智慧旅游发展的目标、主要任务、推进策略、支撑体系、应用体系、保障体系等，为指导全市智慧旅游发展提供指导和依据。二是建设南宁市智能化综合旅游服务平台和智慧旅游数据中心，积极推进在爱南宁 App 平台上搭建"云游南宁"智慧旅游云平台，打造"一体多端"的智慧旅游公共服务体系，满足游客"游前、游中、游后"在"吃、住、行、游、娱、购"等各方面的服务需求。三是以《南宁市全域旅游总体规划（2017 年—2025 年）》为指导，围绕青秀山、方特东盟神画、南宁万达茂、南宁园博园等重点景区，推进智慧旅游景区建设试点，鼓励和支持景区提供智慧旅游智能设施，推动园区已有的智慧旅游应用设施升级换代，全面提升景区管理信息化水平和智慧应用。四是加强旅游信息共享和服务交流合作，采取以点带线、以线带面的方式，与越南、柬埔寨等东盟国家的知名景点建立信息共享机制，建立全领域旅游信息发布平台，共同打造具有"丝绸之路"特色的旅游精品品牌。

3. 智慧健康

智慧健康产业不仅可培养新的经济增长点，还有利于提高全市人民群众的健康水平和生活质量，人口老龄化将对其产生重大需求。一是在数字医院、三医联动、远程医疗、健康监护、体育健身等领域提高智能化服务水平。二是探索建立"互联网＋居家""互联网＋社区""互联网＋机构""互联网＋医疗""互联网＋产业"等智慧养老模式，整合养老服务线上线下各类资源，加快发展智慧养老产业。三是使全市现有的各类医疗健康、养老信息平台全面融合爱南宁 App 智慧健康板块，加紧搭建健康养老大数据服务子平台，形成预约挂号、分级诊疗、远程医疗、健康咨询、移动支付等便民应用。四是以医院管理和电子病历为重点，建立全市居民电子健康档案；以实现医院服务网络化为重点，推进远程挂号、电子收费、数字远程医疗服务、图文体检诊断等智慧医疗系统建设，提升医疗服务水平。

4. 跨境电子商务

跨境电子商务产业发展是南宁市经济转型升级的新突破口，更是建设南宁跨境电商综合试验区的前提。一是完善南宁跨境电子商务综合服务平台，推进跨境电商线上"单一窗口"、线下"综合园区"和"信息共享、金融服务、智能物流、电商信用、统计监测和风险防控"等综合服务体系建设，实现跨境电商"一次申报、一次查验、一次放行"。二是大力培育本土电子商务企业，支持国内知名电商企业在南宁综合保税区等区域设立面向东盟的电子商务总部。三是支持电子商务企业"走出去"，重点支持跨境电商企业建设覆盖重点国别、重点市场的海外仓，推进东盟大宗商品离岸交易中心项目建设，积极搭建中国—东盟经贸服务平台。四是鼓励大型百货商场、连锁超市积极开展网络零售批发业务，发展新零售、全渠道、定制化营销模式，建设一批电子商务示范园区（基地）。五是充分依托南宁跨境电商综合试验区建设，加紧制定出台南宁国家跨境电商综合试验区建设总体方案，积极争取国家对面向东盟的跨境电商的政策支持，出台鼓励跨境电商发展的措施，推动跨境电商产业集聚集群发展，打造面向东盟的跨境电子商务集聚区。

5. 数字金融①

数字金融是金融产品不断信息化与网络化的产物，可大幅提升现金流在金融产业中的流转效率，是南宁市建设区域性国际金融中心的重要领域。一是推进传统金融机构基于大数据的互联网金融业务创新，支持银行、保险机构通过互联网、移动终端等渠道提供金融产品和服务，开展直销业务或探索设立直销银行、保险机构，完善线上线下服务体系，发展网上银行、网上证券、保险电子商务、金融超市等新服务，拓展数据网贷、数据信用等新产品和新服务，支持证券公司、基金期货公司与大型电商企业、第三方支付机构等合作开展互联网理财业务，开设网上直销平台。二是支持金融机构、大型电商企业等在南宁核心基地设立各类主要从事互联网金融业务的法人机构或功能性总部机构，积极支持中国邮政储蓄银行等金融机构建设跨境结算中

---

① 数字金融包括互联网支付、移动支付、网上银行、金融服务外包及网上贷款、网上保险、网上基金等金融服务。

心。三是依托区域性跨境人民币业务平台（南宁）等，强化中国—东盟自贸区金融信息发布平台建设，增加权威金融信息发布项目，有效提升南宁在中国—东盟金融服务领域的竞争力。四是大力推进金融改革创新，积极推动人民币对东盟国家货币银行间市场区域交易，扩大人民币跨境支付系统（CIPS）使用范围，支持银行业金融机构和第三方支付机构为东盟国家提供跨境支付服务。五是加强互联网金融监管合作，进一步完善南宁市地方金融监管信息平台，搭建南宁市金融大数据服务平台，进一步加强区域金融市场的管理，严控区域金融风险，加大对非法集资、金融诈骗等行为的防治力度。

6. 网络文化产业

充分利用南宁市所具有的区位优势、地缘优势和文化资源优势，大力发展面向东盟的网络文化产业，可有效提升城市文化影响力。一是重点研究全市网络文化产业发展的方向，推进"互联网＋文化"不断深入开展，加快发展文化创意、数字出版、移动多媒体、动漫游戏等新兴文化产业，以科技创新促进文化产业优化升级。二是推动中国与东盟网络媒体交流合作，重点推进广西新媒体中心（中国—东盟网络视听产业基地）、中国—东盟数字出版基地等产业集聚区建设，聚合我国与东盟国家网络视听领域优势资源，构建集研发设计、创意策划、内容生产、节目译制、版权交易、公共服务、展示推介、娱乐体验、人才培训等功能于一体的现代传媒产业集群发展基地。三是大力推动本土优秀文化产品的打造，挖掘本土优秀文化遗产，精心设计包装，与东盟国家共同举办网上"丝绸之路"电视电影节、艺术展，开展"万部电影进东盟"文化交流活动，提升网络文化产业的影响力。四是着力引导和支持市内重点新闻网站和主要商业网站多渠道地把我国歌曲、图书、报刊、影视剧、综艺文化节目、动漫、游戏等文化产品向东盟国家传播。

（六）推进数据资源开发开放

推动政务数据资源向社会开放是一项战略性、基础性工作，提高政务数据资源开发利用水平、推动数字经济开放共享可助推产业升级和经济转型。

1. 提高政务数据资源开发利用水平

数据资源开发利用水平高可有效吸引大型互联网和大数据企业，并形成相互促进、共同发展的良性循环。一是制定全市政务数据资源开发应用技术指南，明确政务数据资源向社会开放重点领域，规范指导政务数据资源开发利用工作，提高对政务数据资源开发与利用的可操作性。二是充分总结在推进智慧南宁建设方面的经验，解决"信息孤岛""数据烟囱"等难题，强力整合政务、经济、生活等信息资源，实现数据集聚，推动数据的综合开发利用，着力将政务数据资源的开发利用以特许经营权的方式交由专业企业运作，积极鼓励各类社会主体对政务数据资源的深度开发和增值利用，实现共享互惠、合作共赢。三是鼓励和支持知名社会企业（如浪潮集团）参与数据资源开发利用，面向重点行业和民生领域进行大数据重大应用示范，发掘数据资源价值，支撑中国—东盟大数据应用和产业发展，为大数据产品的开发与应用提供服务。四是通过政企合营、招标、特许、授权使用、外包、联合开发等数据资源开发方式，支持在医疗卫生、教育信息、产业经济、社保就业、城市管理、公共交通、旅游服务、科技服务、商品零售、信用服务等领域，推进数据资源的开发及运营，挖掘数据资源的价值。

2. 推动数字经济开放共享

数字经济是全球经济增长的重要驱动力，建设"数字丝绸之路"成为"一带一路"建设的重要领域，深化面向东盟的数字经济合作可有效释放数字经济的活力。一是依托中国—东盟博览会，在中国—东盟信息港论坛框架下，举办数字经济合作高峰论坛，加强我国与东盟在数字经济领域的合作。二是充分利用中国—东盟信息港平台，鼓励和支持国内企业以项目投资、服务承包、并购等方式在东盟国家开展合作。三是充分利用中国—东盟科技产业合作委员会、中国—东盟信息港数字经济研究院、大数据研究院等平台，深化对外沟通交流，为深化合作提供桥梁和纽带。四是积极支持中国—东盟信息港数字经济产业联盟和产业基金吸引东盟国家企业及其资金加入，扩大影响力。五是依托广西电子政务云计算中心部署运行的全区统一的数据开放平台，采集汇聚东盟十国的政务数据、社会数据和互联网数据，扩大数据采集范围，促进数据共享和国际合作。六是搭建东盟舆情监测平台，建设东盟舆情信息数据库，建立外文网站爬虫和网页在线翻译自动入库机制。

（七）夯实数字经济发展基础

全面推进信息基础设施、数字经济安全保障体系、人才培养引进三大工程建设，形成数字经济发展的强大支撑，保障全市数字经济崛起和快速发展。

1. 加快新一代信息基础设施建设

构建高速、移动、泛在、安全的信息基础设施是数字经济加快发展的重要条件，南宁市应学习贵阳的做法，全面补齐基础设施短板。一是加快传统基础设施网络化建设和数字化改造，支持电信运营商加快网络基础设施升级改造，推动覆盖南宁城乡的第四代移动通信及城市无线网络建设，实现 4G 网络覆盖城乡、无线局域网全面覆盖公共热点区域。二是大力推进城域网扩容升级和优化本地骨干网工程，建设新一代高速光纤网络和先进泛在的无线宽带网，加快建设超高速、大容量、智能化的通信骨干网络，支持并加快推进东盟商务区、南湖、五象新区等区域开展 5G 试点建设。三是新建一批互联网数据中心、超算中心和云计算平台等数字化基础设施，推动各行业、全领域数据向云端迁移，加快安全支付、信用体系、现代物流等新型商业基础设施建设，建立基于大数据的先进信息网络支撑体系。四是积极争取建设南宁国家级互联网骨干直联点，完善中国—东盟国际数据出入口局和国际直达专用数据通道，积极促进基础电信运营商建设区域国际出入口局，提升与东盟通信基础设施的互联互通水平。

2. 强化数字经济安全保障

网络安全是数字经济发展的基础条件，已成为其发展的前提和根本保障，数字经济安全保障体系建设至关重要。一是借助各方力量，综合运用技术、法律、行政等手段，制定包括安全防护、供应链安全、信息安全保护等在内的数字经济安全制度。二是创新监管方式，完善监管体制，加强行业信息监管，构建行业统一的分级保护体系，加强重点行业和群体的数据信息保护。三是推进全市政府数据资源目录的集中存储和统一管理，建立政府数据资源统筹管理和调度运行机制，完善数据采集分析应用机制，提升政府数据安全保障能力。四是支持数据加解密、数据审计、数据销毁、完整性验证等数据安全技术研发及产业化，推进安全、可控的大数据关键装备产业化和部署升级，提升并完善大数据灾备与应急管理服务能力和机制。五是健全网络安全组织机构，梳理制定相关政策措施，整合构建网络安全应急预警平台，进一步完善南宁市网络安全防护体系。

3. 加大人才培引力度

人才是发展数字经济的决定性因素，只有积极吸引数字经济领域人才，充分激发人才的创造力，南宁市数字经济才能实现蓬勃发展。一是建立校企联合培养人才模式，依托区内高校联合有关企业成立专门学院，在现有学科基础上增设数据科学、人工智能、大数据等专业。二是围绕数字经济重点企业、重大项目，加强与国内外名院、名校的交流合作，鼓励通过产学研联合，建立产业技术人才培养基地。三是建立南宁数字经济人才库，将数字经济高层次人才纳入全市急需紧缺高层次人才引进计划，强化南宁市"1+6"

人才政策①对数字经济领域高端人才、专业技术人才的支持倾斜，集聚和吸引更多数字经济高端人才。四是统筹考虑人才所需的环境和政策空间，不断完善吸引人才的相关配套措施，真正做到以事业留人、感情留人、待遇留人，营造数字经济人才宜居、宜业的良好环境。

参考文献

曹正勇：《数字经济背景下促进我国工业高质量发展的新制造模式研究》，《理论探讨》2018 年第 2 期。

陈畴镛：《以数字经济驱动高质量发展》，《浙江经济》2018 年第 4 期。

陈煜波、马晔风：《数字人才——中国经济数字化转型的核心驱动力》，《清华管理评论》2018 年第 2 期。

陈璋、阚凤云、胡国良：《OECD 国家数字经济战略的经验和启示》，《现代管理科学》2017 年第 3 期。

杜庆昊：《关于建设数字经济强国的思考》，《行政管理改革》2018 年第 5 期。

蓝庆新、窦凯：《共享时代数字经济发展趋势与对策》，《理论学科》2017 年第 6 期。

李长江：《关于数字经济内涵的初步探讨》，《电子政务》2017 年第 9 期。

鲁春丛：《发展数字经济的思考》，《网络空间战略论坛》2018 年第 3 期。

马化腾、孟昭莉、闫德利、王花蕾：《数字经济：中国创新增长新动能》，《华北电业》2017 年第 6 期。

莫玮：《发展数字经济 推动经济融合发展》，《软件和集成电路》2018 年第 4 期。

南磊：《江苏数字经济发展路径研究》，《中国信息化》2018 年第 5 期。

《南宁市人民政府办公厅关于印发南宁市大数据建设发展规划（2016 - 2020）的通知》（南府办〔2016〕61 号）。

司晓、孟昭莉、王花蕾、闫德利：《数字经济：内涵、发展与挑战》，《互联网天地》2017 年第 3 期。

田丽：《各国数字经济概念比较研究》，《经济研究参考》2017 年第 40 期。

① "1 + 6" 人才政策即《南宁市深化人才发展体制机制改革 打造面向东盟的区域性国际人才高地行动计划》《提升自主创新能力促进产业优化升级发展若干政策措施》《关于支持青年人才留邕创业就业的若干措施》《关于强化人才创新创业金融支撑的若干措施》《关于南宁市建设海外人才离岸创新创业基地的实施办法》《南宁市引进海外人才工作实施办法》《加快南宁市人力资源服务业发展实施办法》。

新华三集团数字经济研究院：《中国城市数字经济指数白皮书（2018）》，2018。

应瑛、邱靓：《勇立数字经济发展潮头》，《浙江经济》2018 年第 4 期。

张鸿：《以数字经济为引擎推动"三个经济"高质量发展》，《新西部》2018 年第 4 期。

张太平：《强化大数据产业基础 加快数字经济发展，》，《北方经济》2018 年第 2 期。

赵西三：《数字经济驱动中国制造转型升级研究》，《中州学刊》2017 年第 12 期。

郑安琪：《英国数字经济战略与产业转型》，《世界电信》2016 年第 3 期。

S. Baller, S. Dutta, and B. Lanvin, *The Global Information Technology Report 2016：Innovating in the Digital Economy*, http：//www3. weforum. org/docs/GITR2016/GITR _ 2016 _ full% 20report_ final. pdf, 2016.

D. Henry, S. Cooke, and S. Montes, *The Emerging Digital Economy*, http：//www. esa. doc. gov/sites/default/files/emergingdig_0. pdf, 1998.

D. Tapscott, *The Digital Economy：Promise and Peril in the Age of Networked Intelligence*. New York：McGraw – Hill, 1996.

G. Kirkman, P. Cornelius, J. Sachs, and K. Schawb, *The Global Information Technology Report* 2001 – 2002：*Readiness for the Networked World*. New York：Oxford University Press, 2002.

Measuring the Digital Economy：A New Perspective. Paris：OECD Publishing, 2014.

（南宁市社会科学院课题组）

课题组组长：王水莲
课题组成员：王　瑶　刘　娴　苏　静　庞嘉宜　谢强强
　　　　　　陈代弟　梁　洁　潘　艺　邓学龙

南宁市培育贸易新业态新模式对策研究

外贸新业态是中国开放型经济发展的新动能，孕育着新形势下我国外贸国际竞争的新优势。当前南宁市外贸正处于新旧功能转换，内生动能日趋增强的发展阶段，随着贸易全球化的深入发展和信息技术的升级换代，跨境电子商务、外贸综合服务、市场采购贸易等国际贸易领域的新业态新模式已经成为城市经济发展的重要引擎。其发展一方面是对传统对外贸易模式的补充，另一方面也成为倒逼传统外贸企业转型升级的新动力。近年来南宁在发展贸易新业态新模式方面进行了大量的尝试，针对外贸新业态新模式发展存在的突出矛盾和问题，力求体制机制上的突破和创新，探索一条欠发达地区"市场采购+跨境电商+外综服务"的融合发展之路。"南宁市培育贸易新业态新模式对策研究"是 2018 年南宁市社会科学研究重点课题，由南宁市社会科学院课题组承担完成。课题组在参加广州花都国家外贸新业态新模式试验区调研的基础上，采用文献资料法、专家访谈法、数理统计法等展开研究，并深入南宁市各相关单位或赴外地实地调研，举办部门座谈会、专家咨询会、典型案件分析交流会等，研判分析南宁市培育贸易新业态新模式的总体思路，提出相应政策建议，以期为市委市政府采取有效措施应对全球贸易发展新变化，构建开放型经济新体制提供决策参考。

一 概述

(一) 发展外贸新业态的重要意义

在商务部制定的《对外贸易发展"十三五"规划》中，外贸新业态主要包括跨境电子商务、市场采购贸易和外贸综合服务平台三大块。跨境电商是中国外贸发展的新增长点，市场采购贸易方式拓展了传统商品市场的外贸功能，外贸综合服务平台（企业）帮助中小企业实现了外贸业务的专业化、规范化经营，大幅降低了企业交易成本。

当前，经济全球化深入发展，世界经济的依存度进一步加大。2018 年 7

月，国务院出台了《关于同意在北京等 22 个城市设立跨境电子商务综合试验区的批复》，南宁名列其中。在全球贸易持续低迷的大背景下，大力培育贸易新业态新模式，既是主动应对市场变化、创新贸易模式的必然之选，也是借力新技术、新动能促进外贸发展的重要路径。

1. 培育外贸新业态是推动南宁外贸发展的"新动力"

2015 年以来，全球贸易持续下滑，贸易摩擦持续增加。以跨境电子商务、市场采购贸易方式和外贸综合服务等为代表的贸易新业态以其新技术（"互联网＋"、云计算等）、新模式（"一站式"服务、"供应链协同"等）、新机制（通关、退税、融资等政府监管、服务创新），在外贸"新常态"下异军突起，成为发展对外贸易的"新动力"。培育外贸新业态新模式，成为南宁发展对外贸易的重要引擎。

2. 培育外贸新业态是推动南宁外贸企业持续快速发展的重要抓手

长期以来，我国外贸产品在国际上的竞争力主要来自低人力成本、低生产成本。但在新常态下，这些优势已经不复存在。南宁传统外贸企业也同样面临着这些困难，特别是中美贸易战以来，形势更为严峻。在此背景下，培育外贸新业态可以推动生产性企业减少中间环节、直接参与国际贸易。例如，通过发展跨境电商，促进企业利用"互联网＋外贸"实现产品自主交易，打通外贸进出口渠道，从而减少交易成本，提高效益；通过培育为中小企业进出口服务的外贸综合服务平台，降低其通关成本；通过发展融资租赁、商业保理等新业态，帮助企业融资，解决企业融资难、融资贵等问题。培育外贸新业态是新常态下解决南宁外贸企业经营困难、增强企业国际竞争力的重要方式。

3. 培育外贸新业态是加快推进南宁产业转型升级的重要推手

对外贸易的竞争力取决于各地区的产业发展水平，传统外贸企业的产品技术含量低，有些甚至是半成品，不具备高附加值。在新常态下，其往往处于不利的地位，甚至可能出现出口产品数量增长但利润降低的情况。随着新技术、新动能广泛应用在生产环节和服务领域，生产专业化程度逐步提高，产品质量得到了大幅提升，这就使传统产业的转型升级成为可能。借助新技术、新动能，越来越多的传统产业和企业在实践中探索出适合自己的新商业模式和服务形态，提升了自身产品的附加值和竞争力。其中以跨境电商的表现最为突出，传统外贸企业利用"互联网＋"新技术，将传统业务与跨境电商相结合，利用跨境电商平台拓展市场、提升服务附加值，有利于企业提升核心竞争力，加快推进南宁产业转型升级。

4. 培育外贸新业态是全面提升南宁开放型经济水平的重要举措

南宁市作为自治区首府，承担着"一带一路"重要口岸通道的职能，理应在新业态发展上更进一步。外贸新业态提高了传统制造业的营利能力，并带动传统制造业、物流业、仓储业、信息服务业加快发展，大大促进了就业岗位的增加和居民收入的提高。目前，南宁市积极探索适应跨境电商发展的新型监管服务体系，特别是海关、检验检疫、税务、外汇结算等部门在监管流程再造、服务职能创新方面开展了新的探索；同时在政策上加以支持，在外贸企业融资、完善出口退税政策和减免部分涉企收费等方面实现新的突破，极大地推进了南宁跨境电商业务模式的发展，为南宁构建开放型经济新体制添加了新内涵。

（二）理论综述

外贸新业态是中国对外贸易发展到新阶段的实践成果。整体而言，现有研究主要关注跨境电商、市场采购贸易、外贸综合服务企业三种新业态在各地外贸企业出口贸易中的地位和作用，并分析企业采取这种新业态背后的经济运行情况。从整体上研究外贸新业态的文献相对较少，如新业态对出口贸易转型升级的重要政策意义还鲜有研究。

1. 跨境电商的研究综述

互联网新技术的发展，推动了互联网经济这一新型经济形态的出现。张曙光在研究阿里巴巴新外贸模式时提出，当前被认为是外贸新业态三种主要形式之一的跨境电商，是"外贸3.0"，有别于旧式外贸电商的B2B平台模式，是新型的B2B平台模式，其利用线上供求信息平台撮合供求双方，但借助全球外贸大数据支持，营造全球贸易大生态。孙硕也认为近年来我国跨境电商B2B模式在市场份额及营利能力方面均持续发展，并且具备非常大的市场潜力。

因广东在跨境电商方面的先行先试，研究广东跨境电商的基本情况和所面临问题的文献较多。着眼于广东外贸发展的大局，研究广东跨境电商的发展与影响，如崔婷婷探讨了广东自贸区跨境电商的发展问题，重点分析了广东自贸区发展跨境电商在地理位置、政策叠加、贸易基础、对接港澳等方面具有的优势，也指出其在政策协调、基础设施、物流体系、监督管理等方面存在的瓶颈制约，最后提出了一系列广东自贸区与跨境电商合作的建议；陈茁在抽样调查的基础上，研究了广东跨境电商发展的成效模式及适应性监管，指出广东跨境电商在交易额、进出口品种、企业经营能力方面优势显著，同时发掘监管难题，提出强化信用体系建设、加大金融支持力度、完善交易情况统计和监管等针对性建议。

2. 市场采购贸易的研究综述

市场采购贸易方式是指经认定的市场集聚区采购商品，由符合条件的经营者在采购地办理出口通关手续的贸易方式。市场采购贸易方式的出现源于东部沿海地区各类专业市场外贸模式的转型升级探索，最知名的是浙江义乌小商品市场、浙江海宁皮革城、江苏海门叠石桥国际家纺城。目前学术界关于市场采购贸易的研究大多围绕这三个地方，特别是义乌的实践经验展开。例如，徐焕明等比较早地总结了市场采购贸易方式试行取得的初步成效，包括促进外贸出口增长、增加市场主体、规范市场行为等，并提出要整合多方政策优势，促进与跨境电商的融合发展，加强试点推广等促进发展的建议。叶丽芳从贸易便利化的视角，实证研究了义乌市场采购贸易对提高贸易便利化水平的积极影响，找出了其发展中存在的问题，并提出对策建议。张羽就海宁专业市场的采购贸易实践中存在的问题进行了分析，指出海宁与义乌具有不同的特点，市场转型困难在于出口收汇、通关政策等方面的原因。陈卫华对海门叠石桥市场采购贸易方式试点的实践进行了讨论，发现试点后出口贸易出现了"井喷式"增长，但在运行过程中，还存在备案的贸易主体比例偏低、出口收汇率不高等问题，指出应当开发适合外销的品类，通过多方联手、多措并举、引凤作巢等方式引导市场采购贸易有序发展。张文敬比较早地提出广东应借鉴义乌经验在各类专业市场中试行市场采购贸易方式；广州市花都区商务局比较系统地梳理和介绍了花都市场采购贸易成为试点后的工作推进情况，并简要介绍了未来的改革发展目标。

3. 外贸综合服务企业的研究综述

目前，外贸综合服务企业被称为外贸新业态的主要形式之一，主要在于传统外贸综合服务企业对"互联网＋"的运用。商务部指出，外贸综合服务企业以互联网信息服务平台为载体，为外贸企业特别是中小企业报关报检、物流、退税、结算、融资、信保等进出口环节提供一体化专业服务。

近年来，随着实践热度的上升，学术界对外贸综合服务企业的关注度明显上升。竹子俊从个别案例或区域发展特色出发，指出了外贸综合服务企业（平台）对外贸转型升级的助力作用。季湘红等基于浙江省属外贸企业的贸易流程，从出口流程、各环节风险两方面对外贸综合服务模式与传统代理出口模式进行了比较分析，总结出外贸综合服务模式的核心竞争力，并提出各环节风险控制方面的政策建议。王鑫认为外贸综合服务企业是我国商业模式的创新性体现，重点研究了具体的运作模式和发展前景。骆敏华分别研究了外贸综合服务企业的风险防范和控制问题。

二 当前南宁市培育贸易新业态新模式的基础条件

培育贸易新业态新模式是促进外贸转型升级的重要举措。近年来，南宁市不断扩大经济规模、优化经济结构，在内贸和外贸上保持稳健增长态势的同时，协调推进现代物流、电子商务等现代商贸服务业发展，着力优化发展环境，加快推进跨境电子商务综合试验区建设，为当前培育贸易新业态新模式打下了坚实的基础。

（一）内贸流通服务辐射力进一步增强

"十三五"以来，南宁市围绕区域性现代商贸物流基地建设目标，着力搭建区域性商贸发展平台，合理布局商贸流通设施及业态，完善"一轴三核、多组团、多中心"的商业网点空间规划布局，推动轨道交通沿线商业、城市商业中心区、专业市场等合理布局和集聚发展，区域性消费中心城市服务功能进一步完善。目前南宁东盟国际商务区以"中国—东盟博览会"长期落地南宁为契机，成为承载着商业服务、文化交流、娱乐休闲等职能的城市核心区，为东盟各国和其他国家、地区政府、商务机构提供商务、办公和生活服务。南宁相继建成悦荟商业广场、航洋国际、华润万象城、青秀万达广场、安吉万达广场等一批集休闲旅游、影视娱乐、餐饮美食于一体的城市综合体，对区域消费的影响力不断增强；朝阳商圈内的南宁百货大楼、和平商场、民族商场、交易场、三街两巷等业已成为越南等东盟国家消费者到中国旅游购物首选之地，也是广西边贸出口商采购服装、鞋帽、箱包、工艺饰品、小家电等各类小商品的重要批发市场。中国东盟商品交易中心是集特色旅游景点、零售、批发、团购、贸易、网购于一体的多功能商品交易中心，其中东盟国家产品体验馆专门为东盟国家提供的总建筑面积为3.2万平方米的东盟商品展示交易区，规划建设有越南、泰国、柬埔寨等10个东盟国家体验馆及2个东南亚风情美食体验区，经营食品、旅游纪念品、服装鞋帽、化妆品、家具饰品、烟酒、工艺品、首饰、箱包等十二大类约8000种东盟特色产品。计划总投资约220亿元的中新南宁国际物流园正式落户中国—东盟国际物流基地，作为物流"双核"之一，该基地引进企业达14家，并已初具规模。广西海吉星农产品国际物流中心总建筑面积约50万平方米，以水果

交易区、蔬菜交易区、冻品交易区、干杂粮油交易区等为主，是集现货交
易、质量追溯、集散功能于一体的中国面向东盟的区域性水果一级批发交
易平台，南宁市场占有率保持在98%以上，广西市场占有率达65%，进口
水果占本市场交易量约30%。投资18亿元、占地约800亩的南宁农产品
交易中心一期已经建成广西农业会展中心、果蔬大棚等25个单体，设置有
粮油区、干杂调料区、水果区、活禽及蔬菜交易区等并已投入使用，项目
二期215亩用地征地拆迁工作已基本完成，将建设面向东盟的农产品供应
链基地。广西（中国—东盟）粮食物流产业园五象粮油食品加工仓储基地
也将于近期完成设备安装、调试等工作，将建成面向东盟，集粮油物流加
工、品质认证、研发等于一体的供应链基地，这些都为南宁市培育贸易新
业态新模式营造了良好的环境。

（二）对外贸易发展新优势日益凸显

2015年以前，由于经济下行的压力及国际市场低迷等因素的影响，南宁
市对外贸易受到了很大影响，2015年南宁市外贸进出口总额达364.47亿元，
同比增长23.28%，超过全区外贸增幅8个百分点，在全国外贸同比下降的
情况下，实现逆势增长。2016年，南宁市持续推进外经贸转型升级，外经贸
呈现回稳向好的发展趋势，全年外贸进出口总额为416.23亿元，比上年增长
14.20%，进出口总额、增速均位于全区前列。其中，出口额为211.13亿元，
增长4.27%，进口额为205.10亿元，增长26.61%，如表1所示。

表1　2013～2017年南宁市进出口贸易情况

年　份	进出口总额 （亿元）	进出口总额累计 同比（%）	进口额 （亿元）	进口额累计 同比（%）	出口额 （亿元）	出口额累计 同比（%）
2013	274.02	4.64	128.06	24.46	145.96	-8.19
2014	295.65	7.90	134.94	5.37	160.71	10.11
2015	364.47	23.28	161.97	20.03	202.48	25.99
2016	416.23	14.20	205.10	26.61	211.13	4.27
2017	607.09	48.80	331.40	61.60	275.69	35.80

资料来源：根据南宁海关提供数据整理。

2017年南宁市贸易进出口持续发力，货物贸易进出口总额达607.09亿
元，首次突破600亿元大关，同比增长48.8%。增速高于全国34.6个百分
点、高于全区26.2个百分点，提前三年实现全市"十三五"外贸增长预期

目标。其中，出口总额达 275.69 亿元，增长 35.8%；进口总额为 331.40 亿元，增长 61.6%。全市加工贸易进出口总额达 403.37 亿元，首次突破 400 亿元人民币大关，同比增长 55.3%，总量居全区第一，占比高达 50.2%。2017 年南宁市与 175 个国家和地区有贸易往来，与中国香港、美国、中国台湾、东盟和澳大利亚的进出口增幅均超过 30%，与东盟进出口贸易额达 11.63 亿美元，同比增长 32.87%。

从贸易方式来看，主要贸易方式增长率持续提高，加工贸易进出口创历史新高。南宁市外贸的主要贸易方式有一般贸易、加工贸易、对外承包工程出口货物，以及国家间与国际组织无偿援助和赠送的物资及海关特殊监管方式等。受经济波动影响，2015 年一般贸易进出口额为 110.13 亿元，下降了 14.8%，2016 年一般贸易进口额为 132.83 亿元，同比增长 20.6%，2017 年一般贸易进出口额为 191.02 亿元，同比增长 39.4%，增速高于 2016 年 18.8 个百分点；加工贸易包括来料加工装配贸易和进料加工贸易，2015 年，南宁市对外贸易方式加快发展，从以一般贸易为主向加工贸易与一般贸易并重转变，全年累计实现加工贸易进出口额达 243.37 亿元，加工贸易占全市对外贸易的比重从"十一五"期末的 17% 上升到 2015 年的 67%，成为全市对外贸易的主要方式和新增长点。2016 年加工贸易进出口额达 272.05 亿元，同比增长 11.8%，占广西加工贸易进出口总额的 42%，总量位居全区首位。2017 年，南宁市贸易结构不断优化，全市加工贸易进出口总额达 403.37 亿元，首次突破 400 亿元，规模稳居全区首位，同比增长 55.3%，高于全区加工贸易进出口增速 29.8 个百分点，比 2016 年提高了 43.5 个百分点。

从进出口的商品门类来说，机电产品、高新技术产品出口额增长明显，比重不断上升。2016 年机电产品出口额为 166.62 亿元，同比增长 6.2%，占全市出口比重较 2015 年提高约 4.5 个百分点；高新技术产品出口额为 131.76 亿元，同比增长 12.3%，占全市出口比重较 2015 年提高约 4.5 个百分点。2017 年，南宁市扎实推进外贸供给侧结构性改革，不断优化进出口商品结构，机电产品、高新技术产品出口值持续增长，占全市出口总值比重不断提升。全年机电产品出口额为 225.62 亿元，同比增长 44.0%，占全市出口比重为 81.8%，比 2016 年提高 2.9 个百分点；高新技术产品①出口额达 190.30 亿元，同比增长 58.7%，占全市出口比重的 69.0%。

主要贸易伙伴也更趋多元化，进出口额逐年快速增长。2015 年南宁与全

① 与机电产品有交叉。

球 159 个国家和地区开展贸易往来，其中与共建"一带一路"的 56 个国家进出口额达 57.15 亿元，与前五大贸易合作伙伴累计实现进出口总额达 260.34 亿元。2016 年南宁与美国、中国台湾、东盟、澳大利亚等主要贸易伙伴的进出口额均呈两位数快速增长。与共建"一带一路"国家实现进出口额 64.89 亿元，同比增长 13.5%；其中，与东盟进出口额为 56.94 亿元，同比增长 18.9%。此外，南宁与大洋洲、拉丁美洲、非洲等新兴市场的贸易额也取得了可喜成绩。2017 年，南宁市同全球约 175 个国家和地区开展贸易合作，其中，与共建"一带一路"国家的进出口额达 92.07 亿元，同比增长 41.9%；与东盟进出口额达 78.64 亿元，同比增长 38.1%。

（三）内外贸一体化进程不断加快

近年来，南宁市抓住国家实施"一带一路"倡议的发展机遇，引导企业和市场瞄准国内、国际市场，加快推进大市场、大平台建设，整合各产业优势资源，推动流通行业信息化、现代化，促进内外贸融合发展。

一是依托中国—东盟钻石十年发展和"一带一路"倡议的推进，积极推进中国—东盟电子商务产业园、中国—东盟（南宁）跨境电子商务产业园等集聚区建设，南宁跨贸中心、五象新区电商小镇、经开区空港电商产业园等一批电商集聚区进入规划建设阶段，南宁百货大楼跨境电商直购体验中心投入运营，标志着内贸企业经营外贸业务的全面启动。同时，南宁市持续推进外经贸转型升级，外贸的主体活力不断增强，外贸新业态发展初显成效。2017 年全市新增对外贸易经营者备案企业 483 家，有进出口业绩的企业已达 723 家，比 2015 年增加 5 家，进出口超 1 亿元的企业有 42 家。南宁市外商投资企业进出口额达 364.3 亿元，同比增长 64.9%，比 2015 年增长 79.9%。民营企业进出口额达 131.1 亿元，同比增长 14.5%，比 2015 年增长 18.6%。国有企业进出口额达 111.5 亿元，同比增长 53.5%，比 2015 年增长 116.5%。外资企业进出口增速远大于全市外贸总体增速，成为拉动南宁外贸增长的主力军。

二是依托中国—东盟（南宁）跨境电子商务产业园，集国际邮件、跨境电商、国际快件监管于一体的中国邮政东盟跨境电商监管中心投入使用。目前，全市共有跨境电子商务相关企业 200 余家，大型跨境电子商务线下体验店 5 家；深入推进"万企千店"电子商务推广工程，扶持企业开设网店，加快餐饮、住宿等传统企业转型升级；加大本土电子商务龙头企业集聚，促进广西联通沃易购、南宁百货大楼股份有限公司等一批电子商务龙头企业快速发展。

三是依托广西速贸通商务服务有限公司、广西一达通企业服务有限公司、广西桂贸天下企业管理服务有限公司等 3 家广西外贸综合服务试点企业，为中小微外贸企业就近提供便捷高效的"一站式"外贸综合服务。2017 年全市外贸综合服务试点企业帮扶中小外贸企业实现出口 3.4 亿美元。

（四）政策利好外贸新业态发展

近年来从中央到地方都大力支持对外贸易新型商业模式创新发展，特别是支持跨境电子商务、市场采购贸易方式和外贸综合服务企业这三大商业模式创新。从国家层面来说，国务院于 2015 年 7 月 1 日发布《国务院关于积极推进"互联网＋"行动的指导意见》，要求发挥互联网的规模优势和应用优势，着力做大增量，培育贸易新兴业态，打造新的经济增长点。文件鼓励各类跨境电子商务发展，完善跨境物流体系，拓展全球经贸合作；推进跨境电子商务通关、检验检疫、结汇等关键环节单一窗口综合服务体系建设；创新跨境权益保障机制，利用合格评定手段，推进国际互认；创新跨境电子商务管理，促进信息网络畅通、跨境物流便捷、支付及结汇无障碍、税收规范便利、市场及贸易规则互认互通。2015 年 7 月 22 日国务院办公厅印发《关于促进进出口稳定增长的若干意见》，再次强调要加快推进外贸新型商业模式发展，进一步提高贸易便利化水平，落实出口退税企业分类管理办法，加快出口退税进度，确保及时足额退税。提高口岸通关效率，强化跨部门、跨地区通关协作，加快推进形成全国一体化通关管理格局。2015 年 8 月 1 日，国务院印发《关于加快发展服务贸易的若干意见》，要求以深化改革、扩大开放、鼓励创新为动力，着力构建公平竞争的市场环境，促进服务领域相互投资，完善服务贸易政策支持体系，加快服务贸易自由化和便利化，推动扩大服务贸易规模，优化服务贸易结构，增强服务出口能力。2018 年，国务院印发《关于推进电子商务与快递物流协同发展的意见》《关于开展 2018 年流通领域现代供应链体系建设的通知》，一方面积极推进跨境电子商务，要保证物流、售后、支付以及通关整个供应链的高度整合，有效提高物流速度和效率；另一方面，强调通过强化物流基础设施建设，发展单元化流通，加强信息化建设，聚焦重点行业领域等发展现代供应链，优化企业供应链管理，进一步推动供应链协同。2018 年 7 月 2 日，国务院办公厅转发《关于扩大进口促进对外贸易平衡发展的意见》，文件指出要加快服务贸易创新发展，大力发展新兴服务贸易，通过促进建筑设计、商贸物流、咨询服务、研发设计、节能环保、环境服务等生产性服务进口，推动外贸经济方式的转变。

从自治区层面来说，2017年6月27日，广西壮族自治区人民政府印发的《消费品培育升级专项行动工作方案的通知》，要求以消费品的创新和升级，推进跨区域农产品流通基础设施建设、加快商贸服务业集聚区建设、推进"智慧农贸"市场试点、大力发展电子商务等。2018年5月27日，广西壮族自治区人民政府办公厅印发《关于优化通关环境畅通南向通道的若干措施》，提出通过加快推进口岸对外开放、推进国际贸易"单一窗口"建设、完善口岸通关设施、延长重点口岸货物通关时间、推广以企业为单位的加工贸易监管模式等做法，提高口岸通关效率，优化通关环境，加快推进中新互联互通南向通道建设。2018年8月29日，广西壮族自治区人民政府办公厅印发《广西电子商务发展三年行动计划（2018—2020年）》，规划了未来三年广西电子商务的发展方向，其中特别提到了要打造中国—东盟跨境电子商务基地，大力推进跨境电子商务综合试验区（南宁）试点建设，加快发展电子商务新兴业态。

从南宁市层面看，《南宁市2018年服务业发展工作实施方案》出台，将信息服务业作为全市服务业重点发展的三大产业之一，启动《实施"互联网＋"战略推动南宁市信息服务业跨越发展三年行动计划》，强化南宁市作为平台集聚各类要素的作用，推动跨境贸易电子商务综合服务平台上线运行。2015年9月16日出台了《南宁市进一步加快电子商务产业发展的若干意见》，明确了南宁市发展电子商务的指导思想和发展目标，加大了对电子商务发展的财政支持力度，为电子商务企业投资发展创造良好的政策环境。2015年10月15日，南宁市人民政府办公厅印发了《南宁市现代物流业发展三年行动计划（2015年—2017年）》，提出要加快电子商务物流与跨境物流联动、农副产品冷链物流、现代化医药物流、钢铁物流供应链和电子电器物流集聚等五大重点物流产业发展。2016年印发《南宁市加快外经贸发展三年行动计划（2016—2018年）》，决定实施"1126"① 行动计划，即构建"1个体系"、打造"1个承接地"、加快建设"2个平台"、实施"6项行动"，构建南宁全方位对外开放新格局，推进外经贸转型升级。2017年2月24日，

---

① "1个体系"，即新型外贸综合管理和服务体系；"1个承接地"，即加工贸易梯度转移重点承接地；"2个平台"，即国家跨境贸易电子商务服务试点、中国服务外包示范城市等2个平台；"6项行动"，即国际市场开拓行动、产业集群优化行动、内外贸一体化行动、"引进来、走出去"行动、国际物流通道构建行动、口岸通关便利化行动。

南宁市人民政府办公厅印发《关于南宁市跨境电子商务发展规划（2016—2020）的通知》，提出以中国—东盟信息港建设为契机，不断完善跨境电子商务发展环境，建立跨境电子商务产业支撑体系，培育一批跨境电子商务龙头企业，打造跨境电子商务集聚区，形成多业态、多模式的跨境电子商务产业发展局面，打造面向东盟的跨境电子商务产业链。

（五）贸易营商环境进一步改善

在优化贸易营商环境方面，南宁市坚持问题导向，加强部门联动，通过一系列手段激发市场活力，促进贸易升级与发展。一是扶持商贸企业做大做强。2017 年 6 月出台《南宁市关于限额以上商贸企业和规模以上其他营利性服务业企业发展扶持管理办法》，推动限额以上商贸企业和规模以上其他营利性服务业企业发展。南宁市对 2016～2017 年新增的限额以上企业给予一次性奖励，合计资金 2520 万元。2017 年市本级财政对获得 2016 年"上台阶奖"的 7 家企业给予奖励，合计金额 81 万元；2018 年市本级财政对 2017 年获得"上台阶奖""增速奖"的 190 家企业给予奖励，合计金额 1355 万元。除此之外，结合市领导联系重大项目、服务重点企业工作，积极深入企业调研，加强对龙头企业的帮扶力度，持续关注企业经营状况，收集整理不同行业龙头企业经营问题，针对企业反映较为突出的问题着力协调解决，重点帮助各大商贸企业协调解决户外促销问题、土地招拍挂问题、交通优化等问题，为企业发展创造良好环境。

二是营造诚信经营公平竞争环境。创新监管手段，依法加大对侵权假冒、无证无照经营、虚假交易等违法行为的打击力度。运用大数据、云计算、物联网等信息技术，加强网络交易信息化监管，提高网上违法交易线索的发现、收集、甄别、挖掘能力，建立"风险监测、网上发现、源头追溯、属地查处"机制。强化电子商务交易平台运营企业的监管责任，督促企业建立网上经营者资质审查、经营者网络交易等业务监控制度，以及违法交易信息巡查清理、举报投诉处理等制度。加强电子商务信用体系建设，推动企业市场化信息公示系统与信用系统的对接，完善守信联合激励、失信联合惩戒机制。推动政府部门间的信用信息共享，优化信用评价、评级的形式与方法，构建多方参与、标准统一的电子商务诚信体系。

三是推进简政放权、放管结合、优化服务。2017 年 7 月 1 日起海关通关一体化在全国实施，原出入境检验检疫管理职能和人员已划入海关系统，邮件监管方面的通关查验程序由原来的关检 17 个环节整合为 6 个环节，企业可以在任意一个海关完成申报、缴税等手续，实现申报更自由，手续更简便，通关更顺畅，使企业可自主设计最适合自身的物流方案，以最低的通关成本融入国际物流大通道中。2017 年 4 月 13 日，南宁综合保税区正式封关运营。辖区报关企业已全部成功切换统一版"一次申报"系统，实行"一次申报、一次查验、一次放行"的通关作业模式，有效提高通关效率。邕州海关全面落实通关一体化改革相关便利措施，实现压缩通关时间 1/3 的改革目标，进口海关通关时间为 6.85 小时、出口海关通关时间为 0.41 小时，进出口 24 小时通关率达 96% 以上；空港口岸国际贸易展开"单一窗口"建设，通过完善口岸信息化系统，简化查验申报流程，组织企业上线运行实现互联互通和通关环节"一站式"办结，缩短口岸作业时间；通关收费管理措施加强，出台并落实口岸收费情况报告制度、口岸收费巡访制度、口岸收费公示制度和口岸收费举报查处制度，降低企业通关成本。

2018 年 8 月 24 日，南宁市出台《关于进一步优化营商环境三年行动计划（2018—2020 年)》，着力解决政务、投资、生产经营、人力资源、贸易、信用、社会和法治等八大营商环境出现的问题，进一步为南宁市培育贸易新业态新模式创造良好的制度环境。

三　南宁市培育贸易新业态新模式过程中存在的问题

（一）跨境电商发展面临诸多障碍

1. 跨境电商发展基础薄弱

电子商务发展状况与地方经济繁荣程度密切相关。当前南宁市的电商发展水平仍较为落后，在发展跨境电商方面与上海、深圳、广州、杭州等地区相比竞争力不足。阿里研究院发布的"2016 年中国城市电子商务发展指数报告"[①] 显示，"电商百佳城市"在全国范围内的分布并不均衡，集中分布在沿海地区的浙江、广东和江苏三省，这三省所拥有的百佳城市数量总和超过总数的 30%，广西地区仅有南宁、防城港、北海等 3 个城市进入名单，且排名较为靠后。南宁市发展跨境电商最大的阻碍是缺少具有实力和影响力的跨境电商平台和企业主体，包括缺少代运营、营销推广、品牌策划、人才培训

---

① 阿里研究院：《2016"电商百佳城市"完整榜单揭晓：杭州深圳广州名列前三甲》，http://www.aliresearch.com/blog/article/detail/id/21145.html，最后访问日期：2016 年 11 月 10 日。

等相关的电商服务，目前南宁市仅有 200 余家跨境电子商务相关企业，5 家大型跨境电子商务线下体验店，且大部分企业还需要依靠第三方平台开拓国际市场。2017 年，南宁市跨境电商入境包裹达 11 万件，货值近 2000 万元，几乎全部为进口。[①] 因此，尽管南宁市有处于"一带一路"沿线的地理优势，但电子商务发展的基础较为薄弱，影响了跨境电商的商品供给能力，在流通效率和产品结构上也制约了跨境电商的发展，同时从南宁市面向东盟国家的跨境电商贸易发展现状来看，交易量较小，且销售过于分散，与南宁市对外贸易发展定位不相符合。

2. 物流业发展水平不高

物流是跨境电商发展的关键环节，跨境电商交易主要有范围广、批量小、频次高、周期短、退换货手续烦琐等特点，并存在海关查扣、快递拒收、国家或地区间政策差异等不确定因素，而这些特点都对城市物流能力提出了更高的要求。近年来南宁市在提升物流服务水平方面持续发力，并取得了较好的效果，但从整体上来看，南宁市的物流业发展程度仍然不能满足跨境电商发展的需求，并且随着跨境电商的迅速发展和国家对跨境电商等贸易新业态的扶持力度加大，将暴露出南宁市在物流领域的更多问题，甚至可能影响和制约跨境电商的进一步发展。当前，南宁市物流行业存在的主要问题在于运输成本较高，运输效率较低，物流企业在市场覆盖、仓储设施、配送效率、信息处理、服务能力等方面仍有待提升。此外，南宁市国际物流配送体系与发达地区相比仍处于落后地位，直邮邮路少，航班航线不多，邻近港口运力不足、效率较低，国际物流费用较高，因此相当部分的跨境电商企业仍选择外省通关口岸出口。较高的物流成本不仅影响了企业货款周转率的提升和消费者的购物体验，而且挤压了跨境电商的利润空间，从长远来看，会影响南宁市跨境电商企业拓展出口市场的能力，打击传统外贸企业向跨境电商转型的积极性。

3. 相关法律法规不够健全

跨境电商贸易参与主体多元，贸易范围较广，对于消费者和企业的利益保障难度较大，并且跨境电商贸易过程中涉及的货物检验检疫、知识产权、贸易纠纷、个人信息安全等方面，都需要以法律法规的形式予以保障，而当前仅有 2018 年 8 月 31 日公布的《电子商务法》对电子商务交易进行规范，但该法对跨境电商的规范只是框架式的、笼统的，没有具体详细的规定，可

---

① 数据来自邕州海关。

操作性不强，亟须出台相关政策法规对跨境电商进行监管和引导，以保障这一新兴外贸模式的正常运行。中小企业是南宁市跨境电商的重要组成部分，但其抗风险能力较差，如为确保跨境电子支付的安全性，则需要构建相应的风险防御体系，而中小企业并没有足够的技术条件。目前使用较多的支付形式如大宗跨境交易支付平台、第三方支付平台和垂直跨境小额平台等，由于跨境支付涉及汇率计算和监管体制地区性差异等问题，交易系统以及交易过程都较为复杂，现阶段跨境电商支付平台良莠不齐，且存在监管不足、管理制度不完善等问题，跨境交易安全性难以保障，存在较大隐患。

4. 跨境电子商务园区集聚效应不明显

南宁市跨境电子商务园区建设较为分散，据不完全统计，目前全市有中国—东盟（南宁）跨境电子商务产业园（位于南宁综合保税区）、中国—东盟电商产业园（位于邕宁区新兴产业园）、南宁高新区国家电子商务示范基地、南宁市跨境贸易中心（位于青秀区三旗广场）、五象新区电商小镇（位于五象新区总部基地）等多个电子商务产业集聚区，其中三个园区获批成为自治区电子商务示范园区，但园区吸引跨境电商企业和服务企业的集聚效应尚未凸显。首先，南宁市电子商务产业集群发展规模仍处于较低水平，且集群内以中小企业为主，缺少大型龙头企业，难以形成品牌优势；其次，南宁市跨境电商发展起步较晚，从事跨境电商业务的企业数量少、规模小，难以适应电子商务全球化发展趋势，而且现有本土企业参与跨境电商的积极性不高，开拓东盟跨境电商市场的能力较弱，未能形成面向东盟国家或地区的跨境电商产业集聚；再次，各园区之间缺少差异化竞争策略，导致招商难度加大，甚至可能引致内部竞争，需要明确各园区发展重点和方向，整合相关资源，尽快形成园区特色；最后，在园区建设方面还需搭建体系、理顺关系，进一步加大招商引资力度。

（二）市场采购贸易培育难度较大

1. 内外贸结合机制尚未建立

早期的市场采购贸易方式是在义乌小商品市场繁荣的基础上出现的新业态，其兴起适应了义乌小商品市场发展的特点，又如江苏海门叠石桥国际家纺城、广州花都皮革皮具市场、河北白沟箱包市场等试点，也都是在原有商贸的基础上开展市场采购贸易，各地的市场采购贸易由于地区的原有基础和具体情况不同，形成了不同的发展思路和方向。因此，南宁市在借鉴外地经验的过程中，实际上并没有一个相对成熟的模式可以遵循。同时，南宁市的专业市场长期以来以内贸为主，推行市场采购贸易方式不仅面临激烈的外部竞争，内生出口业务要实现快速增长也有较大难度，要推动其由内向外转型需要不断完善软硬件环境，大量引进外贸人才，培育外贸经营主体，开发适销商品，积极开拓国际市场，营造外贸氛围。然而，目前南宁市各流通市场外向度较低，市场采购贸易培育难度较大，且缺少具有区域特色或产业优势的专业市场。以2017年开始试推市场采购贸易的威宁集团为例，在进出口贸易方面，虽然集团通过参加国际展会等方式已开始与国外商户对接，积极开拓进出口贸易渠道，但由于缺少国际贸易的经验和渠道，难以在短时间内打开局面，尤其在出口业务板块，因广西本地资源的特殊性，尚没有形成明确的发展思路。

2. 专业市场发展水平不高

专业市场为国内经营者和国外采购商提供合适的交易场所，其发展水平的高低决定着市场采购贸易能否顺利开展。然而南宁市现有的专业市场能够提供的产品质量参差不齐，以中低端市场为主。例如，威宁集团下辖的和平商场长期以来以内贸市场为主，外贸业务体量小且比较零散，外贸市场主要集中在越南、柬埔寨等国家和地区，贸易方式仍以传统的边贸形式为主，缺少具有品牌效应的出口商品和国际采购商，从市场自身发展现状来看，其优质经营户数量较少，商品种类以小家电批发为主，订单额较小，并不具备竞争优势。专业市场自身也存在一定的局限性，主要表现为市场经营者的质量安全意识较为薄弱，且商品来源范围较广，出口主体构成复杂，对于小商品质量的监管难度较大，通过市场采购贸易方式出口，如果出现质量问题，产品的追溯难度较大，不易落实主体责任，容易引起贸易纠纷。市场采购贸易方式对国际贸易服务平台体系的搭建要求较高，投入成本和维护成本较大，而长期从事对外贸易的个体经营者，或者已形成较为稳定的营销和交易渠道，或者可以选择更为便捷的电商平台，导致专业市场的共享平台功能在一定程度上被弱化，这就要求专业市场提供商品展示、物流配送、产品集散、进出口代理等方面的服务，完善市场采购贸易服务体系建设，因此对专业市场提出了更大挑战。

3. 缺乏相关政策支持

南宁市部分专业市场已具备开展市场采购贸易的基础和条件，但对市场采购贸易方式的政策支持、运行机制、申报条件和工作方式等方面的了解仍有不足，缺少在结合相关政策和信息基础上的顶层设计，影响了市场采购贸易项目的实施和推进。从外地经验来看，已开展市场采购贸易的试点城市，都给予了企业一定的政策支持和发展空间，如广州花都皮革皮具市场是由市商务局与圣地集团、富力集团合作，直接成立合资公司对市场采购贸易进行运营，由政府出资，由广州市商务局对整体发展战略进行规划布局，圣地、富力集团具体执行。在运营过程中，政府在制度流程的设计、政策和审批方面予以大力支持，一方面让运营方有法可依、有据可查，便于和海关、税务、检验检疫等部门的协作，加快项目推进；另一方面给予运营方足够的引导，使项目能按照战略规划逐步推进。目前南宁仍缺乏相关的引导政策和扶持政策，以及相应的制度流程，市场采购贸易企业推进项目的难度较大，企业与政府间的沟通有待加强。

（三）外贸综合服务企业发展面临困境

1. 服务体系有待完善

当前南宁市外贸综合服务企业的发展速度，还不能满足新业态新模式下外贸企业的发展需求。首先，速贸通、桂贸天下、广西一达通等外贸综合服务试点企业规模有限，不仅服务的外贸企业数量、规模、覆盖行业等都落后于先进地区，而且受外部环境和自身状况的影响，部分外贸综合服务企业近年来在业务拓展方面明显缺乏动力，甚至服务项目和服务范围也有缩减。其次，外贸综合服务行业竞争激烈，南宁市的外贸综合服务企业起步较晚、竞争力不强，而深圳、广州、长沙等地类似企业成立时间较长，经验较为丰富，平台发展更为完善，具有知名度和影响力，如一达通等企业平台已形成较为成熟的营利模式，对南宁本地外贸综合服务平台企业的发展形成了较大的竞争压力。再次，南宁市外贸综合服务企业的服务体系还不够完善，所能提供的服务理念和服务内容与中小企业的需求之间还存在一定的脱节，为适应国际贸易的发展和变化，国内外同类型平台企业不断提升服务水平、增强服务能力，部分平台企业在基础服务之外，还能满足外贸企业对订单管理、品牌推广、客户维护、市场开拓等的多样化需求，而目前南宁市大多数平台企业仍以物流、通关、退税等基础性环节方面的服务支持为主。最后，南宁市外贸综合服务企业各模块发展不平衡，金融服务、人才培训等方面的服务发展较快，而通关、物流、退税、信用、保险等综合服务能力仍有待加强。

2. 制度创新相对滞后

尽管在国家层面鼓励和支持外贸综合服务企业的发展，然而目前对这一新业态的相关法律规范和配套政策尚未真正落实，外贸综合服务企业自身的管理体制也有待完善，制度创新相对而言滞后于市场创新，影响了新业态的发展壮大，也不利于南宁市的外贸转型升级。南宁市外贸综合服务企业目前面临着出口退税难题，亟须通过制度创新寻求解决途径。一方面，出口退税环节不够畅通、效率不高，从提交材料到完成退税需要15～20个工作日，加上部分中小企业经营活动的不规范性，大大增加了外贸综合服务企业的垫付成本和损失代垫款项的风险，给外贸综合服务企业的运营带来了较大的压力和风险，因此部分外贸综合服务企业只能暂停垫税服务以规避此类风险，但这不仅使外贸综合服务企业提供"一站式"外贸全流程服务的承诺难以兑现，而且从长远来看，不利于中小企业降低贸易成本，提高企业出口竞争力，也影响了中小企业选择外贸综合服务企业平台的积极性。另一方面，对利用外贸综合服务企业平台从事违法违规行为的现象仍然需要加强管理，外贸综合服务企业现有的操作模式难以防范部分中小企业的出口退税骗税行为和信用违约行为，而在相应的退税风险防范体系未建立的情况下，退税风险事件一旦发生，前期调查阶段就需要停止所有出口退税业务，因为这可能波及甚至拖垮平台企业。

3. 承担较大经营风险

首先，外贸综合服务企业需要承担超出实际的责任风险，外贸综合服务企业是为中小微企业代理进出口相关业务，提供物流、信用、融资、退税等配套服务的企业平台，然而根据现行规定和业务需要，很多时候外贸综合服务企业需要以自营的形式，即与传统外贸企业一样承担各项责任风险。由于服务的企业范围较广，货物通关票数较多，外贸综合服务企业在海关监管、出口退税审核等方面承担着较大压力，在分类管理中面临降级风险。其次，受到政策、退税、法律等方面因素的制约，南宁市外贸服务平台企业还没有形成较为成熟的利润模式，目前平台企业服务对象以缺少外贸经验的中小企业为主，服务范围广且比较分散，出口产品种类繁多，订单数额较小且频次高，平台企业服务运营成本较高，而且大部分平台企业还处于投入阶段，初期为了抢占市场份额，对基础外贸服务实行多项优惠甚至进行补贴的方式，造成平台企业短时期内营利能力不足。再次，外贸综合服务企业在开展业务的过程中，还面临着金融服务风险、知识产权风险和法律风险等，有可能造成平台企业的信用受损和经济损失。最后，外贸综合服务试点企业在带动中小企业扩大出口方面还面临着较多不利因素，包括传统外贸企业需要转变思维，客户信息安全保障难度较大，流程简化后出现的新风险等问题，如部分中小企业用户为了避免产品信息、客户信息等商业信息泄露，在利用外贸综合服务平台时存在较多顾虑。

（四）培育贸易新业态新模式动力不足

1. 转化传统贸易优势的动能不足

受产业结构、基础设施、市场发展、政策环境、思维方式等多方面因素的制约，南宁市跨境电商、市场采购贸易、外贸综合服务等新业态新模式融入传统贸易优势领域仍存在较多障碍，短时期内新业态新模式成为新的区域经济增长点还比较困难。首先，南宁市外贸基础薄弱，市场外向度低，外贸氛围不够浓厚，外贸渠道和方式也较为单一，当前仍以保税出口模式为主，而已形成传统优势和特色的边贸形式带动作用不强，区位优势没有充分激活。2017年，南宁市累计实现外贸进出口总额为607.09亿元，占全区的15.7%，排名全区第三位，从与东盟国家的进出口贸易情况来看，2017年广西对东盟国家进出口额达1893.83亿元，南宁市仅占全区的4.15%，在全区排名第五位。[①] 其次，在经济发展进入新常态，国内消费市场动力不足的情况下，利用外贸新业态新模式，积极拓展对外贸易渠道，对中小企业而言具有较大吸引力，然而中小企业实现外贸转型面临较多困难，部分中小企业或从业人员由于文化水平、科技素养不高等原因，普遍缺少互联网思维，对于发展电子商务特别是跨境电商的意识较为薄弱，创新意识不强，难以享受到互联网科技发展带来的经济红利，对于贸易的新业态新模式不敢尝试，也缺少相应的专业技术人才和硬件设备的支撑；同时，长期依赖于传统外贸模式的中小企业，没有直接从新业态新模式中获取利益，使短时期内新业态新模式难以取代传统交易模式。再次，贸易新业态新模式的培育，需要政府从政策制定、财政扶持、税务改革等多方面予以支持，而南宁市尚处于对外贸易新业态新模式的培育初期，对新业态新模式的资金投入和政策优惠还未能充分发挥经济效应和促进作用，部分试点企业对从国家到地方层面的诸多优惠扶持政策利用不够。最后，南宁市外贸新业态新模式发展仍相对滞后，在外贸转型过程中，传统业态企业与新业态企业融合度较低。

2. 专业人才供给不足

当前从事跨境电商、市场采购贸易、外贸综合服务等方面的专业人才缺口较大，目前已有的从业人员队伍素质也有待提高。相当部分的外贸从业人员对电子商务技术、跨境电子商务贸易流程、进出口贸易谈判技巧、商务外语等相关专业知识不熟悉，特别是在面向东盟国家或地区的对外贸易过程

---

① 数据来自邕州海关和南宁市商务局。

中，不仅缺乏相关的技术人才和经营人才，还缺乏熟悉东盟国家语言文化的专业人才。尽管近年来在外贸和小语种人才培养方面取得较大进展，但南宁市高等院校或职业学校仍然缺乏针对对外贸易综合人才的培养计划，跨境电商、服务外包等相关专业设置不足，缺乏相应的人才培养机制，校企合作深度不够，人才培育与企业无缝对接难度较大，人才培养和专业设置难以充分体现现实需要和地方特色。因此，按照传统模式培养的外贸人才难以适应新业态新模式的迅速发展，以跨境电商为例，传统电子商务专业人才技能培养不能满足新业态新模式发展的需求，跨境电商方面需要具备电子商务和国际贸易相关知识，熟悉跨境电商贸易业务操作流程，了解各平台交易规则，同时还掌握东盟国家或地区语言、文化、法律知识的复合型人才。此外，在高层次人才引进方面，由于缺少相应的人才政策和行业吸引力，大量外贸人才向广东、江苏、浙江等对外贸易发达地区流动，导致本地人才缺口进一步扩大。

3. 各部门之间协调能力有待加强

从外地经验来看，培育贸易新业态新模式，对政策依赖性较强，政府支持对新业态的成长起着重要作用，而由于外贸经营活动涉及多方面业务，在制定相关政策时，需要加强政府各部门之间的协调沟通；此外，各部门在政策落实过程中协调合作的程度，也会影响政策成效的发挥。跨境电商的业务流程涉及海关监管、外汇结算、检验检疫、税收征缴、工商管理、物流运输、金融等部门的数据申报，流程较为复杂。市场采购贸易则需要建立联网信息平台，使商务、海关、检验检疫、国税、外管、工商等监管部门可以通过联网信息平台，共享采购商及市场商户备案信息、交易信息、执法信息，实现跨部门信息共享、监管执法联动合作。外贸综合服务平台涉及的主要政府部门包括海关、财税、商检和外管，而相关的海关监管政策、出口税收政策、工商管理政策、检验检疫监管政策等的落实需要各部门的协调与合作。此外，跨境电商、市场采购、综合服务等贸易新业态新模式迅速发展，但相关法律法规尚未完善，作为新兴的、具有跨国性质的经济形态，在监管过程中可能存在监管失灵、管理缺位的状况，不仅影响正常外贸活动的开展，而且可能影响国际关系和边境稳定。这就要求政府各部门突破现有政策壁垒，加强各有关部门的协调配合，建立联动机制。

四 南宁市培育贸易新业态新模式所面临的形势分析

贸易新业态新模式是南宁市强化对外发展、提升自身经济影响力的重要一环,针对南宁市培育贸易新业态新模式所面临的形势进行全面分析,不仅可以充分利用南宁市目前所具有的有利因素,而且可以有效发现南宁市在培育贸易新业态新模式方面存在的不利因素,为解决问题、克服困难提供了有益借鉴。

(一) 有利因素

1. 参与"一带一路"建设的优势

南宁市在培育贸易新业态新模式上具有参与"一带一路"建设的优势。"一带一路"贯穿亚欧非三大陆,连接活跃的东亚经济圈和发达的欧洲经济圈,横跨欧亚腹地,发展潜力巨大。早在 2016 年,南宁市第十二次党代会提出,要加快建设"一带一路"有机衔接的重要门户城市,南宁市作为"一带一路"有机衔接的重要门户,成功举办了 15 届中国—东盟博览会、中国—东盟商务与投资峰会,在参与和共建"一带一路"方面具有非常重要的地位和优势。因此,南宁市在培育贸易新业态新模式过程中,可以借助"一带一路"倡议发展有利契机,充分利用"一带一路"建设的便利条件,在培育贸易新业态新模式过程中进一步拓展对外贸易新渠道,推进培育贸易新业态新模式的计划。

2. 南向通道建设的优势

2018 年 8 月,广西、重庆、贵州和甘肃四方签署了《关于合作共建中新互联互通项目南向通道的框架协议》,标志着广西与重庆、贵州、甘肃合力打造南向通道。南宁市作为广西壮族自治区首府,在南向通道建设过程中扮演着重要角色。"南向通道"是由北部湾港途经南宁连通贵阳、重庆、成都以及西安与兰州,在我国西部形成的通往东南亚的大动脉,南宁市作为"南向通道"的节点城市,将自身位于广西西南部的优势充分发挥出来,在提高口岸通关效率、降低通关成本、优化口岸环境等方面不断制定完善政策措施,释放出参与南向通道建设的红利,为培育贸易新业态新模式注入了动力。

3. "南宁渠道"升级版的发展优势

2018 年,南宁市将大力实施全方位、宽领域、多层次的开放发展战略,加快打造"南宁渠道"升级版,提升"南宁渠道"升级版的发展优势。自 2004 年起,中国—东盟博览会永久落户南宁,中国与东盟各国之间达成《南宁联合宣言》《南宁共识》《南宁倡议》等多项共识,在交通、海关、金融、商务、科技、人文等方面建立协调合作机制,形成了以中国—东盟合作为基础的"南宁渠道"。目前，南宁市已经开通了中欧（南宁—河内）集装箱班列，启动建设中新南宁国际物流园和中国—东盟信息港南宁核心基地。未来，南宁市还将持续推进"南宁渠道"升级版建设，增强平台作用，积极推进中国（南宁）跨境电子商务综合试验区、中国电信东盟国际信息园等重点项目建设，大力发展开放型经济，积极参与中新互联互通南向通道建设。随着"南宁渠道"升级版的持续发展完善，南宁市培育贸易新业态新模式的发展条件日渐成熟。

4. 临近东盟国家的地理优势

南宁市在培育贸易新业态新模式上具有临近东盟国家的地理优势。从地理上看，南宁市是面向东盟国家最近的首府城市，是背靠中国大陆腹地，面向东南亚前沿的重要枢纽节点，既可以从陆路上直接连接越南等中南半岛国家，也可以依托广西沿海防城港、钦州等港口的沿海优势，通过北部湾的宽阔海域发展海上贸易，直通菲律宾、马来西亚以及印度尼西亚等海岛国家，区位优势极为突出。据此，南宁市在培育贸易新业态新模式时，可以充分有效地利用自身的地理优势，积极参与和建设与东盟国家的贸易活动以及贸易体系，扩大与东盟各国的贸易范围，为培育贸易新业态新模式提供更为广阔的市场和便利的条件。

5. 基础设施完善的硬件优势

南宁市在培育贸易新业态新模式上具有基础设施完善的硬件优势。近年来，南宁市不断完善基础设施建设，推进一大批项目建设。一方面，继续完善基础设施建设，积极推进南宁农产品交易中心、中国—东盟商品交易中心等商品交易市场群建设，为商品物流发展提供基础性服务；另一方面，积极推进南宁高新区国家电子商务示范基地、中国—东盟电子商务产业园、中国—东盟（南宁）跨境电子商务产业园、南宁跨境贸易中心、五象新区电商小镇等重要电子商务产业集聚区建设，为跨境电商发展提供优质的硬件条件。随着物流基础设施的完善、面向各类市场的电商产业园区的相继建立，南宁市培育贸易新业态新模式的硬件设施逐步健全，具有了硬件优势。

6. 国家大力扶持的政策优势

南宁市在培育贸易新业态新模式上具有国家大力扶持的政策优势。党的十九大报告中强调要"拓展对外贸易，培育贸易新业态新模式，推进贸易强国建设"[1]，为南宁市推进贸易新业态新模式奠定了发展基调。同时，商务部

---

[1] 参见习近平《决胜全面建成小康社会 夺取新时代中国特色社会主义伟大胜利——在中国共产党第十九次全国代表大会上的报告》，人民出版社，2017，第35页。

针对跨境电商发展，会同其他部门创造性地建立了以"六体系两平台"（六体系包括信息共享、金融服务、智能物流、电商信用、统计监测、风险防控；两平台包括线上"单一窗口"，线下"综合园区"）为核心的政策框架。开展市场采购贸易试点，积极探索外贸服务业发展的管理模式，提出和完善综合服务企业出口退（免）税政策，逐步完善贸易新业态新模式发展的政策体系。由此，南宁市在培育本市贸易新业态新模式过程中可以有效利用国家提供的政策支持，充分培育贸易新业态新模式。

（二）不利因素

1. 国际经济复苏面临挑战

2008 年世界经济危机爆发以来，全球经济陷入低迷，进出口贸易受到较大冲击。2018 年，全球经济由弱复苏逐渐向强复苏转变，经济形势逐步好转，但是由于复苏过程的贸易保护主义、反全球化的保守主义等因素的影响和制约，国际经济全面复苏依然面临较大挑战，南宁市作为面向东南亚地区的门户型城市，连接中国大陆腹地与东盟国家，在中国与东盟各国开展的贸易活动过程中扮演着重要角色，具有重要地位。近年来，南宁市与东盟各国经贸往来虽然总体上呈现良好趋势，但受2008 年世界经济危机的影响，贸易的绝对总量仍然不高，在国际经济复苏面临挑战的同时，南宁市与东盟各国之间的贸易往来也面临诸多不确定因素和挑战。

2. 国际形势发展错综复杂

区域领土主权纠纷所导致的国际形势变动，对国与国之间的贸易往来具有巨大的影响，不稳定的国际形势对开展对外贸易具有较强的破坏力。近年来，南海纠纷持续发酵，形势错综复杂，使对外贸易发展面临诸多挑战。南海作为南宁市连接东南亚各国的重要贸易通道，其政治形势的发展变化对南宁市与东盟各国贸易往来具有较大的影响。目前，南海形势趋于稳定，总体向好，但是各方势力依然错综复杂，对于南宁市进一步发展培育贸易新业态新模式，加强与东盟各国之间的贸易往来增添了诸多不确定因素。

3. 竞争优势存在不足

南宁市作为与东南亚连接的重要枢纽，虽然具有连通中国大陆腹地与东盟国家的得天独厚的优势，但是与邻近的部分城市相比，在培育贸易新业态新模式方面依然存在不足。一方面，如钦州、防城港等沿海城市，不仅具有完善的贸易扶持政策，而且拥有绵长的海岸线和优质的货运港口，地理条件优渥，南宁市则地处内陆地区，缺少和东盟国家直接相连的水路交通和天然良港等基础条件，一定程度上限制和阻碍了南宁市贸易新业态新模式的培育和发展。另一方面，与区外城市相比，南宁市对外贸易发展较慢，竞争力不强。如邻近的广州市作为国务院定位的国际大都市、国家三大综合性门户城市之一、国家五大中心城市，是我国对外贸易的主要出口地，拥有更为广阔的市场和更为完善的交通基础设施以及更为突出的地理区位优势。因此，南宁与广州在培育发展贸易新业态方面存在巨大的差距，南宁市竞争力远不如广州市。除此之外，还有海南省海口市、云南省昆明市等在贸易新业态新模式方面发展较快的城市。这些城市不仅给南宁市提供了可以借鉴的有益经验，而且对南宁市在贸易新业态新模式的培育发展方面提出了诸多挑战。

4. 进出口企业面临风险增多

贸易新业态新模式发展的多样性和复杂性，使参与贸易新业态新模式的进出口企业也将面临更多的风险，无形中为南宁市进一步培育贸易新业态新模式增添了阻碍。一方面，随着国内经济下行压力的加大以及国际经济形势的变化，与进出口有关的退税等政策会因外部形势的变化而变化，这将导致国内开展进出口贸易和跨境电子商务贸易的企业因政策变动而无法履行合同约定；另一方面，其他国家对进出口政策的调整，以各种技术标准名义制造贸易壁垒，奉行贸易保护主义，极大地影响了对外贸易企业进行的正常贸易活动，使开展对外贸易、参与贸易新业态新模式的企业面临诸多风险，同时对南宁市进一步培育贸易新业态新模式起到了阻碍作用。

5. 产业基础薄弱

产业是外贸进出口的重要支撑，产业结构不合理、产业基础薄弱、产品技术含量不高等都会直接影响外贸，导致没有优势产品出口，影响企业外贸信心和底气，进而影响贸易新业态发展。南宁市目前正在推进工业转型发展，做大做强电子信息、先进装备制造、生物医药三大重点产业，这些重点产业发展迅速、成果丰硕，但是因为产业基础比较薄弱，和其他具有雄厚产业基础的地方如长三角地区相比，仍然优势不足；同时高端制造业的产业集群尚未形成，未能形成针对东南亚国家的制造优势，无法更好地扩大出口、提升南宁市制造业竞争力，不利于南宁市贸易新业态新模式的构建和进一步发展。同时，由于南宁市缺少高端制造业，在产业结构、产品种类上与东南亚国家存在一定的同质化现象，致使部分产品未能体现出竞争优势，不利于南宁市贸易新业态新模式的成长发展。

6. 外贸环境有待改善

良好的外贸环境是发展贸易新业态新模式的必要条件，缺少良好的外贸环境将无法构建健康的、可持续发展的贸易新业态新模式。南宁市近年来不断完善对外贸易政策，外贸环境逐步改善，但是依然存在不少突出问题，严重阻碍了南宁市贸易新业态新模式的发展。一是通关环境不够优化。比如通关查验手续烦琐，货物通关花费时间较多，导致很多企业不愿从事外贸进出口，甚至导致部分外贸企业绕过南宁到边境或者湛江、广州等具有更灵活的通关政策的地方开展进出口贸易。二是退税程序复杂，耗费时间长。外贸综合服务企业在代理通关退税业务时为减轻进出口企业的资金负担，会先为进出口企业垫付税金，但是由于退税程序复杂，退税时间长，随着业务的增多，外贸综合服务企业垫付的税金也逐渐增多，但是退税如果不能及时完成，将导致从事外贸综合服务的企业承受巨大的资金压力，难以开展通关、退税等业务，阻碍了外贸综合服务贸易的持续健康发展。

五 国内其他城市培育贸易新业态经验及对南宁市的启示

（一）国内其他城市培育贸易新业态新模式经验

1. 广州市

近年来，广州市商务贸易行业规模持续扩大，商务贸易整体综合实力进一步增强，商务贸易流通发展更是位居我国前列，国家商务贸易中心地位得以巩固提升。2017 年，广州全年完成商品进出口总额达 9714.36 亿元，同比增长 13.73%，增速较上年提高 10.63 个百分点，比全国（14.2%）低 0.47 个百分点，比广东省（8.0%）高出 5.73 个百分点。[①]

（1）完善的政策保障体系

广州市制定出台了《广州市支持商贸业发展实施办法》，涵盖了货物贸易、服务贸易、商贸流通等六个相关的扶持政策，大力培育商务贸易新产业、新技术、新业态和新模式。以商务贸易企业为政策落脚点，引导培育商务贸易业进一步快速发展，培育货物贸易、服务贸易、商务贸易流通领域的优势，扶持融资租赁、电商物流、现代会展等新业态。

（2）扩大对外开放，积极利用外资

一是进一步扩大市场准入领域。例如，制造业方面，放开了专用车和新能源汽车的外资限制；服务业方面，在铁路旅客运输、人力资源服务、加油

---

① 参见《2017 年广州市国民经济和社会发展统计公报》。

站建设等方面取消了外资限制，放开了外商对互联网上网服务等的投资；金融业方面，促进外商对银行、证券等的投资。二是加大利用外资财政奖励力度、金融支持力度以及人才支持力度，对实际外资金额超过一定标准的项目给予相应的奖励；利用产业发展基金，以股权投资方式支持重点企业投资，并且将外商投资企业高级管理人员等列为人才服务对象。三是提升投资贸易便利化水平，优化重点园区吸收外资环境，全面实行准入前国民待遇加负面清单管理模式。对政府的审批权责和标准进行更明确的规范，精简和优化企业投资审批流程，支持符合条件的国家级开发区推行行政审批模式，实现"一枚印章管审批"。四是完善利用外资保障机制。建立由主要领导牵头的利用外资工作协调机制，定期协调解决制约利用外资尤其是世界 500 强企业投资的重大问题。整合优化驻海外经贸办事机构，加快构建辐射全球的国际化投资促进体系，完善外商投资企业投诉机制。

（3）专项资金培育外贸竞争优势

一是支持企业并购国际品牌，对企业已支付的并购金额给予 10% 的补助，单个企业在该方向获得的补助资金最高不超过 50 万元（含）。二是支持企业在境外设立营销网络，对企业设立境外专柜的租金和装修费用给予定额补助，4 万元（含）以上的给予每个专柜 2 万元的补助（每个企业最多获补助 10 个专柜），4 万元以下的暂不纳入补助范围；对企业设立境外门店的租金和装修费用给予定额补助，10 万元（含）以上的给予每个门店 5 万元的补助（每个企业最多获补助 10 个门店），10 万元以下的暂不纳入补助范围。三是支持企业在境外开展品牌宣传推广活动，对企业在境外开展宣传推广活动的场租给予 20% 的补助，单场活动获得的补助资金最高不超过 10 万元（含），单个企业最多获补助 5 场宣传推广活动。四是支持企业在境外国家或地区进行商标注册，对企业注册境外商标的申请费、公告费及注册费三项费用给予定额补助，1 万元（含）以上的给予每个境外商标 5000 元的定额补助，1 万元以下的暂不纳入补助范围。单个企业在该方向获得的补助资金最高不超过 10 万元（含）。

（4）优化市场采购贸易

第一，完善市场采购贸易交易和监管流程。一方面，市场采购贸易各方经营主体依托信息平台开展市场采购贸易主体信息留存、交易信息录入、收结汇管理和免税申报等工作，将市场采购贸易全流程信息录入信息平台。另一方面，各监督管理部门建立信息共享机制，根据市场特点对市场采购贸易各环节进行监督管理，实施贸易便利政策和措施。

第二，建立市场采购贸易商品认定体系。首先划定市场集聚区范围（市场集聚区范围由市政府依法依规按程序审定后公布），市场采购贸易出口商品在经认定的市场集聚区内采购，同时确立供货商、采购商信息留存制度和市场采购贸易经营者认定制度。另外，确立商品申报制度，市场采购经营者或供货商可以通过信息平台申报出口商品，申报信息包括采购地、供货商、采购商、代理商、交易信息等内容。供货商、市场采购贸易经营者对其代理出口商品的真实性、合法性承担责任。

第三，健全信用评价管理机制。一是建立主体信用评价机制。各监督管理部门根据市场采购贸易主体经营情况、资金交易信息、诚信记录，依据职权对市场采购贸易主体展开信用评价，建立企业信用信息共享机制，定期交换市场采购贸易主体信用分类和违规查处等信息。二是建立差别化监管机制，按照"守信便利、失信惩戒"原则，各监督管理部门依据市场采购贸易信用评价结果实施差别化管理，促进市场采购贸易主体诚信经营。

第四，加强出口商品质量管理。通过建立出口商品质量信息反馈机制，以信息平台为依托，收集、分析各类质量信息，对市场采购贸易商品进行质量抽查，定期召开质量分析通报会，发布质量公告。提升出口货物质量水平，涉及国外通报反馈的质量问题，由检验检疫部门牵头调查、处理，并将结果纳入信用评价体系。

第五，做好国际贸易风险预警防控。由市场采购贸易试点所在区政府牵头，各监督管理部门配合，依托信息平台，整合各类预警信息资源，加强国际贸易摩擦与产业损害监测预警、汇率风险预警、经济案（事）件预警、国际贸易主体监管及信用评价、国际贸易仲裁、国外质量反映预警、国外技术法规预警、区域性国际贸易形势预警等风险预警防控。由市场采购贸易方式试点所在区政府牵头，依托信息平台对涉及市场采购贸易的不良采购商进行通报。

第六，建立违法违规案件追溯机制。一是建立案件追溯机制，依托信息平台，对涉及违法违规的市场采购贸易出口案件，按"报关单号—集装箱号—交易单号"线索进行排查，或按照"报关行—市场采购贸易经营者—采购商—供货商户—生产企业"追查供货商户、生产企业，确保源头可溯。二是建立违法违规案件信息通报机制，各监督管理部门通过信息平台及时通报市场采购贸易各方经营主体违法违规信息，依照职权查处违法违规案件。三是建立协同查案机制，领导小组授权市场采购贸易方式试点所在区政府组织各监督管理部门根据职权进行案件追溯与查处。

2. 义乌市

近年来，义乌市着力发展商务贸易业，其商务贸易呈现高质量、高水平发展趋势，义乌市商务贸易业核心竞争力不断提升，为"小商品之都"不断增创新优势，并使其真正走向世界。

（1）积极促进进口贸易发展

首先，义乌市依托保税物流中心，指定转口贸易口岸积极支持进口日用消费品和发展转口贸易，针对不同的进口商品给予境内收货人一定的奖励，从而带动进口贸易的发展。其次，义乌市通过支持海关特殊监管区和"义新欧"班列发挥进口、转口货物集散功能，同样根据不同的进口商品给予境内收货人一定的奖励，在促进进口贸易发展的同时带动了相应口岸和保税物流中心的发展。再次，义乌市还从积极支持进口企业做大做强、支持企业获得进口商品代理权、支持发展第三方服务、支持拓展营销渠道等方面鼓励建设进口商品专业营销平台，鼓励国内知名电商平台建设义乌进口商品专区。最后，义乌市通过创新金融服务、推行先行赔付，鼓励为本地财政做贡献。

（2）积极促进电子商务发展

义乌市非常重视电商主体的招引和培育，通过积极招引市外标杆电商企业，降低市内大中型电商企业的运营成本来吸引电商入驻义乌。与此同时，义乌市积极推进电子商务线上线下发展，通过支持电子商务园建设，加快发展电子商务专业村，鼓励建设电子商务基础设施、在线交易平台和义乌电商产业带。另外，义乌市鼓励电商企业、园区为本地财政做贡献，积极引导电商园区、电商企业朝规范化、品牌化、创新化发展。

（3）加大商贸企业场地保障力度

一是支持给重点商贸企业、项目供地，经项目评审，根据税收、社会效益等统筹排序，按标准地供地方式优先予以落实。二是支持先租后让，对于暂无供地需求但有用房需求的重点商贸企业，可由市工业资产公司等市属国有企业受让大宗存量工业用地后，建设商贸产业园，以先租后让方式安排入园集聚。企业入园后社会贡献较大、成长性较好的，符合法律规定的，可按栋分割受让。三是支持以市场化方式获得用房用地，对通过市场化方式解决用房用地需求的重点商贸企业，分别给予交易双方在交易过程中产生的增值税、土地增值税、契税地方留成总额100%的补助。

（4）优化商贸人才成长环境

一是支持开展商贸业专业技能培训，对知名第三方平台认定、授权或者经行业主管部门认定的服务机构，在年度培训超1000人次的情况下，对其组织的持续性电商、进口等商贸技能培训，经商务部门审核认定，按服务费用的 30% 给予补助，单家机构每年最高不超过 50 万元。二是支持各类公益性的商贸沙龙、分享、实操等小型培训活动。经商务部门审核认定，举办 50 人以上的小型商贸培训活动，给予活动组织方每场 5000 元的经费补助。三是全力解决商贸企业员工子女入学问题。综合效益评价排名前 20 强的进口、出口、电商、内贸企业副总以上负责人，优先安排其子女入学；综合效益评价排名前 50 强的进口、出口、电商、内贸企业的主要负责人（董事长、总经理），统筹安排义务教育阶段子女入学。名额仅限本企业员工使用。四是致力解决商贸人才住房问题。建设商贸人才公寓和中小户型公寓，全面解决商贸企业大专及以上人才住房问题。五是实施递延纳税优惠政策。对于进口、出口、电商、内贸按综合效益评价排名前 20 强的企业，及副总以上人才（含总监）应征个人所得税，在符合税法规定的情况下，可享受递延纳税政策。

（5）加强全球范围内的商业推介与对接

一是支持在全球范围内开展商贸推介、商贸对接活动。经向商务部门提前申报并审核认定，按实际支出费用给予活动组织方 30% 的补助，单家机构年最高补助不超过 50 万元；举办重点商贸推介、商贸对接活动的，按实际支出费用给予活动组织方 100% 的补助，单场最高不超过 30 万元。二是支持企业经市贸促会、国际商会授权，在全球范围开展商贸推介、商业对接活动，经向商务部门提前申报并审核认定，参与人数 50 人以上的，每场给予 5 万元的补助。三是支持举办公益性大型商贸论坛活动，经提前申报和审核认定，按实际支出费用给予组织方 50% 的补助，单场论坛、活动最高不超过 10 万元，单家企业每年最高不超过 50 万元。

（二）对南宁市的启示

1. 完善外贸政策支持

从广州经验来看，国家在将广州打造成国际贸易交流中心的过程中给予了非常大的支持，广州花都区则是商务局与圣地集团、富力集团合作，直接成立合资公司对市场采购贸易进行运营，由政府出资，由商务局对整体发展战略进行规划布局，由圣地集团、富力集团具体执行。在运营过程中，政府在制度流程的设计、政策和审批方面给予了非常大的支持，一方面让运营方有法可依、有据可查，便于和海关、税务、检验检疫等部门展开协作，加快项目的推进；另一方面给予运营方足够的引导，促使项目按照战略规划逐步推进。目前，南宁仍缺乏相关的引导政策和扶持政策，以及相应的制度流程，导致集团难以立即推进项目，仍需进一步加强和政府、商务局的沟通，获取有效信息，加快业务进展。

2. 创新外商投资管理体制机制

近年来，南宁市正在不断进行各项体制机制改革，为培育南宁市贸易新业态新模式，应围绕外商投资管理体制机制进行创新改革。根据南宁市实际，创新外贸投资产业扶持政策，可以通过减少或者取消外商投资准入限制，增加开放度和透明度，积极有效地引进境外资金、先进技术和高端人才，提升利用外资的水平。另外，完善外商投资审查及管理服务，对外商投资实际控制人进行科学管理，建立外商投资信息报告制度和外商投资信息公示平台，以此来促进和加强外商投资过程中科学的监管以及管理的规范性和透明度。优化外商投资准入的管理流程，提升投资便利化水平，通过放开外资、会计审计、建筑设计、评级服务等的准入限制，来推进电信增值以及互联网、文化教育、交通运输等相关领域的有序开放。

3. 借助地理优势，提升对外开放水平

南宁市作为广西壮族自治区首府，是中国面向东盟开放合作的前沿城市，是中国—东盟博览会举办地，国家"一带一路"有机衔接的重要门户城市，这些优越的地理条件和政策条件，都是南宁市培育贸易新业态新模式的机遇。南宁市在培育贸易新业态新模式的过程中，应当牢牢把握"中国—东盟博览会"和"一带一路"契机，完善对外投资合作体系，支持企业及个人开展多种形式的对外直接投资，鼓励对东盟国家的投资，加大区域合作力度，增强对东盟国家的市场集聚和辐射功能，使南宁市对外贸易融入国家"一带一路"建设中。

4. 加强商贸人才引进和培养

牢牢把握南宁市引进重点领域优秀人才机遇，加强对商贸人才的培养。首先，通过进一步放宽户口准入条件，提高优秀人才来邕的福利待遇，调整人才引进安家费补贴等政策，以此吸引商贸行业优秀人才来南宁工作。其次，通过解决引进人才的子女入学问题、住房问题等，留住人才。在此基础上，要大力支持开展商贸行业专业技能培训，通过招标引进知名第三方平台认定、授权或者经行业主管部门认定的服务机构，对其提供一定资金奖励，带动南宁市商贸行业整体发展。

5. 加大先进信息采集力度，促进南宁贸易新业态新模式培育

广州市花都区市场采购贸易方式试点、义乌市"小商品之都"的打造都

体现了各自独特的发展思路，这些都是培育贸易新业态的先进经验，南宁市相关部门应该加强与国内商贸发展比较好的城市的交流，充分学习和借鉴其在发展过程中的先进经验，广泛收集培育贸易新业态新模式的信息，形成适合南宁发展的模式和思路，以此来促进南宁培育贸易新业态新模式。与此同时，组建互联网技术队伍，打造网络数据中心汇集各类信息和数据，为南宁培育贸易新业态新模式提供支持。

六　南宁市培育贸易新业态新模式总体思路

（一）指导思想

以党的十九大精神和习近平新时代中国特色社会主义思想为指导，全面贯彻落实自治区第十一次党代会精神和南宁市第十二次党代会精神，立足南宁独特区位，厚植开放发展新优势，主动融入和积极参与"一带一路"建设，不断深化对外开放合作与发展，加快转变外贸发展方式，培育外贸竞争新优势，创新贸易新业态新模式，努力扩大进出口规模，提升开放型经济发展水平，全面推动"南宁渠道"升级，促进南宁在构建"南向、北联、东融、西合"的全方位开放发展格局中发挥更重要的作用。

（二）基本原则

更加突出创新的引领作用。创新是引领发展的第一动力，必须把创新摆在培育外贸新业态新模式的核心位置，走创新驱动的外贸发展道路。主动适应外贸新环境，深化体制机制改革，积极探索新的贸易管理方式，创新开放发展平台建设，积极探索贸易新业态新模式，不断拓展外贸发展空间，增强外贸发展的新动能。

更加突出内外贸一体化。转变政府职能，破除体制机制障碍、管理障碍、观念障碍、政策法规障碍，大力推进内外贸一体化发展，促进企业转型升级，增强外贸发展的协调性和可持续性，努力打造出口与进口相得益彰，外贸与外资、外经相互促进的良好局面，全面提升南宁市开放发展水平。

更加突出开放发展。继续坚持"走出去"与"引进来"相结合，优化外贸结构，不断巩固和提升外贸传统竞争优势，培育贸易新业态新模式，做大做强外贸市场。

更加突出外贸与产业升级联动。坚持外贸与产业升级联动发展，以贸易新业态引领产业变革，以产业升级支撑贸易发展，不断增强南宁外向型产业竞争力。继续巩固和提升机电产品、小家电产品等传统产品的竞争力，推动出口产品向优质优价转变。加大高新技术企业培育力度，强化电子信息、新材料、轨道交通装备等高新技术产品的竞争优势，推动形成产业集群，为出口提供有更多高附加值、高技术含量的产品。鼓励先进技术、关键设备和零部件进口，着力提升南宁市制造业装备水平，促进产业转型升级。

（三）发展目标

探索建立与跨境电商发展趋势相适应的监管流程、服务体系及公共服务平台，支持企业开展跨境电子商务出口业务，稳步扩大全市跨境电子商务出口规模。支持南宁威宁投资集团进行市场采购贸易探索，稳步推进市场采购贸易方式出口流程、货值核算、监管方式标准化建设，促进传统专业批发市场转型升级。推动外贸综合服务企业的规范化、本土化、品牌化发展，在通关、退税、政策性金融等方面给予外贸综合服务企业更大支持。重点任务主要有：培育壮大外贸主体、加快培育外贸竞争新优势、提升外贸企业跨国经营能力、强化国际市场开拓、加快推进外贸发展平台建设、持续优化外贸营商环境。

力争到 2020 年，培育和引进 3 ~ 5 家跨境电子商务龙头企业，跨境电子商务进出口业务量达 10000 单/天，实现跨境电子商务年交易额 100 亿元以上；市场采购贸易实现新突破，培育 1 ~ 2 家市场采购贸易龙头企业；打造2 ~ 3 家有一定影响力的外贸综合服务示范企业。

七　培育贸易新业态新模式对策建议

改革开放 40 余年来，中国已全面进入开放合作新时代。南宁市要紧紧抓住"一带一路"建设的重要机遇，围绕建设区域性国际城市发展目标，充分利用地缘优势，疏通"南宁渠道"，完善南向通道物流服务功能，拓宽中国—东盟商品交易的国际通路，实现"买全国、卖全球"，全面提升南宁作为中国面向东盟消费中心城市的地位。为此，南宁市要选择 1 ~ 2 个市场基础和市场结构良好的传统商贸优势集聚区，高起点规划，推动传统商业街区服务功能调整和重划，开辟中国—东盟商品市场采购贸易方式服务专区；制定出台贸易便利化扶持政策，完善配套外贸服务机构，培育内外贸兼营优势经营主体，主动搭建南向通道物流中枢平台，运用电子商务、区块链等现代技术手段，优化整合跨区域市场资源，推动南宁市场、广西主要边贸市场乃至中南、西南地区重要市场的线上结盟，实现市场商品信息共享和无缝对接，共同探索出一条欠发达地区"市场采购+跨境电商+外综服务"的融合发展之路，加快促进南宁市区域性传统商贸集聚区一般贸易和旅游购物向市场采购贸易方式转化，将市场采购贸易方式服务专区打造成为南宁以及广西外贸增长新优势和新引擎，示范引领南宁建设成为中国面向东盟具有传统边贸特色的全球商品采购中心，为南宁打造内陆开放高地注入全新活力。

（一）高度重视，为市场采购贸易新业态建设项目提供组织保障

观念决定思路，思路决定出路，市场采购贸易新业态的规划建设管理，要充分体现在各级政府谋划区域发展的理念和责任上。南宁市要"无中生有"地建设面向东盟的区域性市场采购贸易集聚区，创造条件来申报市场采购贸易新业态试点，首先要强化思想意识，明确长远发展思路，将市场采购贸易发展项目作为市委、市政府未来相当长的一段时间内进行开放合作体制机制改革的重要工作载体，并争取将项目列为自治区政府重点推进工程，请求自治区成立专门的领导组织机构，市级相应成立领导小组，下设办公室，选配有担当、干实事的专业团队，每年提供必要的财政经费预算，用于交通、物流等公共服务配套建设补贴，确保市场采购贸易发展组织有力，确保有人办事、有钱办事、有地方办事，上可协调至国家和自治区部委办，尤其是促进海关、税务、口岸、市场监督等多部门联合办公，下可组织市属各部门，以及集聚区所属的区委、区政府，确立项目建设联席会议制度和各级领导项目联系制度，形成自治区、南宁市、城区三级上下联动工作机制，强化组织协调、保姆式跟踪服务，及时发现、解决项目建设中有关市场战略规划、公共服务设施配套、贸易便利化体制机制改革等诸多具体而现实的问题。

（二）前瞻规划，加快传统商业集聚区提档升级

长期以来，南宁市缺乏强大的工业、高端技术等产业发展支撑，朝阳商圈、华南城等传统商业集聚区依靠批零贸易"买全国、卖广西"，业已成为影响南宁及广西全境的商品交易集散地，基本形成纺织服装、五金交电、日用百货、酒店用品、儿童玩具等各类小商品的专业市场集群。但是，与广东广州、浙江义乌、湖北武汉等地专业市场相比，市场的区域性辐射力、影响力十分有限，而且随着全国物流节点的规划布局，物流网络体系的日趋完善，以及各地公铁水多式联运的迅速发展，南宁市传统市场批发业态占比下

降，区域服务功能趋于弱化。为进一步增强南宁作为中国面向东盟的消费中心城市地位，全面提升朝阳商圈、华南城等传统商业集聚区批零贸易服务的区域性集散作用，极大地满足未来市场采购贸易新业态发展的要求，必须以市场为导向，顺应国家实施"一带一路"倡议、全面扩大对外开放这一新形势，高起点规划，高水平建设，推进传统商业集聚区主要商品交易功能分区规划调整和城市设计，加快各类小商品市场提档升级和集聚发展，推进出口商品展示、海关监管仓、商贸物流、跨境电商、商务酒店、金融服务、公共（轨道）交通等国际商品交易中心配套设施建设，为海内外采购客商及消费者打造具有国际水准的商务、交易和生活环境。

（三）优化环境，推进市场采购贸易平台建设

推进市场采购贸易平台建设要遵循市场规律和国际贸易规则，以国际市场为导向，从平台综合管理机制、外贸综合服务、市场采购商品认定体系、市场采购贸易行业自律等方面入手，创新发展符合本地实际并有利于拓展市场采购贸易的体制机制，研究制定有关贸易便利、允许拼箱组柜、通关便捷、免征增值税、外汇政策灵活等的优惠政策，为建设面向东盟的全球商品采购中心城市营造良好的市场生态环境。

一是建立综合管理机制。延伸南宁综合保税区"无水港"等海关特殊监管区域的服务功能，市政府要寻求海关部门帮助，加快制定覆盖市场采购贸易方式全流程的综合性配套监管办法，根据贸易流程、监管内容，明确各阶段、各项目的牵头部门和配合部门及其工作职责，加快推进贸易流程、主体信用、外商服务、质量管理、运行监测、预警防控、效果评估和知识产权等体系建设，构建政府主导、各部门共同参与的综合管理机制。

二是加强公共服务平台建设。依托自治区"东盟中心"项目建设，加快完善各类质量检测、检验检疫实验室、共性技术中心等外贸服务功能；扶持南宁"速贸通"平台建设，构建集报关、检验检疫、退税、物流、货代、融资、保险、外汇结算等于一体的外贸综合服务中心，让企业按照进出口所需流程循规导航，免于奔波，降低交易成本。

三是建立市场采购商品认定体系。市政府要根据市场采购贸易方式需求，建立健全市场采购商品认定体系，完善市场采购贸易商品、集聚区认定办法及经营者、供货商、采购商的备案管理。科学规划采购商品和市场集聚区范围，规范交易信息采集、确认流程。要建立口岸、海关、国税、工商、检验检疫、外汇等管理部门信息共享联控机制，采取信息化手段加强监管，

为市场采购贸易新业态提供报关报检、国际物流、收结汇、退税、融资等综合服务，并根据市场发展的成熟度创造条件，申请新建海关监管场所，扩大场站面积，升级场站自动化、信息化监管系统，提升通关效率。

四是加强市场采购贸易行业自律。市政府要积极推动建立政府、行业协会、中介机构和企业"四位一体"的贸易监测预警机制，探索建立贸易互信和贸易协同应对机制。鼓励自主创新、打造自创品牌，提高国际市场的竞争力和影响力。建立健全知识产权维权保护机制，加大知识产权执法力度，提升知识产权保护水平。

（四）培育市场，优化全球采购贸易经营商品结构

培育和引进市场采购贸易经营主体，是当前南宁市发展市场采购贸易方式的起点和难点。要选择1~2家传统商贸市场经营企业进行市场采购贸易服务试点，通过体制机制改革创新，解决企业出口成本高、流程烦琐、效率低等问题，吸引更多的企业通过贸易业态的转变参与国际产业分工和市场竞争。

一是推动南宁威宁市场公司位于朝阳商圈商业核心区的和平商场、交易场，以及会展中心的会展大厅、华南城内的东盟十国商品专区作为线下的实体经营市场，以大型专业市场运营方的身份配合政策落地，加大招商力度，引进诸如义乌小商品城、中国叠石桥国际家纺城等国内知名市场采购贸易企业或商家，推动市场一般贸易和旅游购物服务向市场采购贸易业态服务转变。鉴于南宁市许多内贸中小微企业或经营商户尚未有外贸进出口业务的经历，越南等东盟国家到南宁市场采购商品大多采用旅游购物和一般贸易的方式，有必要在起步阶段由市场主办方组织经营商户进行市场采购贸易方式的孵化辅导，从中选择部分旅游购物和一般贸易的经营商户开展形式多样的外贸技能培训，充分理解和利用市场采购贸易方式的政策便利，提高商户对国际贸易的认知能力、谈判能力和抗风险能力，并自觉自愿地参与市场采购贸易方式的试点工作。

二是落实国家稳定外贸增长的相关政策，用活用足市场采购贸易方式政策便利，加大对试点政策的宣传推广，引导更多出口企业选择市场采购贸易方式。加大对市场采购贸易的招商力度，尝试从沿海地区引进一批具有加工制造能力的出口企业，到南宁投资建设"前店后厂"的有根市场，以产业发展带动市场采购贸易业态试点，加快市场采购贸易商品结构调整和优化。

三是充分发挥外贸综合服务中心的协调作用，鼓励中小微制造企业、传

统外贸大户、边贸市场等通过市场采购贸易业态试点平台进行产品展示、产销撮合和获取订单，优化经营产品的结构和供应链，拓宽外贸营销渠道，享受采购贸易方式的政策便利，促进外贸出口品牌营销的转型升级。

（五）贸易对接，壮大市场贸易采购主体

南宁市市场采购贸易服务要立足当前，着眼长远，以疏通"南宁渠道"，打造"南宁服务"品牌为切入点，建设面向东盟具有传统边贸特色的全球商品采购中心城市，携同国内优质企业通过多种形式进入国际市场，引进全球采购商进入南宁市场，实现商品无缝供需对接。

一是借助每年一届的中国—东盟博览会和中国—东盟商务与投资洽谈会，举办南向通道市场采购贸易论坛及一系列专业展会和企业对接会，加强与东盟各国双边贸易洽谈，实现贸易撮合，并努力发展成为东盟采购商的长期客户。

二是结合每年商务部门组织的企业赴东盟和共建"一带一路"国家的商品展销会，开展南宁市场采购贸易宣传推介活动，邀请外国客商到南宁开展专业、务实的商务考察和贸易洽谈对接活动。组织经营商户参展广交会，加强与国际大采购商的沟通联系，并达成市场采购贸易的合作意向。

三是加强与南宁外国友好城市的互访对接，外国友好城市采购企业既可以在南宁市场采购贸易平台采购到物美价廉的中国商品，也可以把本国特色商品带来展销。借助南宁市场采购贸易平台，各国友城企业可以得到中国政策咨询、采购商对接、商务考察及通关物流等方面的服务，必将成为各国友城企业拓展中国市场的便捷通道。

四是抓住南宁高校丰富的留学生资源，在广西民族大学设立外国留学生贸易创业实践基地，建成采购商孵化平台，培育一批未来的外国采购商。

（六）互联互通，大力开拓国际物流线路

长期以来，和平商场、交易场、华南城等传统商贸市场交通及物流问题倍受商户关注，开展市场采购贸易服务试点，首先要形成区域内及南宁出省出边物流、客流内通外联的大交通格局，真正成为南向通道物流集聚区和商贸特区。

一是科学编制南宁市中心城区朝阳商圈片区以及华南城片区的控制性规划，合理布局区域内公共（轨道）交通场站、停车场站，增加支路密度，全面改造升级市场设施，提高物业管理水平，加快仓储建设和物流配套，让物

流发车目的地不留盲点。

二是落实自治区及南宁市有关南向通道的物流政策，促进市场与铁路、高速公路、空港等重要交通设施的高效衔接，外贸商品将主要通过牛湾港江海直达、中新综合物流产业园、吴圩国际机场空港货运专线实现国际物流和多式联运。目前正在规划建设的南宁铁路局沙井铁路物流园，也将使市场采购贸易货物以最快的速度登上火车。

三是争取海关部门的支持，复制推广广东多式联运一体化通关模式，助推市场采购贸易试点快速突破"聚集地采购"和"采购地通关"两个固有模式的局限，以多式联运一体化通关保证中新、中越直通车在内的市场采购出口实现多地通关无缝衔接和信息互联互通。

（七）跨越时空，搭建跨境贸易电商平台

与国内发达地区相比，南宁市产业基础薄弱，电子商务及信息技术运用相对落后，成为市场采购贸易发展的瓶颈，需要抓紧研究外贸政策，向先进地区学习和谋求合作，加快跨境电商产业发展，探索欠发达地区的市场采购贸易与跨境电商结合发展之路。

一要抓紧落实国务院 2018 年 7 月印发的《关于在北京等 22 个城市设立跨境电子商务综合试验区的批复》，复制和推广前两批综合试验区成熟的经验做法，因地制宜，突出本地特色和优势，着力在跨境电商 B2B 相关环节的技术标准、业务流程、监管模式和信息化建设等方面先行先试。

二要以跨境电子商务为突破口，扶持市场采购贸易试点企业大胆探索、创新发展，在物流、仓储、通关等方面进一步简化流程、精简审批，完善通关一体化、信息共享等配套政策，推进包容审慎有效的监管创新，推动国际贸易自由化、便利化和业态创新，增加国外有竞争力的产品进口，鼓励企业加快建设"海外仓"和全球营销网络，打造跨境电商知名品牌，积极开拓多元化市场，促进外贸稳定发展，提高国际竞争力。南宁跨境电子商务在方便国外企业采购到物美价廉的中国商品的同时，也助推国产商品尤其是小微企业的产品"走出去"。

三要以列入国家新一批跨境电子商务综合试验区为契机，以南宁跨境电商产业园河南保税集团、中国邮政集团广西分公司和南宁高新区管委会三方合作项目为建设载体，加强统筹协调，主动服务，完善政策，加快配套设施和项目建设，为跨境电商产业的发展创造良好环境，示范引领市场采购贸易、跨境电商产业发展驶入"快车道"，吸引南宁市各专业批发市场内的商

户以及广西主要边贸市场经营商家通过网上交易平台开展市场采购贸易，利用先行先试的政策优势，建设南宁市场采购贸易的综合交易中心和物流集散中心。

参考文献

陈卫华：《海门叠石桥市场采购贸易方式试点的实践与思考》，《武汉职业技术学院学报》2017 年第 1 期。

陈苗：《跨境电子商务发展成效模式及监管研究——广东珠三角视角》，《金融科技时代》2016 年第 2 期。

崔婷婷：《广东自贸区跨境电商发展的相关问题研究》，《新经济》2015 年第 34 期。

广州市花都区商务局：《广州花都国家级市场采购贸易方式试点》，《广东经济》2017 年第 7 期。

《广州市人民政府办公厅关于印发广州市商务发展第十三个五年规划（2016~2020年）的通知》。

《广州市人民政府办公厅关于印发广州市市场采购贸易综合管理办法的通知》（穗府办规〔2017〕1 号）。

《国务院关于印发中国（浙江）自由贸易试验区总体方案的通知》（国发〔2017〕16 号）。

黄智文：《新政策下强化外贸综合服务企业出口退税管理的建议》，《国际税收》2018 年第 4 期。

季湘红、魏涛涛、阮卓婧：《外贸综合服务企业出口模式比较探析》，《国际商务财会》2015 年第 12 期。

卢跃、阎其凯、高凌云：《中国对外贸易方式的创新：维度、实践与方向》，《国际经济评论》2017 年第 7 期。

骆敏华：《外贸综合服务企业业务模式与风险控制》，《国际商务财会》2016 年第 7 期。

宋凯钰：《我国跨境电商发展中的管理制度、问题与对策》，《商业经济研究》2018 年第 9 期。

孙硕：《"互联网＋"背景下中国对外贸易新模式研究》，《中国市场》2018 年第 18 期。

王鑫：《我国外贸商业模式的重要创新——外贸综合服务企业》，《管理学刊》2015 年第 4 期。

谢守红、娄田田、蔡海亚：《"市场采购"型贸易发展的影响因素研究——基于义乌中国小商品城的实证》，《商业经济研究》2015 年第 11 期。

徐焕明、张宏斌：《义乌市场采购贸易方式改革试点的回顾与建议》，《政策瞭望》2013 年第 12 期。

许德友：《发展外贸新业态促进外贸转型升级》，《南方日报》2017 年 7 月 17 日，第 2 版。

许登峰、刘志雄：《新形势下广西外贸企业升级面临的困境及路径选择》，《广西大学学报》（哲学社会科学版）2017 年第 8 期。

叶丽芳：《义乌市场采购贸易模式研究——基于贸易便利化视角》，硕士学位论文，浙江大学，2015。

张曙光：《如何看市场的演化与设计——阿里巴巴新外贸模式观感》，《民主与科学》2017 年第 2 期。

张文敬：《探索广东试行"市场采购贸易"的新方式》，《对外经贸实务》2014 年第 8 期。

张羽：《海宁专业市场试行市场采购贸易的问题及对策》，《改革与开放》2016 年第 19 期。

竹子俊：《外贸综合服务平台为企业增效》，《中国对外贸易》2013 年第 10 期。

祝美红：《外贸新常态与外贸新业态研究综述》，《对外经贸》2017 年第 12 期。

（南宁市社会科学院课题组）

课题组组长：龙　敏　岑家峰
课题组成员：潘贤新　苏　静　张　伟　杜富海
　　　　　　谢强强　陈代弟

南宁市加快建立租购并举住房制度研究

导　言

中国共产党第十九次全国代表大会报告指出，要坚持住房用于居住，而不是用于投机，要加快建立多主体供给、多渠道保障、租购并举的住房制度。将住房租赁作为住房市场的支柱，同等重视住房销售，不仅是解决过去住房制度不平衡的现实要求，也是满足人民日益增长的美好生活需要的民生工程。随着经济的快速发展和居住环境的大幅改善，大量新市民涌入南宁市定居就业，住房租赁市场活跃度不断增强，市场规模逐步扩大，但总体而言，目前南宁市住房租赁市场仍处于起步阶段，存在租赁意愿不强，重购轻租现象突出；市场主体发育不足，供给主体和渠道单一；市场秩序不规范，租赁关系不稳定；租赁合同备案率低，租赁市场监管缺失等问题。培育和发展住房租赁市场不能一蹴而就，需建立一个有利于促进房地产市场健康发展的长效机制。南宁市应以深化住房制度改革为突破口，以满足市民不同层次的住房需求为出发点和落脚点，以加快建立多主体供给、多渠道保障、租购并举的住房制度为主要方向，以规范住房租赁市场管理、增加住房租赁需求和供给、培育和发展住房租赁市场供应主体、扩大建设服务监管平台、创新服务管理体制机制为重点，着力解决住房租赁市场供给、需求、质量方面存在的问题，逐步完善南宁市租购并举住房制度，促进南宁市房地产市场持续健康发展。

"南宁市加快建立租购并举住房制度研究"作为 2018 年南宁市重点研究课题，由南宁市社会科学院承担。课题组通过实地走访、调研，掌握了大量一手资料，对当前南宁市住房租赁市场发展状况以及在培育和规范住房租赁市场过程中存在的问题进行了深入剖析，在借鉴其他城市成功经验的基础上，结合南宁市实际，提出了一系列有针对性的对策建议。

一　研究背景和研究意义

（一）研究背景

随着住房制度的改革和逐步完善，我国居民的住房条件大为改观，但在住房市场化改革的推进过程中，住房租售市场发展不平衡，一直处于滞后状态，与许多发达国家相比，国外居民早就将租房视为合理的选择，而对绝大多数中国人而言，租房依然是最后的选择。一方面，大多数中国居民不愿意租房。从文化传承和消费习惯来看，中国人一直有置办房产的偏好，有自己的房子和土地，心里才踏实安稳。从制度设计上看，1998 年全面推行住房市场化后，我国住房供应体系建设更多的是促进和鼓励人们拥有产权住房，从而造成了目前重购轻租的局面。从市场趋势来看，近年来我国一些城市房价快速上涨，进一步放大了房子的投资属性与升值效益。另一方面，想租的人租不到好房。从供需结构上看，租房需求主要来自新市民、年轻人，虽然其在短期内尚不具备买房能力，但对居住品质仍有一定要求，而市场上供应的出租房屋多为分散房源、老旧住宅，房源供需不匹配，租房体验不佳。从权利保障来看，由于相关法律法规不完善，租房者常遭遇随意涨价、单方毁约的情况，这无疑削弱了稳定感，放大了漂泊感。租房短板的存在，不仅阻碍了租房者幸福感的提升，也加大了房地产市场所承受的压力。2015 年以来，中央与地方政府积极推动住房租赁市场发展，从供给、金融、财政、法律等方面，积极构建租购并举的住房体系。"十三五"规划中，深化住房制度改革的主要方向是建立租购并举的住房制度。

作为房地产调控长效机制之一，"购租并举"政策不断深化，促进了房屋租赁市场的发展。国家鼓励富有的个人和企业购买商品房，将其出租给负担不起的人。2017 年 5 月，住房和城乡建设部就《住房租赁和销售管理条例（征求意见稿）》公开征求意见，它规定了租金、租期和承租人的生存权。房屋租赁合同未约定租金调整的数量和幅度的，出租人不得单方面提高租金，鼓励签订长期租赁合同等。2017 年 10 月 30 日，广州市多部门联合发布《关于广州市住房租赁标准有关问题的通知》，广州市房屋建设委员会还发布了《广州市房屋租赁合同网上备案规则》和《广州市住房租赁合同》（示范文本）。很明显，在租赁期间，出租人不得单方面提高租金，并要在窗口或网上提交租赁合同。逾期不办理登记备案手续的，处一万元以下罚款。太原等城市也出台了租赁政策，同年，上海等城市相继出台"租购同权"建设的相关文件以促进"租售并举"。近年来，南宁市房地产产业发展迅猛，已成为城市经济的基础性和先导产业，也已成为关联度高、带动力强的支柱产业，对城市经济社会发展的拉动作用不断加大。然而，在住房市场化改革的推进过程中，由于牵引房价的多方面因素的共同作用，南宁市的住房价格逐年攀升，与普通群众实际购房能力的差距日益加大。目前，随着南宁市租赁市场需求的旺盛，租赁市场房源信息不实、租赁关系不稳定、租赁行为不规范等问题不断凸显，产生上述问题的主要原因是租购不同权，租户的教育、医疗公积金的取用及平等需求难以得到满足。同时，房屋租赁市场的相关制度和法律法规体系亟待健全，租房人的权益难以得到保障，使其出现了市场秩序不规范、租赁双方权利义务不对等等现象。基于以上背景，本文从南宁市住房租赁市场的现状出发，对南宁市租赁市场进行综合性研究，深入剖析住房租赁市场发展的问题和原因，提出建立租购并举的住房制度的相关建议。

（二）研究意义

培育和发展住房租赁市场，加快住房制度的确立具有多重利益方供应。同时，房租和购买的特点，使住房租赁与房屋销售并重。这不仅是一个现实要求，而且能妥善弥补过去不平衡住房制度的缺陷，是满足人民需要的民生项目。租购结合不仅是房地产长期调控的政策之一，也是科学住房观念的重要环节。它可以有效避免房地产市场的起伏，减少不合理的购房需求。到目前为止，全国已经有超过 12 个省（区、市）的 50 个以上城市发布了租房政策。政策落脚点主要是保护租房者的利益、维护租赁关系稳定。随着政策的落实，北京、佛山、上海、广州、深圳、杭州、珠海、天津、成都等超过 10个城市开始加速供应租赁土地。

1. 有利于住房市场的稳定

近年来，由于一些城市的房价飞涨，买房的家庭获得了巨大的利润，这种"财富效应"引发了更大的购买热潮。此外，租赁住房供给不足和经验不足的现象普遍存在，导致更多城镇居民通过购买住房来解决居住问题，加剧了市场供求失衡，进一步提高了房价。2015 年底召开的中央经济工作会议最早提出"租购并举"的思想，明确其为住房制度改革的主要方向。确定这一政策取向，是为了解决中国房地产市场长期以来"重售轻租"的问题。过去几年来，一线城市和一些热门二线城市的房价上涨过快，房价收入比越来越高。对于一些中低收入群体，特别是新居民来说，买房的梦想越来越难以实现。加强和完善房地产市场调控，遏制投机性需求，促进租赁和购买的结合，以及租赁市场的发展，满足多层次的住宅需求无疑有利于稳定消费预期和房地产市场。目前，我国房地产市场呈现新的发展特点，热点城市二手房交易量大幅减少，房价涨幅持续下降，新增住房贷款占新增贷款比例不断回落。一方面，在一系列调控措施的作用下，购房方降温；另一方面，租房方不断释放政策收益，迎来了新的机遇。因此，确立租购住房制度，使住房回归其本来的意义，形成房地产市场稳定健康发展的长效机制，无疑是一项非常有效的措施。

2. 有利于解决城镇居民的住房问题

房屋租赁逐渐成为我国住房制度的重要组成部分，房屋租赁市场也在迅速发展。据媒体报道，全国至少有 50 个城市出台了住房租赁政策，金融机构和互联网企业越来越多地参与房屋租赁市场的建设，围绕房屋租赁的金融创新和金融产品不断涌现。完善租赁市场，就是消除对住房租赁消费的制度性歧视，为居民提供一个自由选择租房还是买房的市场环境，弥补租赁市场发展滞后的缺陷。住房租赁市场是房地产市场的重要组成部分，是解决住房问题的重要渠道。在许多欧美国家，租房的家庭比例超过 30%。在美国，大约 1/3 的家庭租房。在德国，超过 50% 的家庭租房。解决城市居民住房问题，必须协调房地产市场和租赁市场的发展。但目前，我国住房租赁市场尚未充分发展，城镇居民家庭比例普遍不高，部分群体的住房租赁需求尚未得到很好的满足。

目前，南宁市许多农民工和新就业大学生收入低，购房能力不足。他们主要依靠出租房来解决住房问题，如果其住房问题得不到有效解决，无疑会影响城市化的质量。培育和发展住房租赁市场，让城市居民更自由地选择出租和购房，可以更好地解决城市居民住房问题，提高城市化水平。特别是随着新型工业化、信息化、城市化和中国特色农业现代化的推进，数以亿计的农民工将生活在城市，解决住房问题，使他们安居乐业，住房租赁市场无疑将发挥重要作用。因此，南宁市房屋租赁市场的培育和发展对于促进居住目标的实现具有重要意义。

3. 有利于加快城市化进程

培育和发展住房租赁市场不是一项临时性措施，而是实现房地产市场健康发展的长期性制度安排。这需要跳出惯性思维，从决策层面关注城市化的长期发展趋势、大规模的人口转移、城市劳动力供给等，同时采取相关措施，确立规章制度，形成一个长期的制度安排。

目前，许多试点城市都出台了公积金缴纳租金、租房者享受国家规定的基本公共服务、允许商品房转租、因地制宜发展租赁房地产等政策。同时，许多城市还出台了一系列的金融、土地、财税、投资扶持政策。这些改革措施的目的是满足公民的住房需求，确立住房制度，以购买和租赁为主要方向，满足多层次需求与以市场为主体，发展培育住房租赁市场。

同时，我们也要看到，住房租赁市场的培育和发展是一项系统工程，需要做好各方面的配套体系建设。其中一个重要方面是加强监管，防止新的寻租区形成。作为回应，国务院办公厅指出，住房租赁企业的信用管理体系、中介机构和从业者，应该建立相关市场实体的信用记录，将其纳入国民信用信息共享平台，对于那些不讲信用的人，应该实行联合惩罚，加强以信用管理为基础的监管机制。此外，我们应该提高租赁住房的服务水平，使租赁住房的设施建设不低于同一地区的商品房建设，使租赁住房与购买住房具有同等的吸引力。

二 相关研究综述及概念界定

（一）相关研究综述

房地产市场包括房屋销售市场和房屋租赁市场。目前，销售市场发展迅速，而租赁市场一直处于不温不火的状态，这种不平衡现象阻碍了房地产市场的稳定健康发展。自1998年城市住房制度改革以来，房地产市场发展迅速，有力地促进了经济增长，改善了城镇居民的生活。但是，过分强调住房销售在刺激经济增长中的作用，住房的投资属性得到了放大，导致住房租赁市场发展滞后。近年来，大城市土地价格上涨过快，房价上涨过快的问题日益突出，社会住房租赁需求不断增加。目前，租房已成为城市低收入群体，尤其是农民工满足自身住房需求的重要方式。据有关统计，我国城镇租赁住房人口约1.6亿，占城镇常住人口的21%，大学生和农民工是住房租赁需求的主要群体。

为了改变这种现状，我国加大了对住房租赁市场的政策支持力度。2016年6月，国务院发布了《关于加快培育和发展住房租赁市场的若干意见》，同时指出租赁和销售以及房屋租赁市场的培育和发展是落实住房制度政策的重要组成部分。2017年7月，发布了《关于在人口净流入的大中城市加快发展住房租赁市场的通知》，并重点选择了12个城市，包括广州、深圳、南京、杭州、厦门、武汉、成都、沈阳、合肥、郑州、佛山、肇庆。自2016年"购租并举"政策提出以来，推动"购租并举"政策实施的文件陆续出台，租赁市场逐渐活跃起来。在住房租赁市场的供给侧，万科、碧桂园等知名房地产集团开始扩大在住房租赁行业的投资。目前，已有20多家房地产企业开始实施长期租赁住房的发展战略。在此背景下，研究住房租赁市场的发展具有一定的现实意义。国内对房屋租赁市场的研究主要集中在2016年之前的公租房。自2016年联购联租政策提出后，开始转向如何更好地实现联购联租。在大力培育和发展房屋租赁市场的大背景下，一些学者针对如何解决城市新居民的住房问题，从住房租赁市场和住房制度保障及创新等方面进行了探讨，总结了当前房屋租赁研究的要点。

1. 租赁住房的主要类型与特征

我国的租住房屋主要有商品房、农民房、廉租房和公租房。2007年，政府提出通过大规模建设廉租房来解决贫困人口的住房问题。从2010年开始，政府的目标是解决"夹心层"群体（新就业的无家可归者和稳定就业的农民工）的住房问题，并提出加快公共租赁住房的发展。2014年以来，廉租房与公租房合并，强化了公租房在中国经济适用房中的地位。这类保障性租赁住房由政府从住房开发建设（购置）、租户准入门槛设定、租金设定与调整、租户退出机制等方面进行管理和规范。在一定程度上，它与房屋租赁市场是相隔绝的。

一些学者讨论了其租金定价和融资方式。由于公共租赁住房对收入的限制以及选址、配套和退出机制的不完善，城市农民工主要通过市场化租赁解决住房需求。商品房和农民出租房是中国房屋租赁市场的主要住房来源。城市村庄和郊区村庄中的房屋因租金低已成为城市移民的首选租赁区。研究发现，在一些大城市的城乡边缘和快速发展的乡镇中，农村出租房的现象比较普遍。

2. 住房租赁市场存在的主要问题

中国住房租赁市场存在一些问题，如出租房资源供应不足、市场不规范、制度不完善等，主要表现为以下几个方面。一是租赁关系不稳定，租户权益难以保障。余文浩和张杰在北京进行的一项问卷调查显示，2010年北京市租赁关系中的中间人或政府合同比例不高，导致近一半的租户有租房纠纷。叶建平和李佳在北京调查了500名受访者后发现租金迅速上涨，27%的受访者提前更改并终止了合同。二是租赁市场不规范，缺乏统一的住房租赁管理制度，非标准中介机构问题频出，私人租赁的普遍存在以及公共秩序的混乱使住房租赁市场处于非常混乱的状态。一些中介机构发布重复的住房来源，隐瞒房屋的实际情况。但由于缺乏对房屋租赁合同备案的严格规定，缺乏市场信息，政府部门难以有效监督住房租赁市场。三是公共租赁住房保障不足。罗凡等人认为经济适用房的覆盖率太低。与此同时，公共租赁住房的融资、建设、监督和运营等问题也限制了公共租赁住房建设的可持续性。四是住房租赁市场与交易市场分开。中国的房价和租金由充分竞争的市场来决定，二者并不是成正比的。在城市教育等公共服务设施中，出租房和商品房之间的明显差异导致缺乏"住房租赁和购买机制"。随着商品房价格的上涨，热点城市房屋的租房销售比率变得越来越不合理。

（二）相关概念界定

"租购并举"最早在 2015 年中央经济工作会议上提出，会议确定"要明确深化住房制度改革方向，以满足新市民住房需求为主要出发点，以建立购租并举的住房制度为主要方向，把公租房扩大到非户籍人口"。中央财经领导小组第十四次会议指出，"规范住房租赁市场和抑制房地产泡沫，是实现住有所居的重大民生工程。要准确把握住房的居住属性，以满足新市民住房需求为主要出发点，以建立租购并举的住房制度为主要方向，以市场为主满足多层次需求，以政府为主提供基本保障，分类调控，地方为主，金融、财税、土地、市场监管等多策并举，形成长远的制度安排，让全体人民住有所居"。"租购并举"是指以租赁和出售房屋两种措施，来规范城市住房租赁市场和抑制房地产泡沫，解决的是人们的基本住房需求。然而，仅满足人们的基本住房需求是不够的，大多数城市允许人们买房后可以上户口，因为只有先取得城市户口才能平等地享有教育等公共福利，这也是人们关注的重点。当前，广州市规定"租购同权"的承租人必须"符合相关条件"，全国现在仅有 12 个城市作为试点，"租购同权"目前正处于探索阶段，还没有形成完善的制度和规定，到底能放开到何种程度，一切都还是未知数。理想状态下，全面实施"租购同权"后，承租人能享有与户口在该城市的人员的同等待遇，能充分享有子女入学、社会保险、大学招录等教育、社会公共资源。"租购并举""租购同权"是政府调控住房市场的又一积极举措，这将直接触及各方面利益，政府如何妥善处理利益分配、化解矛盾，能否让市场向着政府的构想发展，仍然是一个需要深入探讨的课题。

同时，购买和租赁系统既支持有能力的居民购买房子，也支持他们租房子。对符合条件的保障性住房困难家庭，通过提供公共租赁住房或租金补贴，保障其基本住房需求。住房保障应先与租金补贴相结合，然后逐步转为租金补贴。加快确立住房租赁补贴制度，采用市场提供的住房资源和政府发放的补贴，支持符合条件的农业转移人口通过住房租赁市场租房。近年来，中央经济工作会议在这两个方面都做了安排。一方面，发展房屋租赁市场，特别是长期租赁市场，维护租赁利益相关者的合法权益，支持专业化、制度化的房屋租赁企业发展。另一方面，完善促进房地产市场平稳健康发展的长效机制，保持房地产市场调控政策的连续性和稳定性，区分中央和地方权力，实行差异化调控。对租赁市场而言，虽然中央经济工作会议近年来一直都有参与，但直到 2017 年才得到更多的政策支持：一是九部委下发《关于在人口净流入的大中城市加快发展住房租赁市场的通知》，二是国土资源部下发《利用集体建设用地建设租赁住房试点方案》。据报道，未来北上广租赁土地规划供应面积将达到 3825 公顷，占同期住宅供应面积的 26% 以上。因此，随着更多配套政策的出台，租赁市场的主要供应商和保障渠道将更加多元化，同时租购的住房制度将逐步完善。

三 南宁市住房租赁市场发展的现状分析

（一）南宁市住房租赁市场发展的基本状况

近年来，随着社会经济的快速发展、城市综合竞争能力的持续提升，大量新市民涌入南宁市定居就业，住房租赁市场活跃度不断增强，市场规模逐步扩大。但总体而言，目前南宁市住房租赁市场仍处于起步阶段。

1. 住房租赁市场供大于求

根据南宁市房产信息管理服务中心提供的数据资料，南宁市统计局 2006 年对南宁市区居民住房状况的调查结果显示，南宁市住房自有产权居住比例（自有率）为 79%，大体上可认为住房出租比例为 21%。根据国际经验，随着近年来租赁市场的加快发展以及流动人口的涌入，住房自有率会趋于下降，假定住房自有率每年下降 0.4%，那么相对应的住房可出租比例每年会增加 0.4%，据此测算南宁市 2018 年的住房可出租比例为 25.8%。当前，南宁市（不含武鸣区及五县，下同）租赁市场房源主要有国有土地上的市场化住房、集体土地上的城中村、公共租赁住房（中低收入的无房户）。考虑到部分家庭的多余住房宁可空置也不会选择出租，南宁市 2018 年住房可出租比例调整为 20%，通过对三种房源主体的供应量进行测算和预判，2018 年，南宁市市场整体的租房供应量为 51.42 万套。从南宁市租房市场的需求结构来看，一部分为流动人口带来的租房需求，另一部分为中低收入的户籍人口人群在户籍所在地的租房需求，其中流动人口带来的租房需求占主力。通过分

析预测人口与租赁需求的关系，2018 年市场整体的租房需求量为 44.72
万套①。

据此测算，2018 年南宁市可出租住房规模为 51.42 万套，实际需求量为
44.72 万套，出租率为 86.97%，大约有 6.7 万套可出租住房处于闲置状态。
此外，全市还有 7.77 万套住房因业主没有居住也不愿出租而处于空置状态，
这部分房源随着租金水平的上涨和租赁环境的优化会逐步进入租赁市场，因
此，理论上有 14.47 万套房屋处于空置状态，空置率（空置房源总量/住房
总套数）达到 9.52%。由此可见，目前南宁市住房租赁市场还存在一定程度
的供大于求的现象，短期内应努力盘活存量房源，促进资源有效利用。

2. 二手房租金处于平稳上升趋势

目前，南宁市家具齐全的房子租金比简单装修的房子租金高出几百元。
出租房室内的家具和装修情况直接影响房租的高低，家具齐全、精装的房子
往往会让人感到更舒适和方便，租客也更愿意租精装的房子。据网络调查数
据，目前南宁市大约有 50% 的租客趋向于租精装房，而毛坯房仅有 5% 的人
选择，简装房子约有 40% 的选择。精装房子不仅是因为其成本高而租金高，
还因为市场需求多。房东更愿意将房子装修后出租，以获取更多的房租收
益。南宁市房产信息管理服务中心的数据显示，由 2013~2017 年南宁各城区
的二手房租金情况得知，南宁市二手房租金处于平稳上升趋势。以青秀区为
例，2013~2017 年各类不同面积的二手住房租金均有上涨，涨幅在 400~700
元，预计二手房租金仍会稳步上涨。

从住房面积来看，面积越小的户型每平方米平均月租金越高，远超过大
户型房。在合租成为租赁市场主流现象的情况下，单间户型具有更好的私密
性，再加上对厨房、卫生间、阳台等空间的独占，具有显著的"小户型低总
价"优势。在南宁聚集了大量外来人群的情况下，小户型也为更多的单人租
户、情侣或小家庭提供了更好的租房选择，并成为租房市场的中坚力量。在
产品具有优势、客户基数大的情况下，单间户型的租金价格自然水涨船高。
南宁市房产信息管理服务中心数据显示，2017 年，南宁市各城区 50 平方米
以下二手房月平均租金情况分别为青秀区 1852 元/月，江南区 1426 元/月，
兴宁区 1478 元/月，西乡塘区 1195 元/月，良庆区 1110 元/月，邕宁区 1055
元/月。其后随着面积和房间数的增加，每平方米平均租金数开始下降。原
因不难理解，随着房间数的增多，客厅、卫生间、阳台等公共空间的共享人

---

① 根据南宁市房产信息管理服务中心提供数据整理。

数会随之增多，各房间的私密性也会下降，房屋出租价格随之下滑也在情理之中。2017 年，南宁市各城区 120～144 平方米二手房月平均租金情况分别为青秀区 3563 元/月，江南区 2942 元/月，兴宁区 2794 元/月，西乡塘区 2622 元/月，良庆区 2868 元/月，邕宁区 2368 元/月。

3. 住房租赁市场发展不平衡

南宁市房产信息管理服务中心提供的数据资料显示，青秀区各类不同面积的住房在各区中的租金都处于领跑位置，且与其他各区租金有着明显差距。由于青秀区在建设发展、市政配套、市容市貌、道路建设等方面都非常完善，如今较为繁华的商圈都集中在青秀区。而发展了十年的凤岭北已实现区域巨变，居住功能比较完善，宜居生态价值圈比较成熟、优质的教育资源全市有名，租金居高不下也属情理之中。

二手房租金仅次于青秀的是兴宁区和江南区，兴宁区是传统的老城区，朝阳广场也在这里，而江南区的沙井片区依靠一线品牌企业的进驻开发，已发展比较成熟，且有充足的人群基础，沙井不仅仅是工业区、物业区，更是贸易中心，具有较高的人气。生活圈成熟、交通方便也使这两个片区成为租赁市场的热门选择。

西乡塘区拥有丰富的学区资源，租客多为大学生以及毕业生，学校周边住房需求量大，租房人员密集，且生活居住功能完善，虽然租房价格比青秀区、兴宁区略低，但依然是南宁市租房市场的主力军。

自五象新区被划入城市重点建设区域以来，大批房地产开发项目蜂拥而至，核心区蓝图不再是远景，建设已初具规模。自 2006 年五象新区启动，新学校陆续开学、新小区逐步交付，南宁市民中心、广西文化艺术中心开始投入使用，建筑群落合理分布，高楼大厦鳞次栉比，道路笔直宽敞，绿化带绽翠吐绿，成为一座初具规模的魅力新区，租房市场也逐步兴起，但二手房租金价格要赶超青秀区、兴宁区等老城区还需时日，不过在五象新区的发展带动下，二手房租金正在稳步上升。

2017 年邕宁区楼市升温明显。虽然二手房租金在六区中排名倒数，不敌其他城区，但总体差距不大。相信在龙岗板块的逐步发展下，租房市场很快能迎头赶上。

4. 租客年龄偏小，大部分来自外地

根据调查，目前南宁市租房群体，主要集中在 20～30 岁年龄段，年龄较小，且大部分来自外地，应届大学毕业生、进城务工人员为主的新市民是南宁市住房租赁市场的主要消费群体，这部分人或是因为刚参加工作购房能力不足，或是因为流动性大购房意愿不强，均会选择租房来解决居住需求。

5. 收入差距大影响了房屋租赁市场的发展

对消费个体来说，可获得的薪资水平是最值得关注的，平均薪资水平越高的地区，工作者消费能力越强，对租金的承受能力也进一步提升。从整体趋势来看，南宁市城区范围内的平均薪资水平普遍较高，但相对远郊的一些板块也有一些薪资较高的岗位，分布较为零散。

从南宁市统计局网站收集到的数据来看，2017 年南宁市居民人均可支配收入为 24984 元，居民人均可支配收入超过全市水平的城区有 4 个，分别是青秀区 39614 元、兴宁区 32749 元、西乡塘区 29292 元、江南区 28388 元，良庆区处于接近全市居民人均可支配收入水平，为 24228 元，而邕宁区居民人均可支配收入在六城区中稍稍落后，为 19264 元。由此可以看出，各城区房屋租金与其人均可支配收入存在一定的正比关系。青秀区是南宁政治、经济、文化、科技、教育、金融、信息和会展中心，不仅在建设发展、市政配套和二手房租金方面领先于其他城区，在居民人均可支配收入方面也比其他城区高出一截，是南宁的"富人区"。

兴宁区是南宁的商贸中心区，也是南宁市的发源地，城市影响力大，生活氛围较好，居民占城市总人口比例大，区域人流量也大，故人均可支配收入和二手房租金一样，在南宁市处于中上水平，仅次于青秀区。

西乡塘区聚集着广西最大的教育科技资源，拥有南宁市第一个"大学城"，南宁市乃至广西的 80% 的大中专院校都聚集在西乡塘辖区内。此外商贸物流方面，汽车、物流、房地产、家电、机电、餐饮业等领域异军突起，凸显出独特的群聚效应，人均可支配收入处在全市第三位，且二手房租赁市场租金不高，很适合高校学生及毕业生等青年群体生活居住。

江南区一直是南宁市工业、高新技术产业发展的重点地区之一，同时拥有南宁市的很多知名旅游景点，作为南宁市第二大城区，以及拥有南宁市较多人口的片区，人口基数的庞大决定了其发展潜力。人均可支配收入也与二手房租金相匹配，都处于南宁市中游水平。

良庆区和邕宁区虽然发展起步较晚，但是势头迅猛，尤其是南宁市政府大力支持建设五象新区，要将其打造成为南宁市的中心，尽管现阶段片区人均可支配收入及二手房租金与其他城区有一定差距。

(二) 南宁市培育发展住房租赁市场的主要做法及相关政策

南宁市高度重视培育和规范住房租赁市场工作，按照国务院和自治区的部署，结合南宁市住房租赁市场的基本情况，将此项工作列入市委 2018 年改革任务和市政府 2018 年重点工作任务，积极研究推进南宁市培育和规范住房租赁市场工作。

1. 考察学习先进经验和做法

根据培育和规范住房租赁市场相关工作要求，多次组织人员赴国家试点城市、先进城市（成都、武汉、广州、杭州、合肥、青岛、佛山、深圳、厦门等）考察学习当地培育和规范住房租赁市场的先进经验和做法。重点考察的学习内容主要包括市场主体培育、扩大房源供给、规范租赁市场管理、搭建信息化管理服务平台、管理体制机制等方面。

2. 实地调查住房租赁市场发展情况

同步做好相关的走访调研、收集分析工作。与市公积金等部门对接具体的租赁优惠政策，确保优惠政策落到实处。为进一步规范租赁企业向专业化、机构化发展，走访南宁市多家房地产开发公司、中介企业、长租公寓企业，了解企业发展租赁业务的愿景、掌握的租赁市场情况、面临的困难以及需要政府帮助解决的问题等，并组织了 15 家企业以及中介协会等机构召开了南宁市培育和规范住房租赁市场座谈会，共同探讨了新形势下加快培育和规范南宁市住房租赁市场的建议。

3. 加快出台相关实施方案

在充分借鉴参考各试点城市租赁方案的基础上，结合南宁市实际，经过多次专题研讨和修改完善，已草拟完成《南宁市关于加快培育和规范住房租赁市场实施意见（征求意见稿）》和《南宁市人民政府关于成立培育和规范住房租赁市场工作领导小组的通知（代拟稿）》。主要从培育市场供应主体、扩大租赁住房供给、鼓励住房租赁消费、规范住房租赁市场管理、推进住房租赁服务管理信息化、改革住房租赁管理体制等方面培育和规范南宁市住房租赁市场。目前，已去函征求相关单位的意见。

4. 优化业务流程

对《南宁市房屋租赁合同》示范文本进行修改和完善，以规范租赁当事人的权利义务行为。调整优化房屋租赁备案业务审核流程和材料收件，审核流程由二审改为一审，缩短了时间，提高了效率。

5. 完善租赁服务监管平台

目前，南宁市已与平安好房合作搭建全市统一的租赁服务监管平台，以规范住房租赁市场管理，完善住房租赁管理服务，保护租赁利益相关方合法利益。目前，该项目已进入平台前端搭建和后端功能完善阶段，2018 年 8 月初运行测试。

四 南宁市建立租购并举住房制度的问题分析

(一) 租赁意愿不强, 重购轻租现象突出

目前, 南宁市住房租赁需求释放还不充分, 大部分居民通过购房解决居住问题, 租房意愿较弱, 主要原因在于: 一方面, 与国内其他热点城市相比, 南宁市房价水平相对较低, 居民购房压力不大; 另一方面, 受"有恒产者有恒心"传统文化的影响, 人们购房偏好明显强于租房。因此, 未来五年南宁市发展住房租赁市场的关键是通过政策引导, 逐步转变市民的居住观念和居住行为, 鼓励住房租赁消费, 不断挖掘需求潜力, 努力做大需求规模, 着力形成租购并举的市场体系。

(二) 住房租赁行业发展缓慢

目前, 南宁市住房租赁市场主体发育不足, 供给主体和渠道单一。根据南宁市房产信息管理服务中心提供的数据, 2018 年南宁市租赁住房的需求量约为 44 万套, 市场规模每年呈 7% 左右的速度增长。目前市场上约有 51 万套住房可供出租, 其中个人房源占绝大多数, 政府、租赁企业真实房源市场占比少, 难以形成供应主体的规模化、专业化。由于房地产企业投资开发的居住房屋基本上都用于出售, 经营方式单一, 很少用于房地产企业购置商品住宅出租, 极大地抑制了房地产租赁市场的整体发展。同时, 南宁市的机构租赁起步较晚, 目前入驻南宁的专业化住房租赁机构有舍寓、米途、智屋惠以及本土的左邻右舍、217 青年公寓和寓享家国际青年社区等, 但都是刚刚开始运营, 规模不大, 效益不是很明显, 市场占有率极低, 与北京、上海等一线城市相比差距很大。同时, 目前住房租赁大多为"房屋托管＋标准化装修＋租后服务"的模式, 需要租赁企业较高的前期投入, 回收周期较长, 当前南宁市住房租赁市场需求不旺以及政府的金融及税收支持缺位极大地抑制了南宁市住房租赁行业的发展。

(三) 租赁合同备案率低

人们普遍认识到"备案"原则的无用性以及税务机关在备案后干预税收的情况, 即住房租赁登记和备案制度尚未得到严格执行。长期以来, 政府已将住房租赁登记备案制度作为租赁管理的重要手段。但是, 租赁登记和备案

制度尚未完全实施，租赁合同未提交的情况非常普遍。在这种情况下，政府部门很难有效监督租赁市场。2018 年上半年，南宁市接受了 2209 份租赁合同，签发了 2024 份证书，创历史新高，合格率不到 5%。一方面，最高人民法院的司法解释规定，登记手续应当依照法律、行政法规来办理，但如果没有有效登记，当事人就不会通过登记手续。登记手续不得影响合同的有效性。因此，房屋租赁合同是一种承诺合同，登记和备案不是房屋租赁合同生效的条件。签订后未提交房屋租赁合同的，合同有效期不受影响。在法律层面，注册房屋租赁合同的优先权和对抗性尚未得到承认。另一方面，对于房屋租赁登记，税务机关经常在支付租金管理费的同时，根据租赁合同的信息向当事人收取高额税费。房屋租赁登记已让出租人和承租人无利可图，而只剩下纳税的义务。由于登记率低，缺乏完整和真实的住房租赁市场数据，有效的管理和服务也就无从谈起。

（四）住房租赁市场监管缺失

目前，南宁市租赁市场主要以个人出租为主，规模化、专业化住房租赁企业较少，加之相关制度不健全，导致市场乱象丛生。例如，出租人随意上调租金、克扣押金、解除合同，承租人拖欠租金、物管费、水电费、破坏房屋结构等问题时有发生；一些不规范的房地产经纪人和从业人员经常通过发布虚假信息或欺骗出租人、承租人等侵害承租人权益的方式获取利益；擅自扣留承租人定金，扣留、挪用租金，擅自涨价，提前终止租赁；任意改变房屋的内部结构，任意分割租金或集团租金，甚至出现房地产经纪人"跑钱荒"现象，加上政府缺乏有效的管理和服务，司法救济时间和财力成本较高，严重损害了租户的权益，影响了他们的稳定居住。因此，南宁市住房租赁市场要以规范发展为主，当务之急是通过建章立制规范市场秩序、净化市场环境，保护租赁双方的合法权益。

（五）房屋租赁管理体制亟待突破

2015 年，《南宁市房屋租赁管理办法》已经明确房屋租赁管理的具体工作由城区负责，市房产管理部门负责指导和监督，然而城区在人员、经费、硬件设施等方面受到制约；目前，虽有多个部门介入住房租赁管理，但监管方式多为事后的执法检查，租赁市场管理工作无法深入开展。出租住房的日常监护常常处于缺失状态，如出租房的设备老化（热水器超过使用期、煤气和自来水软管老化、空调外机托架锈蚀），产权人不知晓或无心知晓，承租人也因房屋产权不属于自己和非长期使用而疏于检查或滥用（乱拉电线、超负荷使用电器），导致出租住房存在大量安全隐患。这类问题在群租住房中更为集中。同时，出租住房中的居住人处于一种相对匿名状态，这为其实施不法、不轨行为提供了较便利的条件。因此，出租住房内的社会治安也存在很大隐患。

（六）住房租购信息服务平台尚不完善

一是信息共享尚未实现。当前处于大数据时代，和政府部门之间共享信息资源是不可避免的，但相关部门参与住房租赁和采购业务还没有建立一个有效的信息资源共享机制，和各部门之间的信息数据没有实现互联和共享，这已经成为阻碍南宁市房屋租赁与购买的信息化进程的一个瓶颈。

二是相关技术人员缺乏。房地产信息化建设与管理有其特殊性，不仅需要相关技术人员的劳动，还需要他们的深度参与。目前，由于体制机制问题，南宁市房地产业存在信息技术人才不稳定的现象。人才流失严重，特别是基层信息技术人才的缺乏，使住房租购信息化建设面临巨大的挑战。

五 国内外租购并举住房制度确立的典型经验及启示

（一）国外经验

与发达国家相比，中国的住房销售市场和租赁市场不均衡，住房拥有率过高。要培育和发展住房租赁市场，我们需要借鉴国际经验。在借鉴国外经验的过程中，我们发现这些国家在居民享有的权利类型，支持社会福利和质量保证方面实现了租户与业主之间的平等沟通。这种高度的"租赁和购买同一权利"促进了住房租赁市场的发展，使住房销售市场和整个租赁市场处于平衡状态。

1. 高度"租购同权"，承租人和财产所有权人享有平等的"公民权利"

在英国、德国、美国等国的相关社会制度中，并没有对房屋承租人和业主进行区分。无论是在教育、医疗还是其他公共服务和社会保障领域，租户往往享有平等的待遇，使居民的住房需求在住房销售市场和租赁市场上得到更平均的满足。在教育领域，美国的实践更为突出。有些州规定居民的居留期限一旦通过，就可以享受基础教育，高等教育可享受优惠学费。这项要求不包括房屋的所有权，这使承租人和房屋所有者能够享有平等的受教育权。在医疗保健方面，英国国家公共卫生保健系统规定，所有居住在英国的公民都有权享受国家公共卫生保健系统的医疗保健服务。无论他们在当地是否拥有自己的房屋，都属于公共医疗保健范围；法国的社会福利，如健康保险和失业援助，不区分租户和业主，公民可以享受全国的公共服务资源。在住房补贴方面，《德国住房补贴法》根据租户（或业主）的收入、住房面积和租金提供现金补贴。租金补贴资金是联邦政府的一半，也是地方政府的一半，这项政策有利于租房者获得超过90%的补贴。1974年美国《住房和社区发展法》第8条规定了租赁认证制度，即对低收入人群的股票租金补贴。通过资格审查后，租户的租金在当地住房管理机构需要认证，租金质量等级内的租金限于特定区域，支付的租金不超过家庭收入的25%。美国、英国和法国的基本社会制度都注重保护流动人口的权益。它没有区分所有者和承租人之间的差距，从而实现了"租房和购房的平等权利"，保障了居民平等地享有公民权利。

2. 法律制度完善，承租人的合法权益得到保护

为了建立住房租赁市场，德国、美国、英国等国通常都有一个比较健全的法律体系，注重保护租户的利益，严厉打击投机性租赁市场。德国通过法律规范保障租赁住房的各个方面，包括《住房建设法》（第1版）、《住房建设法》（第2版）、《住房补贴法》和《住房限制法》，以及规范租金收集的新租赁条例。在住房租金问题上，德国人口超过5万的城市制定了租金水平表，作为房价的指南，具有法律约束力。《经济犯罪法》规定，如果房东收取的租金超过指导价的20%，租户有权向法院提起诉讼，房东将受到严厉惩罚。如果构成过度住房利润罪，可判处有期徒刑不超过三年。此外，《德国租房法》规定，三年内增加租金的比例不得超过20%，否则将依法处理。如果房东想提高租金，则必须提交书面申请，说明增加的原因并举例。如果房东不执行，则可走法律程序。《住房中介法》规定了住房中介的行为。如果租赁代理商任意增加佣金，将被罚款25000欧元。美国也有一个相对完善的法律体系，如《租金控制法》、公寓转换控制法案等，调节房东和房地产中介机构的行为，限制不合理增加住房租金，保护租户的权利，避免强制搬迁。以洛杉矶市政府为例，其租金稳定法案规定，租金管理部门负责租赁住房登记，并确定租金增长率，根据通货膨胀等经济指标，确保房东不会迫使租户搬迁。特殊保护的具体内容是房东需要向法院提交合理的理由，法院将通过比较承租人和房东的利益来决定。一般情况下，只有当房客拒绝支付租金时，房东才能得到支持。美国《租金控制法》规定，房地产承租人不得在租赁合同期满时拒绝承租人的续租请求，除非其本人拥有并使用该房地产。

与此同时,美国各州纷纷出台了不同程度的保障承租人在该制度下生活的权利。

(二) 国内经验

1. 深圳

深圳是拥有全国规模最大的住房租赁市场的城市。2017 年 7 月,深圳成为首批住房租赁试点城市之后,陆续采取了一系列大力发展住房租赁市场的举措。2017 年 8 月,印发《深圳市关于加快培育和发展住房租赁市场的意见(征求意见稿)》和《深圳市住房租赁试点工作方案 (征求意见稿)》;9 月,深圳万科与南园街道玉田村签订物业托管合同;10 月,龙华民治街首个"只租不售"的纯住宅用地挂牌出售;11 月,建行发布了一份租赁协议。深圳分公司与招商局等 11 家房地产公司、企事业单位签订房屋租赁战略合作合同;12 月,深圳房屋租赁交易服务平台上线试运行。这一系列措施进一步引入大规模租赁的村庄,使其调整土地出让模式,为房屋租赁事务服务的政府主导的操作平台建立,银行介入租赁领域,深圳的房地产租赁市场发生了历史性转变。

第一,"统一租赁经营 + 物业管理 + 综合整治"的政企合作模式应运而生。2017 年 8 月 28 日,深圳市规划和土地委员会制定了《深圳市关于加快实施住房租赁市场的意见》(以下简称"实施意见")和《深圳市房屋租赁试点工作方案》(以下简称"工作方案")。其中,应重视城市村庄改造的新探索。实施意见明确指出,原农村集体经济组织及其继承人应鼓励建立住房租赁企业或委托专业房屋租赁企业,统一租金,规范住房管理,符合安全要求,并提供消防和卫生方面的服务。工作方案甚至体现了大规模的城乡租赁。建议在"十三五"期间,通过收购、租赁、装修等方式存放不少于 100 万的村民自有房屋或集体财产。经过质量检验、消防验收等程序,实行统一的租赁业务和规范化管理,这一系列重大举措反映了该市村庄有一个庞大而混乱的租赁市场。根据数据,深圳市村级出租房屋占出租房总数的 70% 左右。虽然提供了大量的廉租房和小规模的出租房,但也有一些共同的问题,如卫生条件差、消防安全性不足、缺乏物业管理、非法装修,以及存在"内部住宅"和"第二个房东"等。一个月后,位于福田区南苑街的玉田村以万科的名义与深圳万村发展有限公司(以下简称"万村")签订了物业托管合同。玉田村租赁物业到万村管理,万村全面升级物业。除了改善基础设施和环境,美化公共接口,优化公共步行体验和活动空间外,还将开展住宅接口和室内装饰，实施种植物业管理、长租公寓、商业物业管理和运营模式。这种"统一租赁管理＋物业管理＋综合整治"的模式标志着城乡综合整治改造的开启。

第二，网上住房租赁交付平台，银行参与租赁。2017年12月18日，深圳房屋租赁交易平台正式启动。该平台由深圳市住房和建设局牵头，腾讯创新其核心技术，如云计算、人工智能、大数据、信贷和支付，并与58个团体和其他生态合作伙伴提供"一站式"租赁服务，确立了了"互联网＋租赁服务＋公共服务"的发展目标。这个平台的推出无疑是加快租赁市场试点工作的重要一步。然而，除了政府和企业的参与外，深圳租赁市场的巨大变化对金融机构也至关重要。2017年11月初，建行深圳分行与招商局以及华润、万科、恒大、中海、碧桂园、星河等11家房地产公司，比亚迪、方大集团、燕翔等11家企事业单位举行战略性房屋租赁合作签约仪式。建行将为比亚迪和其他企业共同推出5481个长期租赁房源，包括建行建峰房地产。一方面，建行的合作模式是通过"住房贷款"实现的。另一方面，建行还将为住房企业提供全面的资金支持，这也意味着金融机构与租赁市场供需双方的深入互动。

2. 北京

一是颁布了《北京市共有产权住房管理暂行办法》。早在2013年10月，北京市就颁布了"共同产权住房发展七项规定"。当年，以共同产权形式推出的"自住商品房"（以下简称"自住房"）共2万套。2014年，北京市50%的商品房用地转为自建或配置。当年共建成自住房5万套，占市场规模的50%。近年来，包括北京在内的许多城市都有不少具有保障性质的产权商品房（经济适用房、限价房、双限房、集资房、安置房），但往往因陷入福利陷阱而受到批评。2017年9月，北京市住房和城乡建设委员会发布《北京市共享产权住房管理暂行办法》，在全面推进"租售并举"、培育租赁市场、构建"购前租"新住房制度的框架下，将"租售并举"与"共有产权住房"相结合。

《北京市共享产权住房管理暂行办法》的最大亮点是取消了正常交易的门槛。根据住房回归住宅属性的要求设置五年"限售期"，不存在租金限制。五年后，在挂牌交易中，买家可以出售自己的产权，也可以购买政府转让给买家的那部分产权，从而拥有所有的产权。因此，从本质上讲，买方的产权与商品房的产权并无不同。因此，"北京模式"又回到了共同产权的原点。在"北京模式"下，购房者与政府的产权份额可以是6∶4或5∶5。以这种方式，即使房价高，需求的"夹心层"也可以买得起房。此外，共同产权住房来源仅分配给无房家庭，如北京出生无房家庭、符合本市购房限制条件并在项目区有稳定工作的非北京出生无房家庭。最近的政策规定新公民的比例不低于30%。

事实上，无论是按6∶4还是5∶5分配买方和政府的产权份额，都是买方根据自己的支付能力选择的结果。它不仅是一种理性的购买行为，而且符合需求，丰富了多层次的住宅供给体系，而共同产权本质上是与租赁市场的培育和租购并举联系在一起的。也就是说，根据居民的支付能力，我们可以通过"先租后买""先小后大"来提升住宅层次和促进合理消费。目前，成都、重庆出台了"租入购"的新政策，承租人可以在后期购买租赁房屋，前期租金可以覆盖月供。事实上，它有效地将"租买"和"租卖"结合在一起。除了转移住房需求，稳定预期和房价，保持合理的住房消费水平，更好地实现人的梦想，创新住房供应体系的重要意义在于它给予新公民和非注册居民一个可靠的预期。

（三）几点启示

1. 以"租购同权"促"租售并举"，建立住房租赁市场发展长效机制

从国外住房租赁市场的开发和建设经验来看，"租购同权"是培育住房租赁市场、完善租赁市场发展机制的重要环节。以同样的权利促进同时租购和租赁对于房地产租赁从短期租赁市场向中长期租赁市场的转变具有重要意义。政府应重视"平等租购权"，一方面要加快制定"平等买卖"的法律程序，以法律形式确立这一原则，另一方面应建立相应的政策体系，积极推动"平等租购权"的落地。

2. 构建"租购同权"政策体系，为住房租赁市场提供配套政策

借鉴美国在教育方面保护移民的权利，解决租户的实际问题，如儿童的教育问题，改革住房公积金制度并充分发挥其作用，向租户提供补贴。解决这些问题的途径不仅包括资源稀缺下的公平分配、维护原高价校区购买者的权益，还包括近校招生、近院治疗等具体操作问题。通过全面的政策体系建设来确保租户享受市民待遇，这样户籍制度和社会福利体系将被分离，具有灵活性和广泛性的各种公共服务和社会保障将会改善、增强，租户和业主的微分治疗将会减少，并逐渐实现从单向权利到多项权利的同权。加强社会政策和具体落地规则的协调，对落实"租购同权"和发展住房租赁市场具有重要意义。

3. 加快地方"租购同权"立法，为住房租赁市场提供法律保障

通过立法确立"租购同权"原则，有利于促进住房租赁市场的发展。南宁应借鉴欧美等国家的经验，建立完善的租赁法律法规体系。不仅应该规范业主的行为，限制不合理的住房租金和保护租户的权利，也要规范租赁市场的操作和中介机构的行为，维护良好的市场运行秩序，并提供法律保证，促进住房租赁市场的健康发展。

六　南宁市加快确立租购并举住房制度的建议

目前，南宁市未来五年的住房租赁市场供给是充足的，市场上的租房需求基本得到满足，但是存在资源没有充分利用、租赁意愿不强以及市场秩序失范等问题，因此，南宁市下一步应努力盘活存量房源，培育市场供应主体，鼓励住房租赁消费，针对不同群体的差异化逐步培育租赁需求并规范市场秩序，构建"以租为主""租售并举""先租后买"的住房供应新体系。

（一）努力盘活存量租赁房源

努力盘活存量租赁房源是发展南宁市租赁市场的关键，通过优惠的租房税收政策导向、培育多元化的租赁主体可以有效增加租赁住房的供给和盘活存量租赁房源。

1. 鼓励多渠道筹集租赁房源

一是支持住房租赁企业通过租赁、购买等方式多渠道筹集存量房源，对租赁房源达到一定规模的住房租赁企业，将其所交税收的地方所得部分由本级财政予以奖励，对房屋出租收入采取税收优惠政策，给予3~5年的税收优惠过渡期，其间对房租收入在1000元以下的给予税费减免，1000元及以上2000元以下的给予税费减免80%的优惠，3000元及以上的给予税费减免60%的优惠。

二是支持个人将闲置住房委托给住房租赁企业长期经营，依法给予个税减免，同样享受房屋出租收入的税收优惠政策，并给予3~5年的税收优惠过渡期，借此鼓励房屋业主出租房屋时到工商、税收部门予以登记。

三是支持引导国有企业、金融机构等设立子公司开展城中村房源统一盘活、重新装修、代理租赁经营一体化运作，不断提升规模化、集约化、专业化水平。

2. 培育多元化市场供应主体

一是引进知名品牌公寓租赁运营机构。将个人私有的闲置可出租商品房逐步收归，开展流程化的房屋租赁业务。现在国内一些发展成熟的公寓租赁运营品牌如表1所示。

表1　国内发展成熟的公寓租赁运营品牌

公寓品牌	发源地	城市	房屋间（套）
自如	北京	北京、上海、深圳、杭州、南京	250000
青客	上海	上海、苏州	≤50000
爱上租	杭州	杭州、上海、南京、苏州、深圳、宁波	>50000
万科泊寓	广州	广州、上海、北京、深圳、厦门、合肥、重庆等18个城市	>50000
世联红璞	广州	广州、武汉、北京、成都等25个城市	>20000

注：除表中所列以外，在一线城市还有优客逸家、魔方公寓、蘑菇公寓、未来城、寓见、YOU＋、新派公寓等品牌公寓运营商正持续扩大市场布局，并逐步向二线城市发展。

二是发挥国有企业引领带动作用。积极组建国有住房租赁公司并尽快营业，支持其通过新建租赁住房、盘活闲置存量住房等多种途径，采取自行或委托专业化住房租赁企业代为经营等方式，发展大型国有存量房租赁业务。

三是鼓励农村集体经济组织开展房屋租赁业务。鼓励农村集体经济组织设立房屋租赁企业或者委托专门的房屋租赁企业开展租赁业务，对符合安全、质量、消防、卫生要求的房屋进行配套、统一租赁和规范管理，不断提升规模化、集约化、专业化水平。

四是发展壮大本土的住房租赁企业。广西已有部分较为成熟的房地产中介机构，主营房地产租售，这些中介机构在南宁深耕多年，已经积攒有一定的出租房源。政府可以鼓励这些住房租赁企业通过兼并重组、资本合作等方式做大做强，不断提升规模化、集约化、专业化水平。

（二）加快南宁市住房租赁信息服务平台建设

南宁市住房租赁信息服务平台是租房人和出租者沟通的桥梁，应该重视住房租赁信息服务平台建设，具体可以从打造成熟的国有住房租赁平台、鼓励发展大型住房租赁平台网站两个方面着手。

1. 打造成熟的国有住房租赁平台

一是实施"互联网＋住房租赁"模式。利用互联网智能化的大数据平台，发挥智能化在公共社会治理方面的作用，构建政府主导的开发、共享住房租赁信息平台。这方面可以参考佛山市的先进做法。佛山市成立了建鑫房屋租赁有限公司，建立了房屋租赁信息服务平台，为租赁市场供需双方提供高效、准确、便捷的信息服务，平台发布的首批房源租金以摇珠的形式进行分配。第一批住房资源主要面向新就业的大学生、青年医生和青年教师等专业技术人员，提供低于市场价格的住房租赁服务。只要房源的申请条件满足大专以上学历，在本市工作且在禅城区没有房地产的，即可申请入住。南宁市现已创立住房租赁服务监管平台，但平台尚未完善，房源奇缺，群众知晓率过低，发展仍不成熟。管理部门应该加大宣传力度，增加市场房源和国有房源，提高平台访问数量，推动平台向大众普及。

二是为房屋租赁当事人建立实名认证机制，提供安全、便捷的房源验证、信息发布、网上签名备案、信用信息查询、信用评估等一站式服务。通过信息服务平台，出租人可以公布出租房屋的位置、面积、户型和价格，承租人可以公布出租房屋的需求信息。服务平台可以定期向公众公布注册租赁企业名称、中介机构、信用档案信息以及不同地区和不同类型住房的市场租金水平。平台为双方确定租赁价格提供了参考。

2. 鼓励发展大型住房租赁平台网站

除了国有的住房租赁平台，目前运用最广的仍是民营企业开发创建的住房租赁平台，规模较大的有 58 同城、赶集网、房天下以及安居客等互联网平台。规范网络平台的住房租赁市场，支持其快速发展是加快完善住房租赁信息平台管理制度、增加租房渠道的有力措施。

一是鼓励 58 同城等网站完善关于南宁市的住房租赁平台管理制度。企业信息发布平台运营多年，已经整合了许多房源，管理较为成熟，但仍存在线上看房、线下签约过程中监管不到位的漏洞，建议企业推出网络签约服务，为租赁双方提供合同保障。

二是严厉打击假房源发布者。许多中介机构为了吸引租房者，在各大信息发布平台注册多个账号，发布多个低价虚假租房房源，目的是吸引租房者通过其中介租房以赚取服务费。但这一虚假房源以低价、假图片欺骗租房者，无形中增加了租房者的成本，扰乱了正常的租房市场，应该给予严厉打击，网络平台应完善监督机制，一旦查实虚假房源就应该警告发布者或查封其账号。

（三）合理使用产权移交房

自"竞产权移交面积"土地拍卖政策实施以来，截止到 2017 年，南宁市已有 25 宗地需要向政府移交产权配建面积，据不完全统计，移交面积合计达 40.36 万平方米，包括兴宁区、江南区、良庆区、邕宁区、青秀区、西乡塘区以及经开区、高新区各个城区。合理使用产权移交面积是保障民生的有力措施。

1. 部分产权移交房用于建设人才公寓

一是选择成熟片区移交产权房源建设人才公寓。当前热点城市纷纷出台人才政策，应针对不同层级人才，采取购房补贴、租赁补贴、人才公寓等方式，为人才安居乐业提供全方位保障。建议在交通便捷、配套设施完善的区域产权移交房项目中挑选房源作为人才公寓房源，确保项目品质。如青秀区、兴宁区的新楼盘项目位于成熟的青秀山板块和长堽路板块，这些区域的特点是离金融商业中心较近，而且交通方便，配套成熟。

二是做好人才公寓的配租工作。可以依托住房局现有的公租房管理信息系统，增加"人才公寓服务"模块，针对人才公寓的租赁工作优化网上申请、受理审核、资格公示、房源展示、配租配售、退出管理等功能，最后统一纳入南宁市住房租赁信息服务平台管理。

2. 部分产权移交房用于建设公租房或长租公寓

一是增加公租房和长租公寓的数量。公租房和长租公寓的施放对象是大量的城市流动人口，在南宁市，这一群体对租房的需求很强烈，利用移交产权面积配建一定比例的公租房能有效缓解城市租房供给矛盾。根据公租房和长租公寓的需求对象分布以及产权移交房宗地的交通情况、周边配套等因素对全市数十个地块进行综合评估后，选取合适的地块建设公租房和长租公寓。

二是注意公租房和长租公寓的选址区别。公租房选址建议在城市中心外围地带，这一区域地价较低，所以公租房的租金低廉，可以减少公租房承租人的租房成本，但应该注意选址不能过于偏远，而且要配建对应的交通设施，以免增加公租房承租人的交通成本。长租公寓的选址可以和人才公寓类似，但人才公寓是为吸引人才，所以租金要比长租公寓更低；长租公寓的对象是中等收入人群，这一人群对租房品质有一定要求，可以选择交通方便、靠近商圈的区域板块，租金定价可略低于市场定价。长租公寓区别于市场房源的特点是长期和稳定，因为有政府背书，承租人不用担心随时被房东赶出去。此外，长租公寓可以优先面向在南宁市工作但不能享受人才公寓政策的本科毕业生以及南宁市重点发展产业紧缺人才等。

（四）强化市场监管

市场的良好发育离不开良好的秩序监管，近年来南宁市租赁市场乱象频生，相关部门仍须加大整治力度。建议从加强主体管理、市场监管、保障性住房管理三个方面重点发力。

1. 加强主体管理

一是加强住房租赁备案管理。建立健全住房租赁企业、房地产经纪机构等主体备案制度，经过备案的各类经营主体，可以依法依规享受税收、金融以及运营扶持等优惠政策。推行统一的住房租赁合同范本和网上签约制度，明确规定住房主体的责任和义务，规范租金收取方式。

二是规范住房租赁行业秩序。利用南宁市房地产行业协会机构，开展行业调研，鼓励其发布行业信息，提出优化租赁主体行为的意见和建议。指导南宁市房地产行业协会完善住房租赁企业、中介机构和从业人员信用管理制度，成立南宁市房地产行业协会并监督执行行规、行约，规范主体行为。

三是建立多部门守信联合激励和失信联合惩戒机制。建立南宁市住房租赁主体相关信用信息公示系统，如"红黑榜"，定期公布违反行业规范的住房租赁主体的违规行为，对无投诉的、效率高的优秀住房租赁主体给予褒奖。

2. 加强市场监管

一是完善管理制度。在制度上，保护租赁双方的权利，确立和完善租赁市场制度，保护房屋租赁主体和承租人的权益不受侵害。严格执行《南宁市房屋租赁管理办法》等文件，出租人应当自合同签订之日起 30 日内到租赁房屋所在地的房地产管理部门办理房屋租赁登记，明确双方权利义务，鼓励签订长期租赁合同。出租人应当保证房屋和室内设施的环保安全，不得强行驱逐承租人，不得单方面提高租金，不得擅自扣留押金。承租人应当按照约定按时支付租金，合理使用房屋和室内设施。二是确立出租房破损赔偿制度。不得要求承租人赔偿日常损耗类日用品（如灯泡、电线），不得要求承租人赔偿因不可抗力（如台风、暴雨）等原因造成的房屋损耗。

二是强化监测统计。将住房租赁纳入社会综合治理和社区网格化管理；各城区（开发区）明确落实专人负责，依托统一的城市管理以及数字化平台，按照辖区划分成单元网格，将住房租赁纳入社会综合治理和社区网格化管理。完善房屋租赁市场综合评价系统，建立租赁市场预警预报体系和价格指数体系，动态监测并及时披露住房租赁市场的供应、成交、存量、租金水平等信息；加强住房租赁价格指导，完善住房租赁指导价格制度，引导市场合理定价。

3. 加强保障性住房管理

一是继续做好公租房、廉租房的建设管理。公租房、廉租房作为城市中低收入者、无房户的一种保障型补贴型住房，能很好地起到稳定住房租赁市场的作用。下一步应该加大公租房、廉租房的数量供给，因为南宁市公租房申请门槛不高，但需求旺盛，许多中低收入者排队很久仍未成功申请到公租房、廉租房名额。

二是做好公租房、廉租房的租赁市场监管。许多公租房、廉租房承租人以故意隐瞒事实、提供虚假资料、伪造证明材料等手段骗租公租房，还有擅自高价转租给他人赚取差价等恶劣行为。对于此类行为，公租房、廉租房的监管部门应该严厉打击，取消承租人的租赁资格，要求其退还非法所得，并罚交一定租金，情节严重者要以诈骗罪移交司法机关处理。

（五）创新土地供应制度

创新土地供应制度，增加住房的土地供应能从源头解决住房的供给问题，可以有效地稳定租赁市场的租金水平和全市住房均价，遏制租金、房价的过快上涨。土地供应制度的创新和有效增加土地的供给，可以从改变土地竞拍方式、探索集体建设用地建租赁住房模式两方面着手。

1. 改善土地竞拍方式

一是在土地拍卖环节，更改过去"招拍挂"的价高者得的单一竞拍方式，更改为"控地价、竞配建"，即限制土地单价、竞争移交产权面积。"限房价"指住宅项目用地在"招拍挂"出让环节中，约定限制商品住宅毛坯均价；"限地价"则是限定竞买人出价上限；如果竞买人出价达到地价上限，就要"竞产权移交房"，通过竞争产权无偿移交住房的面积来确定最终竞买人。

二是政府要遏制地价过快上涨。政府作为土地拍卖主体，是土地价格的制定者，目前房价高涨，除了市场需求调节外，最主要的内因就在于土地价格增长过快，属于典型的"面粉价格推高面包价格"。政府过度依赖土地财政，一方面限制了房地产开发商的毛坯价，一方面抬涨了地价，这种矛盾的政策既会导致土地流拍，打击房地产开发商的拿地积极性，又可能导致部分房地产开发商违规收取消费者的购房费用，最终导致房地产产业发育受阻。因此，政府应该遏制地价过快上涨，这是稳定房价的重要措施。

2. 探索集体建设用地建租赁住房模式

南宁市作为区内高校最多、流动人口规模最大的城市，高校毕业生及进城务工人员数量众多，应该考虑满足这类群体在城市安家的需求。众多低收入群体无法购置商品房，多数都租赁城市集体建设用地的自建民房，这类民房也就是俗称的"城中村"。城中村的土地性质为农村集体土地，包括城郊也仍有许多农村集体土地。大城市建设用地中，集体用地与国有用地面积基本上达到了1∶1。南宁市应该充分利用城市内和城郊的集体土地，研究制定集体建设用地建设租赁住房的新模式。

积极探索"企业＋村民"的土地开发模式。集体土地开发利用的困境在于村集体资金不足，规划能力缺失，假如政策允许大型房地产开发商和村集体合作，就能解决集体土地合理规划、利用的问题。由企业出资在集体土地上建设租赁住房，企业和村集体共同持有、长期经营，政府监控低价出租，如此既保障了村民共享城市化的红利，又满足了部分新市民的低价租赁需求，最重要的是能从供给侧减少租赁成本。

（六）规范公积金合理使用

公积金制度是国家法律规定的重要的住房社会保障制度，具有强制性、互助性、保障性。合理合法使用公积金能减轻购房负担，有利于社会稳定，能促进租赁市场和房地产交易市场的良好发展。应从加大公积金支持力度、坚持差异化的购房贷款政策、严查房地产开发商拒绝公积金贷款行为三方面保障公积金的合理使用。

1. 加大公积金支持力度

一是制定完善的异地提取公积金租房制度。优先支持提取住房公积金支付房租，能减少城市从业者的生活压力，有效发挥公积金支持住房的作用。许多留在南宁的从业者的公司所在地并不在南宁，其公积金缴存地属于异地，但是这一类群体又确实是常驻南宁的。因此，要完善异地提取公积金租房制度，使异地公积金和本地公积金缴存者享受同样的政策福利。

二是简化提取公积金租房的程序。加快推进各类住房租赁数据共享，简化业务办理的要件材料，优化提取住房公积金的办理流程。公积金管理中心要推出网上营业厅，通过实名认证，网上操作，简化提取公积金的程序，力求让业务办理者足不出户，方便快捷地办理公积金提取支付房租的业务。

三是要根据南宁市租房市场发育水平适时调整提取公积金的额度。公积金的提取额度要根据当地租金水平合理确定并及时调整，以适应经济发展规律，满足各大租房群体的不同租房需求。

2. 坚持差异化的购房贷款政策

一是调整公积金贷款比例。对使用公积金贷款买房者，要实行更为严格的政策来保障刚需购房者，防止炒房现象。例如，购买首套房的家庭或个人首付比例最低为20%，购买第二套住房或者第二次申请住房公积金贷款的，首付比例调整为不低于50%。

二是第一套房的贷款利率为3.25%，第二套房或第二次申请住房公积金贷款时，贷款利率调整为同一时期住房公积金个人住房贷款利率的1.1倍。职工和家庭购买第三套及以上住房或者申请第三套及以上住房公积金贷款的，不得使用公积金贷款（棚户区和危旧房改造房除外）。同时，不接受外地住房公积金贷款申请。

3. 严查房地产开发商拒绝公积金贷款行为

一是要加大惩罚力度。根据媒体披露和消费者的投诉，南宁市多家房地产开发商拒绝购房者用公积金贷款，这是房地产销售行业默认的潜规则。相关部门应严格查处，发现一起查处一起，绝不姑息。现有的处罚标准一般是对这类违规行为处罚3万~5万元，这处罚力度还远远不够，几万块罚款对于一个数亿元的楼盘开发项目而言不过九牛一毛，许多缴纳罚款的开发商对此不痛不痒，所以应该提高罚款金额，加大罚款力度，让开发商深刻认识到违规将要付出很高的代价，只有这样才能整治行业的不良风气，规范市场行为。

二是要加大政策宣传力度。许多购房者并不知晓房地产开发商拒绝使用公积金贷款的行为属于违规行为，往往答应开发商的要求使用商业贷款，这就助长了房地产开发商的不良之风。因此，要加大打击政策的宣传力度，在各大楼盘的售楼中心显眼位置张贴告知书，明确房地产开发商拒绝公积金贷款的行为属于违规行为，并公布举报投诉的电话和邮箱，畅通购房者举报投诉渠道，真正保障房地产交易中购房群体的利益。

（七）规范房地产销售市场

规范房地产销售市场是稳定房价、执行稳定房价政策的重要一环，对房价的稳定具有决定性意义，针对南宁市房地产销售市场现存的问题，建议从打击外收行为、调整商品房全装修分级标准两方面着手解决。

1. 打击外收行为

南宁土地拍卖采用"双限一竞"方式后，产生了50多个"限价房"项目，这些楼盘在未开发前就被规定了最高的毛坯房销售均价，限价政策实施前也有数十个楼盘取得预售证，这意味着这数十个楼盘也已在网上备案，住房部门已经给出一房一价的备案价格。备案价格制度是为了限制新楼盘随意哄抬和乱改房价，进而稳定周边房价，遏制房价的过快上涨。但是根据实际调研情况得知，部分限价房和取得预售证的楼盘没有按照备案的定价销售，开发商会在购房合同外加收各种名目的额外费用，合同上购房金额仍是备案的价格，但购房者在合同外仍需根据楼盘的热门程度加收一笔数万元到数十万元不等的费用，房地产开发商为了逃避违规收费的责任，不会亲自收取，而是委托第三方中介公司代收，购房者需要一次性付清这一笔外收费用，房地产开发商和中介机构都不会提供任何收据或者发票。据售楼部销售顾问解释，这一笔费用就是政府的备案价格和市场销售价格的"差价"，购房者若想买房，就必须补足这部分"差价"。这种违规收取购房费用的行为明显是与政府限价的文件精神相悖的，所谓的"差价"，就是开发商为了达到市场定价违规收取的费用，这笔费用不会写进合同总价中，假若日后出现纠纷，房地产开发商也不会将这笔钱退还给购房者，购房者支付的外收费用也是不受合同法保护的，所以这一房地产交易行为对购房者而言完全是不平等的。

房地产监察部门应重视外收费用问题，从严查处收取外收费用的楼盘项目，加大对违规收取外收费用的房地产开发商的打击力度和惩罚力度。启动多个部门联动监管机制，对房地产开发商开展专项整治，严厉打击价格违法行为。建议对成功举报楼盘项目外收费用行为的个人进行奖励，奖励金额是处罚房地产开发商罚款的50%。通过鼓励购房者踊跃举报和加大对价格违法行为的罚款力度，外收费用现象能得到有效遏制。

2. 调整商品房全装修分级标准

南宁为了遏制商品住房价格过快上涨，设置了价格涨幅"红线"，通过预售备案价控制房价上涨。如此一来，商品房毛坯房价格就被政府限制了，开发商也不能上调出售价格。为了应对政府的限价政策，部分开发商紧急推出"精装房"，因为精装修部分未被限制价格，所以毛改精是开发商的变相涨价行为，被业界调侃为"价格不够，精装来凑"。所以，南宁市为了规范市场和稳定房价，再次制定了关于装修的分级标准——《南宁市商品住房全装修分级指南》，根据这一文件规定，商品房全装修分为A、B、C三个等级。A 级为最高标准，不能超过 3000 元/米^2，B 级为 2000 ~ 3000 元/米^2，C 级最低，不能高于 1000 元/米^2。这一分类标准指南规定了装修等级和价格区间，从表面上能够稳定市场，对市场有一定的规范和约束性，但是装修分级标准细则划分不明确，装修高中低档如何界定等问题不明晰，开发商执行层面依然较为模糊。所以不少房企无论标准是多少，都将装修价格调至最高的 3000 元/米^2。根据专家调查，这些号称 3000 元/米^2 的装修如果是普通装修公司来装修，则实际市场价仅需 1000 元/米^2，这等于是变相涨价。所以，装修分类标准的制定应该更加科学合理，同一个楼盘应该让购房者有更多的价格装修套餐可以选择，甚至可以让购房者自主选择毛坯房或全装修房。

建议政府出台文件规定楼盘需预留不同户型和楼层总数达 40% 的可售房源数量作为毛坯房，不得全部改为精装房出售。

（八）保障刚需家庭购房

唯有安居才能乐业，保障刚需家庭购房是促进社会发展、提高居民生活水平的重要举措。南宁市应优先满足刚需家庭的购房需求，建议从保障刚需人群优先购房、增加限价房供给、探索共有产权房制度三个方面着手。

1. 保障刚需人群优先购房

一是研究制定有效的操作方案。在全市低价楼盘中选出 50% 的房源，刚需家庭可以优先购买，满足刚需家庭的城市居住需求、子女入户需求、子女受教育需求。

二是设定刚需家庭的入选门槛。为了刚需家庭能在南宁安家落户，遏制外地人的投机炒房，必须对刚需家庭进行甄选，如需要在南宁市范围长期工作但没有住房的人，标准可以是缴纳了一年的社保或者达到一定金额的缴税税金。

三是完善刚需人群优先购房的制度。完善刚需家庭购房程序，避免炒房者以虚假身份占用优先购房名额，严惩不按规定出售的房地产开发商。

2. 增加限价房供给

一是增加限价房的数量供给。可以选择郊区等城市外围地块，新建限价房，增加限价房数量供给，满足新市民对限价房的购买需求。

二是严格筛选购买限价房的人群资格。从申请审批程序着手，严查虚假的申请材料，确保入选人员的合法权益。

三是要适当提高限价房销售价格。南宁市房价已经过一轮涨幅，房价均价稳定上涨，如果限价房房价仍和两年前保持同一水平，无疑会增加政府财政负担，应该把限价房的销售价格控制在 5000～6000 元/米^2，这是中低收入购房者比较能够接受的价格范围。

3. 探索共有产权房制度

共有产权房即政府与购房人按份共有房子产权。政府以低于周边同地段同品质的 30%～50% 的价格出售给购房者，购房者占有房子 50%～70% 的产权，政府占有房子的剩余产权。共有产权房政策的实施是为了满足中低收入家庭、刚需家庭的购房需求而进行的住房制度探索。共有产权房最突出的特点是去掉了投资属性，因为共有产权房规定只能转卖给其他符合条件的家庭，也就是说必须在共有产权房体系内进行交易。这样的闭环式交易，使共有产权房不再有投资价值，无法和普通商品房一样快速实现增值。这种去掉房子投资属性，保留了刚需家庭需要的居住属性和入户、教育等附加属性的制度是坚持"房住不炒"定位的新兴制度，值得推广。目前，南宁市尚未建设共有产权房，建议向其他实行共有产权制度的城市学习借鉴，探索共有产权房制度，研究制定符合南宁市市情的合理的共有产权房制度，选择试点地区并逐步推广。

参考文献

陈伯庚：《规范租赁重在创新监管》，《上海房地》2017 年第 12 期。

陈博：《深圳：租售并举 迎来"后租赁时代"》，《城市开发》2018 年第 1 期。

陈妍：《发展住房租赁市场 调整住房供应结构》，《中国经贸导刊》2013 年第 13 期。

傅益人：《上海住房租赁市场的问题与发展对策研究》，《上海房地》2018 年第 6 期。

韩娱、德智、李启明：《国内公共租赁住房利益相关者研究综述》，《工程管理学报》2015 年第 2 期。

黄燕芬、张超：《加快建立"多主体供给、多渠道保障、租购并举"的住房制度》，《价格理论与实践》2017 年第 11 期。

李素芳：《培育和规范住房租赁市场促进购租并举》，《北方经贸》2018 年第 2 期。

李迎：《住房租赁市场发展研究综述》，《山西农经》2018 年第 11 期。

刘锋：《发展住房租赁市场的政策建议》，《经济研究导刊》2016 年第 10 期。

罗凡、李秋阳、王春行：《发达国家调控住房租赁市场的做法及对我国的启示》，《企业科技与发展》2011 年第 23 期。

彭慧、何燕：《我国租赁型保障性住房实行租售并举的思考》，《中国市场》2013

年第 8 期。

沈洁、谢嗣胜：《公共租赁住房融资模式研究》，《经济问题探索》2011 年第 1 期。

王盛：《租售同权、就近入学与教育资源的配置》，《上海房地》2018 年第 4 期。

微微：《新租房时代呼之欲出》，《检察风云》2017 年第 24 期。

吴大放、姚漪颖、刘艳艳、杨子：《特大城市城中村非正规住房租赁市场分析——以广州大学城为例》，《现代物业》（上旬刊）2014 年第 8 期。

徐炉清：《住房租赁市场问题分析及规范发展的建议》，《城乡建设》2012 年第 1 期。

禤文昊、张杰：《北京住房租赁市场现状、问题及对策：基于对租客的网络调查实证》，《住区》2012 年第 2 期。

叶剑平、李嘉：《我国商品性住房租赁市场发展的制度约束与个体行为分析——基于 2014 年北京市租赁市场调查数据》，《贵州社会科学》2016 年第 1 期。

曾国安、从昊、雷泽珩、王盈：《促进中国住房租赁市场发展的政策建议》，《中国房地产》2017 年第 5 期，第 3～13 页。

张锋、梁爽、钟庭军：《廉租房和公共租赁房并轨运行的工作研究》，《城乡建设》2014 年第 3 期。

张宏伟：《租售同权难以颠覆影响》，《中国房地产》2017 年第 23 期。

张永岳：《发展住房租赁市场势在必行》，《中国房地产》2017 年第 11 期。

周明：《发展住房租赁市场恰逢其时》，《上海房地》2016 年第 6 期。

（南宁市社会科学院课题组）

课题组组长：蒋秋谨
课题组成员：周　博　谢振华　周　娟　农仁富
　　　　　　王文俊　黄　燕

南宁市特色小镇发展竞争力综合评价研究

前　言

　　特色小镇建设是促进新型城镇化建设和实施乡村振兴战略的重要抓手，是推进供给侧结构性改革的重要平台，是实体经济和资本市场融合发展的有效载体。2016 年以来，根据国家、自治区关于加快培育特色小镇的系列工作部署和要求，南宁市积极稳妥推进特色小镇申报和培育工作，取得了一定成绩。横县校椅镇于 2017 年 8 月获批列入第二批全国特色小镇名单，南宁市人民政府办公厅于 2017 年 12 月公布了首批南宁特色小镇培育名单，有 8 个特色小镇入选，其中，横县校椅镇茉莉小镇和南宁高新技术产业开发区林科小镇于 2018 年 4 月入选第一批广西特色小镇培育名单。由于区域差异和城乡差异较大，在推进过程中，特色小镇也不同程度出现了定位不准、特色不凸显、市场化不足、考核评价难等问题。随着特色小镇创建工作不断深化，如何使用综合考核评价这个"指挥棒"，促进特色小镇竞争力提升，成为当前南宁市特色小镇发展面临的现实问题。

　　特色小镇的培育以及可持续发展需要一个不断探索创新、总结纠偏、完善提升的过程。综合评价是手段，竞争力提升是目标。本文主要从特色小镇的理论概述入手，客观分析了当前南宁市特色小镇发展现状和竞争力影响因素，构建了南宁市特色小镇发展竞争力综合评价体系，并提出了优化综合考核评价的建议，在此基础上根据国内各类特色小镇建设发展经验和启示，给出提升南宁市特色小镇发展竞争力的对策建议。

一　特色小镇相关理论概述

（一）特色小镇的概念及界定

　　"特色小镇"的概念最早由浙江省于 2014 年提出，并于 2015 年写入浙江省政府工作报告，同年，浙江省出台了《浙江省人民政府关于加快特色小镇规划建设的指导意见》（浙政发〔2015〕8号），对特色小镇的概念内涵、建设标准、政策措施以及创建程序、组织领导提出了指导意见，浙江省成为全国建设和发展特色小镇的先行者。2016年，住房和城乡建设部、国家发改委、财政部联合下发了《关于开展特色小镇培育工作的通知》（建村〔2016〕147号），首次在国家层面明确了特色小镇建设的指导思想、基本原则和目标，建设和发展特色小镇逐渐成为全国各地区的目标。

当前，"特色小镇"的概念存在两种不同表述。一是按照浙江省出台的《浙江省人民政府关于加快特色小镇规划建设的指导意见》，特色小镇是指"相对独立于市区，具有明确产业定位、文化内涵、旅游和一定社区功能的发展空间平台，区别于行政区划单元和产业园区"。根据这一阐述，特色小镇有别于作为行政单元的建制镇，是相对独立的具有特色产业功能、文化内涵、管理制度以及集旅游功能、生活功能和展览功能于一体的新型独立区域空间，其面积一般为3～5平方公里。二是住房和城乡建设部、国家发改委、财政部下发的《关于开展特色小镇培育工作的通知》中明确指出，"特色小镇原则上为建制镇（县城关镇除外）"。按照这一原则提法，特色小镇的概念又可理解为具有产业定位、文化内涵、旅游特征的建制镇。

2016年，国家发改委印发了《关于加快美丽特色小（城）镇建设的指导意见》（发改规划〔2016〕2125号），对特色小镇的概念内涵做了进一步的解释，明确地指出特色小（城）镇包含特色小镇和小城镇两种形态。"特色小镇主要指聚焦特色产业和新兴产业，集聚发展要素，不同于行政建制镇和产业园区的创新创业平台。特色小城镇是指以传统行政区划为单元，特色产业鲜明、具有一定人口和经济规模的建制镇。"实际上，按照国家发改委的解释，特色小镇并非等同于建制镇，而是指具有鲜明特色的产业、文化、旅游以及一定社区服务功能的发展创新平台。国家发改委提出的这一概念与浙江省对特色小镇的认识基本一致，而对建制镇进行建设发展的小镇应该划归为特色小城镇。虽然特色小城镇具有一定的特色产业功能、文化内涵和旅游特征，但是按照国家发改委对于特色小镇和特色小城镇的解释，两者无论是概念还是具体的建设发展过程，都存在一定的差别。

虽然特色小镇和特色小城镇在抽象的概念内涵与具体的建设形态上都存在一定区别，但实际上许多地方仍以"特色小镇"一词代替了特色小城镇，使很多地方在以建制镇为单位进行建设时使用的是"特色小镇"一词。例如，由住房和城乡建设部主推建设的小镇就用的是"特色小镇"一词。实际上，出于方便管理、财政等方面的原因，在国家层面还是将建制镇作为特色小镇的培养对象。

2018年1月，南宁市人民政府印发了《南宁市特色小镇培育工作实施方案》，其中明确指出，"南宁市特色小镇的培育应突出产业发展能力，主要以建制镇（乡）、产业园区、现代农业核心示范区、特色旅游集聚区等为载体进行培育"，"市级特色小镇原则上按1~3平方公里面积进行建设"，"特色小镇的特色在于产业，产业发展源于创新"。由此可知，南宁市在推进特色小镇建设过程时，既借鉴了浙江特色小镇的发展模式，也结合了南宁市特色小镇的实际发展情况。本文以南宁市的特色小镇为研究对象，并根据研究对象的建设规划和发展实际，将特色小镇定义为拥有一定资源禀赋或产业基础，在3~5平方公里内聚集高端要素和特色产业，兼具特色文化、特色生态和特色建筑，产业特而强、功能聚而合、形态小而美、机制新而活的创新创业平台。

（二）特色小镇的基本特征

1. 鲜明的产业特色

产业特色是指产业本身所具有的区别于其他产业特征的属性。特色小镇之所以有"特色"，在于具有区别于其他小镇的独有产业，这些产业既能有效带动特色小镇发展成长，也表现出特色小镇内含的独特主题。一方面，这些产业具有鲜明的独特性，是特色小镇显著区别于其他小镇的关键元素，具有一定的产业影响力和发展优势；另一方面，这些产业具有鲜明的主导性，在特色小镇建设发展过程中占主导地位，代表了特色小镇发展主题，是特色小镇不断发展的核心支撑，始终贯穿于特色小镇建设发展的始终。

2. 灵活的体制机制

特色小镇建设发展遵循"政府主导、市场主体、公众参与"的原则。市场作为特色小镇建设发展的主体，存在诸多不确定性因素，因此需要灵活的体制机制规范市场行为，引导企业发展特色产业，减少因僵硬的规章制度给特色小镇带来的建设发展成本。所以，灵活的体制机制成为规范和引导特色小镇建设发展不可或缺的要素，是特色小镇建设发展并最终形成发展优势的重要推动力，也是特色小镇的基本特征之一。

3. 浓厚的人文气息

拥有浓厚的人文气息不仅可以使特色小镇区别于其他产业载体，而且可以使特色小镇成为有"血"有"肉"的有机创新空间，从而显现出独树一帜的性格特征，焕发出小镇独有的"人格魅力"。因此，特色小镇不是产业功能和基础设施的简单堆砌,而是具有浓厚的人文气息的创新创业发展空间平台。浓厚的人文气息是特色小镇建设发展过程中必不可少的要素,内含于特色小镇建设发展的每一个环节,是特色小镇的灵魂所在。

4. 优美的生态环境

特色小镇主要依托于尚未深度开发的乡镇地区,是以生态资源为基础、以绿色低碳循环技术为支撑、以绿色智慧产业为驱动、以创新体制机制为保障建立起来的综合性产业发展空间平台,建设过程中有效融入了绿色发展理念。因此,生态环境建设始终贯穿于特色小镇的建设发展过程之中,是特色小镇之所以"特色"的重要因素,也是特色小镇基本特征的具体表现之一。

(三)特色小镇发展竞争力

特色小镇发展竞争力是指特色小镇在规划、建设、运营和维护过程中所具有的可持续发展并不断创新生长的能力,包括持续发展的生命力、自我更新的创造力、充满活力的发展力。具体有以下几种表现形式。

1. 持续发展的生命力

(1)完善的基础设施

拥有完善的基础设施是特色小镇发展竞争力的物质保障。交通、邮电、供水供电、商业服务、科研与技术服务、园林绿化、环境保护、卫生事业等各项基础设施共同构成了特色小镇赖以生存的物质基础,为特色小镇的正常运营提供了必要条件,这不仅能维持小镇的日常运营,而且为特色小镇进一步发展和充分展现其特色产业功能提供了必不可少的支持,是特色小镇发展竞争力的重要组成部分。

(2)突出的产业功能

拥有突出的产业功能是特色小镇发展竞争力的核心。特色小镇的关键在于"特色"二字,"特色"的根本则在于产业功能,具体表现为特色产业的投资额、投资占比、企业个数、产业贡献率以及现有的特色品牌数。特色小镇不仅仅是特色文化内涵以及旅游和社区功能承载体,更为重要的是拥有区别于其他小镇的可以使特色小镇获得强大竞争力的产业功能,这是特色小镇得以发展并形成发展竞争力的关键。

2. 自我更新的创造力

(1)合理的规划设计

合理的规划设计是发展特色小镇竞争力的保障。特色小镇是由产业功能、文化功能、旅游功能以及社区功能相互嵌入和融合而成的综合性创新发展空间平台，合理的规划设计可以使特色小镇的产业功能、文化功能、旅游功能以及社区功能相互协调和融合，形成科学合理的结构布局。同时合理的规划设计还完善了特色小镇长远的规划远景，使特色小镇获得具有持续性的发展竞争力。

（2）充足的创新人才

充足的创新人才是特色小镇创新发展的动力。特色小镇建设发展过程是一个不断探索发展和创新的过程，推动这个探索过程需要发挥人的主观能动性，使人才所具有的创新能力与特色小镇的建设发展相融合。人才是特色小镇发展竞争力不断提升的支撑，其不仅维持着特色小镇的营运发展，更为重要的是人才的流入和聚集为特色小镇的创新发展注入了源源不断的新鲜血液，使特色小镇建设发展过程始终和时代发展、社会发展保持同步，进而使特色小镇建设保有充沛的发展竞争力。

3. 充满活力的发展力

（1）良好的创新环境

良好的创新环境是特色小镇发展竞争力的必要条件。创新是特色小镇不断发展的主要推动力，而良好的创新环境对于特色小镇的产业创新和功能创新具有非常重要的推动作用。如果缺少良好的创新环境，特色小镇就无法实现产业创新和功能创新，也不能推动其发展竞争力的提升。因此，拥有良好的创新环境可以优化特色小镇的发展竞争力。

（2）优质的营商环境

优质的营商环境是特色小镇发展竞争力的基础。特色小镇建设发展以政府引导、市场主导的方式开展，企业是支持特色小镇建设发展的中坚力量，缺少企业等市场主体的参与，特色小镇将难以形成较强的发展竞争力。优质的营商环境应该包括科学有效的行政管理行为、公正合理的法律规范以及灵活简易的审批程序，这样才能使参与特色小镇建设和发展的企业以及其他市场主体尽可能减少经营成本，将更多的资源投入特色小镇建设，夯实特色小镇发展竞争力的基础。

（四）特色小镇发展竞争力综合评价的意义

对特色小镇发展竞争力进行综合评价就是要对特色小镇的基础设施、产业功能、规划设计、创新环境、发展特色等要素进行分析评价。对特色小镇进行建设成效评估，是不断提升特色小镇综合竞争力的必然选择，对推进南宁市特色小镇建设，提高南宁市特色小镇发展水平具有重要意义。

1. 有助于发挥考核评价对特色小镇建设的导向作用

特色小镇作为一种激发地方经济活力、提升地方创新能力的新兴平台载体，其建设发展在不同资源禀赋和发展水平的区域中模式不一样，发展定位也不一样，其建设成效的评估、存在的问题等还需要进一步探索。通过特色小镇发展竞争力综合评价，可以对特色小镇建设发展提供导向，明确特色小镇建设发展的目标，使特色小镇培育发展可以做到过程有序、目标明确。同时通过考核对评估不合格的特色小镇予以警示，督促其整改完善，推进特色小镇建设发展。

2. 有助于激发特色小镇竞争活力

建设发展特色小镇归根结底就是要使特色小镇具有发展竞争力，借助特色小镇汇聚产业资源、人才资源、文化资源、环境资源，形成综合性的发展竞争力，为新型城镇化建设和乡村振兴战略的实施提供重要的发展动力。因此，对特色小镇的发展竞争力进行综合考评，不仅仅可以完善南宁市特色小镇综合评价指标体系，为特色小镇建设明确目标、提供框架，更为重要的是可以有效地提升特色小镇的发展能力，激发南宁市特色小镇的竞争活力。

3. 有助于促进产业转型升级

特色产业是特色小镇建设发展的核心，具有扎实的产业基础是特色小镇得以发展的前提条件，但是特色小镇在建设培育期依然存在技术落后、资源浪费严重、产业布局分散以及产业规模小等问题。通过建立特色小镇产业发展评价指标，对特色产业开展标准化评估，有助于提升小镇产业建设规划水平，减少产业资源浪费，进一步优化小镇产业布局，持续扩大小镇产业规模，充分发挥特色小镇产业优势，为促进南宁市产业转型升级提供强大的发展动力。

4. 有助于丰富区域发展文化内涵

特色小镇不仅仅是承载地方特色产业的综合性发展平台，也是传承地方特色文化、丰富地方文化内涵的重要空间，特色小镇的发展竞争力应当既包括特色产业等硬件要素，也包括文化内涵等软性内容。通过设定针对特色文化的评价指标，对南宁市特色小镇发展竞争力开展综合性评价，有助于对特色小镇的文化内容进行量化分析和评价，形成科学的文化内容评价结果，挖掘深藏于特色小镇中的文化价值，进一步丰富和补充南宁市特色小镇发展竞争力的文化内涵，使特色小镇拥有更为丰满的文化"灵魂"。

二 南宁市特色小镇发展现状

（一）特色小镇发展的总体情况

特色小镇是新型城镇化建设过程中出现的新型载体，2015 年以来，浙江省产业转型升级过程中特色小镇建设成效初显，全国各地也相继铺开了特色小镇建设发展之路。2016 年以来，根据国家发改委、住建部关于特色小镇建设的工作部署以及自治区关于培育广西特色小镇的文件精神，南宁市积极结合各县区新型城镇化建设的现有成效，突出产业基础，选定特色小镇培育示范点，合力推进全市特色小镇的培育发展工作。

1. 持续推进新型城镇化，为特色小镇发展奠定基础

南宁市认真贯彻执行国务院《关于深入推进新型城镇化建设的若干意见》的文件要求，持续推进全市小城镇建设试点，加大小城镇基础设施建设力度，加强小城镇生态环境整治，引导实施"千企千镇工程"，加快产业升级聚合，全面提升小城镇综合发展实力。同时，引导和鼓励一批文化传承重点镇、产业发展特色镇以及美丽广西建设示范镇加快发展，积极组织各县区申报各级乡镇示范名录，为培育发展广西特色小镇奠定基础。

2. 有序推进国家级特色小镇培育发展

结合国家关于特色小镇建设的相关条件及要求，南宁市稳扎稳打，根据五县七区的城镇化发展实际，按照成熟一个、发展一个的原则，从产业基础、配套设施、品牌潜力以及发展的可持续性等因素考量，选定横县茉莉小镇（校椅镇）作为第二批国家级特色小镇的申报点，并于 2017 年 8 月将其列入第二批全国特色小镇名录。目前，横县茉莉小镇（校椅镇）的总体规划、设施建设、产业布局、招商引资等正在有序推进中。

3. 全面推进南宁特色小镇培育发展

2017 年，根据自治区关于培育广西特色小镇的实施意见，南宁市全面启动市级特色小镇培育和广西特色小镇申报工作。经过各县区的申报及部门、专家的综合评审，基于小镇的基础条件、产业特色、发展思路等综合评定，2017 年 11 月，南宁市确定公布了首批市级特色小镇培育名单，横县校椅镇、横县六景镇、青秀区伶俐镇、马山县古零镇、隆安县那桐镇、武鸣区双桥镇、邕宁区八鲤高端制造小镇、高新区林科小镇等 8 个特色小镇入选（其中横县校椅镇入选第二批全国特色小镇）。其中，横县校椅镇、高新区林科小镇于 2018 年 4 月获批列入广西第一批特色小镇培育名录。目前，自治区级、市级特色小镇均在按照广西特色小镇培育阶段验收评估指标体系的各项要求，整合资源，编制规划，抓紧培育。

总体来说，作为西部地区的后发城市，由于城镇化建设的原有基础不强、城镇产业发展滞后、城镇发展思路创新不足等各类因素，南宁市的特色小镇培育发展相较于其他地方城市起步稍晚。特色小镇培育建设尚未形成合力，小镇的实体规划建设尚未取得实质性进展，经济和社会发展效益仍处于待开发阶段。

（二）制定出台小镇培育系列配套政策

培育建设特色小镇是深入推进新型城镇化建设的有力抓手，在推进特色小镇培育过程中，南宁市积极发挥各级政府作为小镇培育创建责任主体的作用，运用政策手段，调配资源供给，围绕特色小镇的选定申报、组织领导、编制规划、培育验收、保障工作等内容，研究出台适应南宁实际的相关配套政策（见表1），截至2018年10月，共制定出台特色小镇建设的5个相关政策文件。同时，市城乡建设委员会、市发改委等主体部门充分整合利用国家、自治区关于特色小镇建设的现有政策资源，对各县区进行具体的政策指导。及时对接传达国家、自治区关于特色小镇建设的目标定位、发展步骤、培育验收等工作的具体要求，与市级财政、国土资源等职能部门联合研究制定特色小镇建设的专项支持政策，出台了《南宁市特色小镇培育期评估细则》，明确培育期考核合格并进入建设期的市级特色小镇由市财政给予1000万元补助经费。

表1 南宁市特色小镇建设相关文件汇总

出台时间	文号	文件名称	文件主要内容
2017年11月24日	南府办函〔2017〕342号	《关于公布首批南宁特色小镇培育名单的通知》	明确横县校椅镇等8个南宁市级小镇培育名单
2018年1月25日	南府办函〔2018〕21号	《关于成立南宁市特色小镇培育工作领导小组的通知》	明确以市委常委、常务副市长张文军为组长的领导小组以及各成员单位工作职责
2018年1月25日	南府办函〔2018〕22号	《关于印发南宁市特色小镇培育工作实施方案的通知》	明确南宁市特色小镇建设的总体要求、主要任务、创建程序、支持政策、保障措施
2018年2月6日	南特镇办〔2018〕1号	《关于印发南宁市特色小镇培育阶段验收评估细则的通知》	明确第一批南宁市特色小镇培育阶段验收评估的对象、时间、内容及具体实施方式

出台时间	文号	文件名称	文件主要内容
2018 年 5 月 15 日	南府发〔2018〕15 号	《南宁市人民政府关于调整议事协调机构成员和清理规范有关议事协调机构的通知》	根据近期市领导工作分工和人员调整情况,及时调整南宁市特色小镇培育工作领导小组成员

通过政策体系的构建进一步明确各县区政府作为特色小镇培育发展的责任主体地位,各县区在准确把握政策要求的基础上,制定出台本县区特色小镇建设的工作实施方案,明确特色小镇的内涵特征,成立建设领导小组,分解培育工作的部门任务,建立工作协调机制和责任落实机制,初步形成市、县区、小镇(乡镇)三级联动建设机制。个别县区对此高度重视,创新人事体制改革,成立特色小镇建设协调议事机构,为整合发挥特色小镇培育发展的责任部门提供机制保障。如横县为校椅镇增设了 5 个人事编制,成立了专门的特色小镇建设工作办公室,由县委副书记任主任,统筹协调特色小镇建设各项工作,由县人大常委会副主任任副主任,具体抓各项工作落实。马山县成立了古零攀岩特色体育小镇建设项目指挥部,主要领导亲自挂帅,并多次召开专题会议,推进小镇项目建设。

(三)明确小镇发展产业定位

产业特色是特色小镇培育的核心竞争力和生命力所在,精准定位产业特色是特色小镇培育发展的首要前提。南宁市早在特色小镇的申报阶段,就强调把产业基础及产业发展思路作为首要的评价标准,要求各县区在打造特色小镇过程中,要从实际的产业发展基础出发,充分挖掘产业资源环境禀赋,打造区域产业特色品牌,分类定位发展,避免出现千篇一律的问题。同时,要紧扣长效发展要求,研判产业发展趋势,创新提升产业结构和产业技术,延伸产业链、提升价值链,促进特色小镇的可持续发展。这一点从南宁市首批确定的市级特色小镇中可见一斑。8 个南宁特色小镇分类定位在现代农业、工贸物流、航空旅游(生态养生)、运动休闲、特色全域农业旅游、高端制造、林业科研等七个不同的特色产业领域。(见表 2)

在以上 8 个特色小镇中,产业发展定位明晰的小镇有以下几个:横县的茉莉小镇(校椅镇)以茉莉花产业为特色主题,通过发展茉莉花芳香产业,依托打造茉莉田园、茉莉花园、茉莉公园、茉莉家园,使茉莉文化深度渗透、茉莉双创高速发展、茉莉三产高度融合,最终形成集"产、学、研、农、文、旅"于一体的茉莉小镇；马山县古零镇立足发展"休闲运动＋旅游＋扶贫"产业，通过组织承办攀岩比赛及各类体育赛事、教学训练和体验活动，推广传播攀岩运动文化，挖掘休闲运动旅游项目，打造全国首个攀岩特色体育小镇；邕宁区八鲤高端制造小镇以高端装备制造、新能源汽车、新材料加工为主导产业，定位打造集产业、生态、文化、旅游于一体的技术先进、产城融合、高端生态的产业集聚型特色小镇；高新区林科小镇本着"林业科创＋森林旅游＋森林康养"的复合型广西特色小镇的规划理念及建设愿景，打造一个集合林业科技创新、企业孵化及加速提升，促进现代林（农）业、特色文化旅游、健康养生、科普教育和会展等产业融合发展的康旅小镇。

表2　南宁市特色小镇创建目标及相关内容

地　区	镇　名	创建级别	产业定位
横　县	茉莉小镇	国家级、自治区级、市级	现代农业
横　县	六景镇	市级	工贸物流
青秀区	伶俐镇	市级	航空旅游、生态养生
马山县	古零镇	市级	运动休闲
隆安县	那桐镇	市级	现代农业
武鸣区	双桥镇	市级	特色全域农业旅游
邕宁区	八鲤高端制造小镇	市级	高端制造
高新区	林科小镇	自治区级、市级	林业科研创新

（四）开展小镇规划编制前期工作

根据自治区和南宁市特色小镇培育阶段验收评估细则，做好特色小镇的发展规划是培育阶段的重要指标任务。各县区高度重视南宁市市级特色小镇的规划编制工作，结合特色小镇发展定位的建设目标，先行开展了特色小镇规划编制的基础调研、策划定位、外地取经、产业研究、社区配建等前期工作。

一是开展基础调研。各县区根据特色小镇培育的初步设想，通过召开部门联席会、群众座谈会以及专家咨询会等形式，收集整理特色小镇规划编制的基本诉求。二是开展概念性策划。通过内征外引的方式，向社会各界征集特色小镇规划的概念性创意和方案，如横县多次请国内外知名专家学者为茉莉小镇发展做策划指导并邀请了以日本著名设计师水野学为代表的策划团队到横县校椅镇进行实地采风调研，提出茉莉小镇建设发展的概念性策划建议。三是开展外地经验调研。学习借鉴江浙一带发展成熟的特色小镇在规划编制方面的具体做法，如高新区林科小镇项目负责人赴浙江、福建等地，对已建成并持续运营良好的特色小镇进行实地考察（如越剧小镇、聚龙小镇等），总结其产业发展和建设运营规划的经验，为林科小镇的规划编制提供经验和技术参考。四是开展产业预测研究。各县区围绕特色小镇的主导产业，通过对产业发展数据的科学分析，预测产业发展趋势以及产业发展带来的资源、环境的负荷，为特色小镇产业发展规划提供研究依据。五是开展社区配套建设摸底。通过对特色小镇辐射带动的社区基础设施现状进行摸底排查，形成社区配建需求清单，为特色小镇规划中的功能布局和核心区建设等提供参考，促进小镇核心区与辐射社区的融合发展。

在经过充分调研明确掌握小镇产业基础、生态环境、社会发展等利弊条件和区域人口、资源、环境等发展需求的基础上，通过委托专业设计机构或企业开展特色小镇概念性规划、总体规划、详细规划等编制工作。目前，南宁市8个特色小镇的总体发展规划编制推进缓慢。仅有高新区林科小镇委托上海蓝镇城市规划设计事务所编制完成了项目概念性总体规划，将小镇规划为一核（小镇服务核）、一环（山地运动环）、五心＋五区（科研中心＋科研科创区，休闲中心＋森林休闲区，度假中心＋山水度假区，农旅中心＋农庄康养区，康养中心＋半岛康养区）。

（五）积极引入市场主体参与小镇培育

政府是特色小镇培育发展的责任主体，企业和社会组织则是特色小镇培育发展的实施主体。南宁市各县区在推进特色小镇培育发展中，积极创新合作方式，加强政策宣传引导，鼓励并支持企业参与特色小镇规划、建设、运营的全过程。

一是将企业作为建设运营主体，共同开发建设特色小镇。企业作为特色小镇的建设运营主体是浙江特色小镇建设的基本经验。南宁市各县区依托招商局等部门的联合推荐，为特色小镇建设寻找意向合作企业。目前，横县茉莉小镇、高新区林科小镇均已明确建设运营企业。2018年1月，横县人民政府与中国建筑一局（集团）有限公司建立了战略合作关系，茉莉小镇的规划编制、建设项目以及基础设施建设等均在双方的合作努力下有序推进。2018年2月，在高新区政府、广西林科院以及相关企业的合力推动下，由汉富蓝城小镇开发有限公司、汉富控股有限公司和广西花语森林科技股份有限公司共同组建的广西蓝城汉富小镇有限公司注册成立，该公司是专为高新区林科小镇培育、建设、投资和运营而组建的平台公司。目前，林科小镇的各项培育工作在平台公司的专业团队策划下有序推进。

二是将企业作为投资主体，发展壮大特色小镇的主导产业。特色小镇的产业发展受主导产业链和周边产业链聚合效应的影响，如何吸引更多的企业投资入驻是产业发展的先决条件。南宁市在特色小镇建设的招商引资过程中，注重发挥营商政策的吸引力，为更多企业提供入驻特色小镇发展的营商环境，如横县六景镇（工贸物流小镇），依托六景工业园区，及时更新招商引资宣传推介，明确园区供水、供电、供气、社保、物流、通信、交通等方面的优惠条件，引导推进园区各大企业充分享受水、电、气、热等基础配备、人力资源保障以及税收等优惠政策，切实减轻企业负担，进一步优化招商引资环境，对六景镇加大了招商引资力度。邕宁区八鲤高端制造小镇积极开展招商工作，目前已进驻企业61家，已建成投产22家，亿元以上企业13家，有效壮大了小镇核心主导产业的发展力量。

三是引入金融机构，为融资合作主体提供特色小镇建设资金。特色小镇开发建设需要长期的资金投入，仅政府财政投入根本无法支撑，南宁市在特色小镇培育发展中重视运用市场投融资模式，保障特色小镇建设运营的长效发展。目前，横县人民政府已与广西建行签署协议，将授信50亿元用于支持茉莉小镇发展。另外，茉莉小镇规划所属的横县国家现代农业产业园核心建设区，也获得了农发行50亿元的建设授信。高新区林科小镇已组织农发行、建行、中行和广西交通投资集团实地考察和研讨，与建设银行初步达成林科小镇融资战略合作意向，与广西交通投资集团共同发起组建广西特色小镇投资基金。

（六）整合力量统筹推进小镇建设

特色小镇建设是一项长期复杂的系统工程，需要各个职能部门整合人力、物力、财力等资源共同推进。南宁市各县区在推进特色小镇培育发展过程中，积极借鉴外地经验，整合各类资源供给，为小镇培育发展提供保障。

一是重视政策宣传，引导民众参与，营造小镇培育的良好氛围。民众作为特色小镇建设的主体和成果享用的主体，在小镇培育过程中，应充分发挥其智慧和力量，提升小镇特色品牌的影响力。例如，马山县通过微信等网络平台、媒体专题参观活动等方式积极向外推介攀岩小镇，不断延伸扩大攀岩小镇的影响力。

二是创新体制机制，积极引入人才，打造专业高效的人才队伍。人才资源是特色小镇建设的第一要素，抓好队伍建设是关键。对此，南宁市进一步强化措施，一方面对广大干部进行特色小镇培育发展工作的业务知识培训，提升其服务特色小镇建设发展的业务能力；另一方面创新人才引进机制，增强干部队伍的专业性，如横县面向全国聘请 20 名硕士研究生加入特色小镇建设办，每人给予安家费 5 万元，提升建设队伍的专业化水平。

三是统筹重点镇、示范镇、生态镇以及美丽乡村建设等有关政策、项目和资金。为避免不必要的重复建设和资源浪费，南宁市要求各县区以特色小镇建设为抓手，全面梳理本区域内各类新型城镇化建设示范点的基本情况，整合运用相关政策优惠，拓展相关项目内容，提高政策资金的使用效率。对各类示范点建设的项目进度进行动态跟踪和协调服务，为落实特色小镇培育发展的要素提供支持。

三 南宁市特色小镇培育建设存在问题

（一）"三生融合"不足，小镇发展规划有待完善

"三生融合"是指生产、生活、生态融合发展，是特色小镇发展竞争力的重要组成部分，它不仅仅赋予了特色小镇可持续发展的基本动力，而且是建成产业特色鲜明、生态环境优美、多种功能叠加的特色小镇的必经之路。从生产层面来看，要突出产业特色，实现集约高效发展；从生活层面来看，要突出宜居生活，构建以人为本的生活环境；从生态层面来看，要突出环境优美，实现小镇山清水秀。只有使特色小镇实现并形成集约高效的产业发展模式、宜居舒适的生活条件和山清水秀的生态环境，才能使特色小镇具有强劲的发展竞争力。

但是，从目前南宁市特色小镇的发展规划来看，依然存在"三生融合"不足、发展规划不够科学等问题，一定程度上影响了南宁市特色小镇建设和发展竞争力的提升，总体来看，小镇发展规划还有待完善。一是发展规划片面、单一，"三生融合"发展存在不均衡现象。从目前已经完成产业策划和总体规划编修或正在开展产业策划和总体规划编修工作的校椅镇和六景镇来看，总体规划更偏向于扶持特色产业发展，注重生产方面，对于"三生融合"中的生活和生态关注相对较少。从长远规划和发展来看，这不利于进一步推进特色小镇生产、生活和生态的相互融合。二是发展规划时间短，考虑

问题不够周全。根据《南宁市特色小镇培育工作实施方案》的要求，市级特色小镇培育和建设周期原则上为 3 年，其中 1 年为培育期，2 年为建设期，这就要求被列入培育名单的特色小镇在培育期内完成发展规划编制和按照培育阶段评估标准展开培育工作并进行评估，这导致部分特色小镇在编制发展规划的时候考虑不够周全，未能有效预见可能出现的问题。

（二）特色定位不准，小镇品牌打造有待加强

特色小镇的关键在于"特色"二字，它不是工业园区，也不是单纯的建制镇，而是建立在小镇特色功能基础上的功能综合体，只有结合与依托自身的资源禀赋，进行精准的功能定位，创建独具特色的产业，才能开辟一条与众不同的发展道路，打造出具有自身特色的品牌，提升小镇发展竞争力，实现差异化发展。

然而，南宁市部分特色小镇在培育阶段，未能对小镇的功能特色进行精准定位，出现了特色定位模糊、小镇定位功能单一、品牌特色不突出等问题。一是小镇特色定位模糊。精准定位小镇特色功能，突出小镇特色是特色小镇培育创建的首要工作，但是南宁市部分特色小镇在进行定位的时候还存在定位模糊的问题，未能及时准确地结合自身资源优势进行功能定位，导致小镇未能及时编制发展规划。例如，南宁市六景镇在进行特色小镇申报时依据自身装配产业优势，将自身定位为装配式建筑小镇，但随后又将自身定位为工贸物流小镇，这在一定程度上影响了小镇在培育阶段规划的联系性、可持续性，不利于特色小镇的培育发展。二是小镇定位功能单一。特色小镇应当是"一主多辅"的功能形式，既有以特色产业为基础的产业功能，又兼具社区生活功能和生态功能，是多项功能的综合体。然而，南宁市部分特色小镇在开展培育工作的时候，更多地偏向于特色小镇的产业生产功能，缺少对生活功能和生态功能的有效关注，这就导致特色小镇在功能定位上存在单一化的问题，直接影响了特色小镇的健康、持续发展，降低了特色小镇发展的竞争力，间接影响了特色小镇特色品牌的发展和推广。三是小镇功能定位有跟风之势。实际上，每个特色小镇都存在自己的自然优势和资源禀赋，而且应该利用自身所具有的自然优势和资源禀赋打造真正具有特色的小镇。但是部分小镇在进行特色项目申报和培育时，并没有结合自身所具有的资源禀赋和自然优势进行精准定位，而是将当下"时髦"的产业强行引进，忽视了本应该作为小镇主题和创新发展的特色，这样致使小镇未能因地制宜地打造属于自身的特色品牌，削弱了特色小镇的品牌竞争力。

（三）产业基础不强，小镇长效发展有待提升

特色小镇的发展竞争力虽然涵盖的内容丰富多元，但关键在于产业。特色小镇要提升自身的发展竞争力，只有夯实特色小镇产业基础，"以产立镇、以产带镇、以产兴镇"，形成产业高度聚集、相互融通、生命力强、规模效应大的发展局面，才能真正实现产镇协调长效发展。

南宁市特色小镇目前正处于培育的关键时期，按照《南宁市特色小镇培育工作实施方案》要求，要达到"一业主导，多业联动"的产业发展目标。然而，从目前南宁市特色小镇产业发展的现状来看，部分小镇产业基础薄弱，反映了小镇长效发展不足的困境。一是第一、第二、第三产业发展不协调。部分特色小镇的产业发展主要是以第一、第二产业为主，第三产业相对较少，不符合特色小镇健康发展的规律，一定程度上影响了特色小镇发展竞争力的提升和"一业主导，多业联动"产业发展目标的实现。二是没有龙头企业发挥带动作用。特色小镇产业发展不能缺少龙头企业的带动。目前，各特色小镇已经有企业进入并开始参与小镇的产业培育发展，但是大多数企业规模偏小、实力较弱、能力有限，不能扮演特色小镇龙头企业的角色，也未形成具有辐射力的带动作用。例如，马山县古零镇，将文化旅游产业作为小镇主导产业，形成了多个文化旅游发展点，但是缺少龙头企业的带动，小镇的文化旅游产业未能形成规模效应。横县校椅镇虽然加入了"周顺来"等实力较强的企业，但是其实力还未能充分发挥出来，龙头企业的带动作用还有待提升。三是产业层次不高。南宁市主要以历史文化、自然风光和农业特色为依托发展特色小镇，主导产业也多以自然旅游、农业初加工等为主，虽然一定程度上利用了本地资源，但从整体来看，缺少电子信息技术、金融综合服务以及高端制造业等现代高端产业，产业层次不高，使小镇的发展竞争力在"先天"方面存在一定不足，发展竞争力也在一定程度上受到影响。

（四）市场参与不足，小镇发展模式有待创新

住房和城乡建设部、国家发改委、财政部《关于开展特色小镇培育工作的通知》明确指出，特色小镇培育发展要"充分发挥市场主体作用，政府重在搭建平台、提供服务，防止大包大揽"。南宁市在特色小镇的前期培育工作中，高度重视并鼓励和支持各县区运用优惠政策的杠杆积极引入市场主体参与特色小镇建设运营，虽然部分县区取得了一定成效，但总体来说，全市特色小镇培育发展的市场参与不足，市场主体作用发挥不明显，前期的小镇

培育工作更多地由各县区政府组织实施，极大影响了特色小镇的发展竞争力，主要体现在以下几个方面。

一是建设运营主体尚未确定，建设运营模式有待创新。基于产业基础、发展潜力以及宣传推介等因素影响，南宁市 8 个特色小镇中仅有高新区林科小镇明确了平台公司为建设运营主体，横县茉莉小镇初步确立了政府与企业合作的战略合作关系，其他特色小镇的建设运营模式仍以县区政府为主导，没有向企业、机构等社会力量成功推介特色小镇发展的潜力和空间，在政府和企业合作建设运营特色小镇的模式机制创新上仍有待突破。二是招商引资成效不明显，营商环境有待优化。特色小镇的产业发展必须依托于品牌效应显著的企业进驻发展来实现，因此，特色小镇的招商引资尤为重要。南宁市 8 个特色小镇中除了横县茉莉小镇、六景镇以及邕宁区八鲤高端制造小镇依托于原有的产业基础和园区条件，引进了较为知名的企业进驻外，其他特色小镇在主导产业招商引资上基本没有成效，企业进驻少，知名企业极度缺乏。优化营商环境，提升特色小镇的产业发展服务能力是发挥市场主导作用的前提。三是资金筹措渠道单一，投融资模式有待创新。特色小镇的培育尚处于起步阶段，各项工作的资金需求量大，单独依靠政府财政投入还远远不够。可以说，目前南宁市 8 个特色小镇都处在投融资瓶颈期，虽然个别县区已经和部分金融机构达成了相关融资协定，但是在小镇后续的建设运营中，稳定的资金投入来源仍然是影响小镇发展竞争力的关键要素所在。因此，如何结合特色小镇经济社会发展效益，不断创新投融资模式是当前必须重点研究解决的问题。

（五）要素供给不足，小镇培育机制有待健全

特色小镇的发展竞争力培育是一个长期过程，作为责任主体的政府部门需要构建政策、投入、人力等多方面的要素保障机制，为小镇的产业发展、设施建设、生态整治等提供综合性服务。目前，南宁市在特色小镇发展竞争力培育的要素保障上仍然存在较多的缺漏，需要加快解决。

一是特色小镇培育发展的配套政策有待健全。南宁市现有的配套政策文件仅有 5 个，具体规定了小镇领导组织机构、小镇培育实施方案以及培育期评估细则等内容。可以看出，在保障特色小镇长效发展的过程中，国土、人社、能源、环保、金融等部门的专项支持政策仍然是缺失的。由此可能导致特色小镇在编制规划、产业提升、资金投入、人才队伍等方面因没有专项政策支持而难以持续推进。二是特色小镇培育发展的工作协调机制有待健全。

处于培育起步阶段的南宁市特色小镇建设，在市、县区、乡镇及各参与企业和机构之间尚未建立联动协商的工作机制，这就使特色小镇培育过程中的突发问题无法得到及时的协商解决，甚至会因久拖不决而导致特色小镇建设陷入停滞。例如，南宁市 8 个特色小镇在进行总体规划编制时，或多或少都需要调整区域原有的规划或用地指标，在这一过程中，就需要市发改委等多个部门进行详细的沟通，共同商议解决。如果部门之间不能及时有效地沟通，解决方案无法落实，特色小镇规划编制就无法顺利进行。因此，从市级层面统筹建立高效的工作协调机制，是特色小镇建设的机制保障。三是县区对于特色小镇建设的供给保障难以为继。县区级财政大多有限，尤其是在特色小镇建设领域投入不足，由于特色小镇建设项目所需资金量大，收益回报时间长，县级层面的投融资难度更大。同时，由于县乡土地集约利用有限，在特色小镇建设中涉及的征地拆迁问题也对县区政府形成了一定的压力。此外，县区政府承担着各类城镇化和产业化试点建设任务，项目资金投入分散，不能形成合力。

（六）辐射效应不强，小镇聚合功能有待提升

辐射带动强、聚合功能明显是特色小镇发展竞争力的一个重要指标。特色小镇的聚合功能主要是指在核心主导产业的支撑下，对核心建设区和辐射社区在基础设施、人文发展以及旅游发展等方面的融合发展作用，并通过这些功能的提升完善形成人、财、物的聚合效应。目前，南宁市特色小镇的辐射效应不强，小镇聚合功能尚未真正发挥，主要体现在以下几个方面。

一是特色小镇配套的基础设施建设存在短板。基础设施配套建设是服务产业发展的基本条件，目前，南宁市特色小镇的基础设施配套建设不够完善，包括道路交通、污水排放、垃圾处理、人文娱乐等公共基础设施。这也在很大程度上影响了特色小镇的产业招商工作和营商环境。例如，横县六景工业园区的基础设施配套建设不足，缺少供职工居民休闲娱乐的广场、江边公园、商业区等，园区与六景镇区、南宁市区、横县等没有设置交通专线，园区企业职工的日常交际、婚恋生活多有不便，直接影响企业职工队伍的稳定性和招工的吸引力。二是特色小镇的产业辐射效应不强。南宁市特色小镇建设仍在起步阶段，产业发展的质量尚未得到提升，产业发展支撑力度不够。大部分原有企业的产业发展布局不够科学，产业技术仍然粗放，产业发展经济效益和社会效益仍然较低。因此，产业发展与辐射镇区相融共促的带动效应尚未形成。三是特色小镇的公共服务水平仍然较低。特色小镇的聚合

功能必须建立在高质量的公共服务体系基础之上，目前，南宁市特色小镇多远离城市，区域内部的公共服务体系尚不健全，教育、就业、养老、金融、医疗卫生等社会服务功能尚不完备。因此，对人员、资金、技术流入的吸引力不强，聚合效应有待加强。

四 特色小镇发展竞争力综合评价指标体系构建

（一）已有特色小镇竞争力评价指标体系综述

1. "产、城、人、文"融合发展评价体系

广州市发展和改革委员会通过"产、城、人、文"四位一体对特色小镇进行规划建设，其发展理念是"创新、协调、绿色、开放、共享"，并结合自身特点对产业定位和产业特色进行深入挖掘，建成"产、城、人、文"四位一体的重要功能平台。学者刘迎迎和郝世绵通过对已有研究的总结，着力构建了"产、城、人、文"视角下特色小镇的发展评价指标体系，通过运用层次分析法，并结合问卷调查法来计算指标的权重，强调要遵循系统性、科学性和直观性原则，这是因为特色小镇建设涉及产业发展和城镇建设以及文化发展。同时，构建评价指标体系要求各指标的选取要有科学依据，并能真实确切地反映其发展状况。此外，评价指标体系要尽可能做到语言简洁易于理解，各层次指标的赋值以及打分要能看出"产、城、人、文"视角下的发展方向，有利于促进特色小镇科学、合理的发展。

从表3可以看出，其评价指标体系的分类是非常清晰的，一级指标中的产业发展、城镇建设、以人文本、文化发展涵盖了特色小镇发展的方方面面。产业发展主要从产业结构、产业规模和特色产业三个方面进行评价，三级指标的分类完整、全面地解释了产业发展的每个向度。在城镇建设方面，配套设施和城镇规划从城镇建设本身出发进行评价，政府支持方面恰好弥补了城镇建设过程中人才方面的评价。在以人为本方面主要从居民的生活水平、精神文明和人文关怀方面细分了三级指标，同样是特色小镇建设中必不可少的要素。文化发展包含了文化传播、文化传承以及特色文化建设，除了对现有文化的传播和传承，从二级指标特色文化的设定中也可以看出对小镇建设特色的凸显。该评价指标体系是作者通过科学的量化分析而形成的一套较为成熟的评价体系，文中虽然没有针对现有特色小镇的实际应用，但依然可以看出将被适用于特色小镇的可能性，当然，在进行特色小镇评价的时候，要有针对性地进行指标的选用和更换，以此达到评价的科学性和合理性。

表3　特色小镇产、城、人、文融合发展评价指标体系

一级指标	二级指标	三级指标
产业发展	产业结构	产业竞争力水平
		产业结构和理性
		产业布局和理性
	产业规模	产业营利能力
		产业增长速度
		主导产业占比
	特色产业	特色产业产值
		特色产业选择精准度
		特色产业对外辐射度
城镇建设	配套设施	基础设施发展程度
		公共服务设施发展程度
		公共资源的合理共享程度
	城镇规划	城镇规划科学性
		生态文明建设
		城镇建设的可持续性
	政府支持	人才政策
		产业政策
		金融政策
以人为本	生活水平	居住条件满意度
		人均收入水平
		就业率
	精神文明	幸福感
		精神风貌
		镇容镇貌
	人文关怀	社会保障
		小镇特有福利
		人与人之间和睦程度
文化发展	文化传播	文化资金投入程度
		文化创意产品产值
		文化品牌知名度
	文化传承	城镇传统文化与产业文化契合度
		当地居民认可度
		文化资源的保存状态
	特色文化	当地文化特色打造度
		特色文化项目开发度
		文化资源稀缺程度与知名度

2. 发展建设评价指标体系

学者雷仲敏等人在构建特色小镇发展建设评价指标体系时，首先对我国特色小镇的概念进行了详细的定义，他们将特色小镇的概念分为以下两种。

一种是基于特色产业和特色文化，以及自然环境和配套设施进行的空间功能定义；另一种认为特色小镇是具有行政区划概念的建制镇或行政村。根据国家政策要求以及特色小镇的基本定义，他们对特色小镇的特征进行了全面的概括——产业特色鲜明、环境和谐宜居、文化特色彰显、功能便捷完善以及体制充满活力，可以看出其特征包含了特色小镇的产业定位、城镇环境发展、公共文化传播，以及"产、城、人、文"功能平台等各个方面。根据全新的定义，他们构建的评价指标体系如表4所示。

表4 特色小镇发展建设评价指标体系

准则层	指标层	三级指标	单位
产业维度	产业定位与发展特色	主导产业集聚度	%
		主导产业影响力	%
	产业带动与发展环境	主导产业就业人口比	%
环境维度	城镇风貌特色	人均绿地面积	米²/人
	城镇环境建设	生活垃圾无公害化处理率	%
		废水达标排放率	%
文化维度	传统文化传承	非物质文化遗产数占比	%
	公共文化传播	人均公共文化设施面积	米²/人
		流动人口数量占比	%
		万人拥有科技人员数	人/万人
功能维度	基础设施	人均年末道路长度	米/人
		人均固定资产	元/人
	公共服务设施	互联网普及率	%
		公共 Wi-Fi 普及率	%
体制维度	体制改革	市民满意程度	分
	体制活力与效率	政府机构办事效率	分

可以看出，该评价指标体系与刘迎迎等人构建的"产、城、人、文"融合的评价指标体系有一定的相似之处，但是他们在原有的基础上增加了一个体制维度，这和他们对特色小镇的定义有直接关系。他们鼓励用改革创新的措施来加强特色小镇的发展建设，每个特色小镇都应大胆进行体制机制创新，这对我们构建特色小镇评价指标体系启发很大。

3. 可持续发展评价指标体系

学者朱宏伟通过探讨我国特色小镇的发展路径和对国外特色小镇发展的比较，提出并构建了特色小镇可持续发展评价指标体系（见表5）。当前评估特色小镇可持续发展水平的主要研究有将主观和客观、定性与定量相结合的多维度的特色小镇发展水平指标体系研究，以及特色小镇核心竞争力与评估模型研究。这类研究的主要代表有吴一洲、陈前虎等人，其研究主要以杭州特色小镇为例。另外，学者朱宏伟结合吴一洲等人对特色小镇的研究，将产业维度、生活维度、生态维度和政策维度等进行了融合，由此提出要对特色小镇的产业、生活、生态和政策等进行科学评价和综合评估。其指标的选择也非常科学，采纳专家（90%）认同的指标来构建最后的指标体系。

表5　特色小镇可持续发展评价指标体系

产业维度	生活维度	生态维度	政策维度
特色产业服务业以及工业收入占小镇总营收比例	产业集聚度	城镇视觉风貌评分	政府支持力度评分
特色产业工业总产值占小镇总营收比例	全部从业人数	绿地率	相关管理部门行政效率评分
专利拥有数	中高级职称人员人数	开放空间面积	吸引人才指数
单位产出 GDP 耗能	创业人数	城镇场所人气评分	年环境信访量
高新技术企业占全部企业的比重	公共文化空间建筑面积	环境空气达标率	民间投资总额
R&D 经费占 GDP 比重	公共资源合理共享指数	镇区噪声达标率	企业准入门槛评分

可持续发展指标主要是反映特色小镇在产业、生活、生态和政策维度方面的发展效率与成绩，这方面要紧扣特色小镇可持续发展的方向，以及对特色小镇可持续发展核心竞争力的评价。特色小镇可持续发展评价指标体系是一个很好的参照，它可以针对某个特色小镇进行专门的可持续发展评价，也可以和其他评价指标结合在一起对特色小镇进行总体评价，这对构建南宁市特色小镇竞争力综合评价指标体系有很大的帮助。

4. 杭州特色小镇评价指标体系

特色小镇建设较早出现在我国的杭州市，2015 年起，杭州特色小镇建设如雨后春笋，累计超过 20 家特色小镇进入省级特色小镇创建名单，其中梦想小镇、云栖小镇、山南基金被公认为浙江特色小镇的 3 张"金名片"；同时，特色小镇在推动杭州市产业转型升级、创新创业方面起着非常重要的作用。因此，杭州特色小镇的评价指标体系相对比较成熟，其现用的评价指标体系主要以杭州社会科学院周旭霞研究员设计的为主，具体评价指标体系如表6所示。

表6　杭州市特色小镇评价指标体系

考核项目	一级评价指标	二级评价指标	三级评价指标
基本考核项 （100分）	共性发展目标 （75分）	固定资产投资 （33分）	1. 年度计划投资 2. 实际完成投资 3. 特色产业投资额占比 4. 非国有投资占比
		产出 （24分）	5. 特色产业营业收入 6. 游客接待人数 7. 新增就业人数 8. 引进特色产业相关的企业数量 9. 特色产业主营业务收入增幅 10. 小镇税收收入增幅
		三生融合 （18分）	11. 小镇客厅 12. 旅游接待 13. 公共服务平台
	工作推进目标 （25分）		1. 加强统计管理 2. 强化谋划创建 3. 落实政策扶持 4. 加强宣传工作
鼓励加分项 （30分）	固定资产投资		1. 年度计划投资 2. 实际完成投资 3. 特色产业占比 4. 非国有投资占比
	产出		5. 小镇税收增幅
	汇聚高端要素		6. 引进龙头企业 7. 引进研发机构 8. 引进高层次人才
	影响力和知名度 示范效应 特色营造		9. 举办行业内有影响力活动 10. 争创荣誉 11. 特色挑战目标

首先，杭州市特色小镇评价指标体系以相对健全的考核制度为基础，杭州市根据《浙江省人民政府关于加快特色小镇规划建设的指导意见》（浙政发〔2015〕8号）、《关于加快杭州市特色小镇规划建设的实施意见》（杭政函〔2015〕136号）和《杭州市特色小镇创建导则》（杭特镇办〔2015〕4号）等文件精神，制定了《杭州市特色小镇规划建设工作考核办法》，这使浙江省在对特色小镇的考核上率先实施差异化、个性化考核，更加科学合理地引导特色小镇健康发展。

其次，杭州市特色小镇评价指标对特色小镇的考核标准进行了明确的量化，满分为130分，其中100分属于基本分，30分属于鼓励分。共性发展的75分中，固定资产投资占33分、产出指标占24分、三生融合共计18分；工作推进的25分中，包括统计管理、谋划创建、政策扶持、宣传工作等方面；另外，为了发挥对特色小镇考核的积极引导作用，杭州市的考核指标中设置了加分项。

最后，由杭州市发改委（特色小镇建设办公室），通过自查、实地考核、抽样考核和书面考核相结合的形式实施考核。特色小镇每年考核一次，由各实施主体结合年度工作总结，对照目标任务，提出自评意见。杭州市特色小镇评价指标体系是现有研究中真正实施的一个比较成熟的评价指标体系，相对于其他特色小镇评价指标体系在实用性上有很大优势，对其他地区进行特色小镇评价有很强的借鉴意义，但是其评价指标体系主要是根据杭州市的情况设定的，在进行借鉴时还应当考虑自身情况。

（二）特色小镇竞争力考核评价原则

特色小镇作为一种新的城镇形态，区别于其他城镇的主要特点就是自身情况与其他小镇不同，包括特色产业以及发展方向，这就要求特色小镇建设应以指导性的发展目标为原则，由此在构建特色小镇考核评价指标体系时要遵循一定的原则。

现有的研究关于构建特色小镇应遵循的原则有着较为统一的看法。以学者刘迎迎和郝世绵为主，他们认为构建特色小镇必须遵循系统性、科学性和直观性三个原则，不仅要求考核指标体系有一定的系统性，还要保证考核指标的科学性，来提高定量分析的可能性，从而保证考核的准确性，为了使考核更容易执行，还提出考核指标要直观且方便操作。与此类似的还有学者朱宏伟，其认为考核指标除了系统全面，还要遵循代表性原则，以此来突出特色小镇的特色，要求考核要涉及特色小镇自身的产业、文化内涵等。吴一洲和陈前虎在关于特色小镇发展水平指标体系与评估方法的研究中，指出在选取评价指标时还应遵循动态适应性原则和以人为核心原则，以期根据新的发展形势和背景进行适应性调整，并考虑将特色小镇的使用者、经营者、管理者和旅游者等微观主体的体验也纳入指标体系中。陈炎兵和姚永玲总结得出的特色小镇评价原则非常全面，而且具有现实指导意义，除了上述提到的代表性原则、典型（个性）性原则、可操作性原则以外，还根据特色小镇的发展阶段提出要遵循先易后难、先粗后细的原则，通过逐步完善和细化指标来完成考核；同时提出要体现融合发展理念的原则，特色小镇的最终目标是"产业融合""产城融合""产人融合"，只有这几个方面实现融合，特色小镇才能区别于目前的普通城镇，才能实现城镇化的可持续发展，也才能成为新型城镇化的引领者，因此，所建立的指标要能够反映融合目标的实现程度。

综上所述，结合南宁市特色小镇建设的情况，在构建特色小镇竞争力综合评价指标体系的过程中要遵循以下原则：

（1）先粗后细原则。南宁市特色小镇当前正处于培育期届满的阶段，培育期和后面的实施建设期目标要求不一样，所以在构建竞争力综合评价考核指标体系过程中要结合南宁市实际来构建不断细化和深化的考核指标体系。要先易后难、先粗后细、循序渐进地推行考核，以此来督促特色小镇建设。

（2）可操作性原则。无论处于什么阶段，所选择的指标要直观且可获得性和可操作性强，为动态监测提供依据，以此来科学合理地评价特色小镇建设取得的成效。

（3）科学性与独特性相结合原则。现有的研究已经强调了科学性原则的重要性，但是在科学性原则的基础上应当注重特色小镇的个性，区分不同小镇自身的特色，更加具有针对性地进行考核。

（4）系统全面性原则。特色小镇的建设是可持续发展的，同时也是以动态形式存在的，其发展过程中的各个方面是相互联系的，所以构建考核指标体系要保证全面有效，且要涵盖发展的每个阶段。

（三）南宁市特色小镇竞争力综合评价指标体系构建

南宁市定义的特色小镇主要是指相对独立于城市中心区，具有明确产业定位、文化内涵、旅游特征和一定社区功能的发展空间平台。南宁市特色小镇的培育突出产业发展能力，主要以建制镇（乡）、产业园区、现代农业核心示范区、特色旅游集聚区等为载体进行培育。同时，南宁市特色小镇结合各自的特点统筹产业、生态、文化、旅游、基础设施等项目建设，将特色小镇建成集文化展示、旅游观光、产业集聚、生态保护、生活宜居等于一体的城镇生产生活综合体。

1. 竞争力综合评价考核指标选择

南宁市在打造特色小镇的过程中强调，首先要构建国家、自治区、市三级特色小镇培育体系，进而建设一批特色产业鲜明、服务功能完善、体制机制灵活、生态环境优美、文化底蕴深厚、宜居宜业宜旅的特色小镇，使特色小镇成为南宁市县域经济发展新的增长点，成为农民就地就近城镇化的重要载体。另外，发展建设规划要做好与上位相关规划的衔接，并加强规划实施的技术指导，每个特色小镇要有一个乡村规划师挂点服务，市级特色小镇原则上按 1~3 平方公里的面积进行建设，轻资产型（生态、文化、旅游等）社会投入要达到每平方公里 5 亿元以上，重资产型（工业、贸易等）社会投入要达到每平方公里 10 亿元以上，每个特色小镇要重点发展一个主导产业及 2~3 个联动产业。对结合各自特点进行项目建设提出以下四个方面的要求。在文化展示方面，每个小镇都应突出一个主题文化品牌，形成一个具有独特文化激励和建筑风貌的小镇核心区，有条件的小镇应建设一个文化场馆、打造一个小镇公园。在旅游观光方面，工、农、贸、新兴产业类小镇需按照国家 AAA 级旅游景区建设，休闲旅游、健康养生类小镇需按照国家 AAAA 级以上旅游景区建设。在生态保护方面，要加强环境整治，完善污水、垃圾处理设施，突出绿化美化，加强空气污染治理，构建清洁能源和循环利用体系，推广绿色建筑，将特色小镇所在地建成市级以上园林城镇。在生活宜居方面，要完善交通路网，推进慢行系统建设，加强公共服务供给，建立健全创业者住房保障体系，着力推进民生服务的智慧应用，打造智慧小镇。

指标体系的构建是评价特色小镇发展程度的基础，指标选择则是评价工作的关键。本文将指标体系分为基本考核、发展力考核、特色考核三个维度，再分别从一级指标到三级指标对特色小镇发展进行竞争力综合评价。

（1）基本考核维度

这个维度下的指标选择主要侧重于特色小镇的建设、投资和规划进展，主要测量特色小镇的总体发展情况。根据前文所述的构建特色小镇考核指标体系的原则，这部分指标有明显的动态变化，因此指标选择有一定的阶段性，前期注重建设和规划，后期侧重于投资产出和运营效益。具体的指标选择如表 7 所示。

表7　特色小镇基本考核维度指标

	指标	单位	数据获取途径
基本考核维度	特色产业定位	—	申报材料与基础材料
	特色小镇主管单位	—	申报材料与基础材料
	建设运营主体	—	申报材料与基础材料
	特色小镇客厅建设情况	—	申报材料与基础材料
	总规和控规是否审批通过	—	申报材料与基础材料
	运营主体是否得力	—	申报材料与基础材料
	项目落地情况	—	申报材料与基础材料
	规划面积	km^2	统计数据
	规划建设用地	km^2	统计数据
	固定资产投资计划	万元	统计数据
	实现税收计划	万元	统计数据

（2）发展力考核维度

结合南宁市打造特色小镇的规划建设要求，主要从文化展示、旅游观光、生态保护、生活宜居（产业、功能、形态、制度）四个子维度进行指标选择，这四个方面将紧紧围绕南宁市特色小镇的发展导向和概念内涵，既突出特色小镇作为高端产业，特别是服务业集聚发展平台的特点，又表现了其作为景区和产城融合区的新空间模式的特点。特色小镇强调经济、社会、环境协调发展，生产、生活、生态功能融合发展，注重以转变城市发展方式带动经济发展方式的转变。

（3）特色考核维度

特色考核维度主要考虑特色小镇主导产业的差异，特色产业从装备制造到历史经典产业，具有完全不同的发展路径，应该根据特色产业的划分确定不同产业的评价指标，虽然是不同的产业，但在评估时也需要横向比较，侧重比较特色的鲜明性、成长性和结构性等共同特点。

2. 指标权重及指标体系构建

指标体系的构建是评价特色小镇发展程度的基础，也是评价工作成败的关键。本文的指标筛选先由专家进行推荐，在每个维度选取具有典型性的指标，对特色小镇的产业、功能、形态和制度的相应规模、结构、状态与效率等动态趋势进行科学评价和综合评估，全面反映特色小镇各子维度和总的发展水平。为方便考核评估工作的推行和操作，课题组将选择的指标以问卷形式，让特色小镇领域相关专家和从业人员进行打分，并结合实际情况将指标进行归类合并。为使考核结果更加科学合理，在借鉴国内已有的考核指标体系的基础上，采用赋权和打分相结合的方法进行考核，具体考核指标见表8～表10。

表8　特色小镇发展力考核维度指标

	指标	单位	数据获取途径
发展力考核维度	年度实际完成投资	万元	企业报表与统计数据
	实际完成投资中民间投资占比	%	企业报表与统计数据
	实际使用建设用地面积	km²	企业报表与统计数据
	企业主营业务收入	万元	企业报表与统计数据
	新增税收收入	万元	企业报表与统计数据
	新增就业人数	万人	企业报表与统计数据
	第三产业比重	%	企业报表与统计数据
	对外交通等级	—	专家/企业/群众打分
	供水保证率	%	企业报表与统计数据
	公共 Wi-Fi 覆盖率	%	企业报表与统计数据
	公共资源的合理共享度评分	分	企业报表与统计数据
	公共文化设施建筑面积	km²	企业报表与统计数据
	绿地率	%	企业报表与统计数据
	环境空气达标率	%	企业报表与统计数据
	城镇视觉风貌评分	分	企业报表与统计数据
	城镇场所人气评分	分	企业报表与统计数据
	小镇规划建设目标完成率	%	企业报表与统计数据
	人才引进计划落户数	人	企业报表与统计数据
	开展合作的高校、科研院所个数	个	企业报表与统计数据
	企业主体市场化运作情况	—	专家/企业/群众打分
	扶持政策落实情况	—	专家/企业/群众打分
	联动高效审批情况	—	专家/企业/群众打分

表9　特色小镇特色考核维度指标

	指标	单位	数据获取途径
特色考核维度	特色产业投资额	万元	企业报表与统计数据
	特色产业投资占比	%	企业报表与统计数据
	特色（主导）产业企业个数	个	企业报表与统计数据
	特色产业收入占总收入的比例	%	企业报表与统计数据
	特色品牌个数	个	企业报表与统计数据
	特色（主导）产业总产值	万元	企业报表与统计数据

表10　南宁市特色小镇竞争力综合评价指标体系

考核维度	一级指标	二级指标	三级指标
基本考核维度（20%）	共性发展目标（100分）	规划定位（60分）	特色小镇产业定位（20分）
			组织实施（20分）
			规划面积（20分）
		计划投资（40分）	固定资产投资计划占比（20分）
			特色产业投资计划占比（20分）
发展力考核维度（50%）	投入产出（20分）		年度实际完成投资（8分）
			实际建设用地面积（6分）
			新增税收收入（6分）
	功能融合（20分）	社区功能（8分）	服务配套（4分）
			人口规模（4分）
		旅游功能（6分）	景区创建（2分）
			小镇客厅（2分）
			公共服务平台（2分）
		文化功能（6分）	文化挖掘（6分）
	形态创建（20分）	生态建设（12分）	绿地率（6分）
			环境空气达标率（6分）
		形象魅力（8分）	城镇风貌（4分）
			城镇核心区建设（4分）
	要素集聚（20分）		引进企业（7分）
			引进研发机构（6分）
			引进高层次人才（7分）
	制度保障（20分）		小镇规划建设目标完成率（8分）
			扶持政策落实（6分）
			联动高效审批（6分）
特色考核维度（30%）	特色产业产出（50分）		特色产业实际投资（25分）
			特色产业收入占比（25分）
	特色营造（50分）		特色品牌（25分）
			特色产业影响力（25分）

（四）优化南宁市特色小镇竞争力综合评价的建议

1. 制定完善的考核工作机制

（1）制定考核制度。建议根据国家部委和自治区的相关文件精神制定出台《南宁市特色小镇规划建设工作考核办法》，以此强化各相关单位的工作主体责任，分解各部门指导和审核职责，实施特色小镇建设考核，引导特色小镇发展。

（2）规范考核程序。建议南宁市特色小镇考核由市发改委和城乡建设委员会牵头，实行自查、实地考核、抽样考核和书面考核相结合的形式，会同特色小镇规划建设相关成员单位实施考核。特色小镇每年考核一次，由各实施考核主体结合年度工作总结，对照目标任务，提出自评意见。另外，建议配备专门的特色小镇专职人员，保障工作力量；健全专题会商、协调指导等联动工作机制，做好考核统计培训；开展小镇考核统计工作专项督查和定期巡查，健全统计报表季度监测和通报制度。

2. 建立长短结合和全程跟进相结合的动态评估机制

针对考核周期和特色小镇建设进度难以协调的问题，建议根据不同类型的小镇，设置长短结合且相对有弹性的考核时间；同时，根据特色小镇的产业类型和发展路径，在设定各项考核指标权重时可以考虑后期进行动态调整，如前半段着重考核投入建设情况，后期则注重考核产出情况和特色影响力等。另外，构建的考核机制要全程跟进，动态调整，对不符合发展要求的特色小镇及时将其移出创建名单。根据特色小镇分批次推进原则，考核也要分批次进行，注重不同批次在一定阶段内政策的规模效益，确保有限资源重点助推一批次的小镇。除此之外，对于验收成功的特色小镇，要建立后续的考核机制，防止因创建考核任务结束而终止考核跟进，使建成的特色小镇出现退化等。

3. 明确多方联动的复合考核主体

从对 33 名相关工作人员的调研数据中可以看出，有 19 人（57.58%）选择引入多方联动的复合考核主体（包括政府部门、第三方、专家学者、投资人等）对特色小镇进行评估。一是可以将一些技术性和专业性强的工作交给专业第三方或专家学者进行考核，提高评估效率。二是专家学者通过实地调研和深度分析，对特色小镇文化底蕴的挖掘、创新环境的培育、人才的集聚与培养等软性投入进行考察评估，提高考核的全面性和准确性。三是可以将特色小镇考核分为行业评估和综合考核两个阶段，首先由本行业的政府主管部门会同本领域的专家学者对特色小镇进行行业评估，其次是进行综合考核。综合考核引入专家学者或投资人等有利于从特色小镇的整体布局、产业发展、市场前景和经济社会效益等方面进行全方位考核。

4. 强化特色小镇评价结果的应用

特色小镇评价结果应用主要包含两个层面，一方面是将评价结果作为特色小镇创建达标制的依据。国家发改委等部委明确要强化特色小镇年度监测评估和动态调整，优化现有创建机制，统一实行有进有退的创建达标制，避免一次性命名制，防止只管前期申报、不管后期发展与纠偏的现象出现。南宁市在特色小镇培育发展过程中，也需要根据考核评价结果，持续开展评估督导和优胜劣汰，加强督促整改。要对考核结果实行分级评价，积极争取验收命名，同时将考核结果与规划建设、扶持政策的落地兑现挂钩，建立责任追溯体系，加大动态调整力度，对考核不理想的坚决予以警告，对情况特别严重的实施退出机制，真正做到特色小镇建设成熟一批，命名一批，确保特色小镇建设的质量与水平。另一方面是对评价结果进行公开，促进培育创建成效显著的特色小镇。如浙江特色小镇官网（由中共浙江省委宣传部、浙江省发改委、浙江省网信办提供指导，由浙江日报报业集团主办、浙江在线新闻网站承办）每月发布《浙江特色小镇网络影响力指数》，安徽特色小镇官网（由安徽省发改委、安徽省互联网信息办公室提供指导，由安徽新媒体集团主办）每月发布《安徽省特色小镇影响力指数》，有助于社会各界了解或投资当地特色小镇。

五 国内特色小镇建设发展经验及启示

（一）国内特色小镇建设经验

1. 杭州梦想小镇

2018年5月24日，杭州梦想小镇入选我国最美特色小镇50强。杭州梦想小镇始建于2014年9月，坐落于余杭区仓前街道，占地面积3平方公里。"梦想小镇"涵盖了互联网创业小镇和天使小镇两大内容，其中，互联网创业小镇重点鼓励和支持"泛大学生"群体创办电子商务、软件设计、信息服务、集成电路、大数据、云计算、网络安全、动漫设计等互联网相关领域产品研发、生产、经营和技术（工程）服务企业；天使小镇重点培育和发展科技金融、互联网金融，集聚天使投资基金、股权投资机构、财富管理机构，着力构建覆盖企业发展初创期、成长期、成熟期等各个发展阶段的金融服务体系。

"梦想小镇"的空间布局为"一环两区三星"："一环"指的是一条希望田野环，呈现的是金黄稻田的视觉效应；"两区"是指绿色办公区和绿色生活区；"三星"是指三颗创业追梦星，分别为寻梦水乡、思梦花园和筑梦工厂。依照概念化设计方案，在寻梦水乡部分，将新建一条东西走向的水系，以此来联系较为分散的水域，形成完整的水系。在思梦花园里建立湿地景观、净化水体和 4D 水秀剧场，筑梦工厂则是在保留原有的水泥厂遗址上进行改造，将原有的生产水泥的装置变成空气净化器和有机土壤生产器，不仅可以为小镇里的田野提供有机的土壤和洁净的空气，还能建立一个农场游乐园，提供一个更健康的娱乐场所。

2. 杭州云栖小镇

云栖小镇是杭州市西湖区依托阿里巴巴云公司和转塘科技经济园区两大平台打造的一个以云生态为主导的产业小镇。云栖小镇，是一个云计算产业生态聚集地，运用大数据计算将简单数据变成生产要素，小镇就是围绕云计算产业的特点，构建"共生、共荣、共享"的生态体系。

云栖小镇的建设历程最早可以追溯到 2002 年，当年 8 月经杭州市政府批复之后，云栖小镇所在园区的定位是传统工业园区。2005 年，云栖小镇所在园区再次改变定位，主导发展生物医药、电子信息、机电一体化、新能源等高科技产业和企业总部型产业。2012 年 10 月，云栖小镇园区再次调整发展思路，决定把"云产业"作为未来发展的主打方向。"从传统工业转型升级成科技经济，再到智慧经济，每一次定位的变化，都可以看出政府腾笼换鸟、转型升级的决心以及对绿水青山的重视。目前，杭州市给云栖小镇设定的目标是通过 3~5 年的发展，在那里集聚上千家涉云企业，涵盖云计算应用，如 App 开发、游戏、互联网金融、移动互联网、数据挖掘等领域，形成完整的云计算产业链条，实现产值 100 亿元，税收 5 亿元以上。另外，在"云栖小镇"里，还计划建一个面积约 5000 平方米的 IT 信息产业历史博物馆，展示以云计算为特色的互联网 IT 产业的发展历程；同时，跟阿里云公司合作，在园区里成立一个阿里云技术学院（云栖学院），为园区企业提供云计算技术培训和学习交流等。截至 2017 年，云栖小镇已累计引进包括阿里云、富士康科技、Intel、中航工业、银杏谷资本、华通云数据、数梦工场、洛可可设计集团在内的各类企业 433 家，其中涉云企业有 321 家。产业覆盖大数据、App 开发、游戏、互联网金融、移动互联网等各个领域，已初步形成较为完善的云计算产业生态。

3. 浙江舟山普陀朱家尖禅意小镇

2018 年普陀朱家尖禅意小镇入选我国最美特色小镇 50 强。普陀朱家尖禅意小镇规划选址普陀山南岸、朱家尖岛东北部，规划面积达 3.8 平方公里，建设用地有 3570 亩，禅意小镇将旅游定位为佛教文化游、禅修体验游、休闲度假游。

普陀朱家尖禅意小镇建设旨在强化普陀山佛教文化的辐射力，以观音圣坛为载体，充分整合周边灵动、鲜活的山水自然环境资源，打造集中国观音文化之大成的观音博览园，发展佛教文化游；以正法讲寺、居士教育基地、高僧精舍、普陀山佛教学院等项目为载体，建设集礼佛、体验、教化功能于一体的禅修体验基地，发展禅修体验游；以禅修主题精品酒店、精品民宿、佛教商业街区、海洋文化旅游综合体为载体，以购物、住宿、禅茶、素斋、度假为特色，建设滨海休闲度假区，发展休闲度假游。禅意小镇主要分为白山区块、慈航广场区块、观音法界区块、松冒尖区块等四大板块，并配套社区设施，充分体现了生产、生活、生态融合发展的理念。

4. 贵州丹寨万达小镇

贵州丹寨万达小镇于2017年入选中国特色小镇项目影响力50强第6名。丹寨万达小镇地处贵州省丹寨县核心位置——东湖湖畔，占地面积达400亩。丹寨万达小镇是万达丹寨包县精准扶贫的核心产业项目，建筑采用苗侗风格，引入丹寨特有的国家非物质遗产项目、民族手工艺、苗侗美食、苗医苗药等内容，并配套建设四星级万达锦华酒店、万达宝贝王、万达影城等，形成独具特色的综合性商业、旅游目的地。丹寨万达小镇2017年7月3日开业，仅用半年时间就成为贵州省游客量排名前三的单个景区，被评为国家AAAA级景区。

贵州丹寨万达小镇以非物质文化遗产、苗族文化、侗族文化为内核，集商业、文化、休闲、旅游于一体，涵盖世界最大水车、3000米环湖慢跑道、千亩花田、四大苗侗文化主题广场、鸟笼邮局、精品客栈、街坊、酒坊、米店、会馆和酒吧、影院等众多文化旅游设施。丹寨万达小镇是万达集团在贵州的首秀，旨在打造一个融合"吃、住、行、游、购、娱、教"的精品旅游综合体。同时，丹寨万达小镇还将丹寨7个国家级非物质文化遗产项目以及16个省级非物质文化遗产项目全部引入，包括石桥古法造纸、国春苗族银饰、苗族锦鸡舞、苗族蜡染、芒筒芦笙祭祀乐等。此外，三大斗艺场馆（斗牛、斗鸡、斗鸟）、特色民族餐饮（卡拉斗鸡肉、苗王鱼、牛羊瘪、韭菜一汤等）、三座非遗小院（造纸小院、蜡染小院、鸟笼主题民宿小院等）、民族文化特色业态（苗族银饰、苗服苗饰、苗医苗药等）均已"落户"丹寨万达小镇。丹寨万达小镇还与国内知名演艺团体合作，打造形式各异、独具特色的常态化民族表演，丰富小镇的观赏体验，让游客真正玩得开心。

5. 广州1978文创小镇

1978文创小镇位于广州增江东岸，通过对增城原糖纸厂以及周边旧厂房、旧仓库、散落民居以及旧村庄进行创意性开发改造，形成了一个带有记忆性元素的全新的文化创意区域。项目主要吸引电影、音乐、广告、设计等文创产业，旨在打造以电影产业为核心的特色小镇，是广东省首个旅游文化创意产业园。

1978文创小镇建造分多个工期完成，其中，一期已完成改造工作，并于2015年10月开园运营，目前已进驻90多家优质企业和商家。二期占地面积约6万平方米，在一期的基础上进行改造提升，目前已进入施工阶段，并正式对外展开招商。为了进一步提升1978文创小镇的文化多元性和产业集群性，小镇积极引入电影、音乐、广告、设计等文化创意产业，并计划建设创意办公区、文创产业孵化中心、文创产业交易中心、发呆部落、游艇码头、商业配套等功能区，从而为小镇的进一步发展扩大空间，注入源源不断的产业经济发展动力。与此同时，在租金、政策、推广等方面还将给予大力扶持，竭力孵化入园的中小微文创企业，促进园区企业快速成长，最终形成以电影行业为主导的聚集区，将1978文创小镇打造成全国知名的电影特色小镇和文化创意行业中的引领性标杆。

1978文创小镇涵盖了吃、喝、玩、乐、住等多种文化、娱乐、休闲体验，非常符合当下文化娱乐消费人群的需求，也与未来文化服务产业成为主导产业的总体发展方向非常契合。随着一期、二期项目相继投入运营，1978文创小镇的影响力也将越来越大，其辐射范围将跨出珠三角地区延伸至全国，成为全国文创项目建设的典范，引领文创产业走入全新的发展阶段。

（二）国内特色小镇建设的启示

1. 特色小镇的建设必须坚持科学统筹、系统设计

从各地尤其是东部沿海发达地区建设特色小镇的经验来看，宏观的功能定位、空间布局、产业发展等无不经过科学的规划和多次论证，而微观的功能设计、建筑风格、文化挖掘、"特色"打造乃至配套设施均已经过科学的论证及思考，充分体现了以人为本的设计理念与宗旨。

2. 科学合理规划空间布局

东部沿海地区发展较成功的特色小镇，在建设过程中均没有照搬照抄已有的特色小镇建设成功案例，而是在借鉴前人经验的基础上，依据各自的地域特点，充分发挥自身的资源、地缘优势，合理地开发和布局自身的功能板块，同时对于拟发展的各类新兴产业大胆试点。

3. 集约利用资源，避免无序扩张

从东部沿海地区特色小镇的建设经验来看，这些特色小镇之所以成功，一个很重要的原因是均能依据小镇所在地区的实际情况，科学合理地控制小镇的建设规模，避免出现大拆大建、重复建设等严重浪费资源的现象。同时，如果区域内有旧城区，则是在充分尊重原有街道肌理、空间布局、文化脉络的基础上进行有机更新，同时在建设过程中重质量而非一味地追求数量。对重点地区、核心地区的建设项目采用"宽严相济、弹性审核"的方式推进。

4. 创新机制、政策护航

在东部沿海发达地区，建设较成功的特色小镇无一例外地得到了当地政府的扶持。一些地方政府甚至设立专门的机构及相关的联席会议制度来解决特色小镇建设过程中遇到的各类问题。同时，在政府大力扶持的基础上，特色小镇均鼓励国内外的各类企业、资本及人才以多种方式参与特色小镇相关领域的建设，不断为特色小镇的发展注入新的活力。

六　提升南宁市特色小镇发展竞争力对策建议

（一）强化特色小镇发展的顶层设计

发展特色小镇是一项具有长期性、复杂性且意义深远的工作，是促进乡村振兴、推动以人为核心的新型城镇化建设、全面建成小康社会的重要一环，理应从战略性、长远性及全局性来谋篇布局特色小镇发展，而其关键在于强化顶层设计。

1. 强化联席会议制度

深入学习贯彻党中央国务院、自治区对特色小镇发展的决策部署，从战略高度看待特色小镇的发展意义，从全局性角度推进特色小镇发展建设。发展特色小镇，领导核心是关键，升级领导班子，将特色小镇发展在南宁市整个经济社会发展中置于更高的地位，有利于特色小镇建设及相关政策落实。一是考虑成立由市长任组长、常务副市长任副组长的推进南宁市特色小镇建设与发展领导小组，领导小组成员由发改委、财政、城乡建委、工信委等核心部门负责人构成，小组办公室设在发改委，负责日常工作，并定期向领导班子汇报特色小镇的发展进度、问题等；二是强化联席会议制度，统一思想，促进部门间沟通与协作，推动政策更好的落实。

2. 科学制定专项发展规划

发展特色小镇，不能拍脑袋决策，不能蛮干，而是要实事求是，因地制宜，规划先行，明确发展的方向和路线图。一是可考虑制定市级层面具有指导性的以 5 年为一周期的特色小镇发展规划，解决好怎么干、干什么，以及要达到什么样的目标等问题，并定期进行督导评估；二是各县区可参考市级层面的发展规划，并结合本地实际，制定 5 年发展规划；三是对于进入培育名单的特色小镇，要制定专项发展规划，规划的制定可委托权威专业机构，给予一到两年的论证期，务必因地制宜，特色鲜明，具备可行性、可操作性。

3. 明确发展思路及原则

特色小镇建设是具有长期性、复杂性的系统性工程，绝非一朝一夕就能完成，需要有攻坚克难的意识，需要结合实际，找准特色小镇发展的思路与导向，走出一条具有南宁特色的小镇建设发展之路。一是探索特色小镇发展的一般规律，形成基于一般规律的科学认知，最大限度地统一认识，避免揠苗助长、南辕北辙；二是一切从实际出发，科学制定特色小镇发展的总体思路，既要"摸着石头过河"，又要积极创新，对特色小镇进行重点培育，成熟一个，推广一个，创造可推广、可复制的南宁经验；三是特色小镇发展需遵循若干原则，在宏观层面应坚持科学审慎、主动作为的原则，注重实事求是、科学决策；在微观层面应坚持可行性、可操作性原则，确保政策可执行、出实效。

4. 组建工作队伍，提升干部的专业化水平

打造一支推动特色小镇发展的专业化、精干化干部队伍，事关特色小镇发展的全局。总体来看，南宁在特色小镇建设干部配置方面，无论在数量上还是质量上，都需加强。不断提升市一级对县区一级特色小镇工作的指导与督导能力，以及县区一级在特色小镇建设与推动方面的能力。一是从市县两个层面充实特色小镇建设核心科室的人员配置，可从主要部门抽调精干力量，达到资源的整合，也有必要通过外聘的形式，引入社会上的专业化人才；二是加大对相关干部队伍的培训力度，定期组织干部队伍去特色小镇发展充分的地区考察学习。

5. 创新制度供给，把特色小镇作为改革的"试验田"

国家鼓励将特色小镇作为综合改革试验区，赋予特色小镇更多功能定位。以改革开放四十周年为契机，将特色小镇打造成为率先改革和探索的窗口，作为改革创新的"试验田"。这需要解放思想，有所作为，在制度方面

创新供给。积极支持特色小镇在改革创新方面走在前头，支持申报国家相关改革试点项目，自治区的相关改革试点工作应优先在特色小镇展开。尤其在深化放管服改革、负面清单管理及商事制度改革方面，给予特色小镇更多自主权。

（二）建立健全特色小镇发展激励机制

激励机制对发展特色小镇、增强特色小镇的竞争力意义重大，建立健全南宁市特色小镇发展的激励机制应从以下几个方面着力。

1. 建立健全对相关干部的正向激励机制

干部对于推动特色小镇建设的态度是否积极，关键在于激励是否得当。从政策层面看，特色小镇建设并不是必须达成的政治任务，国家重在鼓励各地制宜发展特色小镇，并在特色小镇发展建设方面给予方向指引与制度规范。从实施难度来看，特色小镇从培育到发展成熟具有长期性和复杂性，并不是一蹴而就的，而要久久为功，一张蓝图干到底。所以，对于干部激励应避免采取带有惩罚性的措施，而应偏向于正向激励措施，主要表现为对于在特色小镇建设过程中干出成绩的干部，应在职位晋升方面给予激励，组织部门应出台考核实施细则。

2. 建立健全动态评估机制，明确进入与退出标准

特色小镇的培育与发展，不能只进不出，否则易造成资源的分散与浪费、投入与产出的效率低下，甚至削弱特色小镇的竞争力。建立健全动态评估机制，明确进入与退出标准，实际上是要定期淘汰不符合要求的特色小镇，一般做法是从培育名单中剔除，进而为有发展潜力的特色小镇进入培育名单留下空间，并能将更多的资源集中投入在持续发展壮大的特色小镇中。建立科学的动态评估机制实为关键，其核心在于确定量化的评分指标，可从生态环境、资本投入、基础设施、特色产业及政府支持等维度进行考量，进入与退出的标准也以这些评估指标的评分为参考，当然，指标的具体设定不能固化，必须因时因地做出适应性调整，以提升其科学性。

3. 适时推出发展好的典型

在特色小镇发展的过程中，势必会出现竞争力较强，特色鲜明，运营模式成熟的特色小镇，对于这些特色小镇，应及时总结好的经验做法，并向全市推广，通过推出典型，给后起之秀提供可借鉴的成功模板。同时，为了对做得好的特色小镇给予充分肯定，并为其他还未充分发展的特色小镇提供动力，有必要采取重点奖励措施，包括千万级别的财政奖励以及适当的土地补

偿、税收返还等。

4. 鼓励社会资本参与

社会资本具有灵敏的市场嗅觉，专业的分析谋划，成熟的经营模式。显然，社会资本的进入，更容易使特色小镇的发展走向成功。但必须意识到，社会资本是逐利的，对于有利可图的标的，积极性当然也更高。事实上，特色小镇的建设与运营是有较大风险的，如果没有足够的吸引力，社会资本的介入将是消极的。力度足够大的政策措施，或许对社会资本的介入形成有效激励，主要表现为以下几点。一是通过将特色小镇打造为改革试验区，来吸引社会资本；二是强化产权保护，营造更有竞争力的营商环境；三是给予税收减免和适度的财政补贴；四是建立以政府信用为担保的风险分担机制，提升社会资本介入的信心与预期。

（三）加快推进特色小镇发展要素供给

提升南宁市特色小镇的竞争力，离不开核心要素的持续性投入，一方面要加大对相关要素的投入力度，另一方面要提升要素的利用效率，不断提高投入与产出比。

1. 创新投融资模式，加大资本供给力度

资本是特色小镇发展的血液，尤其是特色小镇建设初期，需要大量的资本投入，资本供给不足，特色小镇的发展就不充分，甚至夭折。单纯依赖政府财政投入是不可取的，政府的财力有限，而且不一定具有效率，所以创新投融资模式，要加大民间资本的供给力度。一是可考虑成立特色小镇发展基金，由政府和企业按一定比例共同出资设立；二是充分发挥政府性融资担保体系的作用，按照一定的风险分担比例，激发银行借贷的积极性；三是引入PPP模式，尤其针对涉及特色小镇建设的重大项目，采用公私合营的形式，撬动社会资金。

2. 创新土地供给模式，加大土地配置力度

特色小镇建设涉及的关键要素便是土地，部分特色小镇的建设工作之所以难以开展，就是因为土地配置方面存在困难，包括土地指标不够或城镇总体规划制定没有考虑到特色小镇建设的土地配置、征地困难等。所以，推动特色小镇建设的前提是要有充足的土地配置，尤其是项目建设用地。一是在进行城市总体规划时要有前瞻性，为特色小镇建设提供预留地；二是使用土地指标调剂或土地置换的形式，为特色小镇解决土地供给问题；三是破除部门利益，相关部门要从大局出发，积极解决特色小镇建设用地问题。

3. 完善基础设施，加大软硬环境建设力度

基础设施是特色小镇发展的"核"，是提升特色小镇发展竞争力的重要一环。基础设施既包括交通、电力、厂房等硬性基础设施，也包括制度、文化等软性基础设施，完善基础设施，应做到二者兼顾，甚至从长远发展的角度来看，软性基础设施建设意义更为重大。一是在硬性基础设施建设方面，应找准薄弱环节，精准发力，所谓"要想富，先修路"，可见便利发达的交通基础设施尤为重要；二是在软性基础设施建设方面，应注重制度建设，尤其在深化放管服改革和营商环境建设方面下足绣花功夫。

4. 广纳群贤，加大知识和技术的积累与引进力度

特色小镇从规划、培育、壮大到走向成熟的全过程都离不开人力资源的投入，离不开各类人才的智力支持。南宁市在提升特色小镇竞争力方面，不可忽视人才尤其是高端人才的培养与引进，应重视知识和技术对于发展中高端特色小镇的独特意义。一是要尽快制定针对特色小镇人才引进的具体措施，因镇施策，提升人才结构与特色小镇发展方向的匹配度；二是定向培养特色小镇建设人才，包括打造一支拥有产业技术和懂管理、懂运营的专业化人才队伍。

（四）打造高端高效的特色小镇建设与运营模式

建设得好不好，运营是否科学、合理，都极大影响着特色小镇的发展竞争力。显然，提升南宁市特色小镇的发展竞争力，需要在建设与运营模式方面下足功夫。

1. 坚持五大发展理念

习近平总书记强调："创新、协调、绿色、开放、共享的发展理念，集中体现了'十三五'乃至更长时期我国的发展思路、发展方向、发展着力点，是管全局、管根本、管长远的导向。要抓住能够带动五大发展理念贯彻落实的重点工作，统筹推动五大发展理念贯彻落实。"① 发展特色小镇是在我国经济进入新常态以后，对于以人为核心的新型城镇化发展的一种有益探索，是经济效益、社会效益、文化效益、生态效益的有机协调和共同提升。南宁市特色小镇的建设和运营，必须紧紧依靠"五大发展理念"的引领，将其贯穿于特色小镇发展的全过程。

2. 坚持"三位一体""三生融合""三化驱动"的创新实践导向

"三位一体"是指产业、文化、旅游的有机结合，"三生融合"指生产、

---

① 《习近平关于全面建成小康社会论述摘编》，中央文献出版社，2016，第64页。

生活、生态的有机融合,而"三化驱动"指工业化、信息化、城镇化融合驱动。南宁市在特色小镇的建设与运营过程中,应坚持"三位一体""三生融合""三化驱动"的创新实践导向,在特色小镇宜业、宜居、宜游方面加大投入力度,不断增强特色小镇的发展竞争力。要解放思想,一切从实际出发,根据特色小镇的产业特质、要素禀赋、地理特征、自然风光、文化底蕴等,形成"一镇一风格"的独特之美,努力实现小空间大集聚、小平台大产业、小载体大创新。

3. 坚持"政府主导,企业主体,市场化运作"的基本原则

2016 年 10 月,国家发改委发布的《关于加快美丽特色小(城)镇建设的指导意见》提出,按照政府主导、企业主体、市场化运作的要求,创新建设模式、管理运营方式和服务手段,提高多元化主体共同推动美丽特色小(城)镇发展的积极性。南宁市在特色小镇的建设与运营过程中应牢牢把握这一原则,避免政府既当裁判员又当运动员,大包大揽,效率低下。应着重突出企业主体地位,充分发挥市场在资源配置中的决定性作用,明确投资建设主体,由企业为主推进项目建设,多元化构建特色小镇建设和运营主体,极大鼓励以社会资本为主投资建设,这些主体可以是国有投资公司、民营企业或混合所有制企业,而政府在引导和服务保障方面应积极有为,为特色小镇建设提供良好的政策环境。

(五) 加大特色小镇产业培育与发展力度

产业的培育与发展关系着特色小镇发展的可持续,是特色小镇竞争力的核心体现。加大特色小镇产业的培育与发展力度,是南宁市提升特色小镇发展竞争力的重中之重。

1. 科学进行产业选择

发展特色小镇的特色产业关键要做好产业选择,这是基础和前提。产业选择上的不匹配,会大大增加试错的成本,造成资源的浪费,甚至会使特色小镇的发展功亏一篑。总体来看,南宁市在特色小镇的特色产业选择方面应把握六大原则:一是适应性原则,特色产业的选择,必须与当地的要素禀赋结构相匹配,做到因地制宜,适应市场;二是特色原则,特色小镇的特色集中体现在特色产业方面,避免千篇一律,同质化竞争;三是带动原则,表现为产业关联度大,辐射和带动作用明显;四是创新原则,在创新能力和技术进步方面要有所突破;五是生态原则,处理好产业发展与环境保护之间的关系,坚持生态发展之路;六是需求原则,紧扣市场变化,在现实市场需求和

潜在需求方面要有足够空间。

2. 科学制定产业规划

确定发展什么样的特色产业后，下一步就应考虑怎么发展、实现什么样的发展，这需要制定产业规划，以明确发展方向、目标、实施步骤。同样，制定产业规划也需要坚持若干原则，主要包括科学性原则、具体性原则、可行性原则，避免规划制定得笼统、抽象、不接地气，进而影响规划的落实与推进。更为重要的是，产业规划的制定应经过多次调研、论证，避免闭门造车，尤其要引入第三方权威智库机构，邀请专家参与评估。当然，产业规划的落实与推进实为关键，一个行动胜过一打纲领，要抓落实、抓推进，切实取得成效。

3. 加大产业培育力度

产业能不能发展，关键要看产业的培育是否成功。产业选定之后，应按照产业规划，加大对产业的培育力度，做精做强主导产业。不同的特色小镇，由于要素禀赋结构的差异，特色产业的发展基础各异，有的基础薄弱，有的基础较好。基于此，应重点采取两种方式加大对特色产业的培育：一是对产业基础发展薄弱的特色小镇，应采取集中突破策略，将发展的注意力集中在产业链思维上，重点培育产业主体项目，保证龙头项目或企业在小镇扎根，做到本土化运营，同时挖掘深加工潜力，逐步延伸产业链条，进而做精做强主导产业；二是对于产业基础较好的特色小镇，应积极增加规模优势，不断降低生产和运营成本，在技术研发、产业应用、产业服务、市场营销等方面形成一体化发展、集群式发展，进而获得较大竞争优势，促进特色产业的持续稳定发展。

4. 做大做强产业品牌

特色产业的竞争力也体现在品牌的影响力方面，做大做强产业品牌意义重大，影响深远。产业品牌的塑造需有良好的产业支撑，意味着产业已形成一定规模。在保持并扩大规模优势的同时，要注意产业品牌的打造，进而增强产业的综合竞争力。一是通过产业升级来塑造品牌形象，主要通过持续加大创新和研发投入，从产业链条的低端向中高端转移；二是将产业的"特而精"做到极致，做到人无我有、人有我优，以品质和个性取胜。

（六）积极推动特色小镇新经济、新业态、新动能的培育

当前，南宁市正处于经济动能转换的关键阶段，急需新的增长亮点，特色小镇作为创新经济发展的新平台、新载体、新引擎，应在新经济、新业

态、新动能的培育方面走在前列。

1. 构建创新、包容、开放的特色小镇发展体系

特色小镇不能走封闭僵化的路子，闭门造车注定是失败的，务必要破除旧的观念，尤其是政府作为特色小镇建设的主导者，应以敏锐的战略眼光和科学思维把握特色小镇的未来发展趋势，以超前的眼光突破传统束缚，深化改革，加强创新驱动，构建创新、包容、开放的特色小镇发展体系。一是充分发挥市场在资源配置中的决定性作用，促进资本、信息、人力、知识等要素在特色小镇的自由流动；二是减少对特色小镇发展的行政规制，尊重企业的主体地位；三是给予特色小镇自主发展的权利，包括优先改革、优先试点、先行先试等；四是营造宽松、容许试错的政策环境。

2. 高度重视特色小镇的技术研发投入

重视特色小镇的技术研发投入，既可以吸引高端人才在特色小镇的聚集，也是产生新经济、新业态的基础。一是瞄准技术发展的前沿，包括大数据、人工智能、5G 技术、机器人等；二是明确资金投入的技术研发方向，精准发力；三是注重产业技术研发平台的创建，引入管产学研的研究—应用模式；四是注重产业技术的应用，尤其是对传统产业的升级改造，借助于"互联网＋"，激发传统产业发展新动能。

3. 鼓励创新孵化器、"创新工场"投入运营

新经济、新业态激发出新动能，而这一切都建立在创新的基础上，包括思维创新、技术创新、模式创新等。大众创业，万众创新，理应在特色小镇开花结果，让特色小镇成为创新的沃土。打造创新平台是核心，有好的创新平台，才能凝聚创新的各类要素，政府应在这方面加大配套投入，试点打造若干"特而精"的创新孵化基地、"创新工场"等。

（七）构建特色小镇一流的宜业宜居生态环境

生态良好是特色小镇发展竞争力的重要体现。发展特色小镇，需坚持生态优先，加大生态文明建设力度。

1. 以最严格的环保标准推进特色小镇建设

特色小镇必须是环境友好型的特色小镇，应在生态文明建设过程中起到示范性作用，以最严格的环保标准推进特色小镇建设。一是参考其他省（区、市）的经验做法，明确特色小镇建设过程中的环保标准制定；二是鼓励装配式建筑在特色小镇的推广，采用环保型材料；三是在水、电等方面，应采用节能、节水技术，安装先进设备；四是污水处理设施应配备齐全。

2. 持续推进生态文明建设

"绿水青山，就是金山银山"，要抓牢生态文明建设不放松，不断提升特色小镇发展的"绿色竞争力"。一是念好生态文明建设的"紧箍咒"，筑牢生态文明建设的"制度之笼"，强化特色小镇发展过程中的生态文明建设评价，为特色小镇生态文明建设提供坚实保障；二是加大污染防治的力度，对污染实行"零容忍"，发现一起，惩处一起；三是不断加强公民的生态文明意识，特色小镇也是生活的载体，推动生态文明建设，离不开大众的参与，应创新宣传教育方式，加大宣传教育力度，发挥"主人翁"作用，持续增强公众的环保意识。

3. 坚持生态、绿色、宜业宜居发展之路

以牺牲生态、破坏环境的代价发展特色小镇是不可取的，也是走不通的，坚持生态、绿色、宜业宜居发展之路是方向，无论是产业发展，还是其他项目建设都应内嵌其中，实现有效融合。一是牢牢把握特色小镇生态优先的发展方向，守住生态环境底线，坚持绿色发展、可持续发展；二是适时出台优惠政策，鼓励低碳循环经济产业在特色小镇落地生根；三是推动绿色能源在特色小镇的应用，完善相关配套设施，实现清洁发展；四是坚持"以人为核心"的特色小镇发展导向，围绕居民需求来完善生活、工作、服务等基础设施，增强其获得感和幸福感。

参考文献

陈一静：《中国城镇化创新发展探究：特色小镇发展模式及机遇》，《天津行政学院学报》2018 年第 5 期，第 11～18 页。

胡昌领：《体育特色小镇的功能定位、建设理念与精准治理研究》，《体育与科学》2018 年第 3 期，第 69～74 页。

赖一飞、雷慧、沈丽平：《三方共赢的特色小镇 PPP 风险分担机制及稳定性分析》，《资源开发与市场》2018 年第 10 期，第 1444～1449 页。

倪震、刘连发：《乡村振兴与地域空间重构：运动休闲特色小镇建设的经验与未来》，《体育与科学》2018 年第 5 期，第 56～62 页。

司红十、王志杰：《特色小镇"特"在何处》，《人民论坛》2018 年第 19 期，第 82～83 页。

孙特生：《特色小镇建设的逻辑与脉络——基于对首批特色小镇的思考》，《西北师大学报》（社会科学版）2018 年第 4 期，第 138～144 页。

唐洪雷、韦震、唐卫宁、居水木：《基于生态位理论的特色小镇协调发展研究——以湖州市特色小镇为例》，《生态经济》2018 年第 6 期，第 122～127 页。

王沈玉、张海滨：《历史经典产业特色小镇规划策略——以杭州笕桥丝尚小镇为例》，《规划师》2018 年第 6 期，第 74～79 页。

王仕忠：《加大科技投入促进特色农业小镇持续发展》，《中国行政管理》2018 年第 9 期，第 158～159 页。

熊金凤、葛春林：《精准扶贫视域下运动休闲特色小镇建设路径研究》，《体育文化导刊》2018 年第 8 期，第 99～102、108 页。

（南宁市社会科学院课题组）

课题组组长：吴金艳

课题组成员：黄旭文　梁瑜静　杜富海　王许兵

　　　　　　谢强强　潘　艺

图书在版编目（CIP）数据

咨询与决策：南宁市 2018 年度哲学社会科学重点课
题研究成果选 / 南宁市社会科学院编著 . -- 北京：社
会科学文献出版社，2020.9
ISBN 978 - 7 - 5201 - 7184 - 7

Ⅰ . ①咨… Ⅱ . ①南… Ⅲ . ①社会科学 - 科技成果 -
南宁 - 2018 Ⅳ . ①C126. 71

中国版本图书馆 CIP 数据核字（2020）第 159858 号

咨询与决策

——南宁市 2018 年度哲学社会科学重点课题研究成果选

编　　著 / 南宁市社会科学院

出 版 人 / 谢寿光
责任编辑 / 王玉山　张丽丽
文稿编辑 / 韩宜儒

出　　版 / 社会科学文献出版社·城市和绿色发展分社（010）59367143
　　　　　　地址：北京市北三环中路甲 29 号院华龙大厦　邮编：100029
　　　　　　网址：www. ssap. com. cn
发　　行 / 市场营销中心（010）59367081　59367083
印　　装 / 三河市尚艺印装有限公司

规　　格 / 开　本：787mm × 1092mm　1/16
　　　　　　印　张：20. 25　字　数：352 千字
版　　次 / 2020 年 9 月第 1 版　2020 年 9 月第 1 次印刷
书　　号 / ISBN 978 - 7 - 5201 - 7184 - 7
定　　价 / 98. 00 元

本书如有印装质量问题，请与读者服务中心（010 - 59367028）联系